国家社科基金项目"价值网视阈下图书开放获取权益分享机制研究"(课题编号:18BTQ021)

价值网视阈下图书开放获取权益分享机制研究

马小琪 著

中国社会科学出版社

图书在版编目（CIP）数据

价值网视阈下图书开放获取权益分享机制研究 / 马小琪著. -- 北京：中国社会科学出版社，2025.3.
ISBN 978-7-5227-3964-9

Ⅰ．G253

中国国家版本馆 CIP 数据核字第 2024ED3401 号

出 版 人	赵剑英
责任编辑	刘　艳
责任校对	陈　晨
责任印制	郝美娜

出　　版	中国社会科学出版社
社　　址	北京鼓楼西大街甲 158 号
邮　　编	100720
网　　址	http://www.csspw.cn
发 行 部	010-84083685
门 市 部	010-84029450
经　　销	新华书店及其他书店

印　　刷	北京君升印刷有限公司
装　　订	廊坊市广阳区广增装订厂
版　　次	2025 年 3 月第 1 版
印　　次	2025 年 3 月第 1 次印刷

开　　本	710×1000　1/16
印　　张	23.5
插　　页	2
字　　数	349 千字
定　　价	138.00 元

凡购买中国社会科学出版社图书，如有质量问题请与本社营销中心联系调换
电话：010-84083683
版权所有　侵权必究

前　言

　　图书开放获取是开放获取与开放科学的新议题。随着开放获取运动的持续开展，开放获取的文献资源也从学术期刊论文逐渐延伸到学术图书。学术图书开放获取日渐成为学术信息交流的主流模式之一，受到出版界、图书馆界、新闻传播界的普遍关注。目前，国外相关机构与联盟组织正针对图书开放获取的商业模式、政策体系、基础设施平台建设、集体合作方式、工作流程改进、数据使用等焦点议题展开各类试点与实验项目。这些活动不仅有助于业界总结最佳实践经验，也有助于学者们从广度、深度、细粒度和精度等多个角度汲取素材，丰富图书开放获取理论研究。不过，在图书开放获取理论与实践研究中，还存在两个差距：一是图书开放获取与期刊开放获取存在差距；二是我国的图书开放获取理论研究和实践探索与国外存在差距。为弥补这两个方面的差距，实现图书开放获取知识民主化与公平化的目标，急需学者们与业界人士不断学习与积累经验，探究兼顾图书开放获取各利益相关主体个人私利价值与集体公共价值的价值网络结构、行为策略选择、绩效生成与维护的机制体系等方面的深入内容。

　　基于此，本书以价值网为研究视阈，以图书开放获取权益分享机制为研究论题，旨在深化图书开放获取的理论研究，助力我国的图书开放获取实践，为各利益相关主体（如资助者、大学出版社、图书馆、平台提供商或运营商等）制定合理有效的图书开放获取政策、重塑商业模式、优化运营流程、构建（或共建）基础设施平台等方面提供借鉴和参考。

　　本书在发展现状与基础理论分析的基础上，依据"结构—行为—绩

效"的研究范式,将本书结构设计为五个部分。各部分的主要内容如下:

第一部分:图书开放获取发展现状及面临的挑战分析。首先,图书开放获取目前存在发展不均衡的现象。本部分从图书开放获取的内容资源、资金资助来源、基础设施平台、政策制定等角度说明图书开放获取存在发展不平衡的现状。其次,图书开放获取面临五项挑战,体现在政策、经济、技术、管理与社会五个维度。

第二部分:图书开放获取的基本理论问题与基础理论分析。对本书研究中涉及的开放获取、学术图书、图书开放获取、图书开放获取权益、图书开放获取分享机制及机制体系等基本术语的内涵进行了分析和界定。同时,阐释了利益相关者理论、博弈论与机制分析理论的理论内核,为后续研究奠定了理论研究基础。

第三部分:图书开放获取价值网络分析与利益相关者分析。本部分从"结构"研究维度,运用以面向用户、强调竞合与共赢价值最大化的价值网络理论,对图书开放获取相关利益主体的价值集合进行了界定,并对图书开放获取价值链进行解构并重塑价值网络。此外,在识别利益相关主体的基础上,阐释了利益相关主体的角色、关注点、权力、态度和参与水平等,并在权力与利益网络矩阵的基础上,构造利益相关主体间的互动的因果关系网络,从而为后续的行为与机制分析奠定基础。

第四部分:图书开放获取权益主体间的博弈行为分析。本部分从"行为"研究维度,考虑到图书开放获取的公共价值属性要求主体间展开集体合作,而各相关利益主体的个体属性则要求个体价值最大化的实现,首先在经典博弈框架下,将囚徒困境博弈模型引入学术图书开放获取研究,研究两方权益主体间的博弈均衡策略组合与破解囚徒困境的解决思路。接下来,运用有限理性前提下的演化博弈模型,从种群角度,展开三方权益主体间演化稳定均衡策略的博弈分析。

第五部分:图书开放获取机制分析。本部分从"绩效"研究维度,试探究权益生成与绩效提升的机制,将机制分为法律与政策机制、商业机制、数字基础设施技术机制、运营管理机制、社会合作机制五项内容。第一,法律与政策机制。包含图书开放获取中的版权许可法律机制以及政策机制两方面内容。第二,商业机制。探究图书开放获取商业模式的含义、类型与现存问题,指出目前 BPC 模式的弊端,以及可行的价值增值渠道。以商业画布与双边市场理论为基础,以 Open Book Publishers 为例,说明商业画布的九个模块内容在阐释商业机制中的应用及启示。第三,数字基础设施技术机制。阐述了开放获取图书的摄取、发现和传播路径,以及图书开放获取中元数据标准不协调的问题。第四,运营管理机制。解析价值网视阈下图书开放获取运营管理机制的内涵、权益主体运营活动关系,深入分析图书开放获取的流程优化与基础设施支撑、软件支持工具。第五,社会合作机制。首先,从静态视角,探究图书开放获取合作的维度(即主体、活动和资源)并展开案例分析。其次,从合作战略视角,进一步探究图书开放获取的四种合作策略及其网络结构。最后,从动态演化视角,解析图书开放获取合作演化的三种类型。

目 录

第一部分 绪论

第一章 研究现状、框架与方法 ……………………………………（5）
第一节 研究背景与研究意义 …………………………………（5）
第二节 基于文献数据分析的图书开放获取研究综述 ………（15）
第三节 基于主题分析的国内外研究综述和评述 ……………（20）
第四节 本书研究内容框架与研究方法 ………………………（29）

第二章 图书开放获取发展现状与面临的挑战 …………………（34）
第一节 图书开放获取的发展历史简述 ………………………（34）
第二节 图书开放获取的发展现状 ……………………………（45）
第三节 图书开放获取面临的挑战 ……………………………（62）
本章小结 …………………………………………………………（70）

第二部分 理论探究

第一章 基本理论问题 ……………………………………………（75）
第一节 学术图书的含义与特点 ………………………………（75）
第二节 图书开放获取的含义与特点 …………………………（87）
第三节 图书开放获取的价值与障碍突破的三个基本维度 …（98）

第四节　图书开放获取权益分享机制的概念界定 ……………（107）
　　本章小结 ……………………………………………………（110）

第二章　理论基础 ……………………………………………（112）
　　第一节　利益相关者理论 ……………………………………（112）
　　第二节　博弈论 ………………………………………………（118）
　　第三节　机制分析理论 ………………………………………（124）
　　本章小结 ……………………………………………………（127）

第三部分　结构分析

第一章　图书开放获取价值网络构建 …………………………（131）
　　第一节　学术出版交流系统与出版价值链模块构成 ………（131）
　　第二节　图书开放获取相关利益主体的价值集合 …………（145）
　　第三节　图书开放获取价值链的解构与价值网络重塑 ……（148）
　　本章小结 ……………………………………………………（151）

第二章　图书开放获取利益相关者分析 ………………………（152）
　　第一节　图书开放获取利益相关者生态系统模型构建 ……（152）
　　第二节　图书开放获取利益相关者的识别 …………………（156）
　　第三节　各图书开放获取利益相关者的角色、功能与运作
　　　　　　连接关系 …………………………………………（158）
　　第四节　图书开放获取利益相关者的关注点与能力分析 …（160）
　　第五节　利益相关者对图书开放获取的态度与主要优先
　　　　　　事项选择 …………………………………………（165）
　　第六节　OAB 利益相关者价值链地图与互动关系网络 ……（168）
　　本章小结 ……………………………………………………（173）

第四部分　行为分析

第一章　图书开放获取两方权益主体间的博弈行为分析 (179)
第一节　学术图书出版的市场特征 (179)
第二节　图书开放获取出版社间囚徒困境博弈分析 (185)
第三节　图书开放获取囚徒困境的破解思路 (193)
本章小结 (196)

第二章　图书开放获取三方权益主体间的演化博弈行为分析 (197)
第一节　演化博弈分析中的主体 (197)
第二节　演化博弈分析过程 (202)
第三节　完善图书开放出版模式的对策建议 (213)
本章小结 (214)

第五部分　机制分析

第一章　图书开放获取的法律与政策机制 (219)
第一节　图书开放获取的法律机制 (219)
第二节　图书开放获取的政策机制 (229)
第三节　图书开放获取政策调研 (233)
第四节　讨论与建议 (251)
本章小结 (254)

第二章　图书开放获取的商业机制 (255)
第一节　图书开放获取商业模式的含义与研究视角 (256)
第二节　图书开放获取商业模式的类型与现存问题 (263)
第三节　图书开放获取商业模式的理论基础 (272)

目 录

  第四节 OBP 案例选择依据与案例描述 …………………………（274）
  第五节 OBP 商业模式的九要素分析 ……………………………（276）
  第六节 OBP 案例的商业模式运行特点分析 ……………………（284）
  第七节 对案例的讨论与启示 ……………………………………（286）
  本章小结 ……………………………………………………………（289）

第三章 基于数字基础设施的图书开放获取技术机制 ………（290）

  第一节 图书开放获取数字基础设施的价值与服务功能 ………（291）
  第二节 开放获取图书的摄取、发现和传播路径 ………………（302）
  第三节 图书开放获取中元数据标准不协调的问题 ……………（305）
  本章小结 ……………………………………………………………（310）

第四章 图书开放获取的运营管理机制 …………………………（311）

  第一节 价值网视阈下图书开放获取运营管理机制的内涵 ……（311）
  第二节 价值网视阈下图书开放获取的运营流程 ………………（312）
  第三节 图书开放获取的质量评审机制 …………………………（319）
  本章小结 ……………………………………………………………（330）

第五章 图书开放获取的社会合作机制 …………………………（331）

  第一节 图书开放获取的出版模式与合作维度 …………………（332）
  第二节 图书开放获取的合作策略与合作网络结构 ……………（340）
  第三节 图书开放获取合作演化机制的原理与类型 ……………（343）
  本章小结 ……………………………………………………………（347）

参考文献 ………………………………………………………………（349）

附　录 …………………………………………………………………（359）

后　记 …………………………………………………………………（365）

第一部分

绪 论

第一部分 绪论

图书开放获取（Open Access for Books，OAB），亦称为学术图书开放获取或专著开放获取（Open Access for Academic Books，OAAB）或（Open Access for Monograph，OAM），是与开放获取运动或免费在线学术运动密切相关的活动。开放获取（Open Access，OA）能够使学术文献资源在破除价格、技术与法律障碍的前提下实现免费获取，克服传统学术交流系统的弊端，从而促进知识交流与学术公平。开放实践还有助于扩大教育和知识创新，增强学术和教育的影响力和覆盖范围。

开放获取运动的提出主要源于两种力量的结果：一是源于学术期刊与学术图书的价格增长、图书馆预算减少引致"期刊危机"乃至"图书危机"的经济拉动；二是由于互联网、数字通信技术的推动。开放获取的实践雏形可追溯至美国教育部下属机构在1966年成立的ERIC项目（Educational Resources Information Center，即教育资源信息中心）。该项目旨在将教育类图书和期刊论文随时供用户使用，从而满足了研究文献的即时获取需求。开放获取运动始于1991年Paul Ginsarg创立的arXiv，而真正意义上的开放获取运动产生于20世纪90年代末的"自由科学运动"（Free Science Campaign），进而促成了具有开放获取倾向的倡议。随着2002年开放获取出版的《布达佩斯宣言》、2003年的《贝塞斯达声明》以及《柏林宣言》的宣布，开放获取得以普及开来，并成为图书情报界、出版界、学术界广为关注的议题。

图书开放获取成为开放获取的新议题。一直以来，开放获取理论研究与实践进展主要由以自然、科学、工程、医疗领域（即STEM）为代表的大型市场需求驱动，以期刊论文为主要研究对象，而忽略了艺术、人文、社科领域以学术图书为主要出版物的长尾与利基市场，因而存在不足。从更广义的角度分析，在开放科学运动中，专著等学术图书在开放性、政策和格式方面与学术期刊相去甚远①。Science Europe（欧洲科学）在2019年的一份简报中称："在研究机构、资助者和政府制定的开放获取政策中，必须考虑学术书籍的开放获取。"从实践结果来看，图书开放获取有助于提高学术图书的发行量、接受度、使用率和影响力［尤其适用于人文与社科领域（即HSS领域）］②。Springer Nature调查显示，OA类书籍的阅读量是非图书类的2.4倍，OA图书出版明显增加了引用和影响，提升了作者和整个学术界的声誉③。另外，图书开放获取更适合于HSS领域知识成果的开放获取。

图书开放获取面临主体间矛盾突出、理论与实践需提升的现状。学术图书具有成本高、受众小、版权问题复杂等特点，图书开放获取各主体间矛盾尤为突出，学术图书持续供应不足。学术图书开放获取有其自身的内在特点和规定性，因此需要采用不同的思路和方法，促进学术图书开放获取顺利进行与质量提升。国外在理论与实践做法上已经大大领先，我国亟须在理论研究与实践做法方面进行学习和经验积累，从多个角度对图书开放获取的运营机理、商业模式、法律政策、基础设施构建、社会合作关系搭建等方面进行全方位的深入分析，有利于从理论上总结先进的发展经验并指导实践。

解决图书开放获取矛盾的关键在于相关权益人个体视角下的成本与利益均衡，以及群体视角下相关权益人之间权益分享是否均衡的问题。由于图书开放获取权益分享机制是确保相关利益个人与群体权益实现公平与效率分享的前提，也是研究图书开放获取模式与政策体系的基础④。因此，解析与设计图书开放获取权益分享机制具有重要的理论价值与现实意义。

---

① Neylon C., et al., "More readers in more places: The Benefits of Open Access for Scholarly Books", *Insights: The UKSG Journal*, Vol. 34, No. 1, 2021, p. 27.

② Fathallah J., "Open Access Monographs: Myths, Truths and Implications in the Wake of UKRI Open Access policy", *LIBER Quarterly*, Vol. 32, No. 1, 2022, pp. 1–22.

③ Science Europe, "Briefing Paper on Open Access to Academic Books", September 2019, https://www.scienceeurope.org/our-resources/briefing-paper-on-open-access-to-academic-books/.

④ Neylon C., et al., "More readers in more places: The Benefits of Open Access for Scholarly Books", *Insights: The UKSG Journal*, Vol. 34, No. 1, 2021, p. 27.

更进一步，虽然各国在很多方面都很相似，但在人口数量、图书市场规模和结构、出版物的语言、OA 政策、资金来源、出版商对 OA 处理方式、跨国公司及各国的社会经济文化等方面存在巨大差异①，因此，本书研究仅从一般普适性原理和实践的层面进行论述，以期对图书开放获取理论构筑和现实践行提供依据。

---

① 马小琪：《图书开放获取权益分享机制研究溯源与现状分析》，《图书情报工作》2019 年第 5 期。

第一章 研究现状、框架与方法

知识经济形态下开放概念的形成（即经济背景）、数字技术驱动学术图书出版格局的改变（即技术背景）、学术图书危机背景下开放获取与开放科学倡议、实验项目扩延到学术图书领域（即学术交流背景）等，构成了图书开放获取的产生背景。需指出的是，开放获取期刊与图书开放获取的背景既有一致性也有差异性。

第一节 研究背景与研究意义

一 研究背景

1. 开放知识经济形态的形成

开放知识经济形态的形成，追求公共价值成为学术界的目标导向。"知识经济"有三种形态及含义[①]：以 Bengt-Åke Lundvall 工作为基础的"学习型经济"，以查尔斯·兰德里、约翰·豪金斯和理查德·佛罗里达的研究为基础的"创造型经济"，以及基于 Yochai Benkler 等人工作的"开放知识型经济"。可以说，这三种形式和语境代表了三种相关但不同的知识经济概念，每一种都对教育和知识政策具有明确的意义和影响。其中，"开放知识型经济"提供了一种完全"非财产主义形式"的、崇尚社会公

---

① Frank Manista, "Investing in the Open Access Book Infrastructure: A Call for Action", May 2021, https:// research.jiscinvolve.org/wp/2021/05/18/investing-in-the-open-access-book-infrastructure-a-call-for-action/.

共价值导向的模式,是一种融合了"开放获取""开放教育"和"开放科学"的经济形态①(见图1-1-1)。

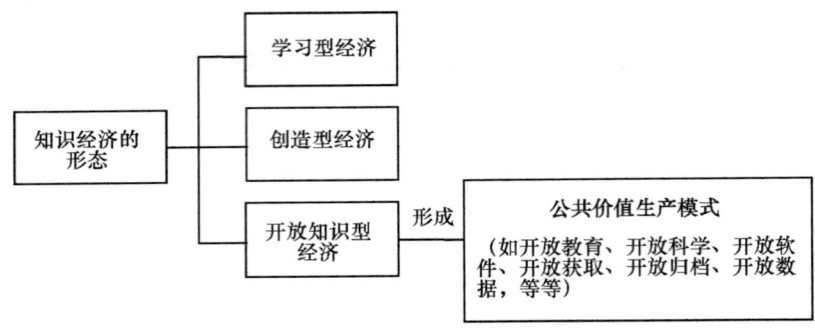

图1-1-1 知识经济的三种形态

在知识经济形态下,开放具有许多更深层次的含义。"开放"已经成为各种数字趋势和运动的一个复杂的符号,并已作为"社会生产"的模式出现,该模式基于开源、开放获取(如学术图书开放获取、学术期刊开放获取)、开放归档、开放出版和开放科学等日益增长和重叠的复杂性。开放获取、开放教育直至包容性最强的开放科学等是累积知识生产的一种机制,科学家可以利用它吸收"先前研究人员"获得的知识,并将其发现提供给"未来研究人员"。

从广义角度,"开放"对象可以是政府(即"开放的政府")、社会(即"开放的社会")、经济(即"开放的经济"),甚至是心理学(如开放是人格理论的五大特征之一)。从狭义角度,"开放"通常意味着科学传播、知识分配和教育发展的开源模式。随着"开放"概念的不断发展,它已对各级各类教育与科学研究产生了深远影响,并已成为世界全球数字经济创新的主要来源。越来越多地被世界各国政府、国际机构、跨国公司以及领先的教育与科研机构采用,作为促进科学探索和国际合作的一种手段②。

---

① Michael A. Peters, "Three Forms of the Knowledge Economy: Learning, Creativity and Openness", *British Journal of Educational Studies*, Vol. 1, 2010, pp. 67-88.
② Seo Jeong-Wook, et al., "Equality, Equity, and Reality of Open Access on Scholarly Information", *Science Editing*, Vol. 4, 2017, pp. 58-69.

在知识经济形态下，免费软件和"开源"运动替代传统方法下文本和符号的生产、发行或分销、存档、访问和分离。这种非专属的文化生产和交流模式威胁着传统的知识产权模式，对限制创造力、创新和思想自由交流的主要法律和制度手段（如版权）形成了挑战。其中，开放获取倡议（Open Access Initiative，OAI）与开放存档知识库（Open Archive Repository）不仅是该模式的表征形式，也是平等、民主化信息传递的见证。

在知识经济形态中，开放科学是一个集成概念，开放获取和开放数据是开放科学的关键。依据联合国教科文组织《UNESCO 开放科学的建议》（2021年版）①，开放科学包含的内容及其相关关系如图 1-1-2 所示。

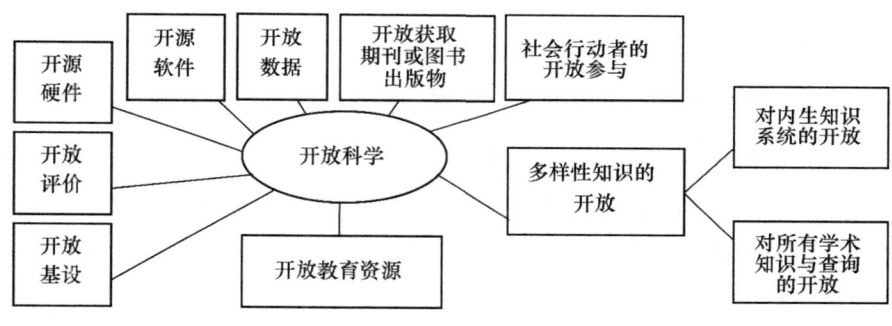

图 1-1-2　开放科学涵盖的具体内容

由图 1-1-2 可见，期刊开放获取与图书开放获取是开放科学四项内容中"开放科学知识"的子内容。此外，对艺术、人文、社会科学等学科而言，图书开放获取是实现知识民主、知识公平的重要途径。

2. 数字技术驱动出版格局发生改变

20 世纪末，数字技术取代模拟技术而创造了"数字革命"，对社会领域和自然领域产生了深远的影响。各种数字技术共同构成了一个"通用技术体系"，形成了第四次工业革命背后的力量②。数字技术不仅能够以机器

---

① UNESCO,"Recommendation on Open Science", 2021 Edition.
② Science Council,"Opening the Record of Science: Making Scholarly Publishing Work for Science in the Digital Era", 2021, https://council.science/publications/sci-pub-report1/.

可读的格式提供作品、改变研究周期各元素的连接性、提高读者获取与再利用知识的能力，也能够以近乎无穷小的成本无限地传播作品。在此背景下，随着数字印刷技术和用于过程管理和出版的开源软件［如西蒙菲莎大学公共知识项目 PKP 开发开放期刊系统（OJS）或开放专著出版（OMP）开源软件工具］的出现，不仅使原来的学术交流模式和系统发生了改变，也使传统的学术图书出版格局发生变化。具体变化有：

第一，机器可读格式使搜索引擎能够索引图书作品的整个文本，从而使读者更容易搜索和查找作品。以标准化格式提供作品的元数据还可以提高作品的机器可读性，帮助读者找到作品并增强搜索体验。

第二，数字出版将影响传统书籍或电子书格式的形式和长度，以及与其他媒体（音频、视频、研究数据等）的整合和相互联系，从而为学者提供了尝试新图书形式的可能性，并拓宽了长篇学术出版物的研究视野。

第三，数字化改变了研究周期所有元素的连接性。在纸张和印刷技术时代，研究生命周期包括分享和交换的数据、方法、软件、预印本、讨论文件、资助建议、合作细节等环节的内容。传统研究生命周期中的各个环节往往相对离散且定义明确，出版物往往是自包含的终点，且最后的环节有所缺失。泛在数字技术的出现改变了上述缺陷，使整个生命周期的所有元素连接在一起，从而增加了在整个周期内实现数字互操作性的可能性。与纸本相比，数字内容凭借易生产性、灵活性、连通性以及创造潜力，能够创造更丰富的研究成果。

第四，数字技术催生了支撑研究周期的数字基础设施。在管理和共享各类与各学科学术图书方面，基于 Web 的基础设施平台发挥着越来越重要的作用。目前，很多科研工作都在数据环境下进行。基于此，研究计划、研究材料注册、研究方法与规程数据库、数据集存储库、软件存储库、研究人员（或研究项目、研究机构）同行评议的标识注册库等构成了一个开放关联的数字基础设施。

针对如上变化，一些商业出版商（如 Springer Nature、Elsevier、Wiley）正超越其仅在期刊、专著和教科书中发表简单内容的商业模式，开始进入研究周期中的其他基础设施服务。还有一些出版商（如 Elsevier、Pearson 和 Cengage）越来越将自己视为数据公司，与一些 IT 公司一起进入研究数据领域。这些公司不仅提供汇聚书目和研究活动的研究支持工具，还提供从出版活动获取数据中派生而来的研究评估系统、研究生产工具、在线学习分析与管理系统等。如上基础设施和服务不是对盈利颇丰的期刊和图书出版业务的简单替代，而是新增的商业活动。

当然，数字技术也会带来一些衍生问题，阻碍图书开放获取基础设施的构建、出版模式与商业模式的创新。例如，数字化内容越来越难以控制，出版内容常以某种方式被盗版等。再如，学术图书在学术交流中依然保守，学术交流创新的主要推动力依然是期刊出版。同时，尽管图书馆与分销商已接受数字图书形式（如 PDF 或 EPUB），但用户依然偏好纸质图书。此外，数字图书不是学术图书出版的重大创新。因为数字图书在很大程度上重复了传统的生产与销售模式，对学术图书的写作和阅读没有太大影响，数字图书甚至被有些学者称为印刷版图书的数字代理形式。

针对如上问题，一些出版商通过诉讼和身份验证技术来解决纷争，而另一些出版商则积极采用开放获取策略以应对挑战。对于后者，除了出版社通过搭建自有平台（如 Luminos）或借助已有平台（MUSE 和 JSTOR）来实现专著等开放获取外，还逐渐出现了一些专门的开放获取图书出版社〔如马萨诸塞州的阿默斯特学院出版社（Amherst College Press in Massachusetts）和伦敦的伦敦大学学院出版社（University College London Press，UCLP）〕，甚至还形成了如知识解锁（Knowledge Unlatched，KU）这类第三方联盟机构，试图通过诸多订阅型图书馆的结盟来实现图书开放获取①。

3. 学术图书危机的到来

与"期刊危机"类似，"图书危机"或"图书慢性病"② 现象也显见

---

① Schonfeld R. ,"Book Publishing: University Presses Adapt", *Nature*, Vol. 540, 2016, pp. 35 – 37.

② Fisher R. ,"The Monograph Challenges of Access, Supply and Demand in a Research-intensive University Culture", *LOGOS*, Vol. 2, No. 27, 2016, pp. 7 – 18.

于学术图书出版领域。为避免学术图书限于销量与提价的恶性循环，破除学术图书获取的价格障碍，有必要借鉴期刊开放获取的成功经验和做法，将开放获取拓延到学术图书领域。

依据美国图书馆服务提供商 EBSCO 估计，2013—2017 年，图书馆订购列表中的期刊价格上涨了 24%。另一项数据显示，2010—2015 年，芬兰科学院支付给学术出版商的费用平均每年增加 10%。期刊订阅费用的增加不仅导致出版商更加关注那些具有更高市场价值的书籍，也出现了如 Christopher Gasson 所描述的专著出版商被锁定的恶性循环现象：增加图书产量导致单位销售额减少，进而导致单位利润减少，出版社必须通过增加图书产量来抵消利润的降低。基于此，一些出版商（如牛津和剑桥大学出版社）试图依靠更商业化的出版活动来弥补专著出版的损失，并对出版的图书数量保持严格限制，以避免陷入恶性循环。

目前，很多学者认为，学术图书"危机"是学术书籍生产、出版、传播等环节中一系列问题的根源。例如，出版商至少要面临以下三种危机：图书出版的经济危机、出版"第一本图书"的危机、图书出版的创新危机。

第一，图书出版的经济危机。在学术图书（如专著）的黄金时代，学术出版社一般印刷 2000—3000 本精装学术图书。大印刷量下的规模效应使得单位成本足够低，从而产生净利润。但自 1980 年起，在大学图书馆财务预算逐渐紧缩与图书馆采购预算倾向于学术期刊的双重挤压下，学术图书出版数量和单位销售额下降（例如，John B. Thompson 指出，普通专著的出版数量一般为 400—500 本，有时也可降为 300 本甚至 200 本），出版商难以为继。大学出版社比以往任何时候都更加依赖机构补贴[1]。

第二，出版"第一本图书"的危机。这类危机是经济危机的一个结

---

[1] Greco A. N., Wharton R. M., "Should University Presses Adopt an Open Access [Electronic Publishing] Business Model for All of Their Scholarly Books?", *ELPUB*, 2008, pp. 149-164; Gatti R., Mierowsky M., "Funding Open Access Monographs: A Coalition of Libraries and Publishers", *College & Research Libraries News*, Vol. 77, No. 9, 2016, pp. 456-459.

第一章 研究现状、框架与方法

果。首先，学术图书危机（或专著危机）所指对象，不是已出版的图书，而是指正在出版的学术书籍，尤其是初级学者出版的第一本学术图书。美国大学协会（AAU）与美国图书馆协会（ARL）在2013年白皮书和2014年机构资助的第一本图书补助金招标书中，关注到出版第一本图书的问题。它们认为第一本图书的危机虽然存在，但它掩盖了市场失灵的内在原因。这是因为，学术图书的价格并没有体现"专业认证"的外部利益功能。许多学科（尤其是人文学科），将教师发表的专著视为研究成果的重要标志（尤其是英、美等国家），在评聘、任期和晋升等教师职业生涯中发挥重要作用。因此，作为象征学术资本符号的学术著作，除体现学术交流内部利益外，专著还具有"专业认证"这一外部利益功能。

第三，图书出版的创新危机。首先，从技术角度，在当今数字与网络媒体时代，学术期刊出版形式、呈现方式、发行渠道不断创新。不过，相比迅速转向数字生产与消费的学术期刊，学术图书仍根植于20世纪的印刷范式。数字媒体发展现状与目前学术图书内容提供形式之间存在脱节。目前资助基金会（如英国惠康基金会与美国梅隆基金会）的目标之一是将现代数字实践纳入学术图书出版中，确保将其传播给广泛受众。其次，从经济角度，出版社正面临专著等学术图书出版的边际经济学障碍，使其很难实现大规模数字创新。加州大学出版社的尼尔·克里斯藤森（Neil Christensen）在2023年4月美国大学出版社协会年会（AAUP）的小组讨论中指出，学术出版领域的许多创新并非出于赚钱的初衷，而是为了提高学术出版水平[①]。大多数出版商没有承担风险的财务资源，出版商更有可能在创新方面被非出版商和新市场参与者淘汰。此外，电子书不能解决学术图书存在的诸多问题，如印数少、生产成本高、需求不平衡等问题。

为了应对如上几类学术图书危机，许多学术出版社、图书馆出版社、

---

① Neil Christensen, Stacy Konkiel, Martin Paul Eve, et al. , "When Publishers Aren't Getting It Done", April 17, 2023, https://d197for5662m48.cloudfront.net/documents/publicationstatus/134016/preprint_ pdf/ef507b0b68027828965d79e9e1f41da4.pdf.

大学出版社提出倡议，尝试以开放获取方式提供专著。例如，以 Open Humanities Press、re. press 和 Open Book Publishers 等为代表的学者引领型开放获取出版社，以 OAPEN 和 Open Edition 等为代表的大学出版社的合作社，以 Bloomsbury Academic 等为代表的商业出版社，以澳大利亚国立大学（ANU）出版社和佛罗伦萨大学出版社为代表的大学出版社，以阿萨巴斯卡大学的 AU Press 和哥廷根大学的 Göttingen University Press 为代表的、由图书馆建立或与图书馆合作的出版社①。

4. 开放倡议、试点项目与政策已扩延到学术图书领域

一直以来，在学术交流与学术出版资源的讨论中，学术期刊往往占据主导地位，而专著等学术图书则在学术传播和交流中被忽视了。正如知识解锁（Knowledge Unlatched，KU）模式的开创者与践行者 Frances Pinter 所指出的：虽然目前研究团体和资助机构在有力地推动开放获取，但辩论的焦点仍然坚定地集中在期刊，而非学术图书②。事实上，随着图书馆预算的减少以及期刊成本的增加，购买专著等学术图书的空间所剩无几，学术图书有被边缘化或低估的风险。尤其是专著出版，正处于"危机"或"慢性病"阶段③。在这种背景下，出版商、图书馆、研究人员、资助者和供应商引入更加开放的内容许可和分销方法，试图重振学术图书出版活动，探索专著的新功能和新形式，刺激学术图书新市场的形成④。这一状况的改观是在国际各界将开放获取以及开放科学倡议、试点项目、大规模调研报告的基础上完成的。尤其是 2018 年和 2019 年，图书开放获取研究引起了国际社会的广泛关注。在国家联盟、地域、国家与机构层面，各层面主

---

① Gatti R., Mierowsky M., "Funding Open Access Monographs: A Coalition of Libraries and Publishers", *College & Research Libraries News*, Vol. 77, No. 9, 2016, pp. 456 – 459.

② Pinter F., "Open Access for Scholarly Books?", *Public Research Quarterly*, No. 28, 2012, pp. 183 – 191.

③ The Ad Hoc Committee on Fair Use and Academic Freedom, "Clipping Our Own Wings: Copyright and Creativity in Communication Research", The Media and Communication Policy Task Force, 2010, https://core.ac.uk/download/pdf/71347377.pdf.

④ Ben Showers, "A National Monograph Strategy Roadmap", September 4, 2014 Report, https://www.jisc.ac.uk/reports/a-national-monograph-strategy-roadmap.

体纷纷制定包含学术图书在内的开放获取政策或开放科学政策。

第一，开放获取倡议延伸至学术图书领域。首先，在国际层面，OA2020计划、cOAlition S的Plan S计划、Horizon 2020倡议等都将学术图书纳入计划之中。其次，在国家层面，美国、英国、澳大利亚、法国、德国、荷兰、意大利、印度、日本、韩国、中国等国都发出了相关倡议。不过，尽管在其他国家似乎已经有一些这样做的激励措施，但目前只有少数几个国家采用了OAB的正式规定。具体来说：①2022年8月30日，美国白宫政府的OA政策有了重大变化。拜登政府要求，从2026年开始，所有美国机构将立即获得由联邦资助的、发表后的研究成果。②在英国，尽管还没有强制要求，原英格兰高等教育拨款委员会（Higher Education Funding Council for England，HEFCE）[已并入英国研究与创新委员会（即UKRI）]表示，如果OA图书包含在2021 REF（即研究卓越框架）中，则获得加分。再如，UKRI于2018年制定了政策，规定自2021年起，受资助的期刊全部开放。这一政策在2024年也将适用于学术图书。

第二，试点项目延伸到开放获取图书领域。例如，2018年由欧盟推出的为期30个月的"欧洲开放科学基础设施中研究专著的高度整合"（High Integration of Research Monographs in the European Open Science infrastructure，HIRMEOS）项目。又如，2020年由英国研究与创新署（UKRI）推出的"社区主导的专著开放出版基础设施"（Community-led Open Publication Infrastructures for Monographs，COPIM）项目以及由该项目提出的Open to the Future（OtF）集体资助的商业模式项目。再如，在美国安德鲁·W.梅隆基金会资助下，在2020年至2022年期间，由北德克萨斯大学凯文霍金斯（Kevin Hawkins）领导了"面向使用数据信任的试用数据收集和管理"（Piloting Data Collection and Management for a Usage Data Trust）项目。此外，还有诸多的商业出版社的开放获取专著项目（如SAGE Open、Springer Open项目）、非商业出版社的联盟项目ScholarLed等，不一而足。

第三，开放获取政策延伸到学术图书领域。近年来，各类主体都纷纷制定了图书开放获取政策。其中，制定政策的主体包括大学与研究机构、各类出版社（如商业出版社、大学出版社、新大学出版社等）及其联盟、图书馆及其联盟、图书开放获取基础设施提供商、机构知识库、资助机构等。制定的政策内容包括开放度、迟滞期、资助办法、版权许可、同行评审等（具体见本书第五部分机制分析中法律与政策机制一章的论述）。

二 研究意义

1. 学术价值

本书试图以价值网络理论、利益相关者理论、博弈论等理论为依据，探讨图书开放获取各利益相关主体的价值网络结构、策略行为，以及促进绩效或权益生成与共享的机制体系，对开放获取现有研究理论与方法进行了补充和完善。

第一，本书辨析与深化了"图书开放获取权益分享机制"的理论要义，阐释了该研究的直接与间接理论来源。本书回溯并深入分析了图书开放获取权益分享机制的理论来源与基本理论基础，从广度、宽度、深度与细粒度等多维角度，为后续研究奠定了开放式的研究基础。

第二，本书颠覆了目前以商业模式或政策体系为主的图书开放获取研究视角。从图书开放获取研究的底层逻辑（即权益分享机制）入手，试为图书开放获取的机制（含商业机制、政策机制、技术机制、法律机制、管理机制）理论与实践研究奠定开放的研究视阈。

第三，本书指出目前相关研究中存在三点不足。这三点不足分别为：①缺少兼顾公平与效率的研究，即存在研究目标模糊的问题；②缺少兼具内涵型与外延型机制体系的研究，即存在实践研究依据不充分的问题；③缺少在角色互换与互动协作的多利益主体分析框架下的图书开放获取权益分享机制研究，即存在研究理论依据和框架有欠缺的问题。

第四，本书探析了未来相关研究的发展方向。未来相关研究存在着很大的研究空间，需要在深层意义上从兼顾公平与效率、内涵与外延型机制，以及增值与互动视角展开权益分享机制体系的研究。

2. 应用价值

本书有助于形成新的价值识别与创造理念，推动我国图书开放获取深

第一章　研究现状、框架与方法

入开展；有助于为政府、图书馆、出版机构、个人用户等策略选择与机制体系构建提供借鉴。

第一，本书有助于在实践层面上形成可操作性的机制体系。对图书开放获取权益分享机制进行理论溯源与现状分析，将有助于在实践层面上构建完整的图书开放获取权益分享机制体系，有助于作者、高校、资助机构、出版社、图书馆、用户等主体进行相关决策，促进图书开放获取的可持续发展。

第二，本书有助于促进学术图书传播效果、扩大学术图书的影响力、优化知识服务方法。本书提出，公平与富有效率的图书开放获取权益分享结果依赖于多方合作与协调的权益分享机制为支撑，以此为基础，各相关利益主体要探寻在增值与互动视角下展开权益分享机制体系的研究。这一思路框架将有助于为高校、资助机构、出版社、图书馆等相关利益主体提供借鉴，从而找寻出能促进学术图书传播效果、扩大学术图书的影响力并优化知识服务方法、获取和利用学术资源渠道，具有广泛的社会效益。

第二节　基于文献数据分析的图书开放获取研究综述

为了探析开放获取（Open Access，OA）研究成果以及研究趋势，本书以 Web of Science 平台为数据库，以 WOS 收录的 700 篇文献为数据，综合运用 VOSviewer 软件对文献特征、研究主题、作者来源等进行分析，以期对目前与未来图书开放获取发展以及研究内容做出解释和预测。

一　数据来源与研究方法

本书通过 Web of Science 网站的高级检索方式，检索关键词为 "Open access monograph"，或 "Open access textbooks"，或 "Open access proceedings"，或 "Open access books"，设定主题为检索途径。将检索时间设定为 2007 年 1 月 1 日至 2022 年 12 月 1 日。对检索范围设置为来自 WOS 核心合集。通过以上操作，共得到 986 篇文献数据。排除新闻、会议等非正式学术文章，总共剩余 980 篇文献数据，作为本书研究的最终原始数据。在此基础上，本书运用文献计量思想，以 VOSviewer1.6.18 为分析工具，试对数据的合作作者、关键词共现、来源机构等进行分析，以期刻画各研究阶段特征，预估未来研究趋势。

二 文献数据统计分析

1. 年度发文量分析

从每个年份发文量的变化数据可以直观地反映出相关领域的研究水平以及发展阶段。本章将从 WOS 得到的有效文献制作成图 1－1－3，从图中可以看出，图书开放获取每年的研究的大致现状。

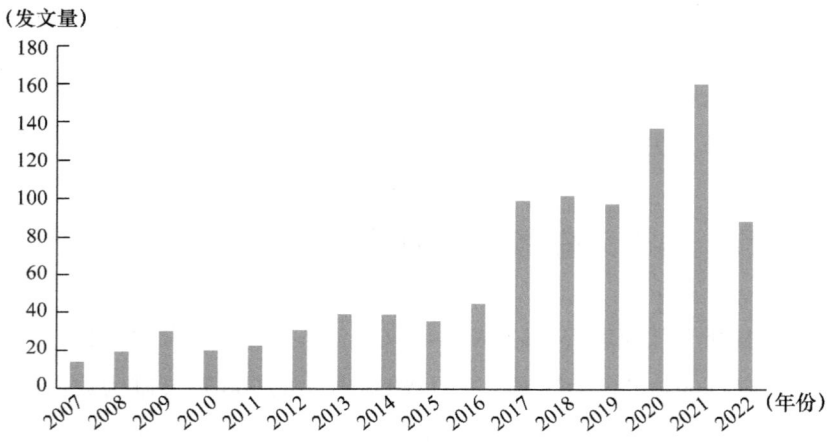

图 1－1－3　各年度发文量

从图 1－1－3 可见，从 2007 年开始到 2016 年一直处于起步阶段。在此阶段，发文量几乎每年都在增加，但增加得不多，比较均匀，相关文章数量并不算高。2016 年到 2021 年期间，发文量几乎不断高升，甚至 2021 年发表了接近 160 篇相关文章。2022 年似乎就开始出现下滑的趋势，但无法预示未来几年的趋势。

2. 核心作者及机构分析

根据普赖斯定律，某领域核心作者发文量的计算公式为：$M = 0.749 \times$

$\sqrt{N_{max}}$,其中,N_{max}为最高产作者的发文数量。在有关开放获取主题的研究学者中,发文量最高的作者是 Mcgrath Mike,发文量为 23 篇,通过计算,$M=3.592$,则认定在该领域内发文量大于等于 3 篇的作者为核心作者,本书采用 2 篇以上的作者来统计,经统计,图书开放获取领域中核心作者共 16 人,共计发文 73 篇,其中,发文量在 5 篇以上的作者有:Mcgrath Mike、Snijder Ronald,属于图书开放获取在国际上的中坚力量。

在研究机构发文量的排名中,排名第一的是伦敦大学学院(15篇),俄罗斯国家公共自由科学技术排在第二名(14篇),第三名是剑桥大学与伊利诺伊大学(11篇),馆际互借与文献供应期刊与普渡大学第四名(10篇)。

3. 文章来源国家

本书还用 VOSviewer 分析了文章来源主要国家分布,如图 1-1-4 所示。

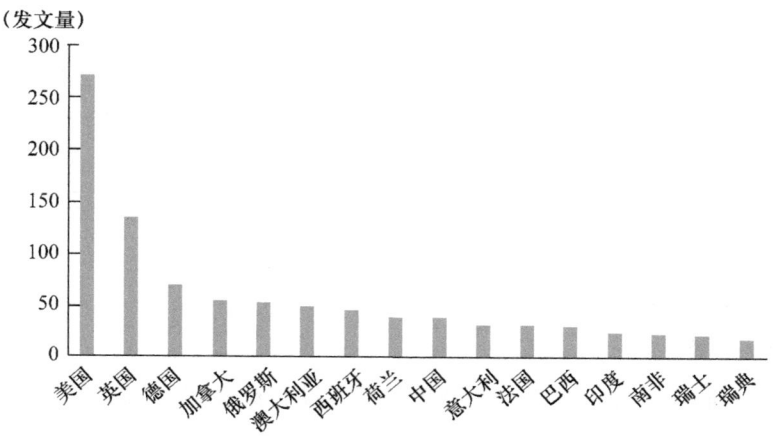

图 1-1-4　文章来源主要国家分布

如图 1-1-4 所示,在 VOSviewer 数值中,筛选最少发表 16 篇文章的国家才能上榜,结果表明共有 16 个国家符合。其中,美国、英国、德国、加拿大、俄罗斯占据前五名。最多的是美国,达到了 274 篇,英国有 135

篇，剩下3个国家分别是70篇、54篇、53篇。中国排在第九位，有39篇，说明我国在开放获取这一研究领域还有进步空间。

4. 关键词共现分析

利用VOSviewer对980篇文献的关键词进行识别和处理，出现10次及以上被提选的关键词共计52个。其中，开放获取、开放教育资源、馆际互借、电子书、著作权法等占据前几名。如表1-1-1所示。

表1-1-1　　　　　关键词出现频率以及连线强度

关键词	出现频率	总连接强度
开放获取	143	219
开放教育资源	41	81
电子图书	16	55
资源分享	12	49
著作权法	12	45
图书馆	17	39
专著	17	39
大学	14	37

可见，图书开放获取研究主要纳入开放获取的研究议题之中，并与数字图书、资源共享、著作权法、研究图书馆、学术交流、大学、影响力、聚合平台等议题密不可分。

5. 解释

在核心作者分析中，有几个知名学者没有被提到。这是因为本书数据主要来源于WOS核心合集，而这几个作者都没有在此文献网站发布其文章。其中的作者有Martin Paul Eve、Francis Pinter、Geoffrey Crossick、Ellen Collins等。

例如，来自伦敦大学的Martin Paul Eve（马丁·保罗·伊芙），他自2013年开始研究开放获取内容，创立并编辑了OA期刊"Excursions"，他还是伦敦大学伯克贝克分校开放获取工作组的主席，其文章引用频率都非

第一章 研究现状、框架与方法

常高。例如,他发表的《开放获取与开放科学:背景、争议与未来》一文被引用 54 次;《非科学学科的开放获取出版与学术交流》一文的下载量达 1500 次以上;"All That Glisters: Investigating Collective Funding Mechanisms for Gold Open Access in Humanities Disciplines"一文的影响力较大。他的文章大部分发布于公众参与的社区平台——Zenodo 论坛,达 58 篇之多,其中比较著名的有《使开放获取图书资助公平运作》《开放获取专著的新资助模式》等。另一位学者 Margo Baguer 是欧洲大学出版社协会法国巴黎分会的董事会主席,他在 Zenodo 论坛上的文章影响也很大,有 52 篇关于开放获取的文章(含图书开放获取有关的论文)。

再如,Frances Pinter 在 2006 年意识到知识共享(CC)可以被发展中国家的出版商采用之后,领导了非洲出版和替代许可模式,即 PALM Africa(一个位于乌干达和南非的项目)。之后,Frances Pinter 基于 Groupon 众筹模式的思想,提出由图书馆联盟在图书馆成员经过图书标题选择流程后,汇总其订单以实现图书开放获取的想法,即 Knowledge Unlatched(知识解锁)开放获取图书模式的思想雏形。根据这一模式,图书馆联盟的规模、节省的费用可能为目前每本印刷专著费用的一半或更多。通过这种做法,图书馆不仅能实现开放获取,还可获得如出版商对其他产品折扣的会员福利。

依据对 Web of Science 平台文献数据库中与图书开放获取内容有关的研究文献、期刊等数据的统计,构建基于文献计量学方法的图书开放获取知识图谱,解析研究热点以及发展趋势,可以得出以下结论:

①总体趋势方面,以图书开放获取为主题的文献从 2016 年开始不断高升,到 2021 年达到巅峰,2022 年又开始下降。不过,考虑到 Covid – 19 在世界爆发所导致的图书馆经费不断紧缩的现实背景,该表现也是正常的。

②文献来源国家方面,有关图书开放获取主题的文献主要来源于美国和英国。说明美国和英国在图书开放获取方面的研究处于前沿领域。

③研究主题方面,图书开放获取研究热点主要集中在信息、电子书、著作版权、图书馆、运行方式等。

第一部分 绪论

第三节 基于主题分析的国内外研究综述和评述

开放获取（Open Access，OA）是一种破除价格、技术、许可障碍，使读者能够免费获取信息资源的服务模式。自 2011 年 OAPEN 成立以后，学术图书开放获取作为一种学术出版与信息交流模式，受到出版界、图书情报界、新闻传播界的广泛关注。

国际上对图书开放获取的探索始于 1945 年，源于 V. Bush 在其文章 "As We May Think" 中提出的一种用于存储、检索、展示私人图书与影片的概念框架设想，即 Memex 设想[1]。随后，对图书免费获取的尝试有很多项目与活动，如 Gutenberg 项目、Google 的 "海洋计划" 研究型图书馆项目、亚马逊的 Kindle 电子书等[2]。学术图书领域的开放获取最初始于科学、技术、工程与生物医学等领域（Science, Technology, Engineering and Medicine, STEM）的图书，之后延伸至人文与社科领域（Humanities and Social Science, HSS）。2008 年，英国联合信息系统委员会（Joint Information Systems Committee, JISC）图书馆邀请人文社科专著出版商参与一项名为欧洲开放存取出版网络（Open Access Publishing in European Networks, OAPEN）的开放获取实验项目。2010 年，OAPEN 推出开放存取图书目录（Directory of Open Access Books, DOAB）和 OAPEN Library 学术图书开放存取服务项目，以期增加图书的可发现性、控制图书的质量[3]。

一 图书开放获取权益分享机制的溯源研究综述

本书运用文献调研法与内容分析法，在梳理图书开放获取权益分享机制内涵的基础上，进一步探究其理论渊源与研究现状。图书开放获取权益

---

[1] Connaway L. S., Wicht H. L., "What Happened to the E-book Revolution? The Gradual Integration of E-books into Academic Libraries", *Journal of Electronic Publishing*, Vol. 10, No. 3, 2007.

[2] Loan F. A., "Open Access E-book Collection on Central Asia in Selected Digital Archives", *Collection Building*, Vol. 30, No. 3, 2011, pp. 126–130.

[3] 魏蕊：《OAPEN 学术专著开放获取研究与实践进展述评》，《图书情报工作》2017 年第 9 期。

分享机制研究衍生于以学术期刊为发端的开放获取权益分享机制。目前，图书开放获取权益分享机制在法律、政策、经济、管理与技术方面进行了分析，但还缺少增值、互动视角的权益分享机制体系研究。

国内外图书开放获取权益分享机制研究是以学术期刊为主要特征的开放获取权益平衡机制研究①，间接衍生于图书馆、云计算、知识联盟、馆际互借等诸多情境下的信息资源共享机制研究②。开放获取以学术信息共享为理念的出版机制③，界定开放获取的内涵与外延是分析图书开放获取权益分享机制的前提。从广义角度来讲，开放获取包括学术期刊论文、图书、数据、图片、视频、预印本等多种信息资源类型，学术图书开放获取是开放获取的形式之一④。但从狭义角度来看，开放获取仅针对期刊信息资源⑤。

1. 开放获取权益分享机制的相关研究

一方面，本书以"open access"为开放获取关键词，在国外主要数据库如 ScienceDirect、Web of Science、Emerald 等中进行检索，文献类型为 Article，经过筛选得到 356 篇文献。将这些文献与"intellectual property rights"（智力资产权益）、"copyrights"（版权/权益）、"policy"（政策）、"business model"（商业模式）等关键词进行匹配，得到 30 余篇文献；与"mechanism"（机制）关键词进行搭配，得到约 16 篇文献。另一方面，本书以"开放获取""公开获取""开放存取"为关键词，与"权益""分享""机制""制度"等关键词进行搭配，在中国知网与万方数据库进行检索，

---

① Dinesh R., Lisa M. G., Eric F., "Interorganizational Partnerships and Knowledge Sharing: The Perspective of Non-profit Organizations", *Journal of Knowledge Management*, Vol. 18, No. 5, 2014, pp. 867 – 885.

② 吴志强、刘梅:《数字资源权益分享的法律机制研究》，《图书情报知识》2011 年第 6 期；丁大尉、胡志强:《网络环境下的开放获取知识共享机制——基于科学社会学视角的分析》，《科学学研究》2016 年第 10 期。

③ 李武、刘兹恒:《一种全新的学术出版模式：开放存取出版模式探析》，《中国图书馆学报》2004 年第 6 期。

④ Robin O., "Open Access Publishing, Academic Research and Scholarly Communication", *Online Information Review*, Vol. 39, No. 5, 2015, pp. 637 – 648.

⑤ Stephen P., "Making Open Access Work: The 'state-of-the-art' in Providing Open Access to Scholarly Literature", *Online Information Review*, Vol. 39, No. 5, 2015, pp. 604 – 636.

第一部分 绪论

逐一阅读后最终整理出 70 余篇与开放获取权益分享机制相关的中文文献。如上所得文献分布于 2002—2022 年，时间跨度为 20 年。

通过梳理发现：无论是广义的还是狭义的开放获取概念，在权益分享机制上，存在交叠适用的共同机制，如开放获取诸多相关利益人在供需双方互动的市场竞争格局向供给侧倾斜，资金来源很自然地指向了作者群体[1]，但开放获取使作者、出版商、读者以及其他机构在经费、版权等方面存在着激烈的权益之争，解决权益冲突的措施应借鉴法律、经济、技术、管理、行政等多种手段[2]。从伦理与绿色开放获取路径视角，推进政策体系建设政策、制定合理版权协议、运用先进存取技术是平衡机构知识库建设各方权益的机制[3]；中美机构知识库政策法律与权益分配存在差异；应处理好机构知识库与出版商、作者的权益关系，使用已有开放内容许可协议[4]。

2. 图书开放获取权益分享机制研究的异质性

尽管图书开放获取权益分享机制的研究源于开放获取权益分享机制研究，已有的各级各类开放获取机制也并不与图书开放获取模式排斥[5]，但相比开放获取期刊，学术图书存在成本高、受众小、时滞期长、版权问题复杂、质量审核机制异于论文的同行评审制度等差异性特征，使得图书开放获取各主体间矛盾尤为突出。除共性机制外，图书开放获取权益分享机制由于权益分享客体、主体、转移流程等特质使其具有区别于前两者的异质性特征[6]。

鉴于图书开放获取权益管理与开放获取出版、开放获取机构库、图书

---

[1] 赵文义：《学术期刊开放获取的内在逻辑与发展路径》，《出版发行研究》2016 年第 10 期。

[2] Marc S., "On the Access Principle in Science: A Law and Economics Analysis", *Copyright Versus Open Access*, 2014, pp. 83 – 139; Jose C., Catia L., Vasco V., et al., "Monitoring a National Open Access Funder Mandate", *Procedia Computer Science*, Vol. 106, 2017, pp. 283 – 290.

[3] Ann R. H., Miles A. K., Maura I., "Mandatory Open Access Publishing for Electronic Theses and Dissertations: Ethics and Enthusiasm", *The Journal of Academic Librarianship*, Vo. 39, No. 1, 2013, pp. 32 – 60; 杨峰、韩倩倩、张文韬：《机构知识库权益平衡机制探析》，《图书馆建设》2015 年第 5 期。

[4] 相丽玲、樊晓璐：《中美机构知识库利用中的政策法律机制比较》，《情报理论与实践》2014 年第 5 期。

[5] 牛晓宏：《开放数据政策协同对图书开放获取政策的启示》，《现代情报》2018 年第 9 期。

[6] 贾丽君：《国外图书开放获取中的政策机制分析》，《图书与情报》2017 年第 3 期。

馆出版、数字权益管理、许可证制度等议题具有密切联系，本书将对相关研究学术史进行纵向与横向延伸，试剥离出其与图书开放获取权益分享机制的共性部分内容，突出图书开放获取权益分享机制的异质性特征。

二 图书开放获取权益分享机制的研究综述

本研究选择 Web of Science、Elsevier、Emerald（2002—2022）数据库以及 CNKI、万方数据库作为数据来源，以"open access books"（图书开放获取）、"open access academic books"（学术图书开放获取）、"open access monograph"、"monograph"（专著）以及"intellectual property rights"（智力资产权益）、"copyrights"（版权/权益）、"mechanism"（机制）、"business model"（商业模型）、"policy"（政策）、"mandate"（强制许可）、"technology"（技术）、"operation"（运营）等作为检索词，通过多次检索，兼顾提高查全率与查准率，尽量保证检索结果能够全面覆盖图书开放获取领域的代表性研究成果。文献类型为 Article，检索时间为 2022 年 12 月 1 日，经过严格筛选，得到检索结果共计 65 条，以此作为基础数据。通过主题和内容梳理，并吸收前述内容中与图书开放获取权益分享机制研究相交叠的内容，笔者发现近年来国内外学者运用知识产权理论、社会网络理论、双边市场理论、利益相关者理论等，分别从法律、政策、经济、管理、技术等多个视角对该主题进行了研究。

1. 图书开放获取权益分享的法律机制与政策机制研究现状

图书开放获取权益分享机制的建立载体之一，即为国家和地方的法律、法规以及任何组织内部的规章制度。法律与政策机制也构成了图书开放获取权益均衡分享的约束机制与保障机制。通过与之相应的体制和制度的建立与变革，机制在实践中才能得到体现。

在法律机制方面，目前运用法律机制制定强制性图书开放获取法律的国家仅有美国、英国、奥地利、荷兰、阿根廷、秘鲁等。在此背景下，学者们探讨各国如何通过版权法、版权转让协议以及强制性法律规定，协调权益人之间权益平衡。如有学者指出，在开放获取与传统出版中，作者与出版商在版权问题上的权利平衡一直是重要的研究内容①；图书开放获取以承认作者享有版权法所赋予的各项权利为前提，通过版权使用许可协议将这些权利的部分权利授予公众，其本质是作者将版权法所赋予的排他性私权依契约自由的方式转让给了社会公众②。

在政策机制方面，由于政策与制度能引导或促进权益分享与平衡，是开放获取快速发展的重要推动力，各国（如美国、英国、荷兰、德国、中国、日本、印度等）资助机构和科研教育机构自 2013 年起纷纷运用政策机制（如制定版权、资助、激励与惩罚等政策）将开放获取政策范围扩展到开放图书领域。在此背景下，研究者们认为图书开放获取出版的发展受到政府的态度和导向、版权法治环境以及出版商版权政策的影响③，政府应该对图书这类公共产品进行干预④，以影响学科发展、地区学术交流水平、学术机构影响力。

2. 图书开放获取权益分享的经济机制研究现状

图书开放获取的经济机制研究主要从成本收益、市场、商业模式等方面展开论述，旨在解析个体、双边与多边主体开放获取权益分享平衡的经济条件与权益转移效应。

成本收益视角下个体层面的权益平衡研究：目前大体有 3 类主体为图书 OA 提供服务，即内容资源与资金资源供给方（如作者、资助机构、政府与基金会）⑤、商业及 OA 图书出版商⑥、开放存储机构库以及以图书馆为代表的文献机构⑦。这 3 类主体的个人层面权益平衡条件为：利益得失

---

① 王应宽、王元杰、季方、信世强：《国外开放存取出版最新研究进展与发展动态》，《中国科技期刊研究》2015 年第 10 期。
② 金品：《开放存取期刊出版模式及其版权特点探析》，《中国版权》2014 年第 4 期。
③ 刘勇：《开放存取出版的原理、模式与影响因素分析》，《出版广角》2016 年第 21 期。
④ Kennan M. A.，"Learning to Share: Mandates and Open Access"，*Library Management*，Vol. 32, No. 4/5, 2011, pp. 302 – 318.
⑤ 苏红英：《基于供给方付费的开放存取期刊的经济模式分析——以国外的实践为视角》，《图书馆界》2017 年第 3 期。
⑥ 陈晋：《开放存取期刊的经济运作模式》，《图书馆学刊》2012 年第 6 期。
⑦ 涂志芳、刘兹恒：《国内外学术图书馆参与开放存取出版的实践进展述略——从出版途径的视角》，《图书与情报》2017 年第 3 期。

均满足"得大于失"①。

双边市场视角下双方最优平衡点研究：M. McCabe 认为，文献资源作为读者和作者的动态媒介，形成经济学上的"双边市场"。无论是从出版商还是从社会读者角度来看，确定双方最优平衡点需要计算增减作者或读者的成本、测度一边参与度对另一边获益度的影响②。

利益相关者视角下多边权益主体的整体层面平衡研究：学者们认为图书出版商业模式由 4 个连锁要素组成，即客户价值主张、利润公式、关键资源与主要流程③。其中，客户价值主张是关键要素。图书开放获取的出版模式与商业模式体现了各方利益相关者之间的付费模式，体现了以协作与合作方式共同推动开放出版的经济平衡机制。

依据各利益相关者性质与数量差异，可将图书 OA 商业模式划分为：①"作者+出版社（平台）"的免费增值模式（如法国的 OpenEdition）以及自助出版模式（如美国 Smashwords 平台）④；②"作者+学术图书馆"的自存储机构知识库模式（如加州大学图书馆、中国科学院文献情报中心等）；③"图书馆+图书馆"的馆际互借模式（如英国 BookNow 模式)⑤；④"作者+商业出版者+非营利性出版者+文献组织或机构"的英国 Knowledge Unlatched（KU）模式⑥；⑤"作者+商业出版者+非营利性出版者+单纯资助者"的欧洲 OAPEN 学术图书出版模式，以及"委托出版模式""分级质量模式"等⑦。各商业模式下实现相关利益人整体层面的利

---

① 李瑾、盛小平：《利益视角下的学术图书开放获取出版模式研究》，《图书情报工作》2017 年第 3 期。
② 刘海霞、孙振球、胡德华、刘双阳：《开放存取期刊的经济学分析》，《情报理论与实践》2007 年第 1 期。
③ Georgina A. T., Valentino M. L., "A Business Model for Electronic Books", *Social and Behavioral Sciences*, Vol. 147, 2014, pp. 268 – 274.
④ 马小琪、李亚赟：《信息栈视角下微信公众平台出版模式研究》，《出版发行研究》2017 年第 7 期。
⑤ Michele S., Marie P. D., Jill E., "Consortial Monograph Interlending in the UK: A Case Study", *Interlending & Document Supply*, Vol. 34, No. 1, 2006, pp. 24 – 28.
⑥ 宁圣红：《学术图书开放获取新模式：Knowledge Unlatched》，《图书馆论坛》2015 年第 7 期。
⑦ Loan F. A., "Open Access E-book Collection on Central Asia in Selected Digital Archives", *Collection Building*, Vol. 30, No. 3, 2011, pp. 126 – 130.

益均衡实现条件为：利益相关者均可从图书 OA 出版活动中获得较大利益，且能与其他利益相关者建立稳定的利益合作与相互满足关系，实现彼此合理分工。

3. 图书开放获取权益分享的管理机制研究现状

图书开放获取权益分享的管理机制主要体现在运行机制与质量评审机制这两个方面。

在运行机制方面，由于编辑、校对、同行评议协调、发行、版税等因素，图书处理费成本高于论文处理费，因此，由谁来资助、资助给谁，以何种方式资助图书开放获取将影响用户信息获取与传播质量、知识的正外部效应以及学科发展的均衡[1]。

在质量评审机制方面，主要包括质量评价与质量控制两方面内容。图书出版商的品牌是评价出版质量的主要因素。同行评议是质量控制的主要手段，专著图书是生产冗长、专业性文献的产品，是招聘、任期和晋升的"黄金标准"。评审过程对于学术图书出版商来说，是一项具有专业性的劳动密集型工作，找到愿意承担该工作的评审人员既困难又耗时。在压缩或限定出版周期、难以找到适当评议专家等情况下，其同行评议机制将不像论文那么严格[2]。此外，同行评议和剽窃是撤销出版的两个最常见理由，特别是同行评议，实际上是一个制度性问题。

4. 图书开放获取权益分享的技术机制研究现状

图书开放获取权益分享的技术机制主要体现在数字权益管理技术与权益平衡以及保存、整合与再利用技术机制方面。

在数字权益管理技术与权益平衡方面，图书开放存取需要借助数字权益管理思想，在开放元数据、整合利用开放数据方面需要技术支持。数字版权管理技术有效地保护了版权人的相关利益，但也会侵犯消费者的部分

---

[1] Joseph W. I., "Research into Open Access Science Publishing", *Library Hi Tech News*, Vol. 26, 2009, pp. 16 – 18.

[2] 李武、刘兹恒:《一种全新的学术出版模式：开放存取出版模式探析》,《中国图书馆学报》2004 年第 6 期。

合理使用权利,从而打破了版权人、出版机构和消费者之间的利益平衡①。

在保存、整合与再利用技术机制方面,开放存取实现方式需要基于OAI(Open Access Initiative)的开放元数据机制、基于数字对象唯一标识符(Digital Object Identifier,DOI)的永久性保存与利用机制、基于搜索引擎的开放存取机制、基于 Web Service 的开放存取机制②,从而影响各权益方的信息获取。对开放获取图书,还需要基于同构与异构的整合技术架构与工作原理,以及相关的直接摄取元数据、直接嵌入检索接口、进行社会化分享等技术问题③。

三 评述

通过对国内外相关研究文献的梳理可以发现,图书开放获取已经成为社会发展的大势所趋。公平与富有效率的图书开放获取权益分享结果依赖于多元协调的权益分享机制。不过,目前国内外图书开放获取研究更注重实践,而理论研究比较薄弱,尤其对有助于解决图书开放获取突出矛盾的权益平衡的分享机制尚缺乏体系化研究。具体表现在如下四个方面:

1. 缺少兼顾公平与效率的权益分享机制研究

公平与效率是图书开放获取权益分享机制的主旨。但目前相关研究侧重的是在公平层面探讨图书开放获取权益存量的分享机制,强调图书开放获取权益分享的均衡研究,而忽视在效率层面探讨权益增量的分享机制。效率层面研究乏力的深层原因在于:以往研究侧重从供给侧推动权益转移的视角探究局部权益分享均衡,缺乏从需求侧拉动权益增值视角的全局分析。图书开放获取中各相关利益主体之间的关系并非单向的供需传导关系,而是呈现为一种多向供需互联的网络结构。因此,从需求侧驱动因素入手展开图书开放获取权益存量与权益增量分享的全局分析,探索权益分

---

① 常江:《数字版权管理与合理使用权利冲突的解决路径》,《出版广角》2016 年第 16 期。
② 李春旺:《网络环境下学术信息的开放存取》,《中国图书馆学报》2005 年第 1 期。
③ 朱本军、龙世彤、肖珑、黄燕云:《图书开放获取模式及整合利用研究》,《大学图书馆学报》2015 年第 5 期。

享公平与富有效率的机制体系目前有很大研究空间。

2. 侧重存量权益分享的公平机制研究，忽视在"效率"层面探讨权益增量的分享机制

引致"效率"层面研究乏力的深层原因在于：以往研究侧重从供给侧推动权益转移的视角探究局部权益分享均衡，缺乏从需求侧拉动权益增值视角的全局分析。在博弈论框架下，价值存量的公平分享是由集体理性主导的群体合作问题（但以非合作为前提），涉及公共价值与集体行动的议题。价值增量的效率提升由个体理性所主导的市场非合作竞争问题，涉及个人价值与个体行动策略选择的议题。

3. 缺少兼具内涵型与外延型机制的图书开放获取机制体系研究

机制是制度加上方法或者制度化了的方法。实现兼具公平与效率图书开放获取权益分享目标的机制应体现为包含内涵型与外延型机制的机制集合与机制体系。不过，目前的图书开放获取权益分享机制研究主要侧重于经济、政策、法律等外延型机制的探讨，缺乏对声誉、社会伦理、文化等机制的研究，也缺乏机制生成原理与体系化的机制研究。内涵型机制或自我约束机制则类似于拉制系统，包括决策机制、控制机制、监督机制、预警机制等诸多制约机制。

目前研究侧重于制度性机制研究，忽视声誉、社会伦理、文化等非制度性机制研究。因此，今后相关研究中应按照一定秩序和内部联系组合方式设计、构建图书开放获取权益分享的机制体系。该体系应包括组织层面的内部内涵型运行机制以及组织层面以外的外延型支撑性机制。其中，内部机制可以分解为自我发展机制与自我约束机制两大机制。自我发展机制类似于动力系统，包括竞争激励机制、价值创造机制、价值积累机制、投入机制、创新机制等。

4. 缺少角色互换、互动协作的多利益主体分析框架下的权益分享机制研究

机制研究以系统结构、要素及要素关系分析为基础。在"公平"层面的权益分享机制研究不仅数量有限，还缺乏在角色互换、互动协作的多利

益主体博弈分析框架下的相关研究，图书开放获取中的相关利益者是权益分享机制研究中最基本的分析要素。图书开放获取相关利益人包括作者、作者所属机构、营利性与非营利性出版社、文献组织或机构（如图书馆、机构知识库等）、资助者以及读者等主体。目前在相关研究中，主要侧重个体层面的决策分析或多个利益主体非合作局势下的静态利益均衡分析，缺少在角色互换、合作协调下多利益主体视角的长期动态策略选择分析。因此，在今后研究中将图书开放获取中各相关利益主体之间的关系视为一种多向供需互联的网络结构，将有助于在网络博弈框架下分析冲突与合作条件下多利益主体权益存量分享与权益增量分享的博弈均衡，挖掘各利益相关主体的行为动机，调动各方参与图书出版的积极性，进行合理分工与密切配合，实现公平与效率的机制设计（即博弈规则再设计）。

综上，对国内外相关研究进行梳理可以发现，图书开放获取已经成为社会发展的大势所趋。但是，学术图书出版在支撑性资源减少、商业模式创新、技术进步以及开放获取的背景之下，探讨如何分享图书开放获取权益，何种权益分享机制能确保图书开放获取实现公平与效率的权益均衡是国内外图书开放获取可持续发展的重要议题。辨析图书开放获取权益分享机制概念，探寻图书开放获取机制研究渊源与研究现状将有助于明晰目前图书开放获取权益分享机制研究的不足与未来展望，促进学术图书的可发现性与学术交流，为探讨学术图书开放获取商业模式、法律与政策体系、社会利益相关者协同关系、创新技术工具与平台等议题奠定研究基础。借鉴从需求侧驱动因素入手的理论来展开图书开放获取权益存量与权益增量分享的全局分析，探索权益分享公平与富有效率的机制体系目前有很大研究空间。

第四节　本书研究内容框架与研究方法

一　研究内容框架

本书通过质性探索与量性检验相结合的科学研究思路，依据"结构—行为—绩效"的研究范式，首先从图书开放获取权益分享的含义出发，借鉴价值网络理论，构造图书开放获取权益分享价值网络（即结构分析）；其次展开价值网视阈下图书开放获取权益分享博弈分析，探究权益均衡分享的博弈机理（即行为分析）；最后运用机制分析原理，提出机制体系，并将其应用于政策制定、商业模型修正等具体问题（即绩效生成与提升的机制体系分析）（见图1-1-5）。

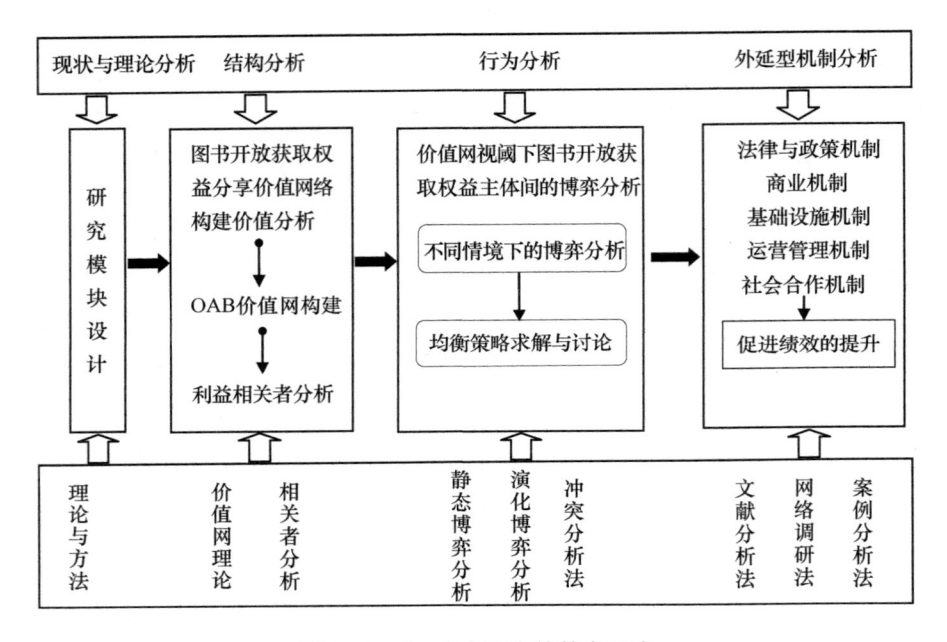

```
现状与理论分析    结构分析              行为分析              外延型机制分析
     ↓              ↓                    ↓                        ↓
┌────────┐  ┌──────────────┐  ┌──────────────────┐  ┌──────────────┐
│        │  │图书开放获取权│  │价值网视阈下图书开│  │法律与政策机制│
│研      │  │益分享价值网络│  │放获取权益主体间的│  │商业机制      │
│究      │  │构建价值分析  │  │博弈分析          │  │基础设施机制  │
│模   →  │  │      ↕       │→ │┌────────────────┐│  │运营管理机制  │
│块      │  │OAB价值网构建 │  ││不同情境下的博弈││  │社会合作机制  │
│设      │  │      ↕       │  ││分析            ││  │┌────────────┐│
│计      │  │利益相关者分析│  │└────────────────┘│  ││促进绩效的提升││
│        │  │              │  │┌────────────────┐│  │└────────────┘│
│        │  │              │  ││均衡策略求解与讨││  │              │
│        │  │              │  ││论              ││  │              │
│        │  │              │  │└────────────────┘│  │              │
└────────┘  └──────────────┘  └──────────────────┘  └──────────────┘
     ↑              ↑                    ↑                        ↑
  理论   价值  相关  静态  演化  冲突    文献   网络   案例
  与方法 网理  者分  博弈  博弈  分析    分析   调研   分析
         论    析    分析  分析  法      法     法     法
```

图1-1-5 本书研究的基本思路

具体研究内容分为六个部分，每个部分由不同的章节数组成：

第一部分为绪论。分两个章节进行阐述。第一章为研究现状、框架与方法。该章首先对图书开放获取的研究背景与研究意义进行了阐述；然后应用VOSviewer进行了可视化分析，并对国内外图书开放获取相关领域的研究现状进行了主体分析并进行述评；最后，在研究思路的基础上，本书阐释了在"结构—行为—绩效"研究范式下各部分之间的关联关系，以及各部分的主要研究内容，并对本书研究中所采用的研究方法进行了介绍。第二章为图书开放获取发展现状与面临的挑战。主要探究图书开放获取的历史沿革、发展现状的三方面内容以及面临的五大领域的挑战。

第二部分为理论探究。分两个章节进行阐述。第一章为基本理论问题。本章不仅对研究中涉及的学术图书、专著、开放获取、图书开放获取内涵与特点进行了研究，对权益、图书开放获取权益、图书开放获取权益分享机制几个核心术语进行了分析和界定，还对图书开放获取的实现路径（突破经济壁垒）、版权许可（突破法律壁垒）与发现平台（突破技术壁垒）进行了概述，为课题后续研究奠定基础。第二章为理论基础。对应"结构—行为—绩效"的理论研究范式，本章主要择取利益相关者理论、博弈论与机制分析理论进行了阐述，以期为后续的研究奠定深厚的理论基础。每个部分的具体内容与作用为：①在利益相关者理论部分，本章主要对利益相关者理论的主要观点、分析工具、分析步骤进行了概述。该理论是本书第三部分利益相关者关系网络结构的理论基础。②在博弈论部分，分别对经典博弈论、演化博弈论包含的内容做了概述。该理论是第四部分利益相关者行为分析的理论基础。③在机制分析理论方面，主要对机制的含义、类型进行了简述。该理论是第五部分五个机制——法律与政策机制、商业机制、技术机制、运营管理机制、社会合作机制的理论基础。

第三部分为结构分析。本部分是"结构—行为—绩效"研究范式中"结构"模块的研究内容。具体包括"图书开放获取价值网络构建"与"图书开放获取利益相关者分析"两章内容。第一章为图书开放获取价值网络构建。本章主要在传统纸媒与数字媒介环境下学术图书出版交流圈模型、数字学术图书出版价值链模块构成的基础上，对图书开放获取相关利益主体的价值集合进行了界定，然后重点对图书开放获取价值链进行解构与价值网络重塑。在图书开放获取价值网络系统模块构成的基础上，进一步对图书开放获取的价值网络结构类型进行了解析。第二章为利益相关者分析。具体包括图书开放获取利益相关者生态系统模型，图书开放获取利益相关者的识别，各图书开放获取利益相关者的角色、功能、活动与文件内容分析，图书开放获取利益相关者的关注点与能力分析，利益相关者对图书开放获取的态度与主要优先事项选择分析，以及 OAB 利益相关者互动的因果关系网络。

第四部分为行为分析。本部分是"结构—行为—绩效"研究范式中"行为"模块的研究内容，由两个章节构成。第一章在经典博弈论中的完全信息静态分析框架下，运用囚徒困境模型对二方权益主体的博弈行为进行了分析，并提出破解图书开放获取囚徒困境的思路。第二章在演化博弈分析框架下，进一步分析有限理性前提下三方权益群体的博弈分析，以期从更接近现实的角度分析问题并求解演化稳定均衡，并进一步提出相关的对策和建议。

第五部分为机制分析。本部分是"结构—行为—绩效"研究范式中"绩效"模块的研究内容，是生成与促进绩效的机制，具体分为法律与政策机制、商业机制、技术机制、运营管理机制、社会合作机制这五章内容。这五章内容也是内涵型机制（如保障机制、信任机制、竞争激励机制、价值创造机制、价值传递机制、价值积累机制、创新机制等）的基础。第一章为图书开放获取的法律与政策机制，探讨了图书开放获取中的版权许可法律机制以及政策机制两方面内容。本章运用 5W1H 分析法搭建了图书开放获取的政策机制框架，并从国际联盟、各国以及各机构三个层面对目前图书开放获取政策进行网络与文献调研，以期进行深入讨论和提出建议。第二章为图书开放获取的商业机制。本章主要探究图书开放获取商业模式的含义与研究视角、类型与现存问题，指出目前 BPC 模式的诸多弊端与价值增值的几种渠道。以商业画布与双边市场理论为基础，并以 Open Book Publishers 为例，说明商业画布的九个模块内容在阐释商业机制中的应用及启示。第三章为基于数字基础设施的图书开放获取技术机制。首先，在基础设施层面，本章在明晰图书开放获取数字基础设施的价值、倡议、服务功能的基础上，进一步阐述了开放获取图书的摄取、发现和传播路径。其次，在元数据层面，本章详细阐释了图书开放获取中元数据标准不协调的问题。第四章为图书开放获取的运营管理机制。本章首先从解析运营管理内容出发，分析价值网视阈下图书开放获取运营管理机制的内涵，将图书开放获取运营管理机制的研究重点限定在运营流程与质量评审两个焦点内容。其次依据学术图书的运营战略与运营流程特点，深入分析图书开放获取的流程优化与基础设施支撑、软件支持工具。同时，将图书开放获取质量评审内容分解为质量评审标准的确立以及质量控制两方面内容。第五章为图书开放获取的社会合作机制。本章首先从静态视角，将图书开放获取合作议题与出版模式进行了联系，从出版模式的内涵与三个维度的解读中，探究图书开放获取合作的维度（即主体、活动和资源）并展开案例分析。其次从合作战略视角，进一步探究了图书开放获取的四种策略及其网络结构。最后从动态演化视角，继续解析图书开放获取合作演化的三种类型。

二　研究方法

（1）文献调研法与网络调查法：拟采用文献调研法对现有研究进行搜集、整理、总结与提炼，界定图书开放获取权益的概念、层次及类型，明晰图书开放获取价值网络类型与结构、利益相关者的关注点与优先事项，阐释机制的内涵与外延等；运用网络调查法明晰图书开放获取现状、法律与政策规定等。

（2）价值网络分析方法：拟采用价值网络分析法分析图书开放获取权益分享价值网络结构，运用演绎分析方法探析价值网络各权益主体、活动、基础设施与信息的网络，探析图书开放获取价值网络的具体结构。

（3）博弈论与机制设计分析方法：拟采用经典博弈、演化博弈等方法建立与情境相适应的博弈模型。非合作博弈是合作博弈的基础。本书将合作博弈作为价值增值的前期阶段性活动，主要在非合作博弈框架下展开权益分享的博弈行为分析。

（4）案例分析方法与内容分析法：采用案例分析方法，探讨图书开放获取的图书传播方式、价值网络结构、商业模式、治理机制、合作出版模式等内容，有助于在情景中展开具体应用的分析。

第二章 图书开放获取发展现状与面临的挑战

图书开放获取（Open Access for Books，OAB）也称为专著开放获取（Open Access for Monograph，OAM）①，是近年来在科学出版和开放获取（Open Access，OA）领域占有一席之地的出版模式。本书经过对图书开放获取的起源与标志性历史事件的梳理，将图书开放获取的历史划分为如下四个阶段，旨在把握图书开放获取的产生背景、演进脉络与现状，探究图书开放获取面临的环境约束，明晰图书开放获取目前面临的挑战，为后续研究奠定现实基础。

第一节 图书开放获取的发展历史简述

本书将图书开放获取（OAB）演进过程中发生的标志性事件（即Memex设想、谷歌图书计划、OAPEN基金会的成立、cOAlition S 计划的提出）作为阶段划分依据，将 OAB 的发展历史划分为萌芽期、形成期、持续发展期以及增速发展期四个阶段。

一 萌发期（1945—2003年）

以 Memex 设想为标志，开启了图书开放获取的萌芽期。图书开放获取

---

① Gatti R., Mierowsky M., "Funding Open Access Monographs: A Coalition of Libraries and Publishers", *College & Research Libraries News*, Vol. 77, No. 9, 2016, pp. 456–459.

的思想来自在网上免费阅读学术图书的探索，其始于 1945 年，源于美国工程师、发明家和科学管理者 Vannevar Bush 在其文章"As We May Think"中提出的一种用于存储、检索、展示私人图书与影片的概念框架"扩展存储器"，即 Memex 设想①之后，计算机科学家迈克尔·哈特（Michael Hart）在 1971 年率先提出了一项名为"古腾堡计划"（Project Gutenberg，PG）的计划或倡议，旨在让公共领域的文献作品可以非营利的方式在网上阅读。古腾堡计划提出之后，《美国独立宣言》、《爱丽丝梦游仙境》、莎士比亚的某些著作以及圣经等作品陆续成为最早的、可在网上阅读的数字文本。起初，电子书的数量增长缓慢，1991 年在网上只能找到 18 本数字文本或电子图书。

随着互联网的出现以及在线图书数量的显著增加，引起了正经历图书危机的美国出版界（特别是大学出版社）的关注。1994 年，麻省理工学院出版社首次在其网站上免费提供 William J. Mitchell "City of Bits：Space，place，and the Infobahn"一书的 HTML 版本②。该实验项目成为"混合"图书出版模式（即免费在线文本与付费印刷文本同时出版）的先驱，至今仍在广泛使用。1998 年，美国国家科学院出版社（NAP）开发了"Open-book"在线导航，向用户免费提供图书。之后，澳大利亚国立大学出版社（ANUP）等其他出版商也纷纷效仿③。在此后几年，大学出版商继续寻求解决科学图书传播问题的新办法④，但基本上仍局限于少数学术出版商的尝试，图书开放获取的时机还不成熟。

二 形成期（2004—2010 年）

在萌发期之后，以 2004 年谷歌公司发起的谷歌图书（即 Google

---

① Connaway L. S., Wicht H. L., "What Happened to the E-book Revolution? The Gradual Integration of E-books into Academic Libraries", *Journal of Electronic Publishing*, Vol. 10, No. 3, 2007.

② Jensen M., Hart M., "Defined the Landscape of Digital Publishing", Chronicle of Higher Education, September 12, 2011, http://chronicle.com/article/Michael-Hart-Who-Defined-the/128953/.

③ National Academy Press, https://en.wikipedia.org/wiki/National_Academies_Press.

④ Thompson J. B., *Books in the Digital Age: The Transformation of Academic and Higher Education Publishing in Britain and the United States*, Cambridge: Polity Press, 2005, p. 468.

Books）计划以及 2010 年 OAPEN 基金会的启动为标志，进入图书开放获取的形成期。Google Books 免费电子图书的计划源自谷歌公司在 2004 年发起的 Google Print 计划。该计划旨在在线收集数字化图书，并提供部分免费下载服务。它以一种更商业化的方式，一方面致力于构建面向以提高在线曝光度为目标的出版商的服务平台，另一方面则致力于成为面向读者服务的大型虚拟书店（即 Google Play）。

由于在 Google Books 之前的 2001—2003 年间，以《布达佩斯宣言》《贝塞斯达声明》与《柏林宣言》（即 3B）为发端的开放获取运动不断发展，OA 成为知识民主与承担传播知识社会责任方式的代表，因此自 Google Books 计划之后，图书开放获取的术语得以形成并传播开来[①]。

值得注意的是，在以科学期刊为主要焦点的 OA 运动中，一开始并没有认识到专著等学术图书的 OA 议题。不过，随着时间的演进，在各类 OA 计划和倡议中，图书开放获取议题逐渐得到更多关注。例如，在 2001 年的《布达佩斯宣言》只提到科学文章，即使在 2003 年的《贝塞斯达声明》中提出了与出版业有关的一般指示（即"OA 出版"），范畴有所扩大，但对期刊出版物的关注继续占据主流。而在 2003 年的《柏林宣言》则提出"资助包括原创性的科学研究成果"，将以往倡议中没提及的图书包含其中[②]。

目前，开放获取以期刊论文为主主要在于版税与销售报酬这两个原因：一方面，期刊论文不收取版税，因此可以更容易地实现开放获取。另一方面，专著或学术图书的作者有权从作品的销售中获得报酬，出版物的 OA 传播则可能会剥夺其经济补偿，而这却与 OA 公共获取的原则形成了鲜明对比。不过，随着开放科学进程的加快，近年来 OAB（或 OAM）在 OA 运动和科学出版中占领了越来越广阔的空间。数字图书馆中越来越多的 OA 图书使得学术研究成果更加丰富，特别是在以专著作为主要学术交流工具的人文和社

---

① Harnad S., "12th Anniversary of the Birth of the Open Archives Initiative (sic)", October 20, 2011, *Open Access Archivangelism*, http://openaccess.eprints.org/index.php?/archives/846-12th-Anniversary-of-the-Birth-of-the-Open-Archives-Initiative-sic.html.

② Berlin Declaration on Open Access to Knowledge in the Sciences and Humanities, 2003, https://www.zbw-mediatalk.eu/2019/08/open-access-for-monographs-small-steps-along-a-difficult-path/.

第二章 图书开放获取发展现状与面临的挑战

会科学（HSS）领域，研究人员更加依赖 OAB。

三 持续发展期（2011—2017 年）

以 2010 年 OAPEN 这一非营利性基金会的启动为标志，图书开放获取进入发展期。自 2011 年至今的整个发展阶段，OAB 的发展以研究机构、协会、联盟等机构发挥积极作用为特征，形成了一些标志性的倡议计划。尤其自 2018 年起，OAB 更是成为各国及各类机构研究的焦点，使得各种倡议、计划、试点项目、实验活动、调研报告、研究报告、人文学科或专著基础设施建设等不断涌现。基于此，本书以 2018 年为界，将发展期细分为持续发展期与增速发展期两个阶段。

图书开放获取发展期阶段（包括持续发展期与增速发展期）的标志性活动见下述的鱼骨图（见图 1-2-1）。

在持续发展期阶段，OAB 的主要活动如下：

2011 年，OAPEN（欧洲开放获取出版网络）基金会成立。它诞生于荷兰，原名为 Open Access Publishing in European Networks，是第一个致力于开发 OA 图书的项目，旨在支持学术图书向开放获取出版模式转变。OAPEN 一直致力于提高 OAB 的标准，促进培训活动，制定质量评估、许可和元数据管理的指导方针[①]。根据三类服务群体，OAPEN 开发了三个平台：服务于图书馆的 Open Library 平台，服务于出版社的开放获取图书目录平台（Directory of Open Access Books，DOAB）[②]，服务于读者的 OAPEN Open Access Books Toolkit 平台。其中，OAPEN Library 是一个来自世界各地出版商的免费学术图书库，为 430 多家 OA 出版社提供托管、保存和发现服务。其中包括由非营利组织"知识解锁"（Knowledge Unlatched，KU）制作的一系列图书。2014 年，OAPEN 开发了两个国家级卫星项目：OAPEN-UK 和 OAPEN-NL。这两个国家级项目的重点是收集数据和开展 OA 专著的研究。除此之外，专门针对开放获取专著的主要研究还有英国高等教

---

① OAPEN OA Books Toolkit, https://oapen.org/.
② Directory of Open Access Books, https://www.doabooks.org/.

第一部分 绪论

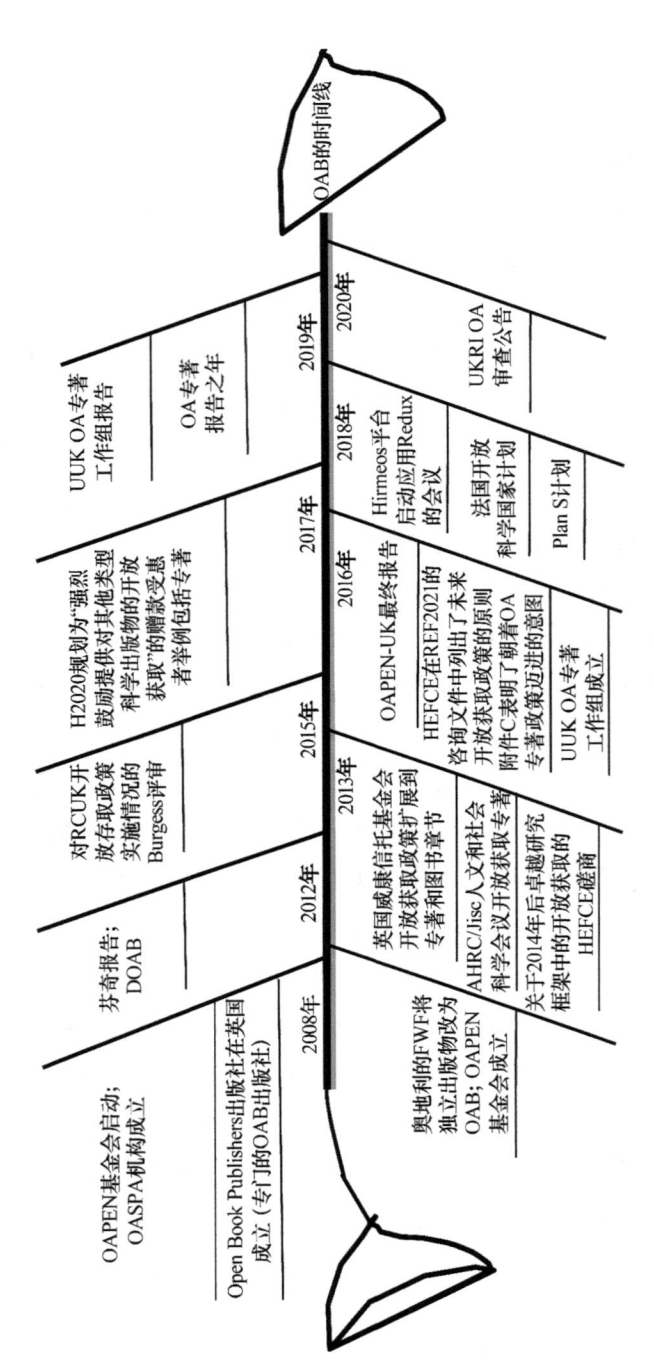

图 1-2-1 图书开放获取发展期标志性活动鱼骨图

第二章　图书开放获取发展现状与面临的挑战

育资助机构（HEFCE，即现在的 HE）开放获取专著研究。这三项研究都有出版商、图书馆和研究人员的参与，但各自的目标略有不同。

自 2011 年开始，OASPA（开放获取学术出版商协会，其成员包括非营利和营利的科学出版商和不同的机构）对 OA 图书产生兴趣并参与其中，致力于数字出版各方面的研讨会①。它代表了一个从事开放学术的多样化组织社区，致力于鼓励并使开放获取成为学术产出的主要交流模式②。

作为 OASPA 成员，SPARC Europe（Scholarly Publishing and Academic Resources Coalition Europe）和 OPERAS（Open Scholarly Communication in the European Research Area for Social Science and Humanities）是学术交流在欧洲研究领域的开放获取联盟机构，需予以重点关注。首先，SPARC Europe 是学术出版和学术资源联盟的欧洲分部，成立于 2001 年，将出版商、机构和大学聚集在一起，旨在支持网络数字环境下科学传播的新方法。其次，OPERAS 将自己定位为"泛欧洲研究基础设施"，以人文和社会科学领域的开放科学交流与发展作为关注焦点。在合作伙伴中，包括欧洲大学和研究中心、出版商、"知识解锁"KU 等项目。此外，OPERAS 是一个名为 OpenEdition 的大型 OA 支持项目的一部分③，而 OpenEdition 由法国国家科学研究中心（CNRS）、Université d'Aix-Marseille、EHESS、Université d'Avignon 等支持的开放电子出版中心（Cléo）的推广，致力于发展数字出版。近年来，OpenEdition 专注于 OAB 出版，数量显著增长。

2012 年，DOAB（Directory of Open Access Books，DOAB）是 OAPEN 开发的、服务于出版社的平台项目。目前，DOAB 显示有 711 家致力于出版 OA 图书的出版商（2023 年 11 月 25 日数据）（注：这 711 家出版社只是 OAB 出版社中最合格的一部分），共显示有超过 75500 本图书可以免费获取④。

---

① Open Access Scholarly Publishing Association，https://oaspa.org/.
② OASPA, "Panelists Discuss New Developments in Open Access Monographs for OASPA and Knowledge Exchange Webinar", 2017, https://oaspa.org/panelists-discuss-new-developments-open-access-monographs-oaspa-knowledge-exchange-webinar/.
③ OPERAS, https://operas.hypotheses.org/.
④ Directory of Open Access Books, https://www.doabooks.org/.

2013年，Zenodo在线存储库平台由CERN（Conseil Européen pour la Recherche Nucléaire）机构创立，该知识库的推出目标是帮助小型机构的"长尾"研究人员以各种形式分享所有科学领域的成果[①]。

2016年3月21日，由马克斯·普朗克学会发起的OA2020国际计划（即《开放获取2020行动计划》，The Open Access 2020 Initiative）是致力于加速向开放获取过渡的全球联盟，旨在推动全球范围内实现向开放获取过渡。该倡议是在《开放获取科学和人文知识柏林宣言》框架下，旨在促使学术期刊从订阅到开放获取出版的快速、平稳和以学术为导向的转变。OA2020倡议的目标是在更大范围内实现SCOAP3在高能物理领域核心期刊上，将期刊从订阅转换为OA，并从资金资助转为学术交流提供基本服务。目前，这一计划也扩展到学术图书领域，成为OAB的资助机构与框架构建指南[②]。

Horizon 2020是欧盟2014—2020年的研究和创新资助计划（该计划已由Horizon Europe接替），预算近800亿欧元。2017年，Horizon 2020规划为"强烈鼓励提供对其他类型科学出版物的开放获取"的赠款受惠中包括专著[③]。

2017年，美国"迈向开放的专著生态系统"（Toward an Open Monograph Ecosystem，TOME）是美国大学协会（AAU）、研究图书馆协会（ARL）和大学出版社协会（AUPresses）发起的一项五年试点项目。它建立在高校与大学出版社参与的基础之上，参与者承诺提供15000美元的基线拨款，以支持出版不超过90000字的开放获取专著，或者为更长或更复杂的作品提供额外资金[④]。目前，超过60家大学出版社以知识共享许可公开许可方式，致力于制作TOME出版的数字开放获取版本，并将文本存放在选定的开放存储库中（如开放研究图书馆ORL、OAPEN、DOAB或

[①] ZENODO, https://zenodo.org/.
[②] OA2020, https://oa2020.org/.
[③] Horizon 2020, https://research-and-innovation.ec.europa.eu/funding/funding-opportunities/funding-programmes-and-open-calls/horizon-2020_en.
[④] TOME, https://www.openmonographs.org/.

HathiTrust 数字图书馆）。

这一时期的其他重要事项还有①：①出版社纷纷开展图书开放获取出版业务。例如，哈德斯菲尔德大学出版社开始提供 OA 专著出版（2010年）；Springer Open 推出开放获取图书（2012年），Palgrave 与 Ubiquity 出版社出版 OA 专著（2013年），剑桥大学出版社推出开放获取专著服务（2015年）。②推出有影响力的报告。如 Finch 报告的发表（2012年）；UUK OA 专著工作组成立，发布作者调研报告（2016年7月）。③开放获取试点项目。例如，2013年10月，KU 知识解锁项目启动；2014年，英国 HEFCE 专著和开放获取项目成立。JSTOR 作为 ITHAKA 非营利性组织的一部分，在 JSTOR 上发起了一项名为"开放获取图书"的计划，该计划包括在其数据库中托管大学出版商出版的 OA 图书［目前可免费获取由300多家出版社的10000多本图书（2023年11月25日数据）］。④政府机构与大型基金会制定开放获取政策。例如，威康信托基金会（即 Wellcome Trust）制定的 OA 资助政策中将图书包括其中；2016年，英国高等教育资助委员会 HEFCE 在 REF 2021 的咨询文件中列出了未来开放获取政策的原则，附件 C 表明了朝着 OA 专著政策迈进的意图。⑤倡议和发布战略路线图。例如，2014年7月，英国 Jisc 制定了国家专著战略路线图。⑥基础设施的构建。如"开放获取存储库授权和政策注册管理"机构（The Registry of Open Access Repositories Mandatory Archiving Policies，ROARMAP）于2015年3月成立。它是一个可搜索的国际注册管理机构，记录了大学、研究机构和研究资助机构所采用的开放获取授权的增长情况，以及政策选择、存缴、许可条件、持有权利或迟滞期等信息。

四　增速发展期（2018年至今）

以 2018年 Plan S 为标志，本书将 2018年至今的期间界定为增速发展

---

① Monica McCormick, "Open-Access Monographs: New Tools, More Access", May 20, 2019, https://er.educause.edu/articles/2019/5/open-access-monographs-new-tools-more-access; Open Access Books on JSTOR, https://about.jstor.org/whats-in-jstor/books/open-access-books-jstor/.

期。之所以界定为"增速",不仅是因为 2019 年发布了很多倡议以及诸多有影响力的调研报告(2019 年甚至被称为"图书开放获取年"),还是因为这一期间有很多有影响力的实验项目和试点活动。

第一,Plan S 计划启动。2018 年 9 月,在欧盟委员会和欧洲研究理事会(ERC)的支持下,近 30 个国家(如英国、美国、加拿大、荷兰、奥地利、德国、芬兰、瑞士等)的研究资助组织宣布启动 cOAlition S 的 Plan S 指南,旨在实现研究出版物全面和即时开放获取的举措,促进世界范围内 OAB 强制授权。由于学术图书出版与期刊出版有很大不同,难以对开放获取图书制定统一的政策,2021 年 9 月 2 日,cOAlition S 联盟发布了最新制定的关于学术图书符合 S 计划原则的声明和建议。cOAlition S 声明指出,学术图书对于社会科学和人文学科来说尤为重要。学术图书包括专著、图书章节、汇编文集、评论版本和其他长篇著作等学者的出版物形式[1]。对此,DOAB 的联合主任皮埃尔·穆尼尔和尼尔斯·斯特恩表示,DOAB 确信,多样化社区参与协作方式将在 cOAlition S 之外引起广泛反响[2]。如果说 10 年前强制性 OA 政策开启了学术出版的开放转型,那么在 2021 年 OA 真正成为学术出版的默认模式,这也标志着 OA 发展进入了一个新阶段,包括学术图书在内的更多内容领域走向开放。

第二,研究调研报告密集发布。2019 年,是 OA 专著报告发布机构报告数量非常密集的一年。例如:在英国与泛欧洲层面,英国 UUK OA 专著工作组发布了"开放获取和专著"报告以及 UKRI 发布了"OA 审查公告"、Knowledge Exchange(KE)组织针对八个欧洲国家政策调研与 OAB 全景分析的报告、Springer 发布了白皮书"OA 图书的未来"、Digital Science 发布了"开放专著的状态"的报告等;在美国层面,在安德鲁·W. 梅隆基金会的支持下,图书产业研究小组在进行了一次社区咨询后,

---

[1] cOAlition S, "Statement on Open Access for Academic Books", September 2, 2021, https://www.coalition-s.org/coalition-s-statement-on-open-access-for-academic-books/.

[2] cOAlition S, "Statement on Open Access for Academic Books", September 2, 2021, https://www.coalition-s.org/coalition-s-statement-on-open-access-for-academic-books/.

第二章　图书开放获取发展现状与面临的挑战

于 2019 年 5 月发布了一份白皮书，概述了 OA 电子图书使用数据的统计问题，并提出了一个"数据信托"（data trust）机制来解决这些问题①。这种方法补充了其他项目（如 Distributed Usage Logging Project 分布式使用日志项目）的工作，同时认识到需要反映小型和大型出版社利益结盟的制度。

第三，重要基础设施平台得以构建。在平台建设方面，例如，2018 年欧盟推出"欧洲开放科学基础设施中研究专著的高度整合"（High Integration of Research Monographs in the European Open Science infrastructure，HIRMEOS）为期 30 个月的项目。HIRMEOS 的主要目标是将开放获取专著整合到"开放科学生态系统"中，并帮助提高 HSS 工作的知名度和价值，解决了支持开放获取专著及其内容的重要平台全面整合的主要障碍②。再如，2020 年由英国研究与创新署（UKRI）推出的"社区主导的专著开放出版基础设施"（Community-led Open Publication Infrastructures for Monographs，COPIM）项目，由英国研究中心和阿卡迪亚基金资助，旨在使开放获取专著、使强制许可授权成为现实。COPIM 开发了两个平台：OBC［用于创新商业模式（即 Open to the Future，OtF）的平台］与 Thoth（用于开源元数据管理和分发的平台）。

第四，试点项目多元。例如，在图书处理费 BPC 模式存在分配不公平、不可持续等诸多弊端的背景下，由英国研究与创新署（UKRI）于 2020 年推出的 COPIM 项目提出了 Open to the Future（OtF）集体资助的商业模式，为中小型出版社开展图书开放获取项目打开了资金融通渠道。再如，为收集、处理和整理 OA 学术图书的使用数据，在 2020—2022 年期间，在美国安德鲁·W. 梅隆基金会资助下，由北德克萨斯大学凯文霍金斯（Kevin Hawkins）领导了"面向使用数据信任的试用数据收集和管理"

---

① Brian O'Leary, Kevin Hawkins, "Exploring Open Access Ebook Usage", *Book Industry Study Group*, 2019, http://dx.doi.org/10.17613/8rty-5628.
② Hole B., Virgilio F. D., Bowley C., "Shared Infrastructure for Next-Generation Books: HIRMEOS", *ELPUB*, June 2018, https://elpub.episciences.org/4624/pdf.

（Piloting Data Collection and Management for a Usage Data Trust）项目。该项目依据研究小组2019年发布的"探索开放获取电子书使用"白皮书中记录的建议采取行动，旨在开发所需的工具、软件和工作流程，支持全球数据信托①。该国际合作组织为四家大学出版社、一家商业出版商和一家数字OA图书馆（The University of Michigan Press，Wits University Press，UCL Press，ANU Press，Springer Nature，OAPEN）开发了一个概念验证使用数据存储库，用于数据聚合和聚合使用数据仪表板。试点期间捕获的数据源包括来自公共数据集（如Crossref和OAPEN）的一般书目数据，以及来自多个平台（OAPEN、JSTOR、谷歌Books、谷歌Analytics、UCL Discovery）的使用数据。来自这些来源的数据通过特定于图书的元数据标准ONIX与出版商数据集成。

第五，多元主体参与的平台项目得以构建。2020年8月，由OAPEN成员创建了全球性的参与平台"开放获取图书网络"（Open Access Book Network，OABN）平台项目。OABN是一个关于OA图书的热烈对话的论坛空间，免费加入并向所有人开放，旨在团结全球开放获取图书出版界的开放的、自下而上的平台。它汇集了来自世界各地的研究人员、政策制定者、出版商、图书馆员、基础设施提供商和其他参与者，分享关于开放获取图书相关问题的知识、讨论、支持和最佳实践。OABN由OAPEN、OPERAS、ScholarLed和SPARC Europe的成员协调。

第六，新协议达成与新报告新政策的发布。例如，英国研究与创新基金会（UK Research and Innovation，UKRI）于2021年8月6日宣布了新的开放获取政策。政策要求从2022年4月1日起提交发表的同行评审研究文章立即开放获取，而且该政策对图书开放获取提出了新的要求，即从2024年1月1日起出版的专著、图书章节和编辑的馆藏必须在出版后12

---

① Curtin Open Knowledge Initiative，"A Pilot Data Trust for Open Access Ebook Usage（2020 – 2022）"，https://openknowledge.community/projects/book-usage-data-workflows/.

第二章 图书开放获取发展现状与面临的挑战

个月内开放获取①。再如，2021年十大学术联盟（即BTAA）与开放获取图书目录平台（DOAB）、开放获取图书馆和出版平台（OAPEN）达成了一项为期三年（即2021—2023年）的集体行动协议，由所有15家成员图书馆提供财政支持。还有，2019年对OAM而言是重要的一年，由英国大学开放获取专著小组②、BISG、Digital Science 和 Springer Nature 等机构出版的一些报告和白皮书值得关注。这些报告指出，学术图书出版中的开放获取将继续存在，但如要实现开放获取图书的真正可持续发展生态，仍然面临严峻挑战。此外，2020年10月，英国研究与创新中心UKRI委托OAPEN对开放获取专著、编辑作品和图书章节的技术基础设施进行差距分析。本报告介绍了差距分析的结果，旨在让英国科学研究院明晰OAM的基础设施要求，作为其考虑引进OAM政策的一部分。该报告还描述了工作流程和利益相关者，并对支持OA图书和章节的技术基础设施进行了细致的分类。

第二节 图书开放获取的发展现状

经过对OAB的发展历程进行梳理，结合近几年来与OAB相关的各类研究文献、网站信息、项目研究报告与指南等资料，本章与本书后续内容的资料来源的类型大体包括四类：①网站信息：来自DOAB（关于OA图书出版商和OA图书等相关信息）、OAPEN Library（关于OA图书与保护等相关信息）、ROARMAP（关于资助者和机构政策的资料），以及OPERAS、COPIM、TOME、Knowledge Unlatched（KU）、OpenAIRE、OpenDOAR、Zenodo、European Commission、OCLC、AAUP等基础设施或联盟组织（包括商业与非商业两类）的网站信息。②项目与活动报告：OAPEN 试点项目

---

① Fathallah J., "Open Access Monographs: Myths, Truths and Implications in the Wake of UKRI Open Access Policy", *LIBER Quarterly*, Vol. 32, No. 1, 2022, pp. 1–22.

② Universities UK Open Access and Monographs Group, "Open Access and Monographs: Evidence Review", October 2019, https:// openresearch. community/documents/59416-uuk-open-access-evidence-review? channel_ id =2449-content https://www. internationalscienceediting. cn/solution-698. html.

（来自 OAPEN-NL、OAPEN-UK 与 OAPEN-CN）的报告以及 OAPEN 年度报告或指南；Knowledge Exchange、Digital Science、Springer Nature、HEFCE 等机构或出版社的全景分析报告或调研分析报告等。③中介信息组织的报告：Simba Information 机构的预测报告。④研究论文。见参考文献标注，此处不赘述。

根据 Simba Information 2020 年 3 月发布的开放获取图书出版 2020—2024 年报告，有以下几点事实和预测①：①2019 年，OA 图书首次下降至 4500 万美元；②OA 图书继续尝试商业模式；③大多数 OA 出版商都是欧洲的人文社科领域（HSS）的出版社；④大型的自然、技术与医学领域（STM）的商业出版商将会缓慢加入这一阵营；⑤资助者授权给予 STM 开放获取图书的数量将增加；⑥社会科学与人文 OA 将走上一条独立的道路。

一　开放获取图书资源的现状

开放获取图书资源的现状由 OA 图书的数量、语言、主题、出版社、版权许可、资助机构等几个方面构成。本部分所采用的数据信息来源于开放获取图书的两个重要平台，即 OAPEN 与 DOAB。需要指出的是，两个平台在开放获取图书的数量、版权许可使用类型、资助机构资助 OA 图书的数量与排名等方面的数据存在差异。相比较而言，DOAB 与 OAPEN 两者的相同点在于：两者包含的图书都必须在开放获取许可下提供，都经过了同行评议。两者间的不同之处在于：DOAB 涵盖了 OAPEN 图书馆中的图书文献，对图书使用数据进行最全面的覆盖②，且在出版前接受独立和外部同行评审。OAPEN 图书馆包含同行评审的开放获取图书的全文，而 DOAB 并非如此。

总体来看，截至 2023 年 11 月 25 日，在 OAPEN 平台，可索引来自 436

---

① Simba Information，https:// www.simbainformation.com/Open-Access-Book-Publishing-13834437/.

② Deltathink，https://deltathink.com/news-views- open-access-books/.

家学术出版社、共计 76 种语言（68.67% 以英语出版）的 31176 本 OA 图书，涉及 1984 个主题。在 DOAB 平台，可索引来自 711 家学术出版商、共计 101 种语言的 75654 本 OA 图书，涉及 2235 个主题。其中以英语出版的占比为 59.74%，显示超过一半的图书是以非英语语言出版的。具体分析如下（不失一般性，本书以 2023 年 2 月 11 日的数据为参考计算）。

1. 开放获取图书的数量

OA 图书的准确数量很难计算。不过，依据 DOAB 平台与 OAPEN 平台 2023 年 5 月 11 日的数据显示（见图 1-2-2 与图 1-2-3）[①]，前者共有 60650 本图书以及 3989 个图书章节可供开放获取，后者共有 23700 本图书以及 3203 个图书章节可供获取。由此可见一斑。

从图中可见，虽然两个平台的数量有所不同，但趋势与增速大体一致。在 2000 年之后，OAB 数量开始有巨大增长。尤其是自 2010 年到 2019 年期间，增速明显，且将会在新的 10 年有更大增长。

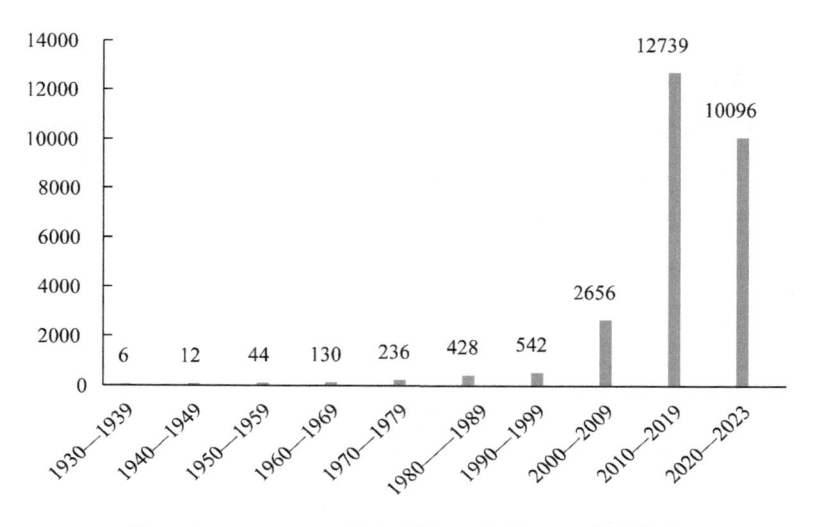

图 1-2-2 OAPEN 平台每隔 10 年的 OAB 数量数据

---

① OAPEN，https://www.oapen.org/；Directory of Open Access Books，https://www.doabooks.org/.

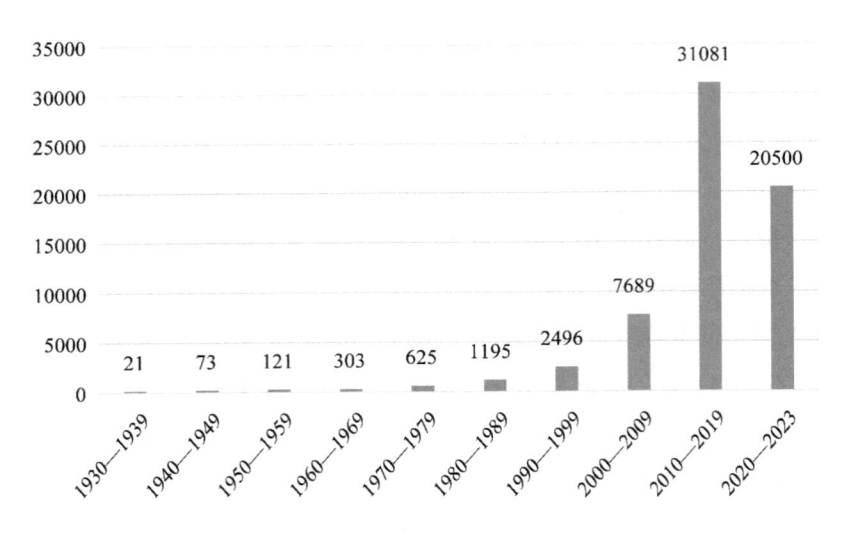

```
35000                                                    31081
30000
25000                                                              20500
20000
15000
10000                                              7689
 5000                                       2496
             21    73    121   303   625  1195
    0
       1930—1939 1940—1949 1950—1959 1960—1969 1970—1979 1980—1989 1990—1999 2000—2009 2010—2019 2020—2023
```

图 1-2-3　DOAB 平台每隔 10 年的 OAB 数量数据

2. 开放获取图书中使用的语言

总体而言，在 OAPEN 平台，可索引到 OAB 使用了 70 种语言。其中，英语是最常用的语言，占总数的 63.94%，其次是德语（23.54%）和法语（7.29%），其余 9.48% 的图书总共分为大约 67 种语言。在 DOAB 平台，可索引到 OAB 共计使用了 96 种语言。其中，英语也是最常用的语言，占总数的 56.33%，其次是法语（16.22%）和德语（14.34%），其余 13.12% 的图书总共分为大约 93 种语言。两平台关于开放获取图书使用的语言数据如表 1-2-1 所示：

表 1-2-1　　　　　　　　开放获取图书使用的语言

OAPEN 平台数据			DOAB 平台数据		
排名	语种	数量	排名	语种	数量
1	英语	17213	1	英语	36332
2	德语	6338	2	法语	10460
3	意大利语	1954	3	德语	9248

续表

OAPEN 平台数据			DOAB 平台数据		
4	法语	648	4	西班牙语	2797
5	荷兰语	570	5	意大利语	2556
6	西班牙语	227	6	挪威语	173
7	俄语	144	7	俄语	149
8	西班牙卡斯蒂利亚语	114	8	荷兰语	109
9	挪威语	103	9	西班牙卡斯蒂利亚语	98
10	芬兰语	87	10	芬兰语	86

3. 开放获取图书中使用的版权许可类型

从 OAPEN 与 DOAB 两个平台索引的开放获取图书使用的版权许可类型也有差异。具体数据如表 1-2-2 所示：

表 1-2-2　　开放获取图书中使用的版权许可类型

排名	OAPEN 平台数据（数量）	排名	DOAB 平台数据（数量）
1	CC-BY-NC-ND（10995）	1	CC-BY-NC-ND（21050）
2	CC-BY（7870）	2	CC-BY（20675）
3	CC-BY-NC（1930）	3	Other open license（3754）
4	All rights reserved（1498）	4	CC-BY-NC（2793）
5	Other open license（1415）	5	CC-BY-NC-SA（2720）
6	CC-BY-SA（1216）	6	CC-BY-SA（2105）
7	CC-BY-NC-SA（658）	7	CC-BY-ND（598）
8	CC-BY-ND（566）	8	All rights reserved（11）
9	Copyright held by content provider（113）		

从表 1-2-2 可见，最流行的许可为 CC-BY-NC-ND（两平台分别占比 40.84% 与 32.64%）。其他常用的类别为 CC-BY（29.23% 与 32.05%）、CC-BY-NC（7.17% 与 4.33%）。

4. 开放获取图书中的主题类别

总体来看，在 OAPEN 平台，26920 本 OA 图书中涉及 1890 个主题。

第一部分 绪论

在 DOAB 平台,64500 本 OA 图书中涉及 2104 个主题。其中,两平台排名前十的主题及其数量数据如表 1-2-3 所示:

表 1-2-3　　　　　　　　排名前十的 OAB 主题

OAPEN 平台数据			DOAB 平台数据		
排名	主题	数量	排名	主题	数量
1	政治学与政府 Politics & government	1200	1	研究与信息:总论 Research & information: general	1529
2	历史 History	1112	2	历史 History	1322
3	语言学 linguistics	1052	3	文学:历史与批判主义 Literature: history & criticism	1190
4	教育学 Education	865	4	药学 Medicine	1132
5	文学:历史与批判主义 Literature: history & criticism	856	5	技术:总论 Technology: general issues	1125
6	社会学 Sociology	848	6	社会学:总论 Science: general issues	1119
7	文学或文学研究 Literature & literary studies	743	7	语言学 linguistics	1078
8	传播学 Media studies	682	8	政治学与政府 Politics & government	987
9	社会与社会科学 Society & social sciences	628	9	社会学 Sociology	949
10	欧洲历史 European history	589	10	教育学 Education	935

从表 1-2-3 可知,两平台的主题排名有较大差异。例如,OAPEN 排名前三的主题集中在政治学与政府、历史与语言学,且排名前十的主题里不包括 STEM 学科的主题。而在 DOAB 平台,排名前三的主题集中在研究与信息:总论、历史与文学:历史与批判主义,排名前十的主题里 STEM 领域中的药学排名第四。从共性角度,两个平台索引的 OAB 涉及的主题,基本大多数来源于人文与社科领域,也在一定意义上说明了学术图书或专著是人文社科领域的主要交流载体,是研究人员职务晋升和职位的黄金标准的论断。

5. 开放获取图书中的出版社

总体来看，在 OAPEN 平台，一共有 425 家出版社提供图书。在 DOAB 平台，有 640 家出版社提供 OAB 图书。两平台排名前十的出版社及其数量如表 1-2-4 所示：

表 1-2-4　　　　排名前十的 OAB 出版社及其数量

	OAPEN 平台数据			DOAB 平台数据	
排名前十	出版社	数量	排名前十	出版社	数量
1	Taylor & Francis	2760	1	IntechOpen	5896
2	Springer Nature	2460	2	MDPI-Multidisciplinary Digital Publishing Institute	5447
3	Firenze University Press	2222	3	Frontiers Media SA	2952
4	Peter Lang International Academic Publishers	1853	4	De Gruyter	2690
5	transcript Verlag	1307	5	Taylor & Francis	2601
6	De Gruyter	1239	6	Springer Nature	2577
7	Amsterdam University Press	810	7	Firenze University Press	2451
8	Brill	747	8	KIT Scientific Publishing	1951
9	Universitätsverlag Göttingen	702	9	Peter Lang International Academic Publishing Group	1841
10	ANU Press	662	10	transcript Verlag	1360
占比		14762/26920＝54.84%	占比		31068/64639＝46.05%

由表 1-2-4 所见，排名前十的出版社分别占总量的 54.84% 和 46.05%，且两个平台在出版社排名上也有很大差异。需注意的是，在 DOAB 平台中排名第一的 IntechOpen 已经连续几年独占鳌头。IntechOpen、MDPI、Frontiers Media SA 是世界上最大的 OA 图书出版商。在这三家出版商中，IntechOpen 是唯一一家以 STEM 内容为核心输出的开放获取图书出

版商。其使命为通过向读者免费提供所有出版作品来帮助学者产生更大的影响,并期待通过开放获取帮助分享知识①。

6. 开放获取图书中的资助机构

在 OAPEN 与 DOAB 平台中,显示共有十个机构(见图 1-2-4):Knowledge Unlatched(KU)、ScholarLed、奥地利科学基金会(Austrian Science Fund,FWF)、瑞士国家科学基金会(Swiss National Science Foundation,SNSF)、欧洲研究委员会(European Research Council,ERC)、惠康基金会(Wellcome Trust)、荷兰研究委员会(Dutch Research Council,NWO)、面向开放专著的生态系统(Toward an Open Monograph Ecosystem,TOME)、SCOAP3 图书、可持续发展历史专著试点(Sustainable History Monograph Pilot,SHMP)。

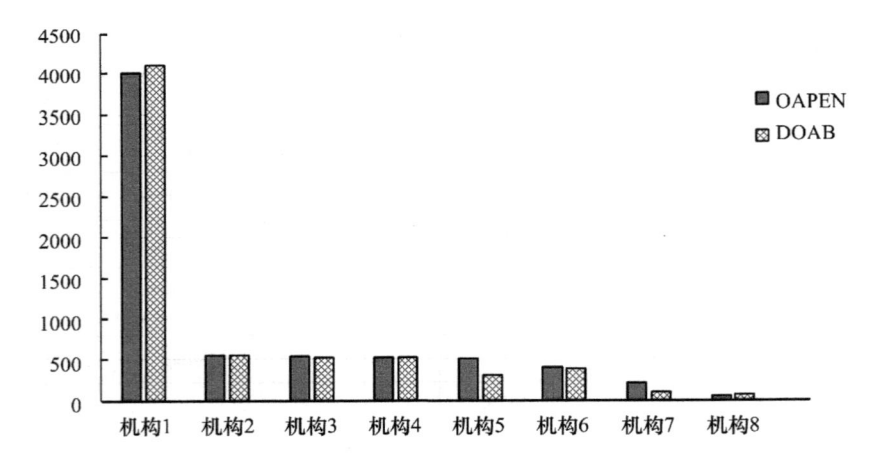

注:机构1:Knowledge Unlatched(KU)　　机构2:ScholarLed
机构3:Austrian Science Fund(FWF)　　机构4:Swiss National Science Foundation(SNSF)
机构5:European Research Council(ERC)　　机构6:Wellcome Trust
机构7:Dutch Research Council(NWO)　　机构8:Toward an Open Monograph Ecosystemd(TOME)

图 1-2-4　全球主要 OAB 资助机构及其资助数量

---

① IntechOpen,https://www.IntechOpen.com/.

第二章 图书开放获取发展现状与面临的挑战

从国别角度分析，如上资助机构覆盖了图书开放获取走在领先地位的国家，如英国、奥地利、荷兰、德国、美国等。从基金会资金来源角度，主要由欧盟各国科学基金会、英国惠康基金会、美国梅隆基金会等基金会的资金参与。此外，很多开放获取图书并没有进入 OAPEN 或 DOAB 平台。例如，许多由美国梅隆基金会、全国人文学科捐赠基金会（National Endowment for the Humanities，NEH）支持的人文开放图书（HOB）计划资助，允许免费获取再版学术作品。根据该计划，来自 28 家出版商的约 2500 本图书现已开放获取，但这些图书很多并不能在 OAPEN 及 DOAB 平台上发现。表 1-2-5 为几个国家支持 BPCs 的资助者和机构。

表 1-2-5　　　　　支持 BPCs 的国家资助者和机构

国家	资助者	机构
奥地利	奥地利科学基金（FWF）	维也纳美术学院
	社会开发委员会	萨尔茨堡大学（University of Salzburg）
丹麦		南丹麦大学（University of Southern Denmark）
芬兰	芬兰科学院（Academy of Finland）；芬兰联合会（Federation of Finnish）；学术团体（Learned Societies）	赫尔辛基大学（University of Helsinki）；阿尔托大学（Aalto University）；图尔库大学（University of Turku）；坦佩雷大学（University of Tampere）；拉普兰大学（University of Lapland）
德国	德意志研究联合会（DFG）	康斯坦茨大学（University of Konstanz）
荷兰	荷兰科学研究组织（Netherlands Organization for Scientific Research）（OA 激励基金终止于 2018 年 1 月）	乌得勒支大学（Utrecht University）；代尔夫特理工大学（Delft University of Technology）
挪威	共有约 20 个资助组织	奥斯陆和阿克舒斯大学（Oslo and Akershus University）；阿格德尔大学（University of Agder）；卑尔根大学（University of Bergen）；奥斯陆大学（University of Oslo）；特罗姆瑟大学（University of Tromsø）；挪威大学（University of Norway）
法国	一般大学院系可以提供资助	资助院校及部门预算

续表

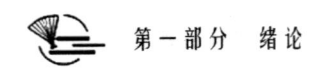

国家	资助者	机构
英国	英国国际发展局； 英国研究理事会（包括 AHRC、BBSRC、ESRC、EPSRC、MRC、NERC、STFC 等部门）； Wellcome 基金会； Wellcome Library	UCL 出版社和十几个规模较小的 OA 出版机构
美国	安德鲁·W·梅隆基金会	加州大学出版社； 密歇根大学出版社； 宾西法尼亚大学出版社

此外，到目前为止，很少有出版商能仅靠出版专著这类学术图书来维持生计。大规模的量化项目通常通过国家研究机构或欧盟项目（如 Horizon 2020）提供资金。不过，在学科资助上，资助机构也体现了一定的偏向性。例如，人文学科的专著很少得到研究基金的支持，而在社会科学领域，情况则有所不同。为欧盟的框架 7（Framework 7）计划提供了回顾性的 OA 出版专著的资金。

7. 开放获取图书的使用情况

开放获取图书的使用情况主要反映的是图书的影响力状况，从广义的角度，是图书质量评审的一部分内容。可以用引用量、下载量、点击量、评论量等指标来反映。如下仅从下载量进行简要说明。

在下载使用方面，各国的下载情况如图 1-2-5 所示。可见美国、德国、英国、印度、菲律宾为排名前五的下载量最多的国家。在学科分布上，如图 1-2-6 所示。

二 图书开放获取基础设施的现状

以 HSS 为主要领域的开放获取图书 OAB 所遵循的发展轨迹，与以 STEM 领域为主要领域的开放获取期刊 OAJ 发展轨迹不同。图书开放获取基础设施作为自美国国家科学院出版社（即 NAP）与 Google 公司尝试数字图书以来，图书开放获取得到了出版界、图书馆界、情报界等各领域的广泛关注。其中，面向图书开放获取的基础设施更是成为各相关利益者关

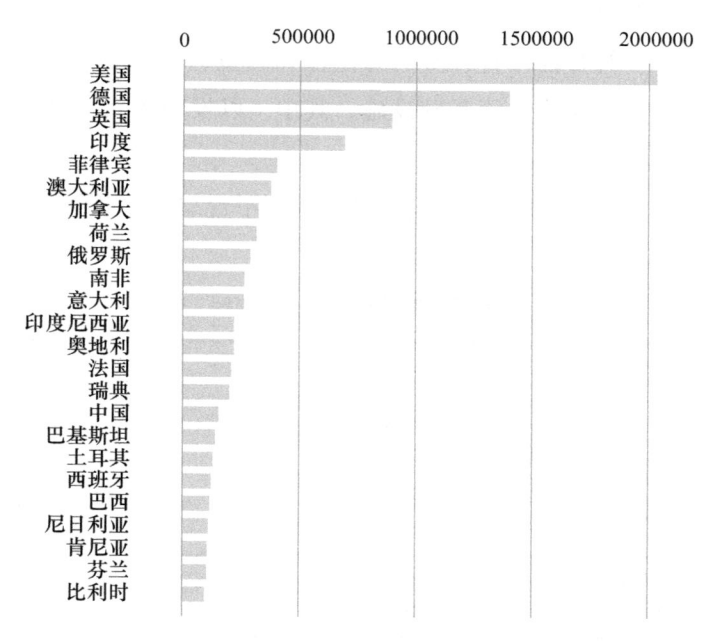

图 1-2-5 OAB 的下载使用在各国的下载情况（2021 年底数据）

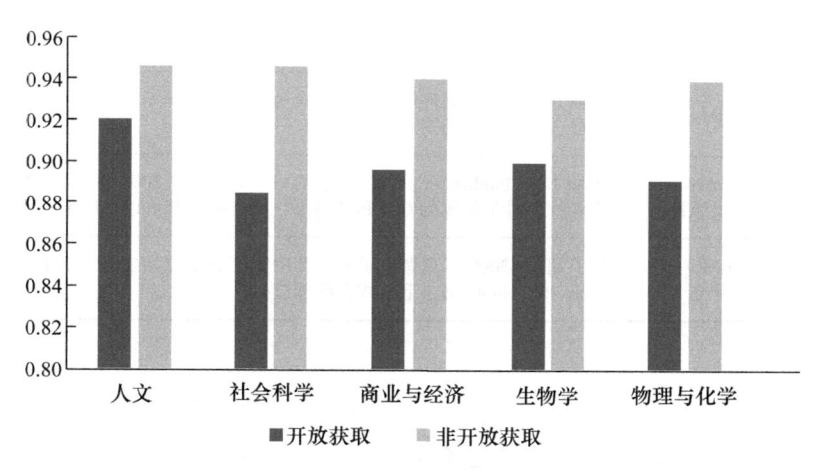

图 1-2-6 各国图书使用情况（2021 年底数据）

注的重点。在类别上，OAB 需要构建的基础设施有以下几类：OA 参与宣传、质量保证、符合性检查、影响力监控和测量、发现、保存、聚合/托管、互操作性、收入管理等基础设施。其中，以发现平台、聚合/托管平台最为引人关注。

表 1-2-6 为图书开放获取已构建的主要平台与其他平台部分简介：

表 1-2-6　　　　　　　　主要图书开放获取平台及说明

学术电子书获取平台	说明
开放获取图书目录（DOAB）	位于荷兰海牙国家图书馆的 OAPEN 基金会的服务。数据库包含来自 640 家出版商的 64500 多本学术、同行评议图书（2023 年 2 月 12 日数据）
Online Great Books	文学、参考文献和诗歌的网络出版商，为学生、研究人员和求知欲强的人免费提供无限的网络图书
HathiTrust Digital Library（HathiTrust 数字图书馆）	与学术和研究机构等 90 多家机构建立伙伴关系，提供从世界各地图书馆数字化的数百万本书
National Academies Press Free eBooks	由美国国家科学院创建，以 PDF 格式发布美国国家科学院、工程院和医学院的报告，超过 8500 个图书标题
NCBI Bookshelf	提供免费在线访问生命科学和医疗保健方面的图书和文档
OAPEN Library	欧洲开放获取出版网络图书馆包含免费获取的学术图书，主要是人文和社会科学领域的图书
Open Book Publishers（开放图书出版社）	Open Book Publishers 由剑桥大学的一小群学者于 2008 年成立，出版人文和社会科学领域的专著和教科书，所有的书可以在网上免费阅读
Project Gutenberg（古登堡计划）	提供超过 53000 本免费电子书，其中大部分是原始文本；选择免费的 epub 书、kindle 书，下载或在线阅读

表 1-2-6 中，DOAB 平台是一个非常重要的 OAB 发现平台。开放获取学术图书可以通过三个主要途径检索：一是通过关键词进行简单检索；二是通过学科主题、语种、出版机构三种途径进行浏览获取；三是提供了高级检索功能。目前，DOAB 现在与开放获取期刊目录（Directory of Open Access Journals，DOAJ）和开放获取知识库目录（Directory of Open Access Repositories，Open DOAR）一起组成了学术信息资源开放获取领域的三大

第二章　图书开放获取发展现状与面临的挑战

平台，共同促进了开放获取在全球学术出版领域的发展。OAPEN、DOAB、HathiTrust Digital Library 等也被称为聚合或托管平台。大型 OA 聚合服务包括印刷及原始电子书扫描等服务，其主体可以是出版商和图书馆（如 KU 的参与者）。其他聚合商还有 JSTOR 和 Project Muse 等。这些聚合商与托管平台有的侧重于保存，有的侧重于格式创新。开放获取图书的创作者可能依赖这些平台中的一个或多个来传播他们的作品。

对于很多没列在表格中的基础设施与项目也非常重要，本书将在相关章节予以介绍。例如，欧洲开放科学研究专著的高度整合（High Integration of Research Monographs in the European Open Science，HIRMEOS）项目、通过学术交流在欧洲研究领域开放获取（Open Access in the European Research Area Through Scholarly Communication，OPERAS）、面向社区的 COPIM 联盟项目、欧洲研究的开放获取基础设施 OpenAIRE、开放获取资料库目录 Directory of Open Access Repositories（Open DOAR）等都是非常重要的 OAB 基础设施或平台。

同时，一些出版商与学者、图书馆和技术专家合作，利用其他人也可能使用的开源软件，为自己的 OA 产品开发了独特的平台。例如：①Knowledge Futures Group 是麻省理工学院出版社和麻省理工学院媒体实验室之间的合作，是一个开放的创作和发布网络平台，支持嵌入式富媒体、协作注释、分析和迭代创建。②来自密歇根大学图书馆和出版社的 Fulcrum 特别针对那些出版物依赖大量来源资料（包括音频、视频、图像、GIS 数据和 3D 模型）的学科（例如，考古学、表演艺术和媒体研究）。Fulcrum 依靠图书馆开发的支持数字保存和访问的技术，为多媒体作品的持久出版创造了一个选择。③Manifold 是明尼苏达大学出版社、纽约市立大学研究生中心数字奖学金实验室和 Cast Iron Coding 的合作项目。作为一种开源的后 PDF 发布工具，该项目专为富媒体项目而设计，并将在首次发布后得到进一步的开发。目前，Manifold 提供提取标准输出（如 EPUB、PDF、Word）并在线发布，以及提供注释和线程评论的功能。如上基础设施各有其独特的特点和优势，能够潜在使用选择最适合他们目的的选项，从而为非营利性和小型出版商创建了重要的基础设施。

此外,还有一些获取电子图书(学术图书或非学术图书)的平台途径(见表1-2-7)。

表1-2-7　　　　　　　获取电子图书的其他途径

获取开放获取电子图书的其他途径	说明(有些为非学术图书的免费获取)
亚马逊 Kindle 免费电子书馆藏	提供免费的经典和版权过期(1923年以前)的图书,以及限时免费的促销电子书
Barnes & Noble Free eBooks(巴诺免费电子书)	在用户的 Nook、Nook 软件或 Barnes & Noble 电子书阅读器软件或应用上使用
EpubBooks	自助出版和电子书分发平台。这个网站上的所有电子书都是免费下载的,可以在所有流行的电子书阅读器上阅读,以及 PC 和 Mac 笔记本/桌面系统
Feedbooks	提供成千上万公共领域图书的电子书零售商
Free-eBooks.net	发现全新的、正在崛起的作家。独立作家为您提供娱乐小说/浪漫的享受和非虚构的帮助您找到信息,从自助到商业增长
Google Books(谷歌图书搜索)	谷歌公司提供的服务,可以搜索谷歌扫描过的图书和杂志的全文。在谷歌 Books 上,用户可以阅读、下载图书和杂志以供日后使用、引用并翻译
Internet Archive(互联网档案馆)	提供超过1200万免费下载的图书和文本。这里还有55万本现代电子书,任何拥有免费 archive.org 账户的人都可以借阅
ManyBooks	以在互联网上免费提供大量的数字格式图书为愿景

三　图书开放获取政策制定的现状

1. 强制性 OAB 政策偏少

目前,在强制性 OAB 政策方面,英国惠康基金会 Wellcome Trust(惠康是第一个强制授权 OA 专著的研究资助者之一)、欧洲研究理事会(European Research Council,ERC)、奥地利科学基金(FWF)、荷兰科学研究组织(NWO)、瑞士国家科学基金会(SNSF)对 OAB 给出了强制性 OA 的政策。尽管有许多促进 OA 的项目,但大多数政策都是基于建议而不是强制授权，而且除了国家 OA 战略之外，专著并不包括在 OA 政策中①。

由于国家不同的政治结构，OA 政策存在显著差异。法国采取中央集权的政治体系与治理结构，而德国采取了分散的治理结构，共有 16 个州拥有自己的州政府和科学及文化部门。只有几个国家的少数资助者规定了专著的开放获取政策，如奥地利（FWF）、荷兰（NWO）和英国的威康信托等基金会。

此外，对于专著没有被纳入政策的一般解释是全球对期刊出版的关注，以及专著比期刊更难以处理的看法。尽管主要的 OA 政策不包括专著，但关于 OA 和专著的讨论正在浮出水面，并有望在未来几年加速。正在进行的 OA 专著出版相关实验表明，人们希望测试不同的模式，以获取有关不同资助模式可行性的必要经验和经验证据。

2. 在诸多倡议约束之下制定 OAB 政策

在制定 OAB 政策方面，北美和欧洲国家有不同的风格和框架。在北美，一般由政府、大学和研究机构出台 OA 政策，而在欧洲，除了政府和大学推出的 OA 政策外，各国往往在一些倡议或计划框架下进一步制定本国、本机构的图书开放获取政策。例如，2012 年由英国出具的 Finch Report，2013 年由 Science Europe 提出开放获取共同原则，2016 年的 Horizon 2020 框架计划、OA2020 计划，以及 2018 年由 cOAlition S 联盟提出的 Plan S 等。在荷兰，作为 OA 的强烈倡导者，于 2017 年初制订荷兰国家开放科学计划，其中包含到 2020 年实现所有科学出版物 100% OA 的规定。该计划涉及荷兰大学、荷兰大学的图书馆、皇家艺术与科学学院、荷兰科学研究组织（NWO）以及其他学术机构。NWO 已要求对研究资助产生的出版物（包括图书）实现开放获取。NWO 也是 OAPEN 的创始人之一，在 2011 年欧盟项目结束后，进行了第一个探索 OA 图书出版的国家试点项目：OAPEN-NL。

---

① Ferwerda Eelco, Frances Pinter, Niels Stern, "A Landscape Study on Open Access and Monographs: Policies, Funding and Publishing in Eight European Countries", *Knowledge Exchange*, 2017, https://doi.org/10.5281/zenodo.8159312017（10）.

在奥地利，奥地利科学基金（FWF）在引领向 OA 过渡方面发挥了巨大作用。2008 年，FWF 是《开放获取科学和人文知识柏林宣言》的早期签署国，也是第一个将 OA 强制授权给学术出版物的公共研究资助机构。FWF 不仅通过 2009 年以来的独立出版机构案为黄金 OA 专著提供资金，还在促进奥地利和其他地区的 OA 方面发挥了积极作用。例如，FWF 遵循 Science Europe 发起的关于向开放获取研究出版物过渡的原则，建立了奥地利开放获取网络（即 OANA）；FWF 成为欧洲 PubMed Central 的成员并加入 OAPEN 等。此外，OANA 发布了奥地利向开放获取过渡的 16 项建议，目标是到 2025 年将奥地利所有学术出版物输出转化为开放获取。

在英国，英国研究理事会 RCUK［2018 年并入英国国家科研与创新署（UKRI）］和英格兰高等教育拨款委员会 HEFCE（2018 年被"英国国家科研与创新署"与"学生办公室"取代）在实施偏好上略有不同（一个偏好金色，一个偏好绿色）。相对而言，HEFCE 和其他公共资助机构对专著更加谨慎。HEFCE 为 OA 专著的出版商编制了一份指南，并与 OAPEN 合作，以增加专著和编著在跨学科领域的覆盖面。此外，英国大学学会（Universities UK，UUK）通过成立委员会，以期与利益相关者一起解决所有悬而未决的问题，旨在未来几年内授权 OA，及时参加下一届（即 2026）的 REF 框架。

在芬兰、丹麦和挪威，这三个北欧国家均将 OA 作为一个坚定的发展目标，尽管各国对 OA 的推动有所不同。在过去的几年里，在芬兰和丹麦分别有一些倡议，将开放科学这一更大的概念作为 OA 的保护伞。到目前为止，尽管有一些 OA 专著出版实验的案例，但这些举措很少或根本没有关注专著。丹麦明确地将专著排除在国家 OA 战略和公共研究资助机构的政策之外。挪威的情况也是如此，尽管新的挪威 OA 指南（目前正在制定中）建议应将专著视为新政策的一部分。在芬兰，国家和研究组织的 OA 授权——几乎所有芬兰大学现在都有——明确规定期刊文章的 OA，但对专著的 OA 则没有规定。

四　对图书开放获取发展现状的评述

综上，可以得出以下结论：OAB 在各国的发展是极其不平衡的。具体表现如下：

第一，每年 OA 图书数量增长不平衡。从各阶段提交到两个平台的 OAB 数量来看，在过去几年中出现了爆炸式增长。在 2018—2020 年期间，DOAB 中的 OAB 图书的复合年增长率为 53%，而 OA 期刊文章的复合年增长率为 14%（DOAB 在 5 年复合年增长率为 60%，期刊为 15%）。图书的爆发式增长应该放在"低起点高增长"的背景下，从趋势来看，图书开放后的数量增长率开始下降到稳定状态。有统计数据显示，出版机构提交给 DOAB 的数量不足总量的 1%。此外，提交给 DOAB 与 OAPEN 的图书都经过同行评议，说明未来 OAB 的规范化发展道路较长。

第二，OAB 出版市场发展不平衡。从总体角度，从排名前十的出版社提供的 OAB 数量占总数的百分比来看，均能占到 50% 左右，说明 OAB 出版社市场虽有一定的集中度，但依然有很大的利基市场，市场发展不均衡。此外，从局部角度，上述数据也说明出版社的 OAB 发展水平并不平衡。排名前十的第一位与第十位之间的数量差距就很明显。

第三，OAB 推动力来源不平衡。OAB 需要多元主体的推动，但目前的现状是，推动主体虽多元，但并不平衡。在国际层面，OA 图书的增长是由加入 OAPEN、KU、TOME、H2020、OA2020、COPIM 等大型组织成员或项目成员所推动的，这些成员来自英国、欧洲各国、美国、澳大利亚等，它们居于 OAB 发展的前列，具有国际话语权，是政策制定与规则制定的权威者。在机构层面，越来越多的出版商、图书馆、平台供应商等主体也纷纷加入推动者行列，如 Springer Nature、De Gruyter、KIT 和 T&F 等出版社。但这些出版社基本上是历史悠久、资历丰富、资金雄厚的主体。

第四，各国与各地区 OAB 发展不均衡。从 OAPEN 与 DOAB 中 OAB 出版的出版社、图书使用的语言、资助机构等数据中可见，英国、德国、法国、荷兰、美国、澳大利亚等国家或（图书与出版社）联盟是 OAB 发展的前沿阵地，是 OAB 的积极倡导者和参与者。这些国家不仅是倡议、计划、政策的推出者，也是实验项目、试点项目的积极践行者。其他国家还处于跟随或观望阶段。

第五，版权类型的使用不平衡。将图书中的模式与期刊中的模式进行比较表明，市场上的合并程度相似。排名前十的出版商约占图书和期刊产量的50%。然而，图书的许可使用似乎有所不同：与期刊相比，CC BY-NC-ND 在图书中似乎更为普遍。图书不同于期刊，因为图书作者和出版商需要在更多的限制条件下来保护长期学术研究。这不仅对于人文和社会科学领域学者的终身教职和晋升至关重要，也为图书印刷等领域提供了商机。

第六，OAB 有学科偏向性。从统计数据可见，图书开放获取主要适用于人文与社会（HSS）学科，而较少用于自然、技术、工程、医学（STEM）学科。体现出学科的偏向性。当然，这也可称为 OAB 发展的一个缺口或称未来发展的方向。此外，根据学科的不同，学术图书的比例和重要性差异很大。尽管专著在自然科学和生命科学中几乎没有发挥任何作用，但其在社会科学和经济科学中所占的比例估计高达个位数，在人文科学中这一比例也要高得多。与此同时，反对开放获取的最大压力来自以书籍为导向的人文学科[1]。

第三节 图书开放获取面临的挑战

对于 OAB 出版，2019 年是很重要的一年。在这一年出版了一些值得注意的报告和白皮书，例如英国大学开放获取专著小组、BISG、Digital Science 和 Springer Nature 分别发表了图书（或专著）开放获取的全景报告和分析等。这些报告表明，学术图书开放获取模式将继续存在，但如果要实现可持续发展的图书开放获取生态，仍然面临着严峻的挑战。

---

[1] OAPEN, "Open Access for Monograph: Small Steps Along a Difficult Path", August 6, 2019, https://www.zbw-mediatalk.eu/2019/08/open-access-for-monographs-small-steps-along-a-difficult-path/.

第二章 图书开放获取发展现状与面临的挑战

从广义角度，图书开放获取面临来自图书内容、经济、管理、法律与政策、社会、技术等多个方面的挑战。从狭义角度，首先在一般意义上，开放获取面临的障碍或挑战有：资金缺乏、商业模式有待创新、质量评审不规范、开放迟滞期较长或不确定、第三方版权许可、版权许可使用较为复杂、政策内容制定均衡、基础设施需合作共建、缺乏 OAB 的合作激励措施等。其次，在特殊意义上，学术图书开放获取还面临着可持续资金来源与取得、元数据标准、图书使用数据的利用等独特问题。总体而言，与学术期刊论文相比，图书开放获取面临的挑战更加复杂①。

在如下 OAB 面临的挑战分析中，本书将狭义的焦点问题纳入相应的广义领域框架，以期在后续描述问题、分析问题和解决问题时，有一定的框架归属性、匹配性和系统性。在狭义层面上，本章探讨了 OAB 面临的版权许可与政策导向、质量评审与运营流程、成本分担与资金来源、基础设施与元数据、公平与合作治理方式选择五个关键挑战。其分别对应了图书开放获取在法律与政策（法律法规）、运营管理（管理）、商业模式（经济）、数字基础设施技术（技术）与社会合作（社会）五个广义层面的挑战。

一 版权许可与政策导向的挑战

目前各国对图书开放获取制定的法律与政策较少，政策力度有待提高②。在广义上，这方面的挑战属于法律法规层面的内容。

1. 版权许可的问题

学术图书版权范围大，许可类型的选择异于学术期刊。学术图书和期刊之间的生产差异主要是规模上的，而不是种类上的。图书的篇幅规模导

---

① Steve Fallon, Ruth Jones, Carolyn Morris, et al., "Working Together to Create a Sustainable Ecology for Open Access Books", 2019, https://2019charlestonlibraryconference.sched.com/event/UZRi; Jeong-Wook Seo, Hosik Chung, Tae-Sul Seo, et al., "Equality, Equity, and Reality of Open Access on Scholarly Information", *Sci Ed*, Vol. 4, No. 2, 2017, pp. 58–69.

② The Open Access Monograph, May 10, 2016, https://scholarlykitchen.sspnet.org/2016/05/10/the-open-access-monograph/.

致图书版权范围大，生产成本以及机会成本高。这种规模也会陷入版权法律困境。在专著等学术图书中，侵犯版权的范围要大得多，因为授权的空间更大，使用的来源也更多。虽然学术作品的公开许可可以有所帮助，但获得受版权保护的图像和文本的复制许可可能是一个非常昂贵的过程。尤其在学术图书中，这些图片、图标等还可能会涉及第三方权力的问题，加之图书成本基于"印刷运行"的传统模型进行计算，使得图书出版成本大大增加①（注：第三方版权是指材料的权利属于作者以外的其他人，例如图像和长文本摘录）。如果作者在作品中使用此类材料，则需要在使用前获得拥有该权利的个人或公司的许可。但出于教育原因或批评和审查目的使用材料时，存在例外②。

2. 政策方面的问题

主要体现在资助政策、开放程度、版权许可以及迟滞期（即 embargo，或称禁售期、延迟期）等方面。例如，对开放获取的政策资金资助主要偏向于 STEM 学科的期刊，而对图书的资助政策规定相对较少，且政策激励不如学术期刊有力度和执行力。此外，资助政策所主导的图书处理成本（BPC）模式也会造成资金分配的不平等。这种不平等体现在空间区域、时间领域、上下游主体间以及各类受众间。因此，这些缺乏资金支持的潜在重要研究人员应当是 OA 政策优先考虑的群体。

二 质量评审与运营流程的挑战

质量评审是 OAB 质量管理的重要内容，也是 OAB 得以可持续发展的关键。OAB 模式还需要打破原有的工作流程，形成适应数字环境与 OAB 出版模式的新工作流程。在广义上，这两方面的挑战属于管理层面（尤其是运营管理层面）的内容。

---

① Association of Learned and Professional Society Publishers, "How to Build a Successful Open Access Books Programme", February 22, 2017, https://www.alpsp.org/past-events/successfuloabooks/40031.

② Martin Paul Eve, "Open Access and the Humanities: Contexts, Controversies and the Future", UK, London: Cambridge University Press, 2014.

1. 质量评审需要扩大范畴，并在风险和收益间进行权衡

首先，质量评审需要扩大范畴。学术价值视角下，学术专著的"危机"不仅是学术出版经济学的危机，也是同行评审和学术自治过程中的危机。不过，质量评审不仅表现为出版环节的质量评审，也体现在设计、营销、再利用、保存注释、可搜索性等各个方面。其次，质量评审标准也应从广义视角进行界定。在 OA 出版模式下，确保质量和评审标准不被破坏则是一个巨大的挑战。图书开放获取通过提高学术交流的可视性、效率和可重用性，为实现公共利益最大化提供了一个机会，也对广义的质量评审标准提出了新要求。最后，在风险和收益的权衡间进行质量评审。在图书出版学科中，业界在很大程度上依赖于一个微妙的生态系统，即学术一方面要考虑经济收支的平衡，另一方面也要考虑这一生态系统的产出对读者和作者所具有的实际价值和个人意义。更进一步，为实现风险和回报的谨慎平衡，需要探讨如何通过公共资助者的 OA 图书政策实现两者的平衡。

2. 现有流程与 OAB 要求的运营系统不匹配

在数字时代，图书采用与期刊生产广泛使用的 XML 优先工作流程相同，这项技术在处理 8000 字或 80000 字时的表现是相同的。这种数字优先的格式也提供了一个简单的打印路径，即按需打印（POD），从而使印刷和数字的工艺流程完全统一。不过，由于既有旧系统的惯性作用使然，学术图书和期刊之间存在差异。值得注意的是，专著等学术图书通过 Project Muse、JSTOR、EBSCO 等聚合平台渠道分发，运用相同的营销文案如何到达所有不同的网点［亚马逊（Amazon）、巴诺书店（Barnes & Noble）、水石书店（The Waterstone's）等都从相同的来源获得数据］，因而交付时间相对较长。

三　成本分担与资金来源的挑战

资金来源的挑战是 OAB 面临的最重要的挑战。在广义上，这两方面的挑战属于经济层面（尤其是商业模式层面）的内容。

1. 成本分担问题

学术出版的危机本质上是财务问题。由于预算减少，但成本保持不变

或上升，学术图书的经济可行性不断受到威胁。

随着图书馆预算的减少，可以用来支付 OA 的文章处理费和购买专著的资金递减。加之图书馆预算的结构性调整，使专著等学术图书面临"出版危机"或"出版的慢性病"。因此，开放获取作为协作消费的一种形式，也会面临成本分担问题。此外，在开放获取转换过程中还会面临成本增加问题，从而对开放获取以及 OA2020 的实现仍然是一个挑战。

2. 资金来源稳定性的问题

与期刊相比，图书开放获取面临资金提供不可持续性与资金分配不平等的问题。学术图书的生产成本高，且更多地依赖实体版本的销售来回收成本或获利。为了使图书以开放获取方式出版，出版社需要寻找替代模式来支付生产和发行成本。虽然文章处理费（APC）是发表期刊文章的一种成功选择，但图书出版费（BPC）通常远高于 APC，使其不能称为一种标准化的选择。这种现状也引发了出版社、大学、图书馆和资助者不断关注如何使出版开放获取图书更具可持续性的商业模式。

四　基础设施与元数据的挑战

OAB 面临支持工具和基础设施方面的挑战，具体包括 OA 图书出版的各个方面：元数据、出版者应提供的信息、版权许可、自存档、资助者要求、同行评议、影响力指标、传播和发现。其中，影响可发现性的元数据问题，图书发现、传播、保存与使用数据的平台问题，以及增强技术与沉浸阅读等问题是其中几个主要问题。广义上，这两方面的挑战属于技术层面的内容。

1. 基础设施方面的挑战

首先，基础设施缺乏一致性和可靠性。一方面，出版社通常不会在他们控制的网站上托管自己的数字图书，而是可以通过多个在线平台提供。另一方面，用于编目、索引和发现数字及在线图书的技术基础设施比期刊文章的技术基础设施更新，因此缺乏一致性和可靠性。此外，传统图书出版社专注于向中间商出售印刷品，与读者的直接互动较少。而数字图书发行对中介机构平台的依赖，又导致专著出版社对发行系统的直接经验少于期刊文章。

其次，缺乏基础设施标准的兼容性，影响图书的知名度与可发现性。目前，印刷版图书仍然是图书出版的重要部分，现有的绩效指标也主要以物理分布为衡量标准。这与图书开放和要求的数字版本出版所需的基础设施标准不兼容。另外，在开放获取平台（如 OAPEN 和 OpenEdition Books）与传统许可平台（如 JSTOR）并行发展的同时，还存在开放获取图书平台与传统数字平台标准是否兼容的问题。目前，传统许可内容平台（包括 JSTOR 和 Ingenta）也已开始创建程序和基础设施以支持开放获取内容，说明它们已经开始有意识地通过各种分发站点提供相同的内容，以最大限度地提高数字专著的知名度和使用率。

最后，整合基础设施面临复杂性。以 HSS 为主要出版领域的学术图书出版社（包括许多小型出版社，以及基于图书馆的独立出版社）具有多样性，为将 OA 数字图书整合到可发现性和使用的数字环境中的过程增加了一层复杂性。

2. 元数据方面的挑战

在实施图书开放获取时，有如下几个技术层面中与元数据有关的问题：

第一，存在元数据提供的全面性、核心性与发布平台问题：学术图书的开放获取必须与充足的元数据一起发布，以保证学术图书的可发现性和可用性。各种元数据标准用于统计数据，包括 Dublin Core、Data Catalog Vocabulary 等，确保在所有学术图书中使用该标准比使用精确标准更为重要。元数据的提供应始终包含的核心信息是标题、出版社、出版日期、作者信息等数据源。具有署名要求的许可学术图书应包括首选的引用形式。元数据也应该发布在靠近学术图书的集中位置，如 DOAB。

第二，存在元数据使用标准不统一的问题。此外，与开放图书出版相关的挑战之一是在印刷图书出版和零售中长期使用 ISBN，图书出版社没有全面或一致地使用 DOIs。一方面，存在难以发现的问题。由于不同版本的图书的 ISBN 可能不同，会使读者（以及计划馆藏的图书馆）难以发现开放获取的图书。另一方面，存在难以收集、分析和交流的问题。长期以来，学术图书出版涉及一系列利益相关者，如作者、出版社、资助者、供应商、图书馆和读者。这些利益相关者面临着识别和汇总来自不同平台的相关信息的挑战。特别是 OA 图书影响力的信息，比在线学术期刊的可比信息更难收集、分析和交流，由于在线学术期刊的出版由少数出版社和基础设施提供商主导，它们拥有广泛使用的稳定标识系统（DOIs）。这种状况带来一个核心问题：利益相关者还在以尊重用户隐私的方式分析任何收集的数据，并将有关使用的相关信息传达给其他利益相关者方面遇到困难。例如，一本具有一个 ISBN 编号的印刷书往往可供出售，而一本具有不同 ISBN 编号的开放获取电子书版本的销售，则在检索与引用替代版本方面存在问题。

第三，存在机器可读性的问题。机器可读数据是计算机可以读取和处理的结构化数据。其中包括可扩展标记语言（XML）、JavaScript 对象表示法（JSON）、逗号分隔值（CSV）和 Microsoft Excel 的 Open XML 电子表格（XLSX）。当数据以机器不可读的格式提供时，用户无法轻松访问和修改数据，从而限制了用户的使用。

第四，存在非专有格式的问题。为满足开放标准，统计数据应以多种文件格式发布，以满足不同用户的需求。这些文件格式中的至少一种应该是机器可读且非专有的格式。最常见的非专有格式是 PDF、EPUB 等。

五　公平与合作治理方式选择的挑战

公平是社会行动者追求的目标，合作是社会面临的两大基本问题之一。广义上，OAB 面临的这两项属于社会层面的挑战内容。

1. 存在不公平的问题

目前，图书开放获取市场特点与政策导向导致以图书处理费（即 BPC）为主的商业模式，会引发一系列不平等的社会问题：①造成资助施予地区与对象分布不平等。BPC 主要依赖于作者的支付及其所在机构或专门资助机构的外部资助。外部资助往往是工作劳动密集型资助，有地理区域的偏向性、不确定性和不稳定性。富裕的机构、国家以及具有资深地位的学者更有可能获得可靠的长期出版资金。另外，一些特殊人群或受众也会称为数字盲点，如青年失业者和退休老人。②建立学术等级差异化的壁垒。导致学科领域发展存在偏向性，弱势学科缺乏发展机会，并损害更年轻学者的职业发展轨迹，造成更不稳定的员工。③支持商业垄断。首先，在图书成本过高、高等教育公司化的时代，大学或学术图书馆的公立与私立功能属性不明，图书馆与供应商的差异模糊不清。这种现象导致在出版市场上存在两类市场议价能力不平等的主体——实力雄厚、议价能力强的大型跨国公司，以及实力弱小、挣扎求生的小型出版社。其次，在开放获取环境下，BPC 容易与开放档案计划 OAI 倡议初衷相背离，导致 OA 领域被主要商业参与者锁定，从而形成进入壁垒，缺乏获取的多样性。当被垄断参与者准租金剥夺后幸存下来的出版社越来越少时，供应链中的所有参与者也将失去价值。虽然有其他的方式来资助 OA 图书，包括机构支持和免费增值模式，但这些都是不可持续的商业模式，令出版社难以为继①。

2. 存在合作治理方式的选择问题

开放共享代表了一种社会困境。社会困境是指个人的利益与社会的利益相对立的情况。解决社会困境问题的办法是实现社会性的群体合作。合作方面的挑战，最需要精心设计的系统与其说是技术性的，不如说是社会性的②。

依据 OA2020 倡议，各机构间应进行广泛的协调与合作（包括图书馆与出版社之间的协调，作者和出版社之间的协调，用户与图书馆之间的协调等）。治理对合作产生积极影响，而"监督"和"制裁"是促使合作的两项治理方式。研究表明，在没有授权的社会困境中，社区成员是欢迎治

---

① John M. Unsworth, "The Crisis in Scholarly Publishing", https://people.brandeis.edu/~unsworth/mirrored/acls.5 – 2003.html.

② "As We Journey towards Full OA, Are We Using the Same GPS to Map the Route?", 2019, https://2019charlestonlibraryconference.sched.com/event/UXsV.

理机制的，因为治理系统的实施可以成功地增加合作。社会治理要解决的问题包括：①通过"自上而下"的监管措施还是"自下而上"的市场竞争才能最好地实现完整的OA？②社会合作发生的领域是在OAB商业模式、社会合作关系网络搭建、版权许可，还是在OAB基础设施与元数据建设方面？

3. 存在全球与地域的集体行动的问题

开放获取是一个世界性议题，需要国际范围的合作与集体行动。在一些有充足资助资金并能提供更集中资助的国家（如南美洲和西欧的国家），对OA有强有力的强制授权要求，实施OA更有紧迫性和更大的动力。不过，目前对OA争议和OA过渡浪潮主要发生在英国学术界内部。英国政府的开放获取芬奇报告和随后的2013年特别委员会调查结果显示，只要能找到更大程度的资金集中化，就有更大的让授权触发全面过渡的空间。例如，国家资助的研究资助委员会是许多人文学科研究收入的主要来源，如果这些机构需要OA，将比那些拥有更多权力下放和/或自主资助人的国家产生更大程度的兴趣[①]。

本章小结

本章经过对图书开放获取的起源与标志性历史事件进行梳理，首先以图书开放获取演进过程中发生的标志性事件（即Memex设想、谷歌图书计划、OAPEN基金会的成立、cOAlition S计划的提出）为阶段划分依据，将OAB的发展历史划分为萌芽期、形成期、持续发展期以及增速发展期四个阶段。然后对OAB的发展现状中的OAB内容资源、基础设施、政策制定的现状进行了分析和评述，指出OAB在每年OA图书数量增长、OAB出版市场发展、OAB推动力来源、OAB版权类型的使用与学科偏向性等这几方面存在发展极其不平衡的现象。最后从狭义层面上探讨了OAB面临的版权

---

① Lewis David W., "Reimagining the Academic Library: What to Do Next, Review Article", *El Profesional de la Informacion*, Vol. 28, 2019, p. 1.

许可与政策导向、质量评审与运营流程、成本分担与资金来源、基础设施与元数据、公平与合作治理方式选择五个关键挑战。从广义上，将如上几个挑战对应于图书开放获取法律与政策（法律法规）、运营管理（管理）、商业模式（经济）、数字基础设施技术（技术）与社会合作（社会）五个层面的挑战。

第二部分

理论探究

第二部分 理论探究

理论探究包括基本理论问题与理论基础两方面内容。本书的基本理论问题包括对学术图书、开放获取、图书开放获取、权益、权益分享机制等基本概念的解析。理论基础包括利益相关者理论、博弈论与机制理论等内容。

第一章 基本理论问题

在对学术图书开放获取进行讨论之前,首先要明确学术图书的概念。正如期刊开放获取中"期刊"是指学术期刊一样,图书开放获取概念中的"图书",是指学术图书,尤其是指专著。因此,在界定图书开放获取的定义与特点之前,需明确学术图书与专著的内涵、范畴与特点。

第一节 学术图书的含义与特点

一 学术图书的含义

图书(Book)是一种以文字或图像等表征符号记录信息的媒介,通常由许多页(纸莎草纸、羊皮纸、牛皮纸或纸张制成)装订在一起并有封面保护。作为一种智力对象,图书通常是篇幅较长的作品,以单本卷册形式存在,需要投入大量时间来撰写和阅读。图书包括单册书、丛书、多卷集。按照联合国教科文组织的有关标准,除封面外50页及以上篇幅、非定期的印刷出版物即为图书①。

学术图书(Scholarly book,Academic book)是2019年全国科学技术名词审定委员会公布的图书馆·情报与文献学名词,是一种有助于知识理解的长篇出版物。具体来说,学术图书是专业领域内的研究者运用科学的研究方法在对某一学科、某一知识领域或者某种客观事物的发展进行专门

---

① Wikipedia,"Book",https://en.wikipedia.org/wiki/Book.

性和系统性研究后创作出的作品，由出版社（商）出版的不包括封面和封底在内49页以上的印刷品，具有特定的书名和著者名，编有国际标准书号，有定价并取得版权保护的出版物①。

学术图书有多种形式，包括专著（Monograph）（由一个或几个作者就一个研究主题所做的工作）、编辑合集（由不同作者撰写的学术章节合集）和评论性版本（包括注释、评论和外部参考文献的版本）等。数字化和电子书的兴起也导致了创新格式与内容的出现，包括多媒体和动态出版形式的使用，这些可能包括在该术语中。例如，cOAlition S 指出学术图书是学者们（尤其是社会科学和人文学科的学者）的一种重要出版模式，包括专著、书籍章节、编著、评论版本和其他长篇著作②。

学术图书有广义和狭义两个范畴的外延。从广义角度，学术图书包括学术著作（Academic writing）、汇编文集（Edited Collections）、学术专著（Monograph）、学术版本（Scholarly editions）、学术会议论文集（Proceedings）、高校教材（Text book）及专业参考书（Reference book）和具有较强学术性的一般图书③。其中，学术图书、学术著作、学术专著是学术活动和研究成果的重要呈现载体，是社会发展所需要的重要信息资源。学术图书是专著、编著、学术版本和其他形式的上位概念。从狭义角度，由于专著是学术图书的重要组成部分，因此很多国家在研究学术图书时，常直接使用专著来指代各种学术图书，因此在狭义上，学术图书仅指专著。需注明的是，专著作为学术图书的重要形式，很多国家对此不做特别区分，如英国研究卓越框架（REF）中所指的专著，以及很多机构（如 KE）的报告中的专著，均是包含学术专著或学术图书的广义概念。

学术图书出版具有多样性。这种多样性是提高这些出版社在研究评估工作中的可见度和认可度的一种方法，而不会因出版社的类型、原产国或

---

① Term Online，"学术图书"，https://www.termonline.cn/index.
② cOAlition S，"Statement on Open Access for Academic Books"，September 2，2021，https://www.coalition-s.org/coalition-s-statement-on-open-access-for-academic-books/.
③ 叶继元：《学术图书、学术著作、学术专著概念辨析》，《中国图书馆学报》2016年第1期。

出版语言而产生偏见。学术图书出版的多样性也是解决目前出版界面临 OAB 挑战的一个认识基点。目前，通过分析各国家出版社列表、信息咨询机构或其他的出版信息收集渠道，已确认有来自 100 多个国家的 7000 多家出版社。其中，主要的学术出版社包括：RELX、Springer Nature、Thomson Reuters、John Wiley & Sons、Informa PLC、McGraw-Hill Education、Wolters Kluwer、Cengage、Pearson、Thieme Medical Publishers、Leading E-Book Aggregators & Vendors。四大图书馆数字图书集成商包括：Ebook Library、Ebrary、EBSCO 电子书和 MyiLibrary。这四家集成商分别面向不同的服务对象、运用不同的商业模式与获取形式，为用户提供电子图书。

需要说明的是，本书中的图书是一个包含专著的广义概念，但不包括娱乐性图书、儿童读物等图书类型。这一界定也意味着许多本打算供学术界使用的书籍不在本研究的范围之内。例如，本书不包括具有较大和巨大商业潜力的教科书，也不包括广受欢迎的、以外行读者为目标受众的专著，因为这些书籍通常不属于 OA 图书的范畴。本书还忽略了未经编辑的博士论文和以文章汇编为表现形式的书籍（如会议论文集）。此外，由某一组织或项目所出版的报告类型的书籍也不在本书关注的范围内。因此，机构出版社（如附属于国际组织、政府机构、联盟型机构的机构出版社）不包括在研究中。

本书中的学术图书，虽采取广义的概念，但主要聚焦于专著。同时，在本书中，"图书"（Book）与"学术图书"（Academic book）同义，且主要指广义范畴的专著（Monograph）。

二 专著的含义

专著是学术图书的一种重要类型，原意为专题论著，尤指学术性的论著。其主要形式为图书，也可以为论文集。专著通常是呈现论点和证据最佳形式的学术探究模式。首先，专著通常是由一人或多人撰写、对某一学科、主题或某一问题进行较为集中、系统、全面、深入论述的著作。在专著中，作者可能会提出一些未解决的问题，对一些研究论文给出一些保留的解释，或对特定问题提出自成体系的独到见解。其次，专著的篇幅一般不少于 200 页，是一种扩展叙述的写作体裁形式，能够完整地提出论点，整理所有相关证据，提供对后果和影响以及反驳和批评的完整说明。

专著体现了很强的学科差异性。（1）具有跨学科性。与陈述某一领域知识现状的教科书不同，专著的主要目的是展示初步研究和原创学术，构建研究主体，检验和分析论点，并确定与其他研究领域的联系和未来探索的方向。专著为热衷于跨越桥梁和探索学科间缝隙的研究人员提供了特定的价值。（2）具有学科偏向性。尽管自然科学与工程领域的学者也出版和使用专著，但专著最常体现于艺术、人文和社会科学（AHSS）领域出版，并对该领域的学者们有着特殊的意义，代表了研究人员多年持续、全面、详尽而明确的学术探究活动。对于自然学科而言，专著是数据密集性研究成果，但对于人文社会科学来说，学术图书是长篇解释性论证，HSS 之间的学科差异导致了专著的异质性[①]。（3）作者写作模式的差异性。人文学科的图书往往是单一作者的作品，但在自然学科领域，往往是多个作者的产物（如实验室全体员工的作品）。（4）出版速度存在差异性。在人文学科，专著是作者长期思考与反思的产物，出版周期与影响力产生时间长。

在自然学科中，实验结果的即时交流需要快速地以期刊或图书的形式进行交流和创新。

专著可以是博硕论文、研究论文或其他重要研究报告的集合版本，一般由大学出版社和商业学术出版社出版。与学术期刊不同的是，专著作者可以获得专著的版税，而对于大多数其他研究传播，如期刊文章和会议论文，作者不直接获得报酬。专著如果是商业作品，出版社会制定推销目标并采取营销手段，通常会面向一般或特定的读者进行编辑，使之成为更可读的作品。专著的读者可能是在该领域具有不同

[①] John W. Maxwell, Alessandra Bordini, Katie Shamash, "Reassembling Scholarly Communications: An Evaluation of the Andrew W. Mellon Foundation's Monograph Initiative", Final Report of Canadian Institute for Studies in Publishing, Simon Fraser University, Vancouver, BC. 2016.

专业水平的各类主体，范围从学生到学者，从实践者到外行。专著作者在写作时，可以假设读者会对这个主题感兴趣，但他或她可能没有太多的领域背景。

专著通常由大学出版社或商业书籍出版社来制作出版，并在组稿过程中增加了重要的机构审查（即同行评审）阶段①。在一定意义上，学术图书内容的连续性取决于编辑、同行评审者和图书馆员对管理包容性的最佳判断。一般来说，大多数学术图书的市场规模非常有限，因为出版社将专著销售给大学或研究型图书馆，而不是个人读者。学术图书出版市场是一个利基市场（由有限经费支撑的图书馆、有限资金流支撑的出版社、有限读者用户共同决定）。在该利基市场上，有能力购买和维护馆藏的图书馆数量很少，能够持续服务于此类利基市场的出版社数量也很少，因此学术图书出版大多以有限的规模进行运作。大学出版社或研究型图书馆是生产此类书籍的出版社，任务是尽可能全面地收集学术文献，而不是追随流行趋势，对学术界来说是提供了具有巨大价值的服务。

专著的概念也有广义和狭义之分。狭义上，仅指单一作者围绕某一主题书写的长篇研究性学术专著。例如，2021 年 8 月宣布的 UKRI 开放获取政策使用了更狭窄的专著定义，将学术专著描述为"一种长形式的出版物，传播对一个主题或多个主题的原始学术贡献，并为主要学术受众设计；一本学术专著可以由一个或多个作者撰写"。广义上，"专著"一词被扩大到更广泛的领域，是指由各个领域（尤其是艺术、人文和社会科学领域）学者发表的各种形式的长篇出版物，包括（但不限于）由一位或多位作者合著学术专著、编著、评论文集、学术版本和译著等多种形式②。目前，很多学者、组织和机构都采用广义的专著概念展开相关研究。例如，Geoffrey Crossick 在 2015 年向英国高等教育拨款委员会（Higher Education

---

① Mary Anne Kennan, Kim M. Thompson, "Research Writing and Dissemination", Research Methods, 2018, https://www.sciencedirect.com/topics/social-sciences/monograph.

② Sven F., Max M., Piotr G., "Open Access Monographs in the UK: A Data Analysis", 2019, https://www.universitiesuk.ac.uk/sites/default/files/uploads/Reports/Fullstopp-Final-October-2019.pdf.

Funding Council for England，HEFCE）提交报告中所使用的专著概念，是一个广义的概念。它不仅指由艺术、人文和社会科学领域学者出版的学术翻译、版本、评论、目录和编辑的长篇出版物，也指传统的、狭义的学术专著①。英国大学协会（UUK）在与学术界、学术团体和出版社的讨论中，也运用了广义的"专著"概念，认为专著是长篇论证载体，可以被改编成各种印刷和数字形式（如增强数字专著、迷你图片以及书籍章节等②）。OAPEN-UK一直在使用一个相当广泛的专著定义，认为专著是关于单一主题或主题中一个方面的学术书籍，通常针对但不限于学术读者。

专著可以是商业书籍或跨界书籍，即具有公众吸引力并可能产生比典型学术研究专著更大销量的书籍。此外，在社会科学领域，"混合专著"也是一种常见的专著出版模式。这里的"混合专著"是指与教科书相差异的、具有学术研究内容、主要出售给学生和讲师的出版物。

三 学术图书的特点

受数字技术和读者需求的影响，学术图书出版以 XML 优先的工作流程和按需印刷改变了学术图书的范围甚至定义。此外，由于学术图书具有篇幅长、成本高、受众小、销量低，资金资助获取的渠道与数量有限、学科偏向性、内容价值的衰减速度慢于期刊等特点，学术图书市场接受 OA 转变的时间晚于学术期刊。学术图书具有以下特点：

1. 篇幅长、成本高、销量少且形式多样

首先，在篇幅方面，学术图书的篇幅长，相比期刊文章，学术图书的篇幅长度能够为学者提供更大的探究空间，交流思想，提出更加充足的支撑性证据。在许多学科中，图书篇幅标准已经达到 80000 个单词。不过，近年来，业界人士对图书的篇幅长度进行了各种各样的实验。例如，在 90

---

① Geoffrey Crossick,"Monographs and Open Access", *A Report to HEFCE*, January 2015, https://dera.ioe.ac.uk/21921/1/2014_monographs.pdf.

② Helen Clare,"OA Monographs: Policy and Practice for Supporting Researchers", October 8, 2019, JISC Scholarly Communications, https://scholarlycommunications.jiscinvolve.org/wp/2019/10/08/oa-monographs-policy-and-practice-for-supporting-researchers/.

年代中期，杜克大学出版社应书店要求出版了一系列短篇书籍，因为这些书店认为"读者可能会读 125 页的书籍，而不会读 300 页的版本"①。目前，出版社对短篇和多种其他形式的探索仍在持续。

其次，在成本方面，学术图书出版成本高于期刊。收费范围为：De Gruyter 的每章 2450 美元起；InTech 每章收取 640 欧元；曼彻斯特大学出版社（Manchester University Press）对每 80000 字的图书收取 5900 英镑；帕尔格雷夫 Palgrave 的收费为 11000 英镑；施普林格与加州大学图书馆的基线收费分别为 15000 欧元与 15000 美元。许多人文和社会科学学科根本不可能获得如此规模的资金资助，而且提供资助的国际差异也成为一个更加严重的问题②。

再次，在印刷量与销量方面，自 20 世纪 80 年代以后，学术图书所占比重小，全球专著销售经历了一个急剧下降的时期。根据美国学术团体委员会（ACLS）的人文学科电子书（Humanities Ebook，HEB）项目联合主任提供的数据，专著市场的平均每本图书销量急剧下降，从 1980 年的约 2000 本，到 20 世纪 80 年代末的 1000 本，再到 1990 年的 500 本。这主要是由于专著的高成本和可用于支持专著采购的图书馆预算比例下降。如今，专著的精装本印刷通常只有 200—300 本，且每本的封面价格从 50 美元到 250 美元不等③。这主要是由于学术图书费用高，可用于支持学术图书采购的图书馆预算比例下降。可以说，在传统的科学研究成果中，虽然专著等学术图书一直被认为是最重要的学术交流方式，但学术图书一直不是出版物研究的重点。学术图书市场的规模也很难衡量，因为相关数据非常稀缺。根据欧洲出版社联合会的一份报告，2016 年欧洲经济区图书出版物的年销售总收入约为 223 亿欧元，同年发行了约 59 万本新书。如果

---

① Geoffrey Mock, "Supporting Bright Future for Academic Books", https://today.duke.edu/2013/12/dukepress.

② Martin Paul Eve, "Open Access and the Humanities: Contexts, Controversies and the Future", UK, London: Cambridge University Press, 2014.

③ Alkim Ozaygen. "Analysing the Usage Data of Open Access Scholarly Books: What Can Data Tell Us?", Curtin University, 2019, https://espace.curtin.edu.au/handle/20.500.11937/79585.

将出版社的净营业额分为教育类（如教科书）、学术/专业类（如高等教育类、词典、百科全书、STEM、HSS、管理类）、消费类（如贸易类图书）图书和儿童书籍，大约20%的收入来自学术和专业书籍①。

另外，在格式方面，学术图书目前可采用多种数字格式（如 PDF、XML、EPUB、Kindle MOBI）以及精装本、平装本格式，还可以包括视频和交互式 3D 模型等嵌入材料。此外，还有包括 EXE、TXT、HTML、HLP 等的学术图书、PC 电子书格式，以及 UMD 的手机电子书格式。

最后，学科、语言、基础设施等方面，学术图书具有多样性、碎片化特点。从学科角度，自然科学、工程、医疗、艺术、人文与社会科学范畴的广泛性，使学术图书呈现多样的特点。此外，从语言角度，与以英语语种作为主要语言工具的期刊相比，学术图书主要以作者所在国家的语言为工具，因此具有语言差异化特点。从基础设施角度，学术图书的基础设施可由出版社、图书馆、资助机构、基础设施供应商等多个主体提供，使得学术图书的可发现或可传播基础设施呈现多样化的特点。开放获取图书的读者群在地理上更加多样化，与非开放获取图书相比，平均可以多覆盖61%的国家②。

2. 具有学科偏向性和主题偏向性

不同学科之间有不同的传统和偏好。科学、技术、工程与医学领域的出版形式主要是期刊，而由于人文与社会科学出版迄今更侧重于出版学术图书，尤其是专著，是首选的出版路线。

各学科领域与文献资料媒介形态间存在匹配关系。将不同传媒形态的文献资料输出类型与研究领域、研究学科进行融合分析后，可以观察到目前学术图书出版格局的特点：会议论文集（Proceedings）偏爱计算机科学，评述类论文（Review articles）是医学的重点，预印本和数据（Preprint and

---

① Science Europe, "Briefing Paper on Open Access to Academic Books", September 2019, https://www.scienceeurope.org/our-resources/briefing-paper-on-open-access-to-academic-books/.

② Science Europe, "Briefing Paper on Open Access to Academic Books", September 2019, https://www.scienceeurope.org/our-resources/briefing-paper-on-open-access-to-academic-books/.

data）主要推动了天文学和物理学，专著（Monograph）的强势地位体现在社会科学、艺术和人文学科，尤其在非英语学术中具有重要作用。这些学科层次的特征也是文献计量学家创建标准化指标的基础。

学术图书主要体现于对广泛主题进行详细、深入的讨论，各研究主题与文献资料媒介形态间存在匹配关系。将不同传媒形态的文献资料输出类型与研究主题趋势相联系后，则可以更深层次地挖掘不同形态文献资料的重要性。例如，当研究者或学习者选择"数字人文"或"自动驾驶"等主题，以便了解研究的大体阶段和具体过程时，评述性文章（Review articles）让研究者反思某一领域的研究；期刊文章（Articles）会逐步扩展相关知识；会议论文集中的章节可以探索新问题或实验性地解决棘手的问题；专著（Monograph）则给学者提供了扩展其观点的空间，能够对主题进行详细和深入的讨论，同时构建作者在某一主题上的声誉。

总体而言，学术图书（尤其是专著）在文献资料中只有很小的比例。研究估计，2013年共出版了86000部专著[①]。相比之下，同期发表的期刊文章约为240万篇。这意味着只有大约3.5%的出版物年产量是专著，而且这个比例正在下降。目前这里开放获取的比例明显落后于期刊市场。根据研究和计算，如今多达28%的期刊文章可以开放获取。另外，根据学科的不同，专著的比例和重要性差异很大。例如，专著在自然科学和生命科学中几乎没有任何作用，但在社会和经济科学的出版产出中占比较高，而在人文学科中占比更高。因此，图书开放获取的最大压力来自以图书为导向的人文学科[②]。

3. 具有符号性，评审周期长且影响力不易计算

学术图书评审周期长且影响力不易计算。由于学术图书与期刊同行评审的过程并不完全相同，学术图书评审周期长于期刊，导致一些没有

---

① Sara Grimme, Cathy Holland, Peter Potter, et al., "The State of Open Monographs: An analysis of the Open Access Monograph Landscape and Its Integration into the Digital Scholarly Network", Digital Science Report, June 2019, https://www.digital-science.com/blog/2019/06/the-state-of-open-monographs-dsreports/.

② Open access for Monograph: Small Steps Along a Difficult Path, August 6, 2019, https://www.zbw-mediatalk.eu/2019/08/open-access-for-monographs-small-steps-along-a-difficult-path/.

充分考虑质量评审和引用数据的数据库不能充分体现出学术图书的质量和影响力，也使得人们很难发现图书引用信息并做摘录。一般而言，对图书的引用可能出现在卷、章或页中，但出版社们很少共享这些引用信息。此外，缺乏书目的元数据会限制图书卷册数的可发现性，也将限制对学术图书引用数量的计算能力。Book Citation Index（BKCI）作为 Web of Science 平台的新产品，可以协助评估书籍，识别不同知识媒体之间的联系，并促进学术研究，弥补了图书文献计量评价的不足。但 BKCI 也同时存在着语言分布不均、回档时间跨度短、收录标题数量有限等诸多问题①。

根据 Altmetric 和 Dimensions 平台提供的数据显示，相对于研究文章来说，专著等学术图书的影响类型和影响时间将因主题不同而存在差异。例如，《计算机科学学报》上的一篇论文很可能在发表后两年内得到所有引用，而专著通常要花两年时间才能获得第一次引用。相比之下，后一种形式的作品寿命往往长达数十年。这种状况使得一些人认为专著不适合数据驱动的、实时的现代学术领域，尤其在没有开放获取著作销售数据和使用数据的情况下，这一点更加显著。与非开放获取书籍相比，Springer 的开放获取学术书籍和章节平均获得 10 倍多的下载，2.4 倍多的引用，10 倍多的在线提及②。

4. 资助来源与数额少、学术图书市场集中度不高

首先，学术图书离不开资助。尤其是 HSS 领域的学术图书，一直依赖于供给侧的某种形式的资金资助，如来自资助者和机构提供的补贴、政府资助等。其次，在偏重需求侧获取资金的订阅模式中，大部分学术图书出版费用已经通过图书馆公共资金预算进行了间接支付。不过，图书获得资助的来源与数额远少于学术期刊。再次，资助资金在国家间的分配存在差

---

① 2012 年汤森路透在中国推出 BOOK CITATION INDEX "图书引文索引"，May 4, 2012, https://lab.semi.ac.cn/library/contents/531/12167.html.

② Porter Anderson, "Springer Nature Reaches 2000 International Open-Access Books", October 31, 2022, https://publishingperspectives.com/2022/10/springer-nature-reaches-2000-open-access-books/.

异。如依据 Springer 的统计，全球共有 170 多个资助者向研究人员提供资助，超过 130 家机构向研究人员提供资金，另有 170 家研究机构代表资助机构分发开放获取整笔赠款①。再如，UKRI 承诺每年额外提供 4670 万英镑用于支付出版物或文献费用②。其中，只有 350 万英镑将作为图书的专项资金，不到总预算资金的十分之一，表明对以 STEM 为核心领域的期刊论文的"明显倾斜"③。该政策允许作者在金色开放获取和绿色开放获取两种路径之间做出选择。金色开放获取即期刊收取论文处理费以实现论文免费获取；绿色开放获取即自论文或专著在付费阅读的渠道发表时，作者将被接收的论文稿存放在可供免费阅读的资源库中。

四 学术图书与学术期刊的差异

相比其他学术资源（如期刊、数据、软件、手稿等资源），以及娱乐性图书、儿童图书等图书类型，学术图书具有其鲜明特点。由于开放获取发源于学术期刊领域，而非学术图书，且两者差异的辨析将是探究具有异质性特征的图书开放获取的基础，本书此处仅作学术期刊与学术图书的差异辨析，旨在为后续论述进行铺垫。

第一，在规模、分销渠道、社会属性、平台构建所需资本的量级存在差异。受目前传统出版系统的惯性作用使然，学术图书与学术期刊之间存在生产技术上的共性，但在规模、分销渠道、社会属性、平台构建所需资本的量级存在差异。①在生产技术的共性方面，图书采用与期刊生产广泛使用以 XML 这种数字优先出版格式的工作流程，因为这项技术在处理 8000 字或 80000 字时的效率是相同的。这种数字优先的格式也提供了一个简单的打印路径，即按需打印（Print on Demand，POD），从而使印刷和数字的工艺流程完全统一。②在规模的差异性方面，专著等学术图书比期刊

---

① Springer, "Publish Open Access Book with Springer", https://www.springer.com/us/open-access.
② 科学网，英国一机构宣布论文立即开放获取，中国科学报，2021 年 8 月 10 日。
③ Anna McKie：《UKRI 开放获取政策：学术交流的一场革命?》，2021 年 9 月 24 日，国际科学编辑 isechina 的官方博客。

需要更大规模的排版、编辑和校对。③在分销的差异性方面，学术图书更具特色，它通过集成商或聚合商渠道分发，运用相同的营销文案以到达不同的网点（亚马逊、巴诺书店、Waterstone's 书店等都从相同的来源获得数据），因而交付时间相对较长，分销渠道具有差异。④在社会属性与平台设施需求方面，学术图书的差异性因素是社会性的，涉及出版社的专业知识和名单把关问题。就目前而言，进入图书出版行业要比进入期刊行业面临更多的社会和技术障碍。

第二，市场进入壁垒映衬出新兴图书出版社缺乏过渡战略。在期刊领域，通过开发和使用免费的工具，已经出现了出版社去中介化（意味着学者采用自己动手的方式进行出版，去除中介）的现象。但在图书出版领域，要面临比期刊行业更多的社会和技术障碍，进入壁垒高。虽然已经有开放专著出版社（如新型大学出版社）的推出，不过还没有实现凭借开放图书系统（Open Book System，OBS）、开放专著系统平台（Open Monograph System，OMS）使得图书出版社的"去中介化"。这是因为，开发平台所需的初始资本投资更大，因而存在更大的货币进入壁垒。

第三，学术图书作者们希望把学术图书提交给经过认证、有声誉或品牌的机构。学术图书出版物是一种象征符号，具备符号资本的属性[①]。对许多学者来说，书写一部专著或学术图书要比书写一篇期刊文章花费更多的时间与精力，研究更具系统性和创新性，因此学术专著一经出版，会自动被读者赋予知识创新的价值和意义。像 Springer、Elsevier 等出版品牌，更是学术出版物质量的典范，具有声誉与质量的符号特征，对读者和图书管理员具有很强烈的吸引力。此外，对于人文社会学科的学者来说，这种品牌符号具有更深层的意义。学者们期望其学术投资能获得相应的回报（如晋升、学术声望等声誉资本，以及项目申报和资金资助等）。当然，图书出版社也只有在拥有大量高质量文本资源时才会提供这种符号资本服务。

---

① Martin Paul Eve, "Open Access and the Humanities: Contexts, Controversies and the Future", UK, London: Cambridge University Press, 2014.

第四，与期刊不同，专著的作者与读者偏好印刷版本。其原因一方面是印刷品在人文学科中具有主流地位，另一方面是很多人认为印刷品更令人愉悦。Springer 一项名为"学术书籍的未来是开放获取"的研究表明，世界上 70%—80% 的作者仍然希望拥有图书的印刷版①。

第五，专著和期刊市场在语言领域各有偏好，基础设施成熟度存在差异。首先，期刊往往以英语为出版语言，但这一现象在专著等学术图书中并不存在。专著等学术图书一直以作者的母语为主，尤其以较大的语言区域为主（如德语语言区域②）。其次，专著等学术图书在基础设施建设方面也不如期刊的基础设施建设成熟。学术图书在基础设施选择上是多样性的。基于此，专著等学术图书无法完全融入以期刊文章所主导的学术交流生态圈，与期刊同行评审的过程并不完全相同③。

第二节 图书开放获取的含义与特点

图书开放获取（Open Access for Academic Books，OAB）是开放获取（Open Access，OA）的一项主要内容。开放获取是开放科学（Open Science，OS）的两个核心内容（开放获取与开放数据）之一④。可以说，开放科学是开放获取的上位概念，而开放获取是图书开放获取的上位概念。因此，在探究图书开放获取相关议题的内容之前，需首先界定与之有共同论述基础的开放获取概念（或开放科学概念），并探究共性与差异点。

---

① Porter Anderson, "Springer Nature Reaches 2000 International Open-Access Books", October 31, 2022, https://publishingperspectives.com/2022/10/springer-nature-reaches-2000-open-access-books/.
② OAPEN, "Open access for monograph: Small Steps Along a Difficult Path", August 6, 2019, https://www.zbw-mediatalk.eu/2019/08/open-access-for-monographs-small-steps-along-a-difficult-path/.
③ Sara Grimme, Cathy Holland, Peter Potter, et al., "The State of Open Monographs: An analysis of the Open Access Monograph Landscape and Its Integration into the Digital Scholarly Network", Digital Science Report, June 2019, https://www.digital-science.com/blog/2019/06/the-state-of-open-monographs-dsreports/.
④ UNESCO, "UNESCO Recommendation on Open Science", 2021, https://unesdoc.unesco.org/ark:/48223/pf0000379949.locale=en.

由于开放获取是旨在避开价格、技术与版权法律竖井而提出的出版模式，是"数字的、在线的、免费的、不受大多数版权和许可限制的"，因此本书主要按照突破价格障碍的实施路径、突破版权障碍的版权许可类型、突破技术障碍的数字基础设施这几个方面展开。

一　图书开放获取的含义

Open access（OA）即开放获取，是指消除访问、共享和重用学术研究成果的技术、经济与法律障碍的出版模式与学术交流方式，旨在促进研究创新，让学术社区成员参与学术对话并弥合知识鸿沟。作为一种全新的科学研究出版物传播模式，开放获取克服了期刊、图书等文献在获取权限、成本效益、透明度等方面的固有缺陷，正在逐渐取代订阅销售的出版模式。

Open access 可以中译为如下几个概念：开放获取、开放存取、公开获取、公共获取、公共存取、开放访问、开放共享、开放出版、公开访问、公开阅读、开放取用、开放取阅、开放近用、开放使用等。它与 Toll access（付费获取）或 Subscription（订阅）相对立，与 Free access（免费存取）含义类同，并可细化为免费阅读 OA（Gratis OA）与免费使用 OA（Libre OA）两种形式。

图书开放获取是以学术图书作为开放获取文献对象的开放获取活动。它是开放资源的一种形式，也是开放科学的组成内容。具体来说，图书开放获取是在尊重图书著作权人合法权益的前提下，利用网络平台为用户免费获取、利用图书内容的学术交流与出版新模式①。在功能上，图书开放获取有助于实现图书知识免费获取，便于用户获取知识内容，为出版社、大学研究机构、图书馆等主体的变革提供新的思路以及发展机遇，也为学术交流与知识发现探寻发展提供了一条新道路。

学术图书是学术著作、学术专著、学术会议论文集等概念的上位概念，因此图书开放获取包括学术著作、学术专著与会议论文集等开放获取

---

① 马小琪：《图书开放获取权益分享机制研究溯源与现状分析》，《图书情报工作》2019 年第 5 期。

内容①。相对于自然学科，学术图书对人文社科意义更为重大②。图书开放获取的效果显著。依据 Springer 的调查，OA 书籍的下载使用都更高（至少 2.7 倍）。2016 年，Springer Nature 针对 OA 与非 OA 的调查研究显示，OA 书籍的下载量是非 OA 书籍的 10 倍，被引用次数是非开放获取书籍的 2 倍以上③。2018 年的 OAPEN-UK 与 OAPEN-NL 报告中展示的实验对比结果，也有类似结论。

在本书研究中，选取"图书开放获取"或"学术图书开放获取"作为前后统一的概念表述。

二 图书开放获取的特点

在学术交流生态圈中，针对 STEM 学科与 HSS 学科，传统订阅出版与开放获取出版有不同的偏向和侧重（见图 2-1-1）。

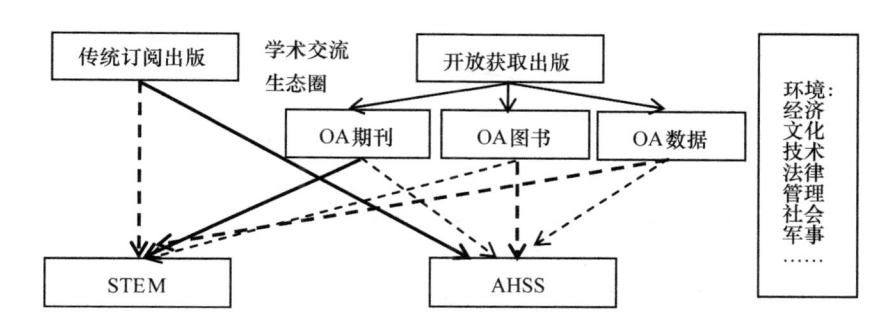

注：线条深浅代表权重大小，线条的实虚代表主流程度的差异。

图 2-1-1 各学科出版模式权重图

---

① McGrath M., "Interlending and Document Supply: A Review of the Recent Literature", *Interlending & Document Supply*, Vol. 42, No. 1, 2014, pp. 33–38; Eve M. P., "Open Access Publishing and Scholarly Communications in Non-scientific Disciplines", *Online Information Review*, Vol. 39, No. 5, 2015, pp. 717–732.

② Eve M. P., Vries S. C., Rooryck J., "The Transition to Open Access: The State of the Market, Offsetting Deals, and a Demonstrated Model for Fair Open Access with the Open Library of Humanities", *The authors and IOS Press*, 2017, https://core.ac.uk/download/pdf/141227987.pdf.

③ Neylon C., et al., "More readers in more places: The Benefits of Open Access for Scholarly Books", *Insights: The UKSG Journal*, Vol. 34, No. 1, 2021, p. 27.

由图 2-1-1 可见，图书开放获取有学科偏向性，主要侧重于 HSS 领域。此外，图书开放获取在质量评审、访问路径、传播方式、可发现性、影响力评价、分析数据的方式等方面有其自身特点，使其在学术出版行业的定位有所不同。图书开放获取的具体特点如下：

1. 开放获取图书的出版比例低，各地发展与语言使用不均衡

与开放获取期刊 OAJ 相比，OAB 出版比例低。虽然 OA 专著和编著的出版率在过去 10 年中翻了一番，但 OA 图书的比例仍然很低，远远动摇不了当前传统付费模式的主导地位（见图 2-1-2）。即使在 2020 年至 2022 年间由于 COVID-19 疫情使更多出版社选择"免费提供"图书的做法，但这一阶段的免费图书缺乏 CC 许可，与"开放获取"的规范状态并不一致。

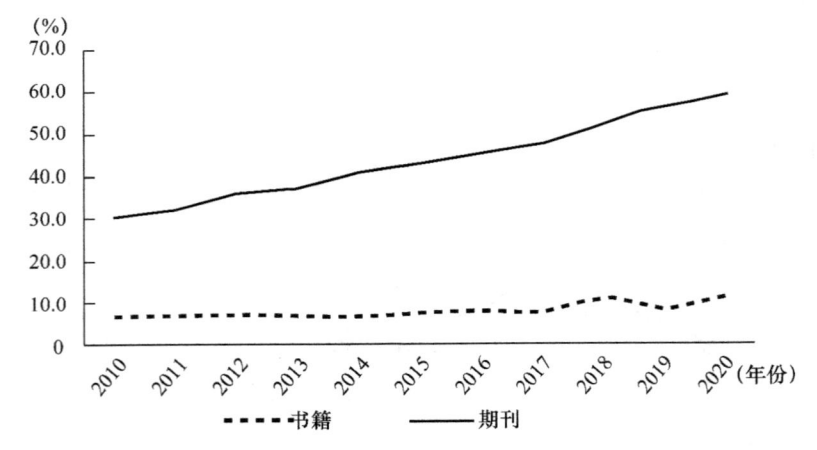

图 2-1-2 开放获取期刊（实线条）与书籍（虚线条）的百分比

资料来源：2021 年 Dimentions 的数据。

OAB 世界各地发展、使用语言不均衡。依据 DOAJ 与 DOAB[①] 的数据，可见 OAB 存在地域与语言使用等方面的差异[②]（见表 2-1-1）。

---

① Directory of Open Access Journal, https://doaj.org/.
② Directory of Open Access Books, https://www.doabooks.org/; Science Europe, "Briefing Paper on Open Access to Academic Books", September 2019, https://www.scienceeurope.org/our-resources/briefing-paper-on-open-access-to-academic-books/.

表2-1-1　　OAJ 与 OAB 存在地域、语言的差异

学术期刊开放获取（DOAJ）	学术图书开放获取（DOAB）
·80 种语言 ·130 个国家 ·12633 本期刊（无 APCs） ·18279 本期刊（含 APC） ·7985512 篇文章	·20 种语言 ·60500 多本图书（57091 部图书 + 3494 个章节） ·671 家 OAB 出版社 ·出版物类型：图书（3152 部）；章节（210 章） ·出版日期及对应的数量：2020—2022 年（1282）；2010—2019 年（1774）；2000—2009 年（228）；1990—1999 年（31）；1980—1989 年（11）；1970—1979 年（11）；1960—1969 年（3）；1950—1959 年（1）

资料来源：DOAJ 与 DOAB 2022 年 12 月 5 日数据。

2. 出版社规模较小，资金来源与数量少

世界各地的出版数量各不相同（见图 2-1-3）。与科学期刊市场由少数几家大型跨国出版社掌控、回报率较高的情况不同，学术图书开放获取市场上有许多不同规模的出版社。学术图书市场集中度不高，回报率较低，市场规模较小，且以中小出版社尤其是大学出版社为主[①]。专著、论文汇编和其他形式的研究成果，需要更长的交付周期和多样化的资助模式[②]。在实现 OAB 的图书处理费（Book Processing Cost，BPC）方面，需要关注两个问题：首先是学术出版需要经过严格的同行评审，因而不是掠夺性期刊或虚荣的自助图书出版；其次是资金分配应能够尽量公平，需考虑到博士初级职业者，以及缺少机构资助的学者。通过在不同平台（如出版社平台、基础设施平台、社交媒体平台等）上收集、整理开放获取学术图书的使用数据，识别和披露这些使用数据的动态状况，可以阐明 OA 图书是如何以及为什么在图书平台被传播、发现、访问、使用、提及、引用和获得评级的[③]。

---

① Science Europe, "Briefing Paper on Open Access to Academic Books", September 2019, https://www.scienceeurope.org/our-resources/briefing-paper-on-open-access-to-academic-books/.
② OA Monographs in Europe's Research Libraries: Best-Practices, Opportunities & Challenges, July 26, 2019, https://libereurope.eu/article/oa-monographs-in-europes-research-libraries-best-practices-opportunities-challenges/.
③ Porsche L., Zbiejczuk Suchá L., Martinek J., "The Potential of Google Analytics for Tracking the Reading Behavior in Web Books", *Digital Library Perspectives*, Vol. 38, No. 4, 2022, pp. 532-541.

第二部分 理论探究

Romeo Statistics

An overview of the data held in Romeo

Publishers by Country

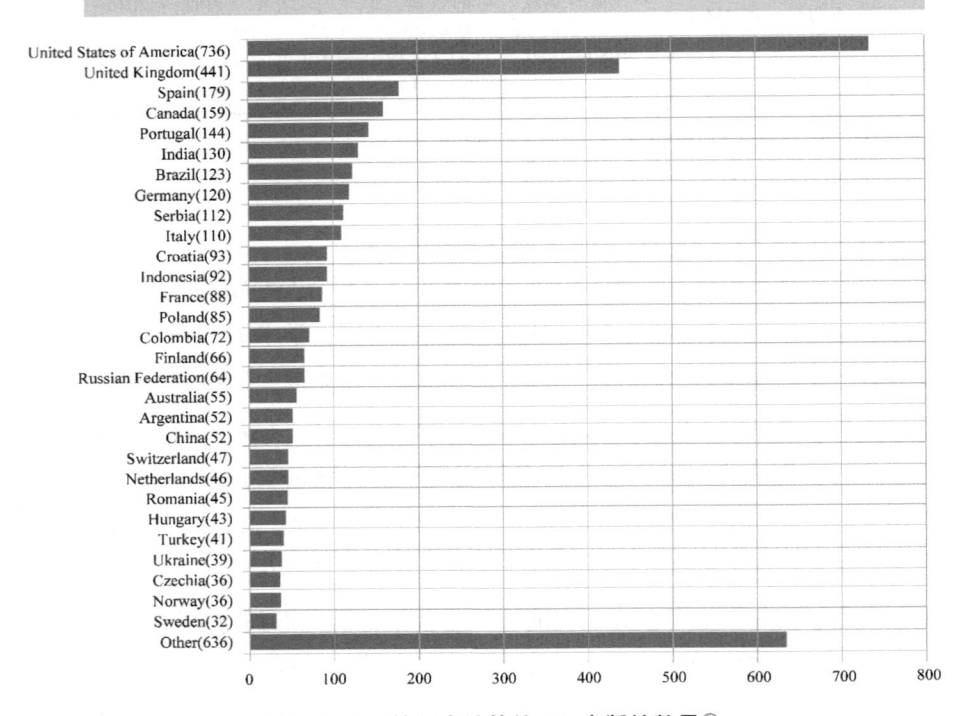

United States of America	736
United Kingdom	441
Spain	179
Canada	159
Portugal	144
India	130
Brazil	123
Germany	120
Serbia	112
Italy	110
Croatia	93
Indonesia	92
France	88
Poland	85
Colombia	72
Finland	66
Russian Federation	64
Australia	55
Argentina	52
China	52
Switzerland	47
Netherlands	46
Romania	45
Hungary	43
Turkey	41
Ukraine	39
Czechia	36
Norway	36
Sweden	32
Other	636

图 2-1-3 按国家计算的 OA 出版社数量[①]

资料来源：Romeo 数据库 2022 年 12 月 5 日数据。

OAB 获取的资助来源与资金数量少。Springer 出版社按地域与文献类型获取的资金数量与分配统计的数据如表 2-1-2 所示。

---

① Sherpa,"Romeo Statistics: An overview of the Data Held in Romeo", https://v2.sherpa.ac.uk/view/romeo_ visualisations/1. html.

表 2-1-2　Springer 出版社按地域与文献类型划分的资金数量①

地区	期刊 APC 的资助基金数量（个）	图书 BPC 的资助基金数量（个）
欧洲	217	119
北美	116	39
澳大利亚	7	1
亚洲	3	2
非洲	3	0
国际	10	5

3. 开放获取图书的质量控制标准与方法不同于学术期刊的开放获取

在质量控制标准与评审方法方面，图书开放获取采取的标准有来自国家的计划框架［如英国的研究卓越计划（REF）、澳大利亚的研究卓越计划（ERA）］以及机构的计划框架［例如 DOAB 的 PRISM（棱镜）计划］等。其中，隶属于 DOAB 的 PRISM 棱镜计划是学术出版社在整个图书目录中展示同行评审过程信息的一种标准化方式，它提供了适用于同行评审过程的透明度，有助于建立开放获取学术图书出版的信任②。在出版社层面，所有的 PRISM 同行评审过程都是可见的，且在图书系列中可能会采用多个同行评审过程。

4. 开放获取图书的摄取与传播路径不同

相比期刊，学术图书开放获取的传播与可发现路径不同。开放获取图书通常被托管在多个存储库中，且托管平台选择呈现更加多样化的特点。与此相应，开放获取学术图书使用数据的统计也呈现碎片化特点，难以统计学术图书使用情况的全面数据。

从读者发现和出版社传播图书角度，开放获取学术图书的汇集、发现与传播路径、需要经过的中间节点都有其自身特点。读者查找开放获

---

① Funding & Support Services, https://www.springernature.com/gp/open-research/funding.
② DOAB, "PRISM: Peer Review Information Service for Monographs", https://www.doabooks.org/en/publishers/prism.

取图书与出版社进行学术图书传播的主要渠道有 Directory of Open Access Books（DOAB）、Google Books、HathiTrust、OAPEN Library、Online Books Page、Open Library、Open Research Library。这些渠道的关系如图 2－1－4 所示：

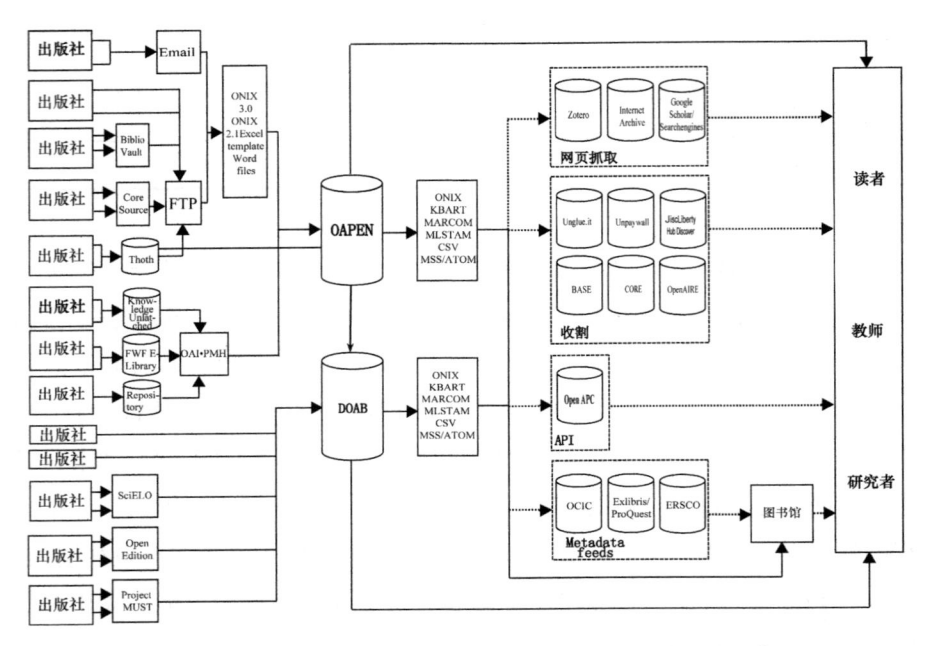

图 2－1－4　开放获取的图书摄取、发现路径与传播路径①

在 OAPEN 指南中提出的建议：OA 专著出版社应该在其网站上提供，使出版社的服务清楚地指向最终用户。这些建议是 JISC 和 OAPEN 进行的 OA 专著服务调查项目的一部分。在与研究资助人、学者和机构工作人员以及 OA 专著出版社协商后制定的建议中，确定了应在出版社网站上公开提供的信息，以使作者、机构和研究资助人能够就开放获取专著的出版做出知情的决定。

---

①　OAPEN，https://www.oapen.org/.

5. 开放获取图书的使用数据不易追踪

通过与 DOAB、搜索引擎、聚合商、图书馆对接，以及元数据转换，可以在一定意义上实现对 OAB 下载量与阅读量等数据的收集。例如，通过如上 OAB 摄入与传播路径的探讨，可以汇总最近 12 个月在 OAPEN 的 OAB 使用数据特征：1200 万的下载量与 COUNTER 平台的统计数据一致；OAB 得到了全球范围的使用，无论是阿富汗，还是津巴布韦；德国是第二大用户；开放获取图书的使用量逐年增长。

不过，OAB 由于以下原因，仍存在使用数据不易追踪的问题：一方面，由于 OAB 的小出版社通常缺乏资源来组建用于处理来自多来源复杂数据的内部团队，所以它们几乎不可能分析与其出版物相关的互测数据。另一方面，期刊文章和图书在如何在线托管、如何共享和使用、如何识别和跟踪方面存在显著差异。这些差异使得跟踪、整合学术图书使用数据成为一项具有挑战性的任务。基于此，学术图书也常以章节形式进行 OA 图书托管。

例如，与只有一个数字对象标识符（DOI）的期刊文章不同，OAB 可以有许多不同的标识符。首先，图书可以有商业图书标识符，即每种格式的国际标准图书编号（ISBN）；也可以采用精装、软装等实体格式，或者 PDF、EPUB 和 HTML 等数字格式。其次，除了 ISBN 标识符外，专著等学术图书还可以为每个存储库分配的每种格式提供单独的 DOI 标识符。因此，要调查一部学术图书在社交媒体上的提及情况，不可能像已发表的期刊文章那样查询单一的 DOI。但图书的预印本除外，因为预印本可以存放在不同的存储库中，并被分配一个单独的 DOI。

针对这一问题，计算网络电子资源的在线使用量的平台统计工具（即 COUNTER）是一项旨在克服其中一些问题的国际努力。不过，仍存在元数据提供与识别方面的深层次问题。

6. 开放获取图书的影响力评价指标不同于学术期刊及其他图书类型

衡量学术作品使用情况的指标包括引用、下载、网站访问、社交媒体提及及其各种形式。学术引用和社交媒体虽是传播和评价知识的有效手段，但由于评价工具的局限性，对学术书籍进行评价的研究起步较晚。

20世纪50年代，一些研究者开始关注学术期刊或论文的评价。之后，施普林格、谷歌、Scopus、图书引用索引（BKCI）相继为研究图书评价提供了方便的工具。如今，Mendeley作为一个学术社交网络平台、Twitter作为一个公共社交网络平台促进了文稿的共享和管理①。许多与影响力评估相关的研究使用Twitter和其他一些社交网络平台作为数据资源进行分析。此外，作为一个新的引文数据库、发现平台和研究分析工具，Dimensions实现了数百万文档之间的数十亿连接，这些文档包括学术文章、专著、专利、临床试验、资助资金和政策文件。该平台的免费版本提供了一键访问数以百万计的开放获取书籍、文章以及摘要和引文，并伴有替代计量（Altmetric）的信息②。BKCI通过这些工具（即Mendeley、Twitter、Dimensions）改善了期刊、会议论文集和书籍之间的引文关系，从而清晰地显示了一本书在引文网络中的位置，简化了基于引文分析的图书评价研究。此外，替代指标的出现不仅丰富了总体指标的发展，而且为图书影响的评估提供了一种新的方法③。

在衡量OAB影响力时，还需注意匿名下载与文档使用之间的差别。图书匿名下载量通常是期刊下载量的2倍左右。这意味着机构识别的数据将大大低估OAB匿名使用量与文档使用量。OAB的下载和使用可以分为登录访问或匿名访问。事实上，这两种访问方式的使用次数存在显著差异。研究显示，每本图书的匿名使用总量总是大于登录使用量。人们不能直接将匿名使用归咎于"公众"或"非学术"使用，因为其中一部分是学者在校外或个人设备使用。需注意的是，国家层面的图书使用模式存在差异。例如，在肯尼亚、巴西、印度和伊朗，匿名使用率较高，

---

① Mendeley, https://www.mendeley.com/.
② Dimensions, https://www.dimensions.ai/.
③ Wei M., Noroozi Chakoli A., "Evaluating the Relationship between the Academic and Social Impact of Open Access Books Based on Citation Behaviors and Social Media Attention", *Scientometrics*, Vol. 125, 2020, pp. 2401–2420.

而埃及的期刊使用率相对较高①。

7. 图书开放获取向金色 OA 转换的路径不同

学术图书向开放获取的过渡路径与文章向开放获取的过渡路径不同。在这种转变中，必须考虑到图书出版环境的复杂性和学术图书本身的多样性，即"书目多样性"②。

自 2018 年以来，出版社和图书馆或图书馆联盟之间签署了许多阅读和出版协议。这些变革性或转换性协议可以定义为一种寻求"将合同付款从图书馆或图书馆集团转移到出版社，从订阅式阅读转向开放获取出版"的合同。协议有多种类型，包括抵消协议（offsetting agreements）、读取—发布协议（read-and-publish agreements）、发布—阅读协议（publish-and-read agreements）。

不过，学术图书转换到 OA 存在很多挑战③。首先，转换难度大。由于学术图书开放获取成本依然很高，向金色开放获取转换的成本巨大，转换协议难以达成，大规模成功转换更面临难以逾越的障碍。其次，实现路径少于期刊。目前向金色 OA 转换的开放获取模式有加州数字图书馆试点变革协议模式、知识解锁期刊转换模式、Libraria 模式、出版—阅读协议模式、阅读—出版协议模式、SCOAP3 模式、订阅开放模式。在这七种模式中，除加州大学试点协议与 KU 模式外，大多适用于期刊而非学术图书。再次，转换协议的签订条件不同。成功转换的案例往往来自大出版社与知名大学或研究机构之间的协议。例如，施普林格·自然（Springer Nature）与加州大学伯克利分校图书馆于 2021 年 3 月 25 日签署了首个机构图书开放获取协议。协议从 2021 年起至少运行三年，覆盖人文、社会科学乃至科

---

① Mark D. Wilkinson, et al., "The FAIR Guiding Principles for Scientific Data Management and Stewardship", *Scientific Data*, Vol. 3, 2016, pp. 1-9.

② UNESCO, "UNESCO Recommendation on Open Science", 2021, https://unesdoc.unesco.org/ark：/48223/pf0000379949.locale=en.

③ Benedetti Allison, Boehme Ginny, Caswell Thomas R., et al., "2020 Top Trends in Academic Libraries", *Library Faculty Presentations & Publications*, 2020, p. 80, https://digitalcommons.unf.edu/library_facpub/80.

学、技术和数学的一系列图书，为隶属于分校的作者提供 OA 资金，并由施普林格·自然旗下的 Springer、Palgrave 和 Apress 出版图书。这些图书将依照知识共享协议 CC BY 出版，供全球读者通过施普林格·自然的内容平台 SpringerLink 免费获取。此外，施普林格 Nature 与 LYRASIS（为美国图书馆、档案馆和博物馆的非营利会员协会）签署了首个开放获取图书赞助协议，协议于 2021 年开始。

除资金之外，有关图书开放获取转换的一个关键问题是，是否存在基础设施以实现向预期规模的开放获取出版转变。依据 Ayris 教授的表述，虽然他对开放获取政策方向和改革步伐抱有绝对热情，但对于现有基础设施是否"能够提供国家层面的开放获取专著的路径"存疑。同时，应"确保有专著出版量能达到所需数量的出版社存在［如伦敦大学学院出版社（UCL Press）］"①。

英国 UKRI 针对专著、书章和编著的政策是：从 2024 年 1 月起，免费阅读版本必须在出版后最多 12 个月内通过在线平台或存储库进行阅读和下载；必须在知识共享归属许可（CC BY）或 UKRI 允许的其他许可下可用；豁免适用于"在联络和考虑后，唯一适当的出版社无法提供符合 UKRI 政策的开放访问选项"；发表是获得培训补助金的结果；或无法获得第三方材料重用的许可；行业书籍也不受此限制，关于书名是否属于这一类"由作者和出版社自行决定"。

第三节　图书开放获取的价值与障碍突破的三个基本维度

随着数字技术进步、图书馆预算减少、用户对共享图书知识需求的日益增加，学术图书面临出版危机。近几十年来，业界一直试图绕过订阅模式的访问限制，探寻可替代性的知识扩散模式。在此背景下，旨在突破价

---

① Anna McKie：《UKRI 开放获取政策：学术交流的一场革命？》，2020 年 9 月 24 日，https://er.educause.edu/articles/2019/5/open-access-monographs-new-tools-more-access.

格、技术与法律障碍的科学信息开放获取运动（Open access movement，原为 Free online scholarship movement）成为消除传统学术交流机制的局限性、实现知识公平和社会民主目标的重要举措。

一　图书开放获取的价值

图书开放获取出版对作者、读者和学术研究有潜力提供许多机会。图书开放获取的功能主要有：

第一，形成更广泛的读者群，增加知识获取的公平性。首先，图书开放获取消除了价格障碍，利用互联网的力量使读者更容易地找到作品。资助者也越来越多地使用开放获取政策，以确保公众不需要为创作和阅读研究同时付费。由于公开可访问的图书作品通常是全文索引，可以帮助潜在读者使用搜索引擎轻松找到作品，可以形成更广泛的读者群。其次，世界各地的学者和非学者都可以免费在线获取学术图书的内容，使世界各地的读者都能访问到作品。来自低收入和中等收入国家的许多学生、教师、研究人员和其他专业人士难以获得昂贵的订阅图书，因为这些国家的图书馆没有资源订阅他们所在领域的相关图书。因此，通过图书开放获取消除价格障碍，能够使学生、教师、研究人员和从业人员更容易获得其在本领域学习、教学、研究和实践所需的信息。再次，通过使图书面向更多的读者，包括学术界以外的研究人员、非学术组织、经济欠发达国家，可以增加知识的公平获取。JSTOR 图书总监 Frank Smith 报告的使用数据表明，JSTOR 的 5000 种图书已获得数百万次使用（包括章节下载和浏览），且均匀分布在全球各地的地理位置和机构中。康奈尔大学出版社在大约两年内，有 77 本 OA 书籍在 JSTOR 和 MUSE 上分别获得了 100000 章下载和 200000 次的章下载，在 152 个不同的国家和地区实现了阅读，并在亚马逊上被下载了 29000 次。

第二，提升学术图书的影响力，强化学术社区的联系。首先，图书开放获取可以通过引入更广泛的读者（无论是学术和非学术领域的读者），增加发现性和可访问性，从而形成更多的图书引用量，进而提升学术图书的影响力。在目前学术专著平均只售出几百本的时代，通过采用开放获取的方式，图书作品无论是在读者使用数量上还是在影响力区域上，都远远大于非开放获取的情况。例如，OAPEN-NL 是 OAPEN 的一个合作项目，发现开放获取对学术图书使用和发现的积极影响：①在线使用得以增加。通过图书访问量和谷歌的页面浏览量来衡量，在线使用量增长了 209%。②访问量得以增加。平均而言，以谷歌图书访问量衡量，开放获取图书的发现增加了 142%。③使用区域得以扩展。独家开放获取专著出版社 Open Book Publishers 跟踪了其出版书籍的下载情况，发现在那些通常不能很好地接触到学术文献的国家，使用它们的人很多。此外，试点项目开放解锁项目 KU 在 24 周的时间里，共收集的 27 本开放获取图书，收到了来自至少 138 个国家的 12763 次下载，平均每本图书的平均下载次数为 473 次。许多作者发现，不管作品是否被频繁地引用，开放获取能够帮助读者接触到作品，增加作品的知名度。其次，强化学术社区的联系。由于开放获取增加了作品的可见性和传播性，它在联系学者和刺激专业领域或利基领域的创新方面特别有帮助。开放获取使原本分散的作者和读者社区得以联系和协作，从而带来新的创新和发现。

第三，促进持续知识进步，支持学科跨越。首先，在促进知识创新与知识进步方面，一件作品越容易被找到、访问、阅读和重用，其他人就有越多的机会在其基础上进行创作，从而加快知识创新和发现的步伐。公开可访问图书作品的读者无须请求或支付许可，从而促进了思想的传播。其次，在支持学科跨越方面，作为大学出版副馆长兼密歇根大学出版社主任，查尔斯·沃特金森（Charles Watkinson）指出开放获取不仅支持全球影响力，而且还产生创造力和跨学科工作。许多资助者，无论是公共的还是私人的资助者，都将所资助作品的交流和传播视为其使命的一个组成部分。此外，以开放获取方式出版的专著更易于在教学中使用，也更容易纳入教材，为持续创新与跨学科活动提供持续的基础支撑力。

二　图书开放获取的实现路径——突破经济壁垒

1. 图书开放获取的实现路径类型

为破除价格障碍与平台障碍，OA 依赖于互联网和万维网的数字环境，消除了边际制作成本，将所有成本集中在第一份拷贝上，从而允许读者在不付费的情况下访问作品。同时，OA 要求修改标准的版权保护，允许读者在公平交易的法定条款之外重新使用工作。《布达佩斯开放获取倡议》（BOAI）首先指出两种开放获取路径：一是自我存档或自我典藏路径（Self-Archiving），亦称为绿色开放获取路径（Green route），以学科知识库或主题机构知识库、预印本平台为存贮平台。二是金色开放获取路径（Golden route），也称开放出版或开放获取出版。金色路径符合 OA 倡导者的要求，也被称为真正的 OA。将绿色 OA 与金色 OA 路径相混合，形成的没有完全实现开放获取声明预期目的路径，可将其归入"混合开放获取"范畴。

具体来说，黄金路线是指在发表时可免费访问的期刊文章或学术图书，是通过期刊、书籍或其他输出形式从源头上（如出版社）提供的开放获取。这条路线通常以文章处理费（Article Processing Cost，APC）、图书处理费（Book Processing Cost，BPC）或章节处理费用（Chapter Processing Cost，CPC）为主要的商业模式。BOAI 强调，能够公开获取经同行评议的期刊、图书等文献是开放获取的最终目标，但鼓励用自我存档（即绿色开放获取）和开放获取期刊或图书（金色开放获取）之外的方式实现向开放获取转换。

绿色路线是指作者将其作品的副本存入机构存储库进行自存档。也即，将经过同行评审的文章和/或未经同行评审的预印本在线发布到机构和/或主题存储库或个人网站。机构存储库通常由大学图书馆管理，保存有关附属作者作品的元数据和副本。

绿色 OA 路线通常取决于出版社的自存档政策（如规定延迟该副本开放访问的迟滞期）。它有几个特点：（1）该路线鼓励作者将待发表学术期刊或学术图书的副本上传至存储库，然后将作品公开。（2）绿色 OA 与现有的订阅生态系统是共生的。一些出版社在允许存放在公共存储库之前保留一段迟滞期或禁售期（embargo）①。尽管几乎没有证据支持这种迟滞期存在的合理性，但实施迟滞期的意图是为了避免由于自我归档导致订阅收入减少。（3）绿色路线可以保留作者权利的方式予以启用。其中，作者在发表任何作品之前，向机构库授予非专有权利。然后，该机构有能力在不征求出版社许可的情况下将这些作者的文章开放获取②。通过这些双重途径，现在几乎25%的学术文档都可以通过互联网以 OA 方式获得③。（4）目前，少有出版社以这种方式出版图书。虽然许多出版社允许作者为期刊文章保留版权，也有供作者把握出版社 OA 政策的平台（如 Sherpa Romeo 为英国诺丁汉大学主办的一个收集期刊信息的项目），但是学术图书很少采取绿色路线的开放获取方式，仅有英国 Goldsmiths 出版社为其中代表。

随着开放获取的进展，开放获取的类型也更加丰富。时至今日，主要的开放获取类型有：金色开放获取（Gold Open Access）[又可细分为铂金开放获取（Platinum Open Access）与钻石开放获取（Diamond Open Access）两类]、绿色开放获取（Green Open Access）、混合（或复合）开放获取（Hybrid Open Access）（如开放与阅读、阅读与开放等几种类型）。此外，还存在青铜开放获取（Bronze Open Access）、黑色开放获取（Black Open Access）等不是严格意义上的开放获取路径。如上路径的关系可以梳理为如下逻辑构架图，如图 2-1-5 所示。

2. 图书开放获取实现路径的特征

将学术图书通过网络公开，并不是真正意义上的开放获取。开放获取（含图书）路径的具体特征如表 2-1-3 所示。

---

① Jonathan P. Tennant, François Waldner, et al., "The Academic, Economic and Societal Impacts of Open Access: An Evidence-based Review", *F1000 Res*, Vol. 5, 2016, p. 632, https://www.ncbi.nlm.nih.gov/pmc/articles/PMC4837983/.

② Ellen Collins, Caren Milloy, Graham Stone, "Guide to Open Access Monograph Publishing for Arts, Humanities and Social Science Researchers", Helping Researchers to Understand the Opportunities and Challenges of Publishing a Scholarly Monograph in Open Access, 2015, https://fra1.digitaloceanspaces.com/oapen/0b15bc6dffd247418dc23c005e0f828f.pdf.

③ Khabsa M., Giles C. L., "The Number of Scholarly Documents on the Public Web", May 2014, https://journals.plos.org/plosone/article?id=10.1371/journal.pone.0093949.

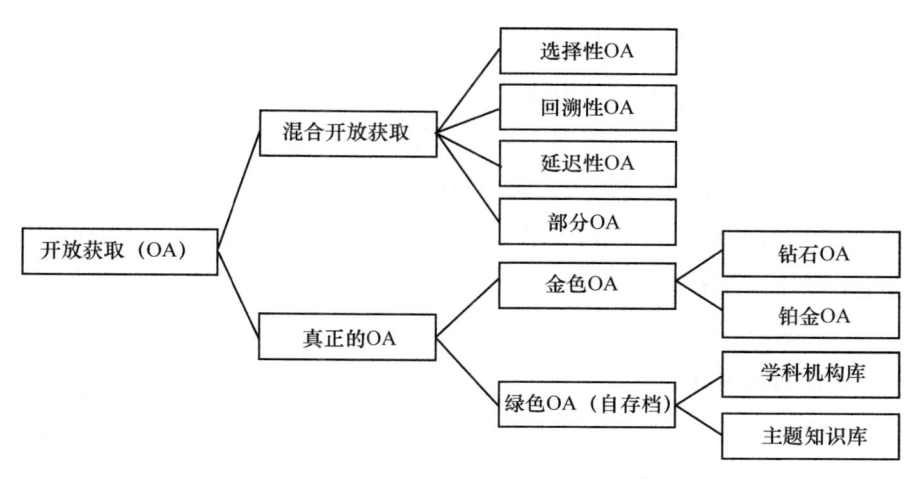

```
                    ┌─ 选择性OA
          ┌─ 混合开放获取 ─┼─ 回溯性OA
          │              ├─ 延迟性OA
开放获取(OA)─┤              └─ 部分OA
          │              ┌─ 金色OA ──┬─ 钻石OA
          └─ 真正的OA ──┤           └─ 铂金OA
                       └─ 绿色OA(自存档)─┬─ 学科机构库
                                        └─ 主题知识库
```

图 2-1-5 （图书）开放获取实现路径类型图

表 2-1-3 （图书）开放获取路径类型的特征

开放获取类型	主要特征
绿色开放获取	作者将文稿提交至知识库使之可被免费访问，一般有迟滞期/禁售期（通常6—12个月）
金色开放获取	作者支付文章、图书或章节处理费，任何人都可以免费访问论文、图书等文献资料；通常也可以再利用
①铂金开放获取	作者与读者无须支付文章、图书或章节处理费，任何人也都可以免费访问论文，但有迟滞期（6个月或12个月）
②钻石开放获取	作者与读者均无须支付文章、图书或章节处理费，任何人也都可以免费获取论文
混合开放获取	传统订阅期刊或图书，但允许其中的部分文章或部分章节开放获取出版，其他文章或章节仍需付费阅读
青铜开放获取	论文或图书可被免费访问，但没有清晰的版权约定（注：该种路径不是严格意义的开放获取）
黑色开放获取	现有知识产权体系下的"盗版"网站，通常免费、大规模、易用（注：不是OA，如Sci-Hub）（注：该种路径不是开放获取）

如上开放获取的类型并不是简单的并列与包容关系。例如，传统订阅模式是读者付费（Readers Pay），金色开放获取是作者付费（Authors Pay），钻石开放获取是读者作者均免费（Free for Readers and Authors）。但很多学者认为，钻石开放获取是金色开放获取的一种特殊形式，DOAJ

（Directory of Open Access Journals）开放获取期刊目录与 DOAB（Directory of Open Access Books）统计中通常也会将钻石开放获取计入金色开放①。

需注意的是，不同国家对 OA 路径有不同偏好。例如，在欧洲，许多国家喜欢绿色 OA，但在英国、荷兰和奥地利有黄金 OA 的偏好。随着黄金 OA 日渐成为 OA 的主导力量，如 Frontiers、Sciendo、MDPI、Springer 等著名的出版社，都采取了有效的步骤来开发黄金 OA②。在这些国际努力的结果下，文献作品的最终版本在出版后立即自由和永久地向所有人开放。此外，随着 Plan S 计划倡议的施行，金色开放获取成为混合与封闭期刊与图书的转换目标。在此情境下，OpenAIRE 报告将混合模式与金色模式进行了细分，将绿色/金色路径区分划分为一系列指定商业模式的子组件，认为开放获取科学研究具有四种途径。需注意的是，在欧洲，"科学"的含义比英、美两国涵盖的内容更多③。

三 图书开放获取的版权许可——突破法律壁垒

图书开放获取的版权许可与期刊开放获取的版权许可的基本框架是一致的，只是在实际采用中有所差别（见表 2-1-4）。

表 2-1-4　　知识共享协议（Creative Commons License）的
四种核心权利

缩写	权利	简述
BY	署名（Attribution）	必须按照作者或者许可人指定的方式对作品进行署名；可以复制、发行、展览、表演、放映、广播或通过信息网络传播本作品
SA	相同方式共享（Share Alike）	若想改变、转变或更改，必须在遵守与本作品相同的许可条款下，才能散布由本作品产生的派生作品；可以自由复制、散布、展示及演出本作品

---

① Mark D. Wilkinson, et al., "The FAIR Guiding Principles for Scientific Data Management and Stewardship", *Scientific Data*, Vol. 3, 2016, pp. 1-9.

② 开放获取 Open Access 的各种类型, 2022 年 3 月 22 日, https://wap.sciencenet.cn/blog-408109-1330517.html?mobile=1.

③ Ross-Hellauer T., Schmidt B., Kramer B., "Are Funder Open Access Platforms a Good Idea?", *SAGE Open Journals*, Vol. 8, No. 4, 2018, pp. 1-16.

续表

缩写	权利	简述
NC	非商业性使用（Non Commercial）	可以自由复制、散布、展示及演出本作品但不得用于商业目的
ND	禁止演绎（No Derivative Works）	可以自由复制、散布、展示及演出本作品但不得改变、转变或更改

"有权利保留"发展为"部分权利保留"，使用者可以明确知道作者的权利，从而使作品得到更加有效的传播。发展至今，知识共享协议主要关注署名（Attribution，BY）、相同方式共享（Share Alike，SA）、非商业性使用（Non Commercial，NC）和禁止演绎（No Derivative Works，ND）四种核心权利，详见表2-1-4。

基于上述四种核心要素权利，实践上组合出七种常见的知识共享协议类型（知识共享协议目前的最新版本为4.0版，于2022年11月25日发布），详见表2-1-5。其中，CC0为知识共享零许可，表示可以不受限制地在全球范围内自由使用。

表2-1-5 常见的知识共享协议（Creative Commons License）类型

缩写	权利描述
CC BY	署名（BY）
CC BY-SA	署名（BY）相同方式共享（SA）
CC BY-NC	署名（BY）—非商业性使用（NC）
CC BY-NC-SA	署名（BY）—非商业性使用（NC）—相同方式共享（SA）
CC BY-ND	署名（BY）—禁止演绎（ND）
CC BY-NC-ND	署名（BY）—非商业性使用（NC）—禁止演绎（ND）
CC0	零许可

"绿色"和"金色"（以及"钻石"和"青铜"）这两个术语是从期刊文章中继承下来的OA路径。由于HSS出版行业的异质性和学术书籍类型

的多样性，这些路径不容易移植到长篇出版物领域①。对于图书开放获取版权许可协议，金色开放获取是目前使用最为广泛的许可类型。金色图书开放获取通常是作者、作者所在机构、资助机构向学术图书出版社支付图书（BPC）或章节处理费（CPC），常被称为作者付费（Authors Pay）模式。绿色图书开放获取路径是较少使用的路径，目前，英国的Goldsmith出版社是绿色图书开放获取典型代表。为形成可持续的、创新性OAB，需要鼓励新的和创新商业模式的试点和实验。

四 图书开放获取的发现平台——突破技术壁垒

图书开放获取的图书是在线免费的图书。所以需要一般意义上的互联网平台与数字工具。除此之外，目前的学术图书发现平台，还取决于出版社、资助者、机构联盟、政府等构建的基础设施平台。在基础设施平台上，可用于创造、发现、下载、传播、评价、利用等。与期刊世界相比，学术出版社的世界更加多样化，数百家小型出版社和大学出版社生产了世界学术书籍产量的相当大比例。这个领域正变得越来越复杂，许多新的商业模式正在开发中。

在基础设施平台运营层面，其底层逻辑是元数据。随着学术图书所扮演社会经济角色的复杂性越来越高，可发现性成为一个焦点问题。本质上，学术专著在可见性和可发现性方面遇到的挑战，涉及开放的学术基础设施系统，例如，数字标识符（DOI）、开放研究者和作者ID（即OR-CID）。众所周知，即使是要求OA并严格报告合规性的组织，也难以被发现。这些组织及其要求有：欧盟的元数据政策要求使用DOI和ORCID；国家数字出版项目（NEP）要求出版社至少在两个主要的数字发行服务上提供他们的书籍；惠康基金会（Wellcome Trust）要求使用NCBI Bookshelf和Europe PMC（注：欧洲PMC是一个生命科学期刊文献档案库。在过去五

---

① Universities UK Open Access and Monographs Group, "Open Access and Monographs: Evidence Review", October 2019, https:// openresearch. community/documents/59416-uuk-open-access-evidence-review? channel_ id = 2449-content https://www. internationalscienceediting. cn/solution-698. html.

年该平台开放获取图书的总百分比尚未达到资助书籍的 2/3，低于其估计的合格数量）。

第四节　图书开放获取权益分享机制的概念界定

图书开放获取权益分享机制是确保权益分享实现公平与效率均衡的前提，也是研究图书开放获取商业模式与制度体系的基础。本书旨在对目前图书开放获取权益分享机制进行概念界定，以期为后面的论述奠定基础。对图书开放获取权益分享机制的概念界定包括对学术图书、图书开放获取、权益、图书开放获取权益、图书开放获取权益分享机制等几个概念的界定。对于前两个概念，可见本书前述相关内容的论述。

一　权益的概念

权益是指公民受法律保护的权利与利益。图书开放获取权益是指在图书开放、存储、传播、获取过程中，与图书知识成果相关的各相关利益主体受法律保护的权利与利益。由于图书开放获取权益是图书智力资产权益（即知识产权）中的一部分，故其受知识产权法（尤其是版权法）等相关法律保护，并衍生出精神权利（或称伦理权利）等权益[1]。

人们对学术研究成果的设计和研究通常是在政治维度下进行的，因为知识和权力本质上是联系在一起的。虽然学术成果的开放获取实践是一个新的创新，然而它的历史基础为财产权的概念，是由 Locke 创造的知识产权概念。具体来说，开放获取是一种新的所有权形式，意味着出版社和作者之间的一种新型的经济和法律关系[2]。这种关系使"信息商品"的本质

---

[1] Ben C. P., Katia P., "Intellectual Property Rights and Knowledge Sharing across Countries", *Journal of Knowledge Management*, Vol. 13, No. 5, 2009, pp. 331–344; Giuditta De P., Jean P. S., "Public Policies and Government Interventions in the Book Publishing Industry", *Info*, Vol. 16, No. 2, 2014, pp. 47–66.

[2] Maddi A., Lardreau E., Sapinho D., "Open Access in Europe: A National and Regional Comparison", *Scientometrics*, Vol. 126, 2021, pp. 3131–3152.

变成了"创造者"和"平衡者"之间的政治斗争和平衡"用户"权利。

限制性信息和知识产权会抑制和限制新的创造性或文化作品（在这里是科学知识和信息）的生产，也阻碍了研究人员的个人发展。通过公共科学图书馆等开放获取项目共享的知识和信息允许研究人员进行合作，因为他们可以在大规模合作过程中自由地获取、共享和基于彼此的工作。这些知识和信息被视为公共产品，为改善社会而流通和使用①。

二 图书开放获取权益的含义

图书开放获取的权益分享是指知识成果的权属在开放获取各相关主体间的让予与享用。由于知识成果的转让与使用权利必须通过一系列的条件与限制才能界定，如合同、法律、政策等直接规定或经过司法和市场检验的最佳实践方法等间接约束。图书开放获取权益分享也涉及在法律、政策、惯例等框架下进行权益让予与享用②。如颁布强制图书开放获取法律（如英国、美国、阿根廷、秘鲁）、制定图书开放获取政策（如英国《开放存取专著服务报告》旨在探索一套面向专著出版社，支持和鼓励其进行开放获取同行评议的集成化服务③）、采用许可协议（如《数字同行出版许可协议》《开放出版物许可协议》《开放内容许可协议》以及最常用的《知识共享协议》）④ 等。

三 图书开放获取权益分享机制的含义

机制原指机器的构造和运作原理，借指事物或有机体的内在工作方式，包括其构造、功能、相互关系以及各种变化的相互联系。狭义上机制

---

① Mitchell S. S. D., "Open Sesame: Analysing Public Library of Science as a Site of Production and Distribution for Open Access Scientific Information and Knowledge", *Communication and the Public*, Vol. 2, No. 3, 2017, pp. 226–238.

② 张晓林、张冬荣、李麟、曾燕、王丽、祝忠明：《机构知识库内容保存与传播权利管理》，《中国图书馆学报》2012年第4期。

③ 陈靖：《英国〈开放存取专著服务报告〉的解读与思考》，《图书馆理论与实践》2017年第6期。

④ 傅蓉：《开放内容许可协议及其应用研究》，《情报理论与实践》2012年第12期。

通常指制度机制，即通过制度系统内部组成要素按照一定方式的相互作用实现其特定功能。在功能上，机制在任何一个系统中都起着基础性的作用。良好的机制可以使一个社会系统接近于一个自适应系统，当外部条件发生变化时，能自动迅速地做出反应，调整原定策略和措施，进而优化目标。

图书开放获取权益分享机制是指在相关法律约束下，以明确图书开放获取中各相关权益人利益诉求与依存关系为前提，在分析权益分布结构、权益增值方式、权益动态转移基础上，由各利益方之间形成的（或仅由第三方机构制定的）确保对权益进行公平与富有效率的分享机制集合体。它是研究图书开放获取运行方式、出版模式、服务方式、制度体系研究的基础。

由以上定义可知，设计、构建与实施图书开放获取权益分享机制的目标指向是权益分享的公平与效率。权益分享的公平与效率既是设计、构建与实施（图书）开放获取权益分享机制的最终目标，也是评价其效果的衡量依据。G. Jasso 和 B. Wegener 认为分配公平感是人们对社会资源分配公平程度的主观判断、评价和态度[1]。从时序角度出发，抽象的公平可以区分为互相衔接、互相影响、互为条件的起点公平、过程公平和结果公平三种[2]。关于效率，可将其按不同标准进行划分与细分，如依据不同时点的效率变化，将其划分为动态效率与静态效率；依据效率所展现的领域，分为经济效率、技术效率、社会效率、生态效率等；经济效率可以将其进一步细分为分工效率理论和竞争效率理论等。因此，设计、构建与实施图书开放获取权益分享机制的公平与效率这一标准需要从广度、深度、时序阶段性等多元视角进行考量与整合界定。

---

[1] 任翔：《开放出版与知识公平：2021 年国际开放获取图书发展综述》，《科技与出版》2022 年第 3 期。

[2] Jasso G., Wegener B., "Methods for Empirical Justice Analysis: Part 1. Framework, Model, and Quantities", *Social Justice Research*, Vol. 10, No. 4, 1997, pp. 393–430.

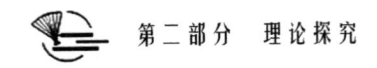

四 图书开放获取的机制体系

图书开放获取权益分享机制既包括法律、政策、经济、技术、社会等外延型分享机制,也包括实现自我发展与自我约束的内涵型机制,如信任机制、保障机制、动力机制等。图书开放获取机制可以视为由外延型机制与内涵型机制构成的机制体系。图书开放获取的机制体系的关系如图2-1-6所示。

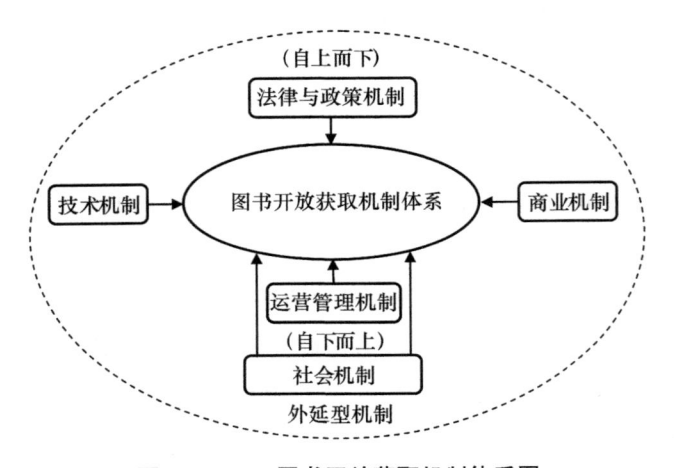

图 2-1-6 图书开放获取机制体系图

其中,从机制发挥作用的方向角度,法律与政策机制是自上而下的机制,社会机制(如规范与合作文化等)是自下而上的机制。技术机制是推动性机制,商业机制是拉动性机制。运营管理机制是增值型机制。信任机制与保障机制等是在机制体系内部作为内在、隐性的机制发挥作用。图书开放获取机制体系能够使OAB系统成为一个自适应系统,自动地对不确定环境迅速做出反应,有助于实现公平与效率的终极目标。

本章小结

本章对本书涉及的基本概念进行了详细阐释。首先对学术图书的含义与特点进行了辨析，并界定了本书的研究范畴与外延。然后对图书开放获取的含义与特点进行了详细阐释，以突出图书开放获取的异质性。接下来将图书开放获取的实现路径、版权许可与发现平台对应突破壁垒的三个关键点，从突破经济壁垒、法律壁垒、技术壁垒视角进行了深入说明。最后对图书开放获取分享机制中的权益、权益分享、权益分享机制以及权益分享机制体系进行了界定和阐释。

第二章 理论基础

本章主要阐释利益相关者理论、博弈论与机制理论的基本理论要义。在利益相关者理论部分,本章阐释了该理论的主要观点、利益相关者类型、分析工具与步骤。在博弈论部分,本章在分析博弈要素的基础上,首先构架了博弈论的理论研究框架以及求解思路;其次对演化博弈论进化稳定均衡这一基本概念的含义、类型与求解的思路进行了论述;最后对冲突法分析图模型博弈分析方法的基本思想以及三个步骤(建模、稳定性分析和稳定后分析)进行了解析,并描绘了多参与者决策模型谱系图。在机制分析理论部分,本章对机制的内涵、外延、类型进行了阐释,以期为后续研究奠定坚实的理论基础。

第一节 利益相关者理论

一 利益相关者理论的主要观点

社会组织在运营中,会通过组织内部与外部各主体进行物质、信息与能量交换,因而会产生大量复杂的利益关系。利益相关者(Stakeholders)是能够以积极或消极的方式影响信息生态系统或受其影响的任何团体或个人,利益相关者理论(Stakeholder Theory)为探求社会组织内外各种利益主体的角色、功能、关系、利益实现等提供了良好的理论支撑,其主要目的是帮助管理者识别利益相关者并对其进行战略管理,创造公共价值[1]。

---

[1] John P., Bryson J., Hubert H., "What to Do When Stakeholders Matter: A Guide to Stakeholder Identification and Analysis Techniques", 2003, https://bebasbanjir2025.wordpress.com/04-konsep-konsep-dasar/stakeholder-analysis-2/.

第二章　理论基础

目前，随着学科发展与领域扩展，利益相关者的内涵也在不断演化，并已成功应用于金融、教育、法律、科技等各个领域。

利益相关者理论由斯坦福大学学者提出，最早出现于20世纪60年代前后。该理论提出：若没有利益相关者的支持，组织将不可存续。之后，爱德华·弗里曼（Edward Freeman）于1984年在其经典著作《战略管理：利益相关者方法》中将利益相关者定义为"能够影响组织目标实现或被组织目标实现影响的任何团体或个人"。他认为企业应抛弃传统"股东至上"的理念，追求利益相关者的整体利益，而并非个体利益。随后，1991年麦克斯·克拉克森（Max Clarkson）引入"专用性投资"（Specific investment）理念，从而使利益相关者的角色有了划分依据并更具支撑性。其中的专用性投资是指，凡参与企业项目投资并因此承担不同程度项目风险的个体或群体，都是企业的利益相关者。1997年Grimble与Wellard提出，利益相关者分析是一种理解系统的方法。这种方法不仅需要通过识别系统中关键参与者或利益相关者，同时也需要评估他们对该系统所关注的利益[1]。Grimble和Wellard强调了利益相关者分析在理解目标和利益相关者之间的复杂性和兼容性问题的重要性。同时指出，在利益相关者分析之前必须回答两个问题："谁是利益相关者？""为什么需要他们的角色？"关于第一个问题，利益相关者是根据他们对系统的了解、对系统的影响、在系统内部和外部网络的作用等许多因素确定的。关于第二个问题，利益相关者所扮演的角色是动态的，而不是静态的。同一个相关利益个体或团体可以在不同时间扮演不同的角色；利益相关者的角色也可能相互混合，或可以针对具体行动将利益相关者从一个角色"转移"到另一个角色[2]。

---

[1] Grimble R., Wellard K., "Stakeholder Methodologies in Natural Resource Management: A Review of Principles, Contexts, Experiences and Opportunities", *Agricultural Systems*, Vol. 55, 1997, pp. 173-193.

[2] Umair ul Hassan, Edward Curry, "Stakeholder Analysis of Data Ecosystems", https://link.springer.com/chapter/10.1007/978-3-030-68176-0_2.

二 利益相关者的类型

利益相关者的类型依据组织运营的边界，可以划分为内部利益相关者、相关利益相关者与外部利益相关者；按照影响程度，可以划分为主要利益相关者与次要利益相关者；按照作用的强弱，可以划分为直接利益相关者与间接利益相关者。

例如，按照组织运营边界划分的各类利益相关者的具体含义是：①内部利益相关者是指公司内部涉及所有权、投资、工作环境、就业等方面的人，包括员工、经理、董事会成员、首席体验官和投资者。②相关利益相关者是与组织有经济或契约关系的主体，包括供应商、合作伙伴、顾问等。③外部利益相关者是与组织有广泛契约关系的主体，包括社区、政府、媒体、公众等。

三 利益相关者的分析工具

在理论上，Mark S. Reed 等在全面概述利益相关者分析的各种技术和方法的基础上探究了利益相关者分析的描述性、规范性和工具性理论基础，并提出了利益相关者分析类型学[①]。其具体内容包括：（1）识别利益相关者；（2）对利益相关者进行区分和分类；（3）调查利益相关者之间的关系。其中每一种分析类型都对应着具体的方法与活动（见图 2-2-1）。

在实践上，John M. Bryson 指出，管理者使用利益相关者识别和分析技术，其目的是在决策和行动、实现使命的基础上，创造公共价值。为实现这一目的，利益相关者运用的识别和分析技术包括：组织参与；为战略干预提供思路；围绕提案的开发、审查和采用建立一个共赢的联盟；实施、监测和评估战略干预（包括阐述问题和寻找解决方案）。具体关系如图 2-2-2 所示。

---

① Mark S. Reed, Anil Graves, Norman Dandy, et al., "Who's in and Why? A Typology of Stakeholder Analysis Methods for Natural Resource Management", *Journal of Environmental Management*, Vol. 90, No. 5, 2009, pp. 1933-1949.

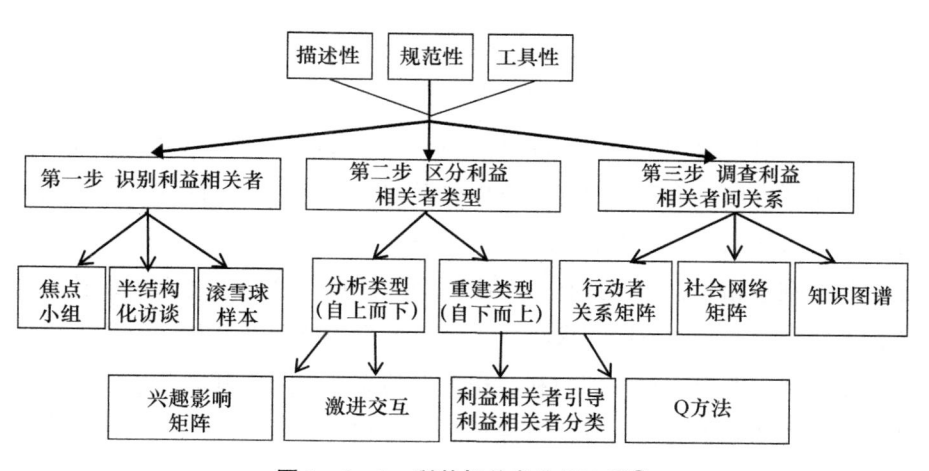

图 2-2-1 利益相关者分析工具①

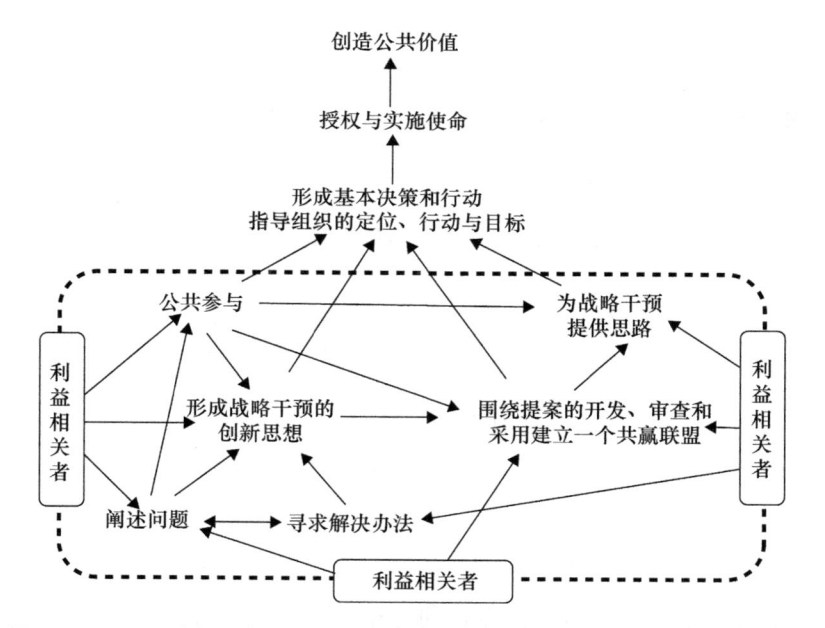

图 2-2-2 利益相关者为创造公共价值与完成使命所运用的识别和分析技术

---

① John P., Bryson J., Hubert H.,"What to Do when Stakeholders Matter: A Guide to Stakeholder Identification and Analysis Techniques", 2003, https://bebasbanjir2025. wordpress. com/04-konsep-konsep-dasar/stakeholder-analysis-2/.

依据以上关联关系，可以得到如下三点启示：第一，让利益相关者参与组织活动是重要的。让利益相关者获得组织发展方向、愿景、目标和项目的见解，可以减少与组织管理目标不一致的可能性，使项目更符合组织制定的发展方向。第二，捕捉利益相关者的关注点与需求同样重要。利益相关者的关注点可以影响行动过程和目标，或者被行动过程和目标影响。由于每个利益相关者往往具有一个或多个关注点，这些关注点可以转换为不同的需求，而这些不同需求将影响项目的作用范围及其移交过程，因此需要了解和掌握内部与外部的利益相关者的需求，遵守其需要遵守的特定法律和法规非常重要。第三，掌握每个利益相关者的类型、参与水平、利益诉求、权力、影响力等具体情况，可以避免对组织和项目产生负面影响，减小管理风险和不确定性。

四 利益相关者分析步骤

利益相关者分析一般遵循以下五个步骤，如图2-2-3所示：

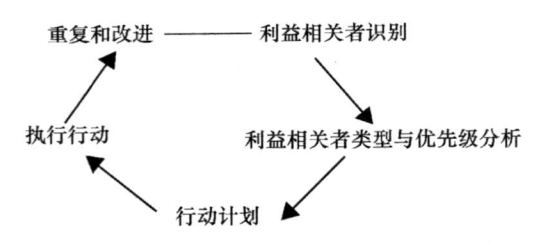

图2-2-3 利益相关者分析的五个步骤[①]

第一步：利益相关者识别。

根据情境，应用各种方法进行利益相关者识别（如焦点小组法、头脑风暴会议、访谈法、滚雪球样本法等）。在这一步骤中，应该明确几个问题：谁会受到这项工作的影响？谁能影响这项工作？谁有改变局势或影响

---

① Mohamed Sami, "Stakeholders Management, WHAT, WHY, and HOW?", March 2018, https://melsatar.blog/2018/03/07/stakeholders-management-what-why-and-how/.

他人的力量？谁是当前用户？谁是客户的客户？谁是未来的客户？他们的动机是什么？谁是当前的流程所有者？谁是当前的提供者？组织结构是什么？等等。

第二步：利益相关者类型与优先级分析。

分析者基于收集到的信息，按照利益相关者矩阵，对利益相关者进行分类和优先级划分（见表2-2-1）。

表2-2-1　　　　利益相关者分类和优先级划分（样表）

类型	利益相关者（参与者）	角色	打破变化的能力	目前的理解（社会结构）	需理解	当前的承诺	需承诺	需支持	身份角色	关注点
主要	利益相关者1	政府法规制定者	H（技术）	M	H	L	M	H	领导者/评论者	遵守法规
次要	利益相关者2	用户	L	M	H	H	M	M	阻挡者	新工具培训

在表中，重要的是要看到每个利益相关者当前的参与程度，并确保他们的支持态度。从参与水平角度，利益相关者往往处于"不知情""抵制""中立""支持"和"领导"五个参与水平中的一个。与此相应，利益相关者可以有五种身份：提倡者（advocate）、支持者（supporter）、中立者（neutral）、批评者（critic）和阻碍者（blocker）。

在确定利益相关者类型、参与水平与优先级之后，还要将其映射到如表2-2-2所示的权力与利益网格。此外，具有不同利害关系、决策权力和影响力的行为者之间复杂的相互作用。例如，第一个利益相关者有很

表2-2-2　　　　　　权力与利益网格

		利益水平	
		低	高
权力	低	最小努力	保持信息灵通
	高	保持满意	主要参与者

高的权力来破坏变更,他目前的状态是关键的,即便承诺水平很低,但需要这个利益相关者的支持。因此,需要密切管理这个利益相关者,并确保将所有的变更和更新都传达给该利益相关者。

第三步:行动计划。

在第二步的基础上,可以根据网格位置准备行动列表(见表 2-2-3),为下一步工作进行铺垫。

表 2-2-3　　　　　　　　利益相关者行动列表

利益相关者	关注点	方法(依据权力与利益网格)	行动
1	符合规定	密切管理	分享项目愿景 分享使用的技术 分享项目如何符合不同的标准和法规 举办一次意识会议
2	新工具培训	保持满意	共享用户培训计划、课程、培训路径 共享知识转移方法

第四步:执行操作。

在这一步中,需要执行前一步中的计划操作。确保利益相关者参与到所选择的沟通方式中,并获得彼此的信任。此外,分析中还需要确保利益相关者的关注点得到了满足,并且比以前有了更好的理解。

第五步:重复和改进。

在最后一步,在执行了每个利益相关者所需的操作之后,还要再次重复该过程,并确保不同的级别已经更改。例如,利益相关者 2 的状态变为倡导者或中立者,而不是阻碍者。

第二节　博弈论

一　博弈论分析要素

博弈论也叫作"互动决策论""赛局理论"或"游戏理论",是应用数学的一个分支。博弈论的产生以 1944 年冯·诺依曼和摩根斯坦合著的《博弈论与经济行为》(*Game Theory and Economic Behaviour*)一书的出版为标志。现代博弈论形成的标志为1950—1951年约翰·纳什出版的2篇论文。在本质上，博弈论与传统决策理论有所不同，它更加关注各博弈决策主体的互动行为，主要研究理性决策主体的行为发生直接相互作用（冲突或合作）时的决策及这种决策的均衡问题。目前，博弈论的应用范围已由最初的军事领域扩展到经济、管理、政治、法律、文化等人文社科领域，也对进化生物学和计算科学等自然科学产生了重要影响①。

博弈论的基本思想是研究决策主体在给定信息结构下如何决策以最大化自己的效用以及不同决策主体之间决策的均衡。进行博弈分析时，需要考虑五个要素②：①参与人（players）：是指博弈中以最大化自己效用为标准进行策略或行动选择的决策主体。参与人按照不同视角将其划分为不同类型。例如：按照理性程度可以划分为有限理性主体、完全理性主体。按照合作态度，可以划分为个体理性主体与集体理性主体。②策略或行动（strategy/action）：策略是在博弈开始前制定的完整的相机决策集合。行动是策略的子集，是指参与人在博弈某个时点的决策变量。按照策略选择是否为同一时点，可以将博弈的策略划分为静态策略选择与动态策略选择两种类型。按照策略或行动选择是否离散，也可以将策略或行动划分为离散型与连续型策略或行动选择。③支付：是指参与人在博弈中的所得或关心的东西。依据支付的加和特征，可以将其划分为零和、常和、变和等几种支付类型。④信息：是指参与人所具有的关于博弈的所有知识（如关于其他参与人行动或战略的知识、有关参与人支付的知识等）。依据信息的完全性，可以将信息划分为完全信息与不完全信息。依据信息的对称性，可以将信息划分为对称信息与非对称信息。依据信息的共同性，可以划分为共同信息与私人信息等。

二　博弈论研究内容框架

依据博弈要素的划分类型，可以进一步在已有博弈论研究成果的基础

---

① 谢识予编著：《经济博弈论》（第四版），复旦大学出版社2017年版，第11—25页。
② 翟凤勇、孙成双、叶蔓等编著：《博弈论：商业竞合之道》，机械工业出版社2020年版，第1—8页。

上，将博弈论搭建为具有系统性和理论性的研究框架。笔者依据研究方法论、理性程度、团体理性、行动、信息等逻辑顺序搭建的博弈论研究内容框架如图2-2-4所示：

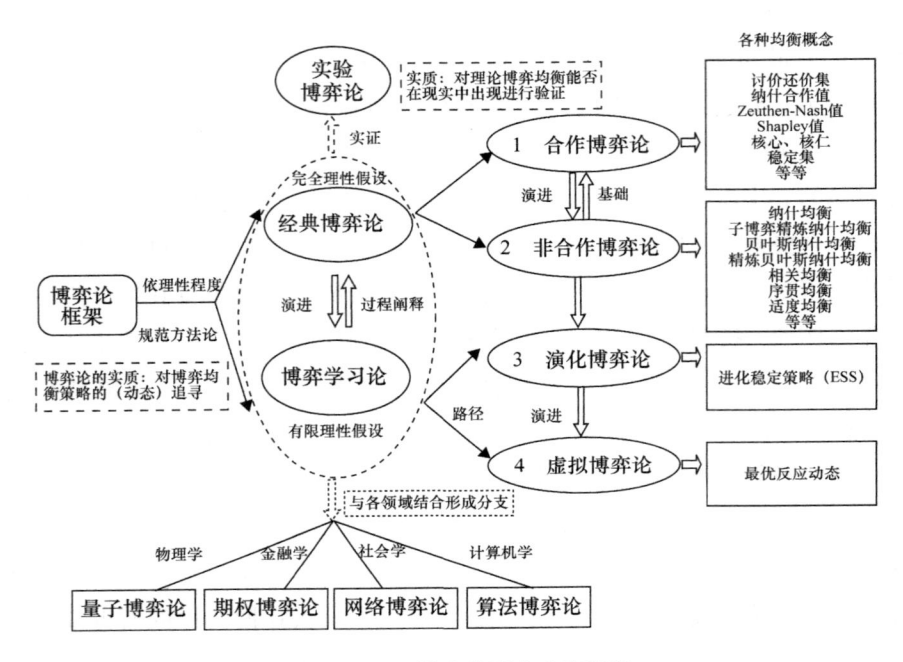

图2-2-4　博弈论研究内容框架

在确定博弈分析要素的基础上，博弈分析过程表现为：根据信息要素确定博弈问题类型；给出博弈问题的规范性描述；求出博弈问题的解或值。笔者将博弈论的具体分析内容展开如图2-2-5所示。

博弈论中的经典模型有囚徒困境、性别战、斗鸡博弈（或胆小鬼博弈）、智猪博弈、谈判博弈等。社会有两大问题，一个为合作问题，另一个为协调问题①。博弈论有助于解释和预测社会学中的两大主题内容。从泛化角度分析和归纳，可以将囚徒困境视为合作困境博弈模型（Cooperative Dilemma Game），性别战与斗鸡博弈模型视为协调博弈模型（Coordina-

---

① 张维迎：《博弈与社会》，北京大学出版社2013年版，第2页。

tion Game)（其中，性别战为正协调博弈、斗鸡博弈为反协调博弈）、智猪博弈视为"搭便车"博弈模型（Free Riding Game）。在博弈论中，有很多博弈模型都是前述某一模型的变体。例如，古诺模型（Cournot Game）、斯坦伯格博弈模型（Stackelberg Game）、声誉模型（Reputation Game）都是通过施加相应条件后的囚徒困境的变体。

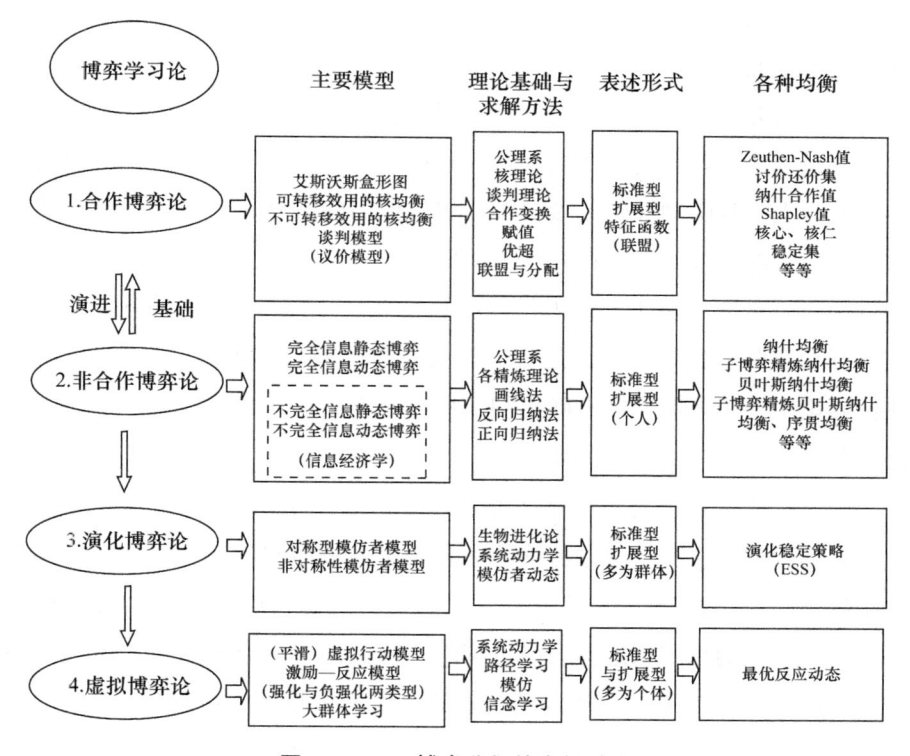

博弈学习论	主要模型	理论基础与求解方法	表述形式	各种均衡
1.合作博弈论	艾斯沃斯盒形图 可转移效用的核均衡 不可转移效用的核均衡 谈判模型 （议价模型）	公理系 核理论 谈判理论 合作变换 赋值 优超 联盟与分配	标准型 扩展型 特征函数 （联盟）	Zeuthen-Nash值 讨价还价集 纳什合作值 Shapley值 核心、核仁 稳定集 等等
2.非合作博弈论	完全信息静态博弈 完全信息动态博弈 不完全信息静态博弈 不完全信息动态博弈 （信息经济学）	公理系 各精炼理论 画线法 反向归纳法 正向归纳法	标准型 扩展型 （个人）	纳什均衡 子博弈精炼纳什均衡 贝叶斯纳什均衡 子博弈精炼贝叶斯纳什均衡、序贯均衡 等等
3.演化博弈论	对称型模仿者模型 非对称性模仿者模型	生物进化论 系统动力学 模仿者动态	标准型 扩展型 （多为群体）	演化稳定策略 （ESS）
4.虚拟博弈论	（平滑）虚拟行动模型 激励—反应模型 （强化与负强化两类型） 大群体学习	系统动力学 路径学习 模仿 信念学习	标准型 与扩展型 （多为个体）	最优反应动态

图 2-2-5 博弈分析的中间过程

三 演化博弈论

1. 基本假设前提与演化稳定战略的内涵

演化博弈是在传统经典博弈论基础上发展起来的一种理论。在传统博弈论中，理性是参与人的基本特征，是博弈论的前提假设。由于每个人都是理性的，博弈的结构和理性是所有参与人的共同知识，每个人选择的战略使自己的利益最大化，因此博弈局中人只要知道博弈的结构，就能预测出均衡战略。但是，很多社会学家对理性人的假设存疑，因为社会秩序的形成是一种自发演进的过程。此外，复杂系统演化的一个重要特征就是"无为"或"自组织"，这就要求人们一方面要尽量少地引入各种假设，另一方面又要把尽量多的概念放在自然演化的过程中来理解概念。由于理性是各博弈方在策略选择过程中的涌现，因此理性是演化的目标而不是演化的前提。综上，后期学者将达尔文的生物进化论引入博弈论研究，提出了演化博弈论或进化博弈理论。

演化博弈论从演化的角度重新审视了博弈均衡的概念，放松了完全理性的假设，为纳什均衡以及均衡的选择提供了不同的基础。演化博弈论认为，参与人是有限理性的，参与人不相信他们的某种行为会影响对手的选择，参与人的决策是建立在对对手长期历史观察的结果之上的。该理论以种群为研究对象，强调种群内部的结构变化，关注种群中个体通过学习、模仿等动态调整进行决策的过程，改变自身的策略实现收益最大化[1]。演化博弈论中，研究对象是不确定的，可以是有限的，也可以是无限的，种群参与主体任意配对参与博弈。

由于构成图书开放获取价值网络信息链的不同主体，在环境、资源等内外影响因素作用下，通过持续的动态调整，主体间博弈策略和博弈结果会呈现不同状态，最后达到一个相对稳定的状态，这个过程称为复制动态，最终形成的稳定状态称为稳定策略。价值网络信息生态链中各主体在价值协同创造过程中为达到自身利益最大化不断调整"积极""消极"博弈策略，打破自身平衡状态，达到更高的水平。

在演化博弈论中，最基本的概念是演化稳定性策略（Evolutionarily Stable Strategy，ESS），是指静态的稳定或局部动态稳定。1973年梅纳德·史密斯和梅纳德·普莱斯首次在研究动物界的行为时根据自己的专业领域提出了演化稳定战略概念。他们认为，在生物学中的博弈并不是个体之间的博弈，而是基因的博弈。基因的生存和繁殖能力，是由自然选择决定的，即基

---

[1] 肖条军：《博弈论及其应用》，上海三联书店2004年版，第430—431页。

因对环境的适应性。这种选择最后导致的就是一个在特定的环境下总体趋于稳定的状态。在这种稳定状态下存活下来的基因就决定了生物个体的行为方式,生物的行为表现出了一种稳定的模式,即"演化稳定战略"。

复制动态方程是指在有限理性群体组成的群体中,结果超过平均水平的策略会被不断地模仿和学习,最终该种群的群体会倾向于选择此策略。复制动态方程定义如下:

$$F(x) = \frac{dx}{dt} = x(\mu - \bar{\mu})$$

式中:x 表示选择某策略的博弈者所占的比例;μ 表示选择 x 策略的期望收益;$\bar{\mu}$ 表示所有策略的平均收益;$\frac{dx}{dt}$ 表示选择 x 策略随时间的变化率。种群中群体选择 x 策略的比例随时间不断变化,由复制动态方程可得,选择某种策略的比例与选择该策略的期望收益成正比,与全部策略的平均期望收益成反比。

在演化博弈论中,系统的演化应该是一个自组织过程,因此博弈论中关于支付函数(即适应度函数)是共同知识以及关于理性主体等假设在本书中将不再作为预设的条件,更进一步地,有关主体是否知道自己的适应度函数的假设也不再必要[1]。

2. 演化稳定战略的类型

演化稳定均衡有静态和动态之分,从静态的角度讲,某种特定的行为方式或战略,被称为是演化稳定的,如果执行这种行为方式的种群不能被一种变异成功地侵入,任何偏离这种方式的个体都具有更低的生存能力,更不适应环境。换言之,给定种群当前某种特定的行为方式,如果有另外一种变异或者是突变的行为方式发生之后,这个侵入者会被淘汰,群体将会恢复到原来的状态。从动态角度讲,假定初始状态存在着多样的行为方式,但是随着时间的推移,某个特定的行为方式逐步地主导了整个种群。

---

[1] 刘雅姝、张海涛、任亮、李题印:《商务网络信息生态链价值协同创造的演化博弈研究》,《情报学报》2019 年第 9 期。

演化稳定均衡还可以分成单元均衡与多元均衡两类。前者是指一个演化稳定状态，如果只有一种战略或者行为方式，就把这种均衡叫作"单元均衡"；后者是指如果稳定状态包含多个具有同样适应性的行为方式、战略或者基因，就把这种均衡叫作"多元均衡"。

需指出的是，如果演化博弈中的战略是一个演化稳定战略，那么它一定也是这个博弈的纳什均衡；但是反过来，并不是所有的纳什均衡都是演化稳定战略。演化过程本身就能够帮助选择出一种特定的均衡。

第三节 机制分析理论

一 机制的含义

机制（Mechanism）一词来源于希腊文 Mechane。在学科领域上，它源于工程学，原指机器的构造和动作原理。之后，机制概念逐渐被应用于其他学科领域，旨在对某一问题或领域实现从现象的描述到本质的说明。机制研究涉及自然科学与社会科学等多个领域。不过，由于各学科研究方向和侧重点存在差异，机制研究出现了研究的理论丛林现象。例如，有学者将机制简单对应到现实中的制度与规则；有学者强调机制的可操作性，将其定义为加入现实制约后的机理；还有学者从系统的角度，将机制理解为系统内部要素间的耦合关系与作用机理。

为把握和区分机制的具体含义，可将"机制"概念拆分为"机"和"制"两个部分，形成两个不同的含义。一方面，"机"是指内在、客观、不以人的意识为转移的机制，也称为"机理"（intrinsic mechanism）；另一方面，"制"是指主观、人可参与设计的、临时的、可以变化的制约、制动和制衡等规则。两者关系为：后者需要服从前者的制约，基于机理来设计相应的机制，并能将主观能动性发挥到极致。因此，机制是基于机理分析的一种制约、制动和制衡[①]。

[①] 陈安等：《管理机制设计理论及其应用》，科学出版社 2019 年版，第 1、5—6 页。

具体来说，机制在基本内涵方面有三个层次。第一个层次是物理学意义上的机制，是指系统符合物理性质的状态或结果的现象；第二个层次是以生物学、医学为代表的其他自然学科领域的机制；第三个层次是人文与社会科学领域的机制。在第三个层面，机制被扩展为有机体的构造、功能和相互关系，泛指一般性工作系统的组成及其相互作用的过程和方式。机制在经济学、社会学、法学、管理学等领域得到广泛应用，如市场机制、合作机制、激励机制、信息甄别机制、信号传递机制等。

综上，本书所指的机制是第三个层面的概念，即人为参与设计的机制，而非客观性的机理。

二 机制的类型

机制内涵的多层次性和多学科性，决定了其特点和分类具有多样性。因此，机制的特点分析可以置于系统管理视角、组织管理视角、行业属性视角等多重视角下展开。

在一般意义上，机制类型可以按照形成方式、形成动因、作用方式、作用效果和作用强度等视角进行划分（见表2-2-4）。

按照形成方式角度，机制可以分为自然机制和人为机制两类。对于图书开放获取议题，涉及的机制主要是隶属于控制措施优化机制的人为机制。如图书开放获取的时间机制、空间机制、权限机制、激励机制与保障机制等。

按照机制的形成动因角度，机制可以分为自发型机制和助发型机制两类。自发型机制是伴随系统的建立而自发生成的机制，如数字出版机制、知识共享机制等。助发型机制是指非自发生成、需要系统自身有目的地建设或外部因素促进生成的机制，如开放获取机制、质量评审机制、治理机制、激励机制、信任机制等。

表2-2-4　　　　　　　　　　机制的类型划分①

分类依据	具体类型
形成方式	自然机制；人为机制
形成动因	自发型机制；助发型机制
作用方式	拉式机制；推式机制；复合机制
作用效果	导向型机制；均衡型机制；动力型机制
作用强度	主导型机制；从属型机制
领域	经济机制、法律机制、技术机制、社会机制、合作机制等
系统分类	宏观系统机制、微观系统机制；开放系统机制、封闭系统机制等

按照机制的作用方式，机制可以分为拉式机制、推式机制和复合机制三类。拉式机制强调系统的初始动力由外部环境因素的需求产生，如动力机制；推式机制的原动力来自机制的实施者，系统要素在强制性推力作用下，按照预先设定的规则运行，如技术机制、激励机制等；复合机制是拉式和推式相互结合的机制，如动力机制。

按照机制的作用效果，机制可以分为导向型机制、均衡型机制、动力型机制。导向型机制是对机制所需实现的目标进行设定，通过目标对机制参与者的行为进行指导性的约束，如激励机制设计；均衡型机制是以达到各参与者目标之间的均衡状态为依据进行设计，如博弈策略选择机制；动力型机制以驱动相关参与者或其他元素为依据，使其行为趋向于机制设计者制定的目标，如演化博弈进化稳定策略的选择机制。

按照机制的作用强度，机制可以分为主导型机制和从属型机制。前者是指在系统的多种机制中，对系统运行起到主导作用的机制；从属型机制是指那些起次要作用的机制。机制属于主导或从属，往往视系统环境和目标而定，如资助机制、保障机制、发现机制、影响力评估机制等。

此外，按照系统论，还可以将机制划分为静态系统机制与动态系统机制，开放系统机制与封闭系统机制，宏观系统机制、中观系统机制与微观

---

① 陈安等：《管理机制设计理论及其应用》，科学出版社2019年版，第1、5—6页。

系统机制，简单系统机制与复杂系统机制，可控系统机制与不可控系统机制。

本章小结

本章介绍了利益相关者理论、博弈论与机制理论的基本理论要义。第一，在利益相关者理论部分，本章阐释了该理论的主要观点、利益相关者类型、分析工具与步骤。第二，在博弈论部分，本章在分析博弈要素的基础上，首先构架了博弈论的理论研究框架以及求解思路；然后对演化博弈论进化稳定均衡这一基本概念的含义、类型与求解的思路进行了论述；第三，在机制分析理论部分，本章对机制的内涵、外延、类型进行了阐释，以期为后续研究奠定坚实的理论基础。

第三部分

结构分析

第三部分　结构分析

本书依据"结构—行为—绩效"的研究范式，首先将展开"结构"部分的研究。由于图书开放获取出版活动与学术交流方式是学术出版交流系统的内容之一，涉及众多的相关利益主体，且利益相关主体从单向、竞争性的价值链条逐渐过渡到互动、竞合性的价值网络形态，因此本书将运用价值网络理论阐述图书开放获取权益主体间的价值网络结构。具体来说，本书首先将图书开放获取相关利益主体的活动置于学术出版交流系统框架下，分析不同媒介环境下的学术出版交流系统，以及数字学术图书出版价值链与价值网络。然后，进一步探究数字环境下图书开放获取各利益相关主体间活动关系所呈现出的价值网络结构，以便为后续第四部分图书开放获取权益主体间博弈行为分析奠定基础。

第一章 图书开放获取价值网络构建

图书开放获取是学术交流系统的一部分，且在不同媒介下图书出版价值链与价值网络呈现出不同的特点，因此本书首先分析在不同媒体环境下的学术出版交流系统，旨在探究数字环境下学术图书出版价值链与价值网络的形成，为构建图书开放获取价值网络奠定分析基础。

第一节 学术出版交流系统与出版价值链模块构成

一 不同媒体环境下的学术出版交流系统

1. 学术交流系统的构成

学术意味着在研究发现、传播、保存与利用等学术交流环节所产生的信息及其自由交换。学术交流系统由六个子系统构成，即创造、质量控制、生产、分销、消费以及保障。各子系统的功能分别与各利益相关主体的职责相匹配。例如，"创造"作为学术交流系统的主要功能，是学者的主要责任范畴。"质量控制"是进行严格同行评审的过程，是编辑或学者的责任范畴。"生产"是出版社的工作职责。"分销"往往由出版社、图书馆共同承担职责。"消费"是学生、学者与公民的职责范畴。"保障"是指支撑该系统的机构，由大学、政府、资助机构以及纳税人等承担职责①。

学术研究成果能否进入该学术交流系统取决于评价的标准与利益相关主体的态度等。例如：学者参与学术编辑委员会的方式；决定可否发表的知识或信息价值标准；研究内容创造者免费提交学术作品的意愿；编辑、评审专家免费进行同行评议的意愿；等等。

在学术交流系统中，学术出版社与图书馆是学术交流系统的重要参与主体。以学术出版社为例，从流程角度，学术出版社从事选题、评审、编辑、排版、出版、营销等工作。从职能角度，学术图书出版社执行如下七种功能：①创作（如编辑对出版模式或特定项目的想法）；②过滤（如质量保证、同行评审、标题选择）；③策展（如编辑干预、设备配套、归档）；④以印刷和电子形式进行内容展示和生产（如提供可访问的格式设计，以最大限度地提高全球曝光率）；⑤内容营销和标题发现（如面向个人和机构的营销与标题发现）；⑥差异化（如令某特定内容更重要，或令某些内容更便宜甚至免费）和评估（如评估出版内容、教学质量及学术重要性）；⑦通过多种国际销售渠道销售和分发书籍②。此外，相对内部资源比例反映了出版社的优先事项安排，如在盈利能力方面（较大的商业出版社常会在营销上花费更多）和销售元素方面（编辑和制作功能可能更少）。

2. 传统媒介与数字媒介下学术交流模式对比

信息交流有三种基本模式，即一对一、一对多、多对多。随着信息生态的不断演化，交流信息可进一步划分为口头和书面信息交流，或实时交流与非实时交流，或直接交流或远距离交流，或通过技术增强交流或无技术增强交流（包括实时、直接、技术增强的交流）等方式。

传统的学术交流活动包括会议报告、非正式研讨会讨论、面对面交流

---

① Kristin Y., "The Open Access Initiatives: A New Paradigm of Scholarly Communications", *Information Technology and Libraries*, Vol. 24, No. 4, 2005, pp. 157 – 162.

② Richard Fisher, "What are Academic Book Publishers for?", Part 1, 2020, https://scholarlykitchen.sspnet.org/2020/09/01/guest-post-what-are-academic-book-publishers-for-part-1/.

或电话交谈、正式期刊和图书出版以及灰色文献等活动。随着时间的推移，这些形式逐渐被新的交流形式补充，如电子邮件交流、电子邮件列表服务器、预印本、社交媒体和数字对象。更进一步，业界人士可以根据学术交流的公共与私人属性、被评议与不被评议、正式出版还是非正式出版等标准对其进行细分。例如，正式的学术交流是以期刊文章或学术图书形式的书面交流。此外，在某些领域，正式和非正式学术交流间的界限正变得模糊。例如，arXiv库中未被引用的作者的原始手稿越来越多地被正式出版物引用，会议论文集在某些学科中具有很高的学术地位等。

学术交流往往受到当前和未来数字交流方式的影响。目前，随着数字和网络渠道的嵌入，传统学术交流模式已逐渐过渡到数字化学术交流方式，使网络出版物在一定意义上取代了印刷出版物。传统与数字学术交流模式的对比如表3-1-1所示。

表3-1-1　　传统纸媒与数字媒介下学术交流模式的对比[①]

传统学术交流模式特点	对比指标	数字学术交流模式特点
固定	对象的性质	变化
原子	对象的原子性/单元性	组合
离散	公开过程	连续
延迟出版	交流速度	即时出版
出版+数据代理	传达对象的方式	出版+链接数据+链接模型等

学术交流的价值循环体现在三个领域：学术交流价值圈、学术生涯价值圈以及学术出版价值圈（见图3-1-1）。

---

① Global Web Index, "Digital vs Traditional Media Consumption: Analyzing Time Devoted to Online and Traditional Forms of Media at a Global Level, as well as by Age and Across Countries", Trend Report 2019, https://www.mom-gmr.org/uploads/tx_lfrogmom/documents/40-167_import.pdf.

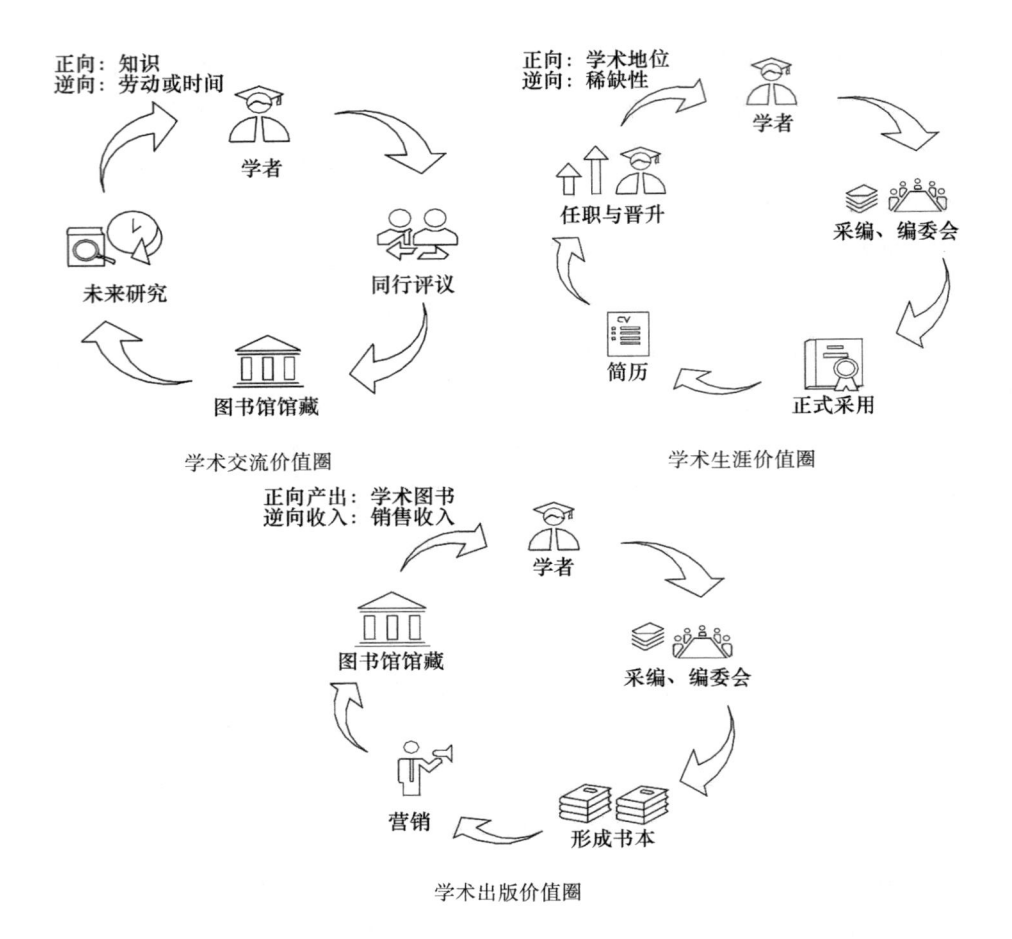

图 3-1-1 学术价值循环圈（含学术交流、学术生涯、学术出版三个价值循环圈）

如上三个价值圈同时出现在学术交流系统之中，且每个学术价值循环圈的侧重点有所不同。首先，"学术交流价值圈"聚焦学术知识交流，以知识客体为焦点。正向流程代表知识的质量提升和传播，逆向流程代表所花费的劳动或时间成本。其次，"学术生涯价值圈"侧重在学者主体的学术生涯，以学术地位为焦点。正向流程代表学者学术地位的取得与提升，逆向流程代表人才的稀缺性。最后，"学术出版价值圈"侧重在出版活动，以学术图书出版物为焦点。正向流程代表学术图书的制作过程，逆向流程代表销售收入的取得。

第一章 图书开放获取价值网络构建

图书开放获取是一种适应数字环境的、与传统订阅出版相对应的新型出版模式，本书将以学术出版价值循环圈为基点，兼顾其他两种价值循环圈，进行如下论述。

二 传统纸媒与数字媒介环境下学术图书出版价值链模型

1. 传统媒介下学术图书出版交流圈模型

以传统媒介为背景，罗伯特·达恩顿（Robert Darnton）将作者把文稿传递到读者的学术图书出版过程设想为交流圈，描绘了出版传播价值链中不同代理（如印刷商、出版商和书商）的角色和关系。传统纸质媒介环境下学术出版交流圈模型如图 3-1-2 所示：

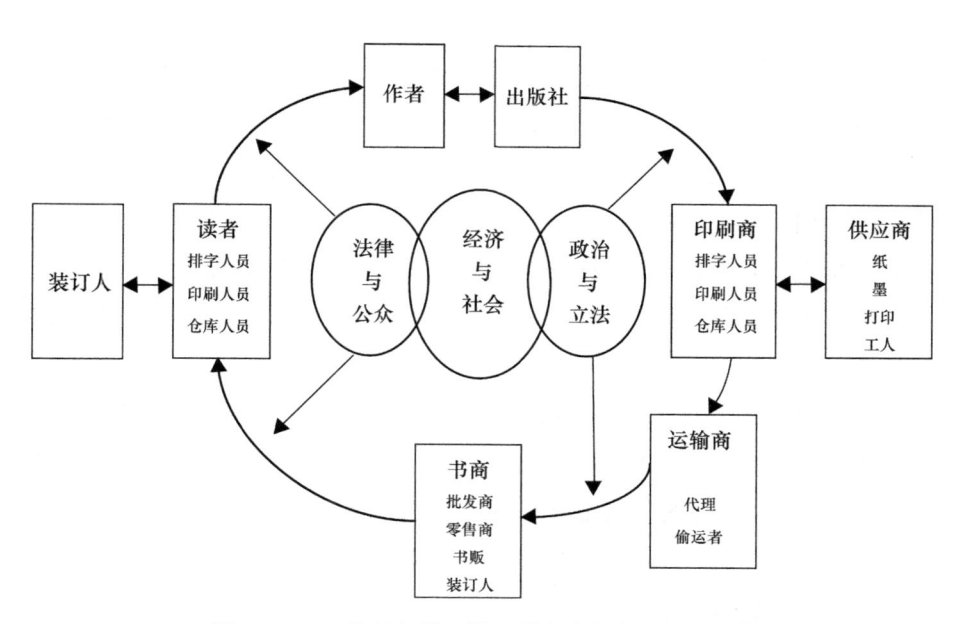

图 3-1-2 传统纸媒环境下学术出版交流圈模型[1]

---

[1] Squires C., Ray Murray P., Morris P., et al., "The Book Unbound: Disruption and Disintermediation in the Digital Age", December 31, 2012, https://www.stir.ac.uk/research/hub/publication/704346.

其中,"作者"在文本创造中显示其身份或角色。"中间人"包括印刷商、出版社、托运人和书商等几个主体。"读者"决定图书出版中要重构出一些目标读者群,或者为特定受众设计限量版图书。政治和法律制裁决定出版时有什么审查制度等。须指明,作为广义学术交流系统中的重要组成部分,出版包括正式元素(如期刊文章、书籍)和非正式元素(会议报告、预印本,以及数据、软件和其他数字对象)的出版。

上述学术出版价值链模型有助于描述在如下四个研究生命周期阶段,学术传播所扮演的不同角色(在括号内显示):①发现创意,确定合作伙伴阶段(如提出新观点的创意人);②撰写提案/批准阶段(撰写文献综述的撰写人);③研究过程阶段(形成研究意识的研究者);④出版阶段(充当正式出版人与非正式出版人)。

2. 传统学术图书出版价值链模型与特点

迈克尔·波特在《竞争优势》一书中明确提出,不仅要从财务角度,也要从用户角度定义价值:"价值是用户对企业提供产品或服务愿意支付的费用。价值通过总收入来衡量,反映在企业产品的价格和出售的产品数量上。若企业获取的价值大于创造产品所涉及的成本,则企业是赢利的。为用户创造的价值超过了此间花费的成本,这是所有基本战略的目标。"

基于此,按照价值链管理理念,如果用户愿意为出版社出版的图书和提供的服务买单,意味着出版社为读者等用户创造的价值超过了出版社的投入,出版社获得了社会效益和经济效益。在本质上,出版社间的竞争是价值链的竞争,出版社的竞争优势不仅取决于单点优化,也要做好整体运营。在出版社的价值活动中,"编、印、发、财"是出版社最基本的价值链模块的经济活动[1]。

传统学术图书出版价值链如图 3-1-3 所示:

---

① Bovet D., Martha J., "Value Nets: Breaking the Supply Chain to Unlock Hidden Profits", New York: John Wiley, 2000.

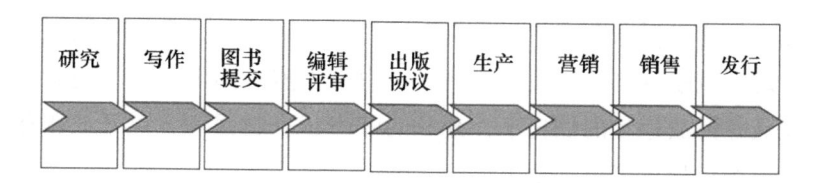

研究 → 写作 → 图书提交 → 编辑评审 → 出版协议 → 生产 → 营销 → 销售 → 发行

图 3-1-3　传统学术图书出版价值链

相比学术期刊出版，学术图书出版的价值链具有如下特点：

第一，学术图书出版的价值链相比学术期刊更复杂、出版周期更长。需要兼顾零售以及图书馆的销售，应对缺乏定期重复订阅，打印的持续主导地位与电子书，数以百万计的个人书单的完成，大量的重点新书书目和存书书目和低量的销售冠军。与此同时，还必须考虑图书元数据的处理。这些元数据不仅比期刊更复杂、构建得也不如期刊好，缺乏索引和相关服务，而索引和相关服务是期刊领域的重要组成部分。

第二，学术图书出版价值链的主体数量庞大，但规模较小。从出版社、图书馆、书商再到读者的供应链，具有数量庞大而规模相对较小的特点。一些规模很小和资金不足的中间代理商，由于利润率低而缺少改善的投资能力。有证据显示，出版社和读者之间的中间商占了销售收入的很大一部分，但他们也承担了学术书籍系统一半的成本。

第三，学术图书出版价值链内各相关企业的购并活动频繁。从书目服务到批发和分销，到零售书籍销售正在加强合并。在英国，尼尔森公司（Nielsen，从事书目和市场情报服务）、加德纳斯（Gardners）和伯特伦斯（Bertrams）公司（从事批发和分销，从事零售贸易）、ProQuest 和 EBSCO 公司（从事图书馆供应）等纷纷加强购并活动。亚马逊通过收购规模较小的公司和成功的初创企业实现在零售领域做大做强。值得注意的是，对于大多数大型企业来说，学术专著只占其业务的很小一部分。学术出版社、专业零售商和图书管理员都对购并表示担忧，但这种趋势似乎不太可能逆转。

第四，学术图书生态系统存在供需危机。在供应侧，自 20 世纪 80 年代末期，随着高等教育机构大规模扩张，引发学术生态系统中的供给侧发生变化,如学术界研究人员日益重视研究成果的认证,有学术地位的顶级出版社之间竞争加剧等。在需求侧,用户有强烈的知识共享与免费阅读意愿。尤其在开放运动的催化下,开放的呼声越来越强烈,对开放服务的范围、质量等也提出了更高要求。

3. 传统学术图书出版价值创造(或称价值增值)的源泉

依据迈克尔·波特提出的"价值链分析法",企业内外价值增加(即价值创造)的活动分为"基本活动"(也称主要活动)和"支持性活动"(也称辅助性活动)。"基本活动"涉及企业生产、销售、进料后勤、发货后勤、售后服务。"支持性活动"涉及人事、信息、财务、研发、采购等。根据出版业务活动特点,可以将传统学术图书出版价值创造活动细分为五项主要活动以及四项支撑性活动或事项(见表3-1-2)。

表3-1-2　　　　　学术图书出版的价值创造活动

辅助活动	出版社基础设施				
人事	招聘、绩效考核、培训	招聘、绩效考核、培训	招聘、绩效考核、培训	招聘、绩效考核、培训	招聘、绩效考核、培训
技术开发	出版服务、ERP系统开发、情报服务	产品形态开发、产品内容开发	信息系统开发	销售支持系统、市场研究	数据库开发、新媒体应用	利润
采购	版权交易、运输服务、版权服务、差旅费用	内容加工服务、印刷服务、融合产品开发	物流服务、仓储服务、技术服务	广告服务、情报服务、差旅费用、物资供应	阅读服务、差旅费用、专家费用、技术服务	
主要活动	选题策划、选题论证、组稿、版权谈判、合同签订、稿件三审、退稿、生产物资、仓储、存货控制、车辆调度安排、退稿	生产统筹、内容加工、产品形态整体设计(装帧)、制作(印刷)、融合开发	成品仓储材料处理物流管理订单处理调度安排等	推广促销、市场调查、销售团队、版权营销、报价、渠道选择、渠道关系、定价	物流提醒、培训、阅读推广、讲座等	利润
	内部后勤	生产运营	外部后勤	营销与销售	服务	

具体来说，学术图书出版的"基本活动"包括五个方面：一是内部后勤。是指与接收、存储、配送产品等投入相关的各种活动。它既包括稿件发稿前所进行的选题策划、编辑文案、组稿、版权谈判、出版合同签订、稿件三审、退稿等一系列活动，也应该包括为组织生产所采购物料处理、仓储、存货控制、车辆调度安排、向供应商退货等具体行为。二是生产运营。是指将资源投入转化为最终产品和服务的相关活动，是生产战略统筹和计划、产品形态整体设计（装帧）、精益内容制作（印刷）、流程优化等活动。三是外部后勤。是指与出版物归集、存储和实体分销产品给买方的相关活动，包括成品仓储、材料处理、物流管理、订单处理、调度安排等。四是营销和销售。是指为买方用户采购产品创造条件相关的活动，包括市场调查、形成销售团队、对营销渠道的拓展和打通、推广促销、广告、版权营销、报价、应收账款管理、回款等。五是服务。是指为提高或保持产品价值所提供的服务，如物流提醒、使用培训、阅读推广、讲座等。

学术图书出版的"辅助活动"包括四个方面：一是基础设施。包括出版社的总体管理、各类计划、财务会计、信息情报、法律与政府事务、采购和质量管理等各项内容的支撑。基础设施与其他辅助活动不同，它通过整个价值链而不是单个活动起辅助作用。二是人力资源管理。人力资源是出版产业的第一资源。出版社的人力资源管理涉及社内所有类型人员的招聘、聘用、培训、开发和薪酬设计、绩效激励等各项活动。三是技术开发。是指为改善图书品类、工艺、服务的各种技术努力。技术开发发生在出版社中的很多部门。例如，会计部门的办公自动化、出版社管理生产流程的企业资源管理（ERP）系统，也包括出版融合发展对数字出版技术的应用、自营电商系统中针对读者阅读喜好的算法研究自动推荐、新媒体营销中采用的各种信息技术等。随着现代科技的进步、数字出版、掌上阅读设备与软件、网络购物、直播带货和读者阅读习惯改变等，这些技术开发活动变得越发重要。四是购买。出版社的购买是指出版社为满足内容出版而购买价值链所需要素的各种投入的活动。它不仅包括购买版权、纸张、墨盒、办公电脑等，也包括购买劳务服务如装卸图书、聘请同行评审专家、印刷服务、外请美编设计服务等，甚至包括购买相关出版研究数据等①。

4. 数字媒介环境下非开放获取阶段的学术图书出版交流圈模型

学术传播供应链传统上由两大主体组成，即出版社（负责管理质量控制、生产和发行）和图书馆（负责管理内容的访问和导航，以及内容的长期保存。其角色随着数字出版而改变）。前者服务于学术社区（即作者和读者）的需求，后者满足资助者和内容接收机构或个人的需求。除此之外，在数字图书市场，类似 EBSCO、MyLibrary 等聚合商已经开始发挥越来越重要的作用。随着开放科学概念的提出，研究资助者也越来越多地承担起了最重要的角色。与此同时，其他参与者，特别是数据存储库以及越来越多的软件和服务提供商，在内容发布和发现方面也变得越来越活跃。

为考察数字时代对出版业、新技术和商业模式的影响，捕捉 21 世纪图书贸易中的颠覆现象与非中介化过程，美国艺术与人文研究委员会（AHRC）推出一个总部设在斯特林大学的斯特林国际出版和传播中心的数字转型研究和开发项目——"无装订图书"（The Book Unbound）项目。该项目的目标之一是将达恩顿的传统出版模式与数字出版环境进行联结，通过创建一个交互式信息图表，以展示出版交流圈中的每个关系是如何被数字技术干预和修改的、每个节点之间的关联是如何增加的、每个场景中的信息是如何实施的。由于该模型没有体现图书开放获取的主题和内容，所以将如下数字图书出版价值链模型称为一阶段的模型（见图 3-1-4）。

该模型体现了在 20 世纪后期，随着全球大企业集团的发展，以营销为主导的出版和利润激励特点。其中，读者（reader）越来越多地被配置为"消费者"的特点。读者的角色包括消费者、借款人、审稿人、内容创

---

① 澎湃新闻：《为什么说将来出版社竞争就是价值链的竞争？》，2020 年 12 月 7 日，https://www.sohu.com/a/436558918_292883。

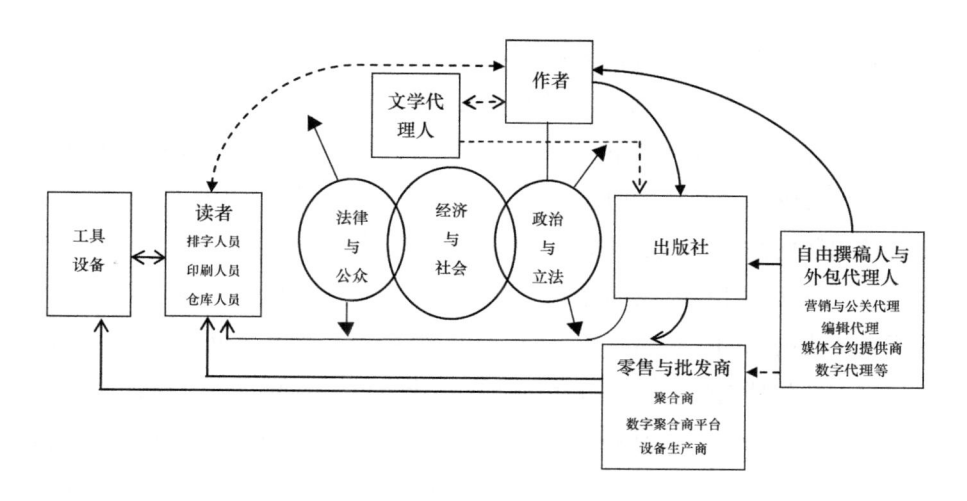

图 3-1-4　数字媒体环境下非开放获取阶段的学术出版交流圈模型（阶段一）①

造者、众筹者和订阅者。文学代理人（literary agent）的角色介入了这一循环，在作者和出版商之间扮演着至关重要的中介角色。这一角色包括业务管理、版权销售和合同谈判，但通常也包括编辑职能。在出版人员频繁变动的环境中，文学代理还为作者提供持续的关系。自由职业者和外包机构（freelancer 和 outsource agency）代表作者、出版商和零售商/分销商履行传统出版和数字出版的职能。在这一时期，出版商（publisher）经常外包工作，包括编辑、设计、营销和宣传以及销售。批发商和分销商（retailer 和 distributor）扮演了重要的角色，销售书籍的多用途零售商也越来越多，比如超市、文具店和亚马逊等在线公司。

如上"非开放获取"阶段的学术图书出版交流圈模型在一定意义上体现了利益相关者之间的网络关系，但这一阶段的模型存在一定的缺陷：首先，该模型没有体现图书开放获取出版的利益相关者与业务活动；其次，该模型没有体现信息反馈以及相关利益主体间的互动与合作行为。因此，需要结合数字出版现阶段、发展阶段以及图书开放获取的未来趋势，重塑

---

① Ray M. P., Squires C., "The Digital Publishing Communications Circuit", *Book* 2.0, Vol. 3, No. 1, 2013, pp. 3-24.

数字媒体环境下的学术出版交流圈模型。

5. 开放获取阶段下的学术图书出版交流圈模型

数字媒介催生知识共享，学术图书向开放获取演进。在数字技术推动下，当传统学术交流模式向数字学术交流模式转变的过程中，出版模式也从传统出版向数字出版，进而向开放获取模式转变。这是因为，一方面，继语言、书写和印刷术发明之后，数字化进入符号化使用的新阶段，成为人类交流史的第四次革命。数字介质具有时间耐久性和空间延展性，因而具有更好的传播属性。另一方面，从经济形态的演变角度看，传统物质经济下以"物质劳动、产品和服务"为基础的传统资本主义逐渐演进到非物质经济下以"创新和价值生产"为基础的新资本主义，再进化为以"知识创新和生产"为基础的认知资本主义。认知资本主义作为一种累积模式，累积的对象主要是知识。由于知识是价值的来源，也是价值形成过程的主要因素，因而人们日益关注知识的作用，强调知识的经济价值是创造财富的核心。在认知资本主义的形成过程中，开源和信息共享扮演着至关重要的角色。信息共享价值观推动和激励社区成员协同工作，利用网络和新的数字技术共享知识和文献资源，导致认知资本主义社会的工作性质发生巨大改变，并产生了以集体智慧为生产关键因素的新的生产模式[①]。

在开放环境下，学术图书出版涉及的相关利益主体发生改变，包括作者、出版社、编辑、评审人、读者、聚合商、开放机构知识库、图书馆、研究社区、基础设施提供商等多元主体[②]。这些主体间形成各种活动关系，形成了网络结构，并引致新的思考方式。同时，学术著作经过有机的再开发过程、深入新媒体流动网络，重振权威。数字媒介环境下的学术图书出版交流系统可重塑为如图 3-1-5 所示的模型：

---

① Belfiore E., "The Humanities and Open-Access Publishing: A New Paradigm of Value?", *Humanities in the Twenty-First Century*, 2013, pp. 195–215.

② Sara Grimme, Cathy Holland, Peter Potter, et al., "The State of Open Monographs: An analysis of the Open Access Monograph Landscape and Its Integration into the Digital Scholarly Network", Digital Science Report, June 2019, https://www.digital-science.com/blog/2019/06/the-state-of-open-monographs-dsreports/.

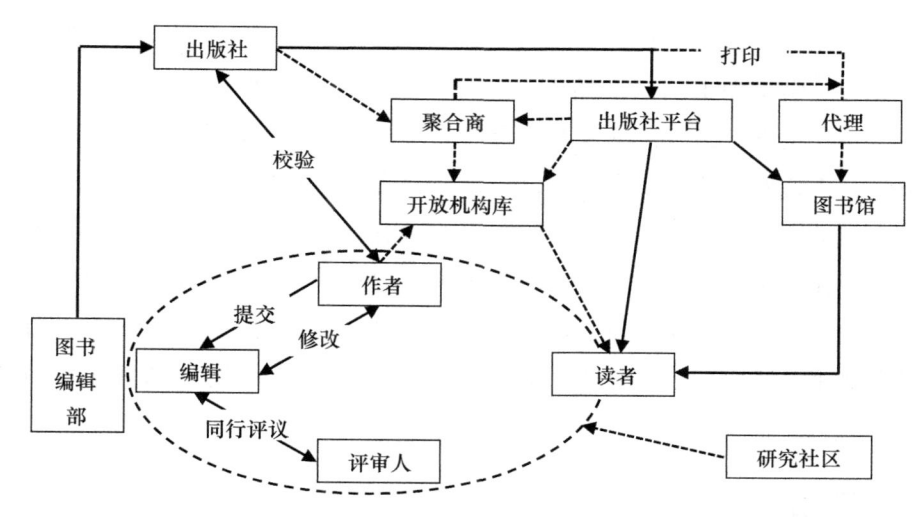

图3-1-5 **数字媒体环境下的学术图书出版交流圈模型（阶段二）**

该图示模型不仅包含了传统的出版活动，也包含了数字图书开放获取出版的活动。在该学术出版交流模型中，作者与读者之间的关系是出版系统的核心，但维系两者间关系的则是出版社、图书馆、开放机构库、聚合商等中间人的基点。作者与读者分别代表了知识供应与知识需求的两个端点，也在一定意义上代表了知识流向与资金流向的匹配方向。其中，作者决定在哪里出版、成本负担来源、选择版权与许可类型；读者基于对图书质量的感知与阅读内容的偏好，决定阅读图书的类型、影响力度量标准、收入回收渠道、出版模式等。中间人则在其中发挥制作者、传播者、保存者、发现的促进者、监管者等作用，满足作者和读者之间在数量、质量、成本、速度、服务、环保等方面的匹配要求。

三 数字学术图书出版价值链模块构成

从价值链相关利益主体模块分析角度，对数字图书出版价值链模块分析可以更好地评估各主体的作用与相互关系，能够为价值网络的分析奠定基础。数字图书传播价值链分为三个模块：内容创作、内容传播与发现、内容阅读。

第三部分　结构分析

首先，学术图书往往离不开资助，因此作者、作者所在的母机构、资助者是学术图书出版的始点，这部分属于内容创作模块内容。其次，在数字环境下，出版社将采取聚合商、分销商与出版社平台的方式进行分销，支持发生的事务或者可以丰富平台提供的功能。此外，书店保持与顾客的接触点。书店可以保留客户的所有权，通过这些书籍的本地化或专门化的重点，从适合他们的销售策略的集合在出版平台上设置、分发、收集统计数据和处理金融交易的技术复杂性，而书店可以专注于市场营销和保持亲密的客户关系。数字图书出版价值链如图 3-1-6 所示。

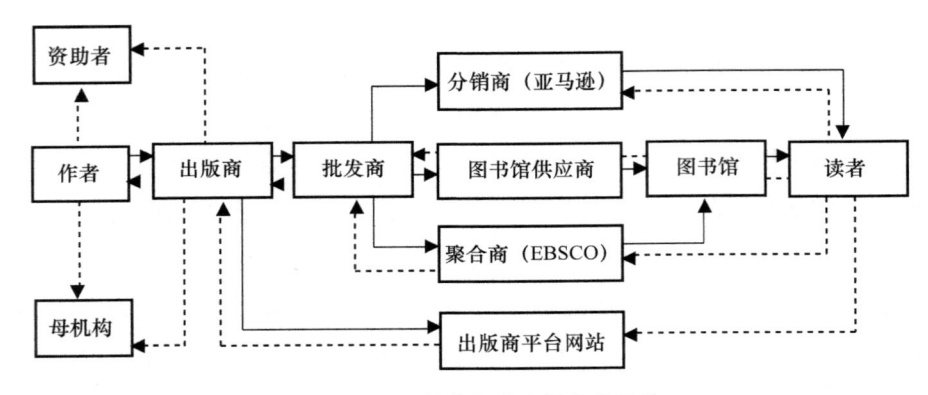

图 3-1-6　数字图书出版价值链①

注：1. 除作者与读者外，价值链中所有主体均参与价格的分配。
　　2. ──▶代表书目数据；◀┄┄代表用户使用参与数据。

该数字传播价值链将推式传递与拉式反馈两个方向相集成，体现了一定的网络性。它以读者为中心，以推式和拉式的价值延伸方式体现了主体间一定的竞合关系。

---

① Sara Grimme, Cathy Holland, Peter Potter, et al., "The State of Open Monographs: An analysis of the Open Access Monograph Landscape and Its Integration into the Digital Scholarly Network", Digital Science Report, June 2019, https://www.digital-science.com/blog/2019/06/the-state-of-open-monographs-dsreports/.

第二节　图书开放获取相关利益主体的价值集合

一　图书开放获取的价值类型

开放获取是一个涉及经济和价值领域的现象。然而,学术传播/出版的经济学体系和价值不仅是由财务条件决定的,而且还由象征资本的交换决定。事实上,各种复杂的、相互交叉的社会和经济价值构成了开放获取全景。这些价值是相互依赖的系统,且可以分解为社会赋予的质量和价值问题,以及劳动力价值和资本方面的财务经济问题。第一个问题涵盖了使期刊或出版社享有声望的方面,以及规范这一象征性领域的经济学。第二个问题涉及财务金融问题,主要侧重于探究谁为学术出版的劳动支付了多少钱。基于此,图书开放获取需要专业出版机构的严格评审过程与独特的版权授权机制,不仅通过出版机构、图书馆、基础设施平台的传播、使用、保存等实现图书的使用价值和价值增值,也常运用品牌或声誉等无形资产为图书产品和服务增加价值,从而以声誉资本的形式为研究者创造回报。

图书开放获取的价值有素养价值、形象价值、经济价值、个体价值与群体价值等几种类型。

1. 素养价值（Literacy Value，LV）

素养价值体现在各参与者多方面素养的提升。在图书开放获取活动中,作者通过编写图书提高了自身的学术素养和信息素养;出版从业人员和图书馆员等学习掌握了图书开放出版和计算机信息科学等技能,职业素养得到了提升;用户通过开放获取的方式广泛阅读图书,丰富了自身的知识素养。

2. 形象价值（Image Value，IMV）

形象价值是一个较为抽象的概念,它指企业及其产品在社会公众中形成的总体形象所产生的价值。在图书开放获取活动中形象价值体现在各主体的学术影响力和社会知名度等方面,良好的形象是永恒的财富。利用完善的权益分享机制，出版社可以很好地平衡作者、图书馆和用户之间的权益纠纷，提升自身在学术出版行业的地位和影响力。商业出版社可以借此增加营业收入、创造更多的经济价值，非营利性出版社可以吸引到更多科研合作、创造更多的社会价值。

3. 经济价值（Economic Value，EV）

经济价值分为直接经济价值和间接经济价值。因为 OA 图书本质上不具备商品的属性，图书开放获取中的直接经济价值出现在向出版社支付书籍处理费的过程中，无论是作者本人支付还是依靠资助者推动，该支付行为都代表了学术图书最初具有的经济价值。当学术图书以 OA 模式出版后，出版社通过在网站插入广告、为 OA 图书提供相应的付费知识服务创造出间接经济价值；用户阅读 OA 图书后在不侵犯作者合法权益的前提下进行新的创作并盈利，也创造出间接经济价值。

4. 个体价值（Individual Value，IV）

个体价值的体现取决于个体自身的价值观，由个体自己来评价自己所具有的形象价值、素质价值与经济价值。个体价值也可以取决于个体对群体或社会所做出的贡献，由群体或社会来对个体创造的价值进行评价。笔者认为在图书 OA 出版中，个体价值的判断更倾向于经济价值。当然，个体价值也可以指社会价值。例如，作者创作图书希望可以得到社会的认可，出版社出版图书希望可以提升行业影响力，文献信息提供机构分享图书希望可以促进学术成果交流，用户获取图书希望可以吸取知识丰富自己，分别是作者、出版社、文献信息提供机构、用户创造的个体价值。

5. 群体价值（Collective Value，CV）

群体价值主要来自群体所创造的社会价值。群体价值并不是简单地将个体价值集合在一起，而是体现在整个群体在组织活动中做出的贡献。如果把完成一本图书的开放获取看作是一次组织活动，各主体以群体的方式参与活动，则资助者的群体价值在于促进学术图书资源传播；作者群体的价值在于图书得到出版发表；出版社的群体价值推动了图书开放获取事业的发展；文献信息机构的群体价值在于满足社会的信息需求。

二 价值网络各相关利益主体的价值计算公式

在价值网络中，价值的增值由不同环节之间的价值传递产生，在这个传递过程中新的价值被创造出来。因此价值创造存在于价值网络的各个环节之中。

在构成价值网络的价值链条中，价值往往划分为用户价值与企业价值两个部分，其中，用户是价值网络整体为之提供产品或服务的终端用户，企业是主要为产品或服务的直接提供者。依据尼尔巴福（Barry J. Nalebuff）价值网络模型，价值则细化为用户价值、供应商价值、互补者价值、竞争者和合作者价值、替代者价值等。其中，除用户价值外，其他几类价值均可统称为企业价值。基于此，在本书后面的论述中，企业价值是一个包含多个相互关联主体的集合性价值名词。

在价值网络中的用户或客户价值，也称为用户或客户感知价值，是由于企业对其提供产品和服务所带来的，由用户对数量、质量、速度、服务、环保、柔性、创新、企业社会责任等指标参数的感知利得（其中，价格、质量、速度、服务、时间和环保是影响顾客对产品需求的六大要素），以及由于经济成本（主要体现为价格）、时间成本、搜寻成本、匹配成本等的感知利失。用户价值的计算公式为：价值（Client Value）＝感知利得（Perceived Benefits）/感知利失（Perceived Loss）＝（质量＋速度＋服务＋环保＋柔性＋创新＋企业社会责任）/（价格＋时间成本＋搜寻成本＋匹配成本等）。

在价值网络中的企业价值，是用户对企业的价值反馈。其计算公式的形式与用户感知的计算公式类同，均为：企业价值（Enterprise Value）＝感知利得（Perceived Benefits）/感知利失（Perceived Loss），但其展开式形式则不同。此时，企业价值（ENV）＝（经济价值 ECV＋个人价值实现的价值 IV＋形象价值 IMV＋素养价值 LV＋群体价值 CV）/（质量 QL＋价格 PR＋速度 SP＋服务 SE＋环保 EN＋柔性 FL＋创新 IN＋社会责任 SR）。

综上，在多维价值网络空间中，彼此依存，互为产品或服务的使用者、传递者与提供者等主体均作为价值网络中每一个网络节点，在原有价值的基础上、凭借各自的资产专用性，对网络整体价值进行了增值活动，进而产生了增值价值。因此，用户价值或企业价值也可以表述为：存量价值+增量价值。

第三节 图书开放获取价值链的解构与价值网络重塑

一 学术图书开放获取出版价值网络构造的制约因素

Peter Weingart 与 Niels Taubert 认为，科学交流系统目前正在经历四个方面的重大变革[①]：①科学传播的数字化（即技术因素）；②学术出版的利益驱动性（即经济因素），意味着学术出版社和信息提供者受学术出版利润所驱动；③科学评价的指标化（即科学研究因素），意味着以出版物数量、引文量为质量测评指标，实现科学自我观察；④大众参与科学普及化（即社会因素），意味着大众媒体对科学观察的加强，科学得以普及。

与此相应，图书开放获取出版交流模式受经济、技术、政策等因素驱动，出版交流过程受到深刻的变革压力：①经济驱动下出版市场发生变化。例如，在学术图书领域，出现了如 KU 众筹、OtF（COPIM 的向未来开放）、D2O（麻省理工大学出版社的直接开放）等新的图书开放获取商业模式；也出现了如联合授权销售方式等新的销售方式，导致学术信息公开过程的连续程度、信息交流速度、信息交流对象单元构成、出版对象等发生变化。②数字技术导致出版机构模式发生改变。例如，数字网络环境下，数据密集型和数据驱动科学得到发展，出现了数据出版、增强出版、语义出版、纳米出版等新的出版模式。③公共政策发生改变。例如，欧盟 cOAlition S 倡议中研究资助者自我归档和数据共享的规定；德国与荷兰修改知识产权法的规则以便为作者提供一个研究成果可被免费获取的法律框架等。

---

① Peter Weingart, Niels Taubert, "The Future of Scholarly Publishing: Open Access and the Economics of Digitisation", 2017, https://www.researchgate.net/publication/320444879_The_Future_of_Scholarly_Publishing_Open_Access_and_the_Economics_of_Digitisation.

二 图书开放获取出版价值链的解构

图书开放获取是在数字媒介下学术图书出版的一种模式。尤其对于学术图书中的专著，需要放弃单一作者或单一载体所著的专著（monograph）术语，形成如多人所著或多种载体形式的专著（multigraph）新概念。

为将复杂环境简单化和模型化，以全面了解开放获取图书的内容、生产与传播流程，本书借鉴相关研究成果，将图书开放获取出版价值链进行解构，以期突破学术图书开放获取出版价值网络构造的制约因素，重塑图书开放获取价值网络系统。图书开放获取价值活动的解构思路如图3-1-7所示。

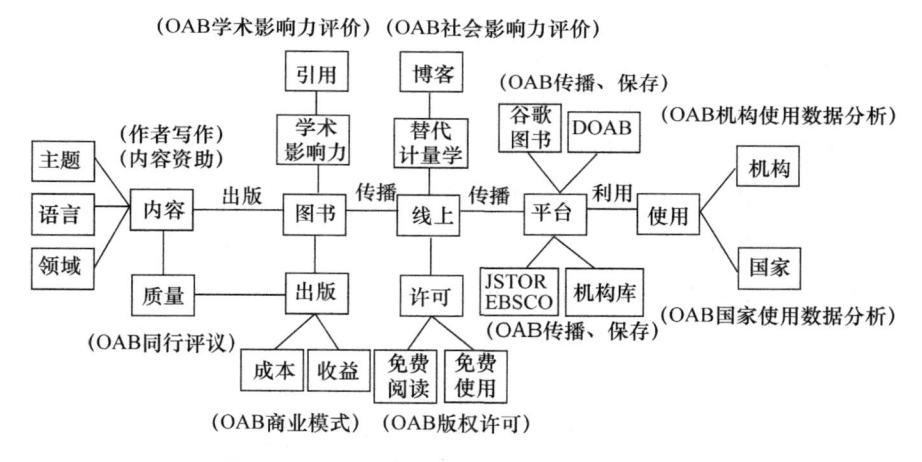

图3-1-7 图书开放获取价值活动的解构图[①]

从过程角度，图书开放获取可以解构为五个部分。

第一，内容生产与质量评审。这个环节是出版前作者研究与出版社内部评审活动的集成。在作者的研究活动层面，学者在资助或非资助条件下，在保障质量的前提下，运用某种语言，对某一领域的某一主题进行研

---

① Ronald Snijder, "Building a Model for Open Access Books", OAPEN Foundation, September 2016, https://www.researchgate.net/publication/309858893_Building-q-model-for-open-Access-books.

究和写作，形成书稿。在出版活动层面，出版社运用质量评审制度（如同行评审或开放评审）来控制书稿的质量。

第二，图书出版与学术影响力计量。出版社将经过同行评审的书稿进行出版，形成图书出版物。对于出版社而言，出版与否要受到收益与成本的经济约束。对于图书作者而言，当学术图书经过出版以后，将通过学术社区的引用而获得学术影响力。

第三，网络开放与社会影响力计量。首先，在线出版与 OA 出版的差异是去除财务障碍。由版权许可（如免费阅读还是免费使用）来捕捉版权所有者对出版物可做与不可做事情的描述。大多数情况下，可以使用六种 CC 协议中的一种进行授权阅读。其次，在影响力方面，可以通过博客、推特、在线学术社区等平台，收集对学术图书的下载量、评论量、转发量与使用量等信息，进而运用替代计量学方法计算学术图书的社会影响力。

第四，平台传播与保存。借助网络平台，不仅可以实现图书的可发现、可传播、可利用，也可以实现图书的质量监控与保存。在平台层面，有担当发现、传播、保存、托管或聚合等功能的各类平台。例如，DOAB 是发现平台与质量监控平台，谷歌图书、JSTOR、EBSCO 是图书传播、托管与聚合平台，机构库与图书馆是传播与保存平台等。

第五，用户使用与数据分析。当图书经过传播流通到读者用户手中，可以通过不同的路径汇总用户的使用信息，并对此做数据分析，以指导前述各环节利益相关者（如作者、出版社、图书馆、平台供应商等）改变服务策略、优化服务方式和质量。

三　图书开放获取价值网络重塑

结合价值网络的动力形成机制（推动力与拉动力）、构成基本要素（价值主张、价值传递、价值实现与价值增值）、运作机理（输入、转换、输出），本书将图书开放获取价值网络重塑为如图 3-1-8 所示的价值网络系统：

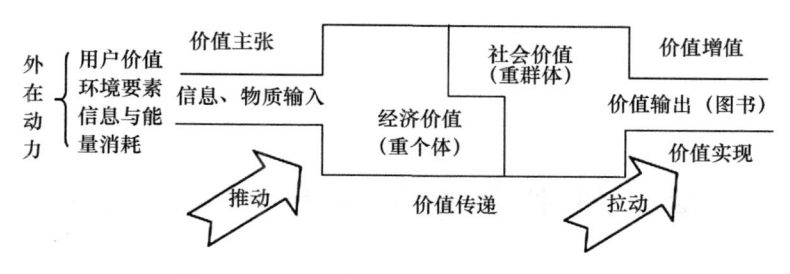

图 3-1-8　图书开放获取价值网络系统图

本章小结

本书依据"结构—行为—绩效"的研究范式,来展开"结构"部分的研究。首先将图书开放获取相关利益主体的活动置于学术出版交流系统框架下,分析不同媒介环境下的学术出版交流系统,以及数字学术图书出版价值链与价值网络。然后进一步探究数字环境下图书开放获取各利益相关主体间活动关系,将图书开放获取的模块解构为五个部分,即内容生产与质量评审、图书出版与学术影响力计量、网络开放与社会影响力计量、平台传播与保存、用户使用与数据分析。

第二章 图书开放获取利益相关者分析

本部分依据"结构—行为—绩效"的研究范式，继续展开图书开放获取权益分享主体间网络关系"结构"部分的细化研究。具体来说，本部分将在识别利益相关主体的基础上，明确利益相关主体的角色、关注点、权力、态度和参与水平等，以期在权力与利益网络矩阵的基础上构造利益相关主体间的价值关系网络图。本部分的研究，是后续章节运用博弈论分析工具展开各相关利益主体间的行为策略选择分析（即行动分析）的重要基础和依据，也是展开机制设计与机制体系分析的铺垫性内容。

图书开放获取运动的目标是实现公共价值，提升宏观层面的国家、中观层面的组织与微观层面的个人知识管理水平与创新能力，促进介于不同维度的利益相关者与同一维度利益相关者间的多维协作，实现群体利益的最大化。因此，图书开放获取的目标之一，是使利益相关者在个体利益最大化下的策略选择与群体利益最大化下的策略选择相一致。

第一节 图书开放获取利益相关者生态系统模型构建

图书开放获取活动由诸多利益主体参与。将利益相关者理论运用到图书开放获取领域并构筑生态系统模型，一方面，可以将图书开放获取从国家层面加以整合管理，更加有利于图书开放获取影响力的扩大，吸引更多的国家、机构或者组织个人参与其中。另一方面，可以在把握每个利益主体各自的利益诉求、扮演角色的基础上，促使图书开放获取在个体行动的基础上向集体利益最大化方向迈进。

一　国内外相关研究

图书开放获取的利益相关主体与广义开放获取（包含期刊、图书、数据等）概念下的利益相关主体既有重合，也有差异。这是因为，自开放获取诞生到发展已有数十年，开放获取种类已发生变化，由数据、期刊已发展到图书和专著。不过，在开放获取发展进程中，由于文献类别不同，所涉及的利益相关者的特征、角色、影响力等也在发生改变。目前，国内外很多学者和机构在研究论文、项目计划与发展报告中对开放获取所涉及的利益相关者进行了研究。

在国外研究方面。Martin Colclough[①]在以"美国开放获取授权背景下利益相关者关系"为主题的发展报告中，将开放获取的利益相关者划分为出版社、学术作者、学术团体、大学、图书馆、决策者、公众、学生和媒体（特定部门和传统新闻提供商）。Eve M. P. 在《开放获取与人文：背景、争议与未来》中，按照初级研发生产者的属性，将利益相关者分为三类[②]：政府、学术界和企业。除了这些群体外，文献中还明确了其他开放获取利益相关者，包括研究人员、资助者、学生、大学、图书馆员、出版社、学术团体和其他专业团体、公众成员（包括特定情况下的行为者，如患者、老年人、青少年等）、非学术专业从业者、决策者、政治家和信息技术专业人员。Thordis Sveinsdottir 等按照开放获取生态系统中的五个基本功能将利益相关者分为：资助者、发起者、创作者、传播者、监管者、用户[③]。每个执行者都开展与开放获取数据相关的活动并制作文件。2018 年

---

① Martin Colclough, "Responses to President Trump's Rumoured Executive Order on Research Publication Policy", https://www.diva-portal.org/smash/get/diva2:1456905/FULLTEXT01.pdf.

② David Stuart, "Open Access and the Humanities: Contexts, Controversies and the Future", *Online Information Review*, Vol. 39, No. 5, 2015, pp. 755 – 756.

③ Thordis Sveinsdottir, Bridgette A. Wessels, Rod Smallwood, et al., "Policy Recommendations for Open Access to Research Data in Europe-Stakeholder Values and Ecosystems", *Information Services & Use*, 2014, Vol. 34, pp. 331 – 333.

9月，由 Science Europe 机构发布了一项里程碑式的开放获取新倡议，即"S 计划"。该计划主要围绕作者、联盟成员、出版社、大学、研究机构和图书馆等角色列出十项原则，其目的是期望能够突破付费壁垒，让资源能够免费获取①。

从国内研究方面，王文光等学者按照开放获取类型与权力特征，将利益相关者划分为从 I 到 IV 四个层次，且权力逐渐减弱，开放获取的紧迫性也随之减弱。② 其中，利益主体主要包括作者、出版社、图书馆、高校或科研机构、学术文献出版社（或运营商）、政府部门、用户（包括个人和组织）等③。邹军等以巨型开放获取期刊为研究主题，探究所涉及的利益相关方，并将其细分为作者、出版社、大学、学科和评估机构等。李瑾等认为图书开放获取过程中利益相关者可以按照作者、商业出版者、非营利性出版者、文献组织或机构、"单纯"资助者等进行划分④。基于以上国内外文献梳理，图书开放获取进程所涉及利益相关者涵盖作者、出版社、图书馆、用户、科研机构、资助者（分区域和国家等类型）、基金会、政府、非营利组织、大学、技术支持机构、数据服务机构、专业协会、政府间组织（IGO）、媒体等。这些利益相关者参与到图书开放获取的内容创作、投稿、评审、达成协议、传播、平台获取、保存、利用等多个阶段。

二 模型构建

在任何利益相关者分析之前必须回答两个问题："谁是利益相关者？""为什么需要他们的角色？"关于第一个问题，利益相关者是根据许多因素确定的，包括他们对系统的兴趣和影响（即关注点、利益兴趣点）、他们

---

① LetPub 博客：《2018 年关于开放获取（Open Access）的新倡议："S 计划"》，2019 年 2 月 19 日，https://blog.sciencenet.cn/blog-1232242-1162971.html。
② 王光文、仲富兰：《基于利益相关者分析的开放获取研究》，《图书情报知识》2011 年第 5 期。
③ 邹军、荆高宏：《"掠夺性期刊"的伦理问题及治理——基于"利益相关方框架"的思考》，《现代传播（中国传媒大学学报）》2021 年第 9 期。
④ 李瑾、盛小平：《利益视角下的学术图书开放获取出版模式研究》，《图书情报工作》2017 年第 3 期。

对系统的了解以及他们在系统内部和外部网络中的地位（即权力、能力或贡献力）。关于第二个问题，需注意的是，随着时间的推移，利益相关者所扮演的角色是动态的，而不是静态的。因此，同一个人或团体可以在不同时间扮演不同的角色。此外，利益相关方的角色也可能混合在一起，或在角色之间移动[①]。

基于此，本书在遵循利益相关者分析五步骤的基础上，首先构造图书开放获取利益相关者生态模型，以识别大类利益相关主体。然后逐步对大类相关利益主体类型进行细分，并细化对主体的功能与活动的描述。接下来在对利益相关主体的关注点（利益）、能力（权力）分析的基础上，对利益相关者的网络关系结构图等进行详细刻画。

本书借鉴 Thordis Sveinsdottir 的研究成果，依据功能分类，将图书开放获取利益相关者生态系统划分为由五类执行主体或功能构成、各执行者通过业务关系相互连接的分层蛋糕结构（见图 3-2-1）。在该生态系统中，各利益相关者可以同时在不同层面上行动和交互。此外，图书开放获取利益相关者生态系统的流动是向多个方向发展的，每个利益相关者可以是具有多个功能的执行者。例如，创作者也可以是使用者和传播者；出版社可

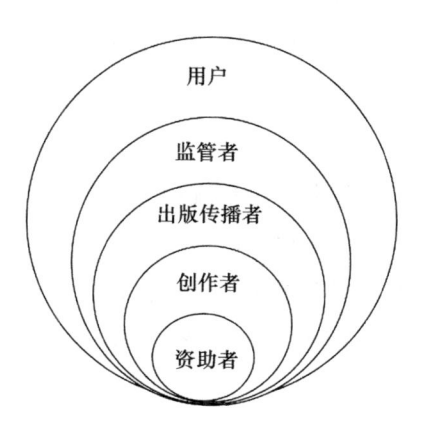

图 3-2-1　图书开放获取利益相关者生态系统模型

[①] Adema J., "Knowledge Exchange: Towards a Roadmap for Open Access Monographs", A Knowledge Exchange Report, 2019, https://zenodo.org/record/2644997#.Y9-hJ3ZBy3A.

以是传播者和管理者；图书馆可以是出版社、策展人、使用者等①。

在图书开放获取生态系统中，这五类利益相关者执行主体分别为：①资助者；②创作者；③出版与传播者；④监管者；⑤用户。这五个主体分别执行资助、创作、出版和传播、管理、使用这几个基本功能。每个执行者承担与开放获取数据相关的活动并产生文件。为了清晰起见，不同的利益相关者从属关系（如政府、公众、行业和科研机构等）没有包括在分类中。

第二节　图书开放获取利益相关者的识别

在图书开放获取的参与中，根据其参与动机不同，可以将其划分为微观、中观与宏观三类利益相关者。微观主体是个人，他们以自由的方式行动，不能分解成更小的参与者，如读者、作者等。宏观层面的参与者是政策声明和经济要求中将在整个利益系统中得到遵守或遵循的参与者，扮演"国家"角色的行为者，如政府管理者与资助者。中观层次是介于两者之间的一切②。它包括研究团体、部门和大学（或大学团体）或资助机构，也包括重叠的组织团体，如学科社区、学术团体、专业团体和潜在的其他身份团体。中观层次的分组可以以机构或组织形式的正式组织，也可以完全是非正式的。

更加细粒化的，依据如上生态系统中五类执行主体的划分方式，可以对图书开放获取相关者进行细化的识别（见表3－2－1）。例如，将内容资助者可以细化为资助者和图书馆两个子类，而这两个子类还可以进一步细化为研究委员会与基金会两类。前者包括欧洲研究理事会（European Re-

---

① Thordis Sveinsdottir, Bridgette A. Wessels, Rod Smallwood, et al.，"Policy Recommendations for Open Access to Research Data in Europe-Stakeholder Values and Ecosystems"，*Information Services & Use*，2014，Vol. 34，pp. 331 – 333.

② The Knowledge Exchange Book，"'Open Scholarship and the Need for Collective Action' Aims to Build a Common Understanding of the Complex System of Scholarly Production"，2018，https://www.knowledge-exchange.info/event/os-collective-action.

search Council，ERC）、英国研究创新署或理事会（UK Research and Innovation，UKRI）等研究委员会。后者则包括英国的惠康基金会（Wellcome Trust）、美国的安德鲁·W. 梅隆基金会（Mellon Foundation）等基金会。

表 3-2-1　　　　图书开放获取相关者的识别表

利益相关者类别	利益相关者的子类	利益相关者子类的细化	案例
内容资助者	资助者	研究委员会 理事会 基金会	欧洲研究委员会（ERC） 英国研究与创新委员会（UKRI） 英国惠康基金会 Wellcome Trust
	图书馆	非联盟型图书馆 联盟型图书馆	图书馆或参与汇集资助计划的机构，如 Knowledge Unlatched 或 TOME
内容创作者	作者		
出版者	出版社	出版社 图书馆 大学/学院 研究协会	Springer Nature Taylor & Francis Oxford University Press De Gruyter IntechOpen Open Book Publishers Brill 等
传播者	分销商		Longleaf Distribution HFS Ingram Academic
	内容平台	出版社平台 电子书/数据聚合商 消费者电子书平台 OA 资料库或平台	SpringerLink Taylor & Francis Online Cambridge Books Online MIT Press Kindle、Kobo、Nook、Google Play OAPEN Hathi Trust Ubiquity Press Manifold
	销售渠道	图书馆销售渠道 消费者数字书店	GOBI Library Solutions ProQuest OASIS Casalini Libri Amazon.com Barnes & Noble

续表

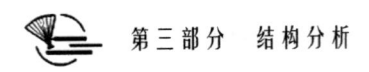

利益相关者类别	利益相关者的子类	利益相关者子类的细化	案例
监管	目录和索引机构	图书馆管理系统 KnowledgeBase 第三方内容索引 DOI 注册 网络级发现引擎	OCLC WorldShare KnowledgeBase（CKB） EBSCO Integrated KnowledgeBase 开放获取图书目录（DOAB） Clarivate Analytics 图书引用索引 MLA 国际参考书目 Dimensions Crossref Google Scholar
用户与平台	用户 终端用户平台	在线图书阅读器 电子书阅读 App 或设备 离线电子书阅读器	嵌入电子书聚合商、网站的网络阅读器 Kindle App iBooks Adobe Acrobat Bluefire Reader

第三节 各图书开放获取利益相关者的角色、功能与运作连接关系

一 各图书开放获取利益相关者的角色、功能与活动

依据功能分类学，可以首先将上述在图书开放获取生态系统中每个细化的利益相关者划分为主要功能（Primary Function，PF）和次要功能（Secondary Function，SF），然后依次对执行者的角色、功能、活动内容进行说明。其中，利益相关者可以执行的功能主要有资金与启动、创作内容、出版与传播、监管、使用几项。相应的具体角色为资助者、创作者、出版与传播者、监管者与使用者[①]（见表 3-2-2）。

---

① The Knowledge Exchange Book，"'Open Scholarship and the Need for Collective Action' Aims to Build a Common Understanding of the Complex System of Scholarly Production"，2018，https://www.knowledge-exchange.info/event/os-collective-action.

表 3-2-2　　图书开放获取利益相关者执行的功能与活动

A. 资金与启动	B. 创作内容	C. 出版与传播	D. 监管与使用
① 研究委员会（PF） 活动：发放资金 ② 基金会（PF） 活动：发放资金 ③ 政策制定者（PF） 活动：影响决策、启动过程 ④ 倡导团体（PF） 活动：影响决策、启动过程 ⑤ 公民社区组织（SF） 活动：影响决策、启动过程	① 大学/学院（PF） 活动：制作研究出版物和数据 ② 研究机构（PF） 活动：制作研究出版物和数据 ③ 学术学会（PF） 活动：制作研究出版物和数据 ④ 政府间组织（PF） 活动：制作研究出版物和数据 ⑤ 标准化组织（PF） 活动：制作标准文档 ⑥ 服务提供商（PF） 活动：生产基础设施服务 ⑦ 数据中心（SF） 活动：制作图书数据 ⑧ 欧盟资助项目（SF） 活动：测试想法、基础结构等 ⑨ 国家资助项目（SF） 活动：测试想法、基础结构等 ⑩ 信息聚合商（SF） 活动：生成数据检索服务 ⑪ 图书馆/档案（SF） 活动：获取和传播学术图书	① 出版社（PF） 活动：提供出版、认可和发行平台 ② 图书馆（PF） 活动：传播图书出版物 ③ 大学/学院（SF） 活动：出版、传播图书出版物 ④ 专业协会（PF） 活动：影响研究者的行为 ⑤ 研究机构（SF） 活动：出版传播图书出版物 ⑥ 公民社区组织（PF） 活动：传播图书出版物 ⑦ 国家资助项目（PF） 活动：测试想法、基础结构等 ⑧ 聚合商（PF） 活动：传播图书出版物 ⑨ 区域资助项目（如欧盟）（PF） 活动：测试想法、基础结构等 ⑩ 数据中心（PF） 活动：传播、获取和保存图书出版与传播数据 ⑪ 学术团体（SF） 活动：出版、传播图书出版物 ⑫ IGO政府间组织（SF） 活动：传播图书出版物 ⑬ 媒体（SF） 活动：研究成果的传播和营销	① 图书馆/档案馆（PF） 活动：传播、获取和保存图书出版物和使用数据 ② 大学/学院（SF） 活动：策划和保存图书出版物和使用数据 ③ 数据中心（SF） 活动：传播、获取和保存图书与使用数据 ④ 出版社（SF） 活动：提供出版和有限保存 ⑤ 研究机构（SF） 活动：再利用图书出版物与使用数据 ⑥ 学术团体（SF） 活动：再利用图书出版物与使用数据 ⑦ 数据中心（SF） 活动：获取图书使用数据的新途径 ⑧ 政府间组织（SF） 活动：a）再利用图书出版物；b）商业可能性 ⑨ 公民社会组织（SF） 活动：再利用图书出版物和数据 ⑩ 标准组织（SF） 活动：验证标准的可用性和商业可能性 ⑪ 服务提供者（SF） 活动：商业可能性 ⑫ 图书馆/档案馆（SF） 活动：采购和发行图书出版物

二 图书开放获取利益相关者间的运作连接关系

图书开放获取生态系统中各利益相关者的活动连接关系如图3-2-2所示:

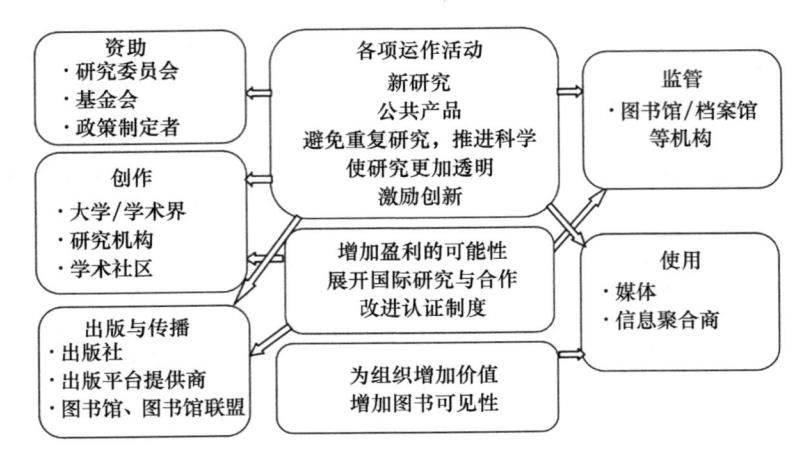

图3-2-2 图书开放获取生态系统中各利益相关者的运作连接关系图

从图3-2-2中可以发现,由于图书开放获取提供产品与服务具有公共产品属性,相关利益主体的参与主旨为公共价值,因此在各项运作活动中的新研究、激励创新、提供公共产品、避免重复研究与使研究更加透明这几项活动与各类相关利益者以及各项活动最为密切。增加盈利的可能性、开展国际研究与合作、改进认证制度这几项活动与创新、出版、传播、监管等活动更为密切,是图书开放获取各相关利益者第二级密切关注的活动。增加图书可见性是在使用过程中,由用户、信息聚合商等主体关注的事项。

第四节 图书开放获取利益相关者的关注点与能力分析

本章依据三大报告[即2016年OAPEN-UK报告[①]、2018—2019年KE

---

① Ellen Collins, Caren Milloy, "OAPEN-UK final report: A Five-year Study into Open Access Monograph Publishing in the Humanities and Social Sciences Authors Research Consultant", *JISC*, 2016, https://oapen.fra1.digitaloceanspaces.com/7a65d73f1087444d80807833a320fa36.pdf.

(Knowledge Exchange，KE）调查研究报告[①]、2020 年度 OAPEN 利益相关者报告[②]］，将如上资料中针对图书开放获取各相关利益者的关注点、能力（权力或贡献度）的数据和内容进行梳理和提炼，旨在据此构造利益相关者的关系网络。

一 图书开放获取利益相关者的关注点分析

2018—2019 年，KE 对欧洲与英国地域范围内的 159 个图书开放获取利益相关主体（包括图书馆、出版社、资助者、大学与研究机构、作者、读者等）进行了焦点访谈、半结构化访谈[③]。按照受访者在学术专著中所起的主要作用或角色以及反馈的比例，形成表 3-2-3。由于欧洲与英国的图书开放获取发展较为成熟，是全球 OAB 发展的引领者，其调查结果具有代表性和前瞻性。

表 3-2-3　　　　　　　　按角色划分的反馈比例

角色	反馈人数（%）	角色	反馈人数（%）
学术图书馆	25.3	大学出版社	1.6
大学	23.7	国家政策制定者	1.6
作者/读者	12.4	学术社区	0.8
出版社	12.4	OAPEN 委员会成员	0.4
其他	9.6	咨询师	0.4
其他图书馆	5.6	分销商/中介	0.4
研究资助者	2.4	OA 搜寻工具提供商	0.4
研究机构/基金会	2.4	科技服务商	0.4

---

① Graham Stone, "Knowledge Exchange Survey on Open Access Monographs", 2018, https://zenodo.org/record/1475446#.Y9-jMXZBy3A.

② OAPEN, "OAPEN Foundation Annual Report 2020: Key Results and Developments", 2020, https://www.oapen.org/oapen/article/oapen-2020-stakeholder-report.

③ Graham Stone, "Knowledge Exchange Survey on Open Access Monographs", 2018, https://zenodo.org/record/1475446#.Y9-jMXZBy3A.

表 3-2-3 中的"其他图书馆",指的是包括私人图书馆、大学图书馆和国家图书馆的非学术图书馆。"其他"是指博物馆、大学、医院、办公室或非营利性组织。受访对象有一定的特点：受访者主要来自学术图书馆；在英国、芬兰和瑞典，大学的反馈人数最多。此外，受访者被问及其是否在专著出版中担任某种角色，作者/读者经常担当次要角色，而学术图书馆员有时也会担当作者/读者这一角色[①]。

调查结果发现，各类利益相关者对 OAB 成本、质量、销售、保存、政策等有比较高的关注点，但存在一定的认知差距（汇总数据见表 3-2-4）。

表 3-2-4　　OAB 各利益相关主体的关注点差异

关注点信息反馈	学术图书馆	大学	大学作者/读者	其他	出版社	其他图书馆	作者/读者	大学,出版社	学术图书馆,出版社	研究资助者	大学出版社
出版成本水平及与图书出版费用的关系	36	21	17	9	14	9	6	5	3	5	3
图书出版社提供的质量保证流程和服务水平	21	14	16	6	2	3	4	4	3	3	1
OA 图书对销售和使用的影响	20	11	9	5	8	8	2	4	2	2	2
来自资助者、机构或出版社 OA 要求的交流方式	21	9	11	7	6	4	5	3	3	4	3
出版专著数量与 OA 专著数量	21	11	7	8	4	7	2	4	3		2

---

① Thordis Sveinsdottir, Bridgette A. Wessels, Rod Smallwood, et al., "Policy Recommendations for Open Access to Research Data in Europe-Stakeholder Values and Ecosystems", *Information Services & Use*, 2014, Vol. 34, pp. 331-333.

续表

关注点信息反馈	学术图书馆	大学	大学作者/读者	其他	出版社	其他图书馆	作者/读者	大学,出版社	学术图书馆,出版社	研究资助者	大学出版社
强制或允许的自存档策略类型	26	10	6	5	2	4	4	2	2	2	2
遵守OA要求或政策的程度	13	7	4	3	5	2	4	2	2	2	1

从调查结果可知：①"出版成本水平以及它们与图书出版费用的关系"是所有相关利益主体最为关注的议题。②图书馆是图书开放获取最活跃、最积极的群体，而中介/分销商被认为是最不感兴趣的群体。资助者对图书开放获取几乎没有明确的支持模式，学术界、资助者和大学也是如此；相比其他主体，学术图书馆对"强制或允许的自我存档政策类型"这一议题的关注更大，这可能反映了图书馆对这些政策的合规问题的关注。③图书馆的关注点是作者/读者关注点的映射，图书馆几乎对所有议题都非常关注。④作者/读者对质量保证非常关注，且两者有很高的相关性。出版社并不认为缺乏质量是一个主要问题。⑤作者/读者很少关注OA对销量和使用量的影响，但出版社将OA对销售的影响列为第二大最重要的问题，图书馆对此议题关注也较多。⑥利益相关者认为OA专著能够得以良好发展的关键事项在于拥有更好的基础设施、有更充足的资金以及对作者有更好的奖励。严格遵守OA要求或政策的程度被认为最不重要。⑦尽管缺乏机构支持，但大学出版社和学术主导的出版活动是图书开放获取的一种积极举措。⑧传统出版社因缺乏可行和透明的商业模式而受到批评。

二 图书开放获取利益相关者的能力分析

对利益相关者影响力的识别是对利益相关者进行分类的重要步骤。通过了解利益相关者的影响力，可以更好地了解他们在案例研究中的关系。

影响力可以理解为利益相关者对系统的权力大小。影响可以是正式的也可以是非正式的。正式影响主要基于立法或正式协议中规定的规则或权利（即法律和执行法律的权利，或使用权）。非正式影响基于其他因素，如利益集团或非政府组织，它们可以动员媒体、使用资源或游说以对生态系统施加压力。

根据2018—2019年KE报告中的相关调查结果显示，各个图书开放获取利益相关主体对填补关注点知识空白的能力存在差异（见表3-2-5）。

表3-2-5　　OAB利益相关者填补关注点知识空白的能力差异

弥补信息反馈能力/信息反馈 各类主体	出版社	学术图书馆	大学和研究机构	学术界	资助者	国家政策的制定者	国际政策的制定者	中介/分销商	总数
出版成本水平以及它们与图书出版费用的关系	105	34	53	22	55	38	27	16	350
图书出版社提供的质量保证流程和服务水平	57	22	28	28	21	20	11	9	196
OA图书对销售和使用的影响	52	20	19	8	18	22	12	18	175
来自资助者、机构或出版社OA要求的交流方式	41	24	28	27	26	19	14	9	188
出版专著数量与OA专著数量	37	34	54	14	52	35	22	4	252
强制或允许的自存档策略类型	37	27	29	11	38	38	27	3	210
遵守OA要求或政策的程度	16	17	31	12	28	28	21	2	155

表3-2-5运用数据梯度，从最高到最低的反馈数量，显示了图书开放获取利益相关者填补知识空白的能力差异。从回复数量来看，大家一致认为，出版社是填补"出版成本水平及其与图书出版收费的关系"缺口的主要利益相关者。除了在"来自资助者、机构或出版社的 OA 要求的沟通方式"和"遵守 OA 任务或政策的水平"，出版社在所有其他领域也排名很高。此外，对该议题反应从高到低的其他的利益相关者分别是大学、资助者和图书馆，对后者的反应最高的是资助者和决策者。

第五节 利益相关者对图书开放获取的态度与主要优先事项选择

在利益相关者分析中，态度与主要优先事项选择是第二步骤中类型与优先级分析的重要内容，是形成权力与利益网络分析的基础。

一 利益相关者对图书开放获取的态度

在 2016 年 OAPEN-UK 与 2020 年 OAPEN 报告中，均对相关利益主体对开放获取专著的态度进行了研究。在 2020 年 OAPEN 最终报告中，对 232 名受访者进行了问卷调查，同时对供应链利益相关者和领域专家代表的半结构化访谈收集信息。受访者代表了出版社、学术图书馆员、聚合商、出版平台供应商、在线图书经销商等多个利益相关主体。初步报告结果于 2020 年 10 月 16 日至 2021 年 4 月 9 日向公众提供，并在会议和行业团体中分享。

对受访者思考其所在国家的开放获取专著程度的调查中，有 149 名（64%）受访者回答了这个问题。受访数据显示，大多数答案属于"混合"类别，最多的回答是"学者对 OA 专著持积极态度"，这表明这些领域存在一定的不确定性。然而，"一般不真实"和"几乎总是不真实"选项下的回答数量在"组织之间的良好协调""如何实现专著开放获取的可行计划""如何实现专著开放获取"选项中显示出较高的回复率。有明显的迹象表明，调查中的陈述在很大程度上被认为是"真实的"，"有足够的资金"显然是一个主要问题，特别是提到"出版成本水平以及这些与书籍出版费用的关系"的问题。

表3-2-6描述了上述群体在"学者对OA专著持积极态度"选项上的反应分布情况。

表3-2-6　OAB相关利益主体对OAB持积极态度的分布情况

学术界对OAB态度的积极性	学术图书馆	大学	作者与读者（大学内）	研究资助者	出版社	总计
总是真实		2	1		2	8
一般真实	5	1	4	2	2	20
混合	22	4	9	1	9	70
一般不真实	10	4	5	1	2	30
几乎总是不真实	4	1	1	1		12
不知道	2		1			9
总数	43	12	37	5	15	149

在态度反馈的主体构成上，图书馆员被认为是最积极的支持群体（84个回应，56.4%），而中介/分销商被认为是最不感兴趣的群体（43个回应，29%）。资助者似乎没有明确的支持模式。在某种程度上，出版社、学术界、大学和研究机构也是如此（中立者）。

在态度所对应的议题方面，大多数的答复来自学术图书馆。对"可用资金充足"的反应分布情况，说有足够的资金几乎总是不真实的。学术图书的主要市场往往是西欧和美国资金充足的大学图书馆，而不是出售给个人读者。随着期刊价格的持续上涨，图书馆在专著上的支出也面临着压力。OAPEN-UK在2014年对英国大学的109名图书馆员进行了一项调查，42%的人表示他们通常没有足够的钱购买他们每年需要的所有专著图书[①]。数字化和互联网技术已经改变了与学术出版相关的生产、发行和消费模

---

① OAPEN, "OAPEN Foundation Annual Report 2020: Key Results and Developments", 2020, https://www.oapen.org/oapen/article/oapen-2020-stakeholder-report.

式。这些技术使学术交流更加开放、透明和多样化。

关于可用资金充足这个问题，调查报告收到了强调七个领域问题的意见：①经费筹措问题。出版社和研究资助者指出，需要增加资金。对一些人来说，资金问题还处于早期阶段，而另一些人则指出，机构或学科类型将资金分散了。②出版社质量与成本问题。出版社注意到了开放获取方式出版选项，以及确保质量和良好同行评审的必要性。一个学术图书馆注意到了费用成本，以及"掠夺性出版社"的问题。③作者/研究人员的认识问题。一位研究资助者指出了提高认识的必要性。④资助人的资助条件与协调配置问题。一个学术图书馆指出了资助者和学者之间协调的必要性。⑤新大学出版社兴起的问题。新的大学出版社出版OA专著的兴起是由两种反应引起的，一种来自北美，另一种来自欧洲。⑥OA专著政策问题。政策的不确定性和更好沟通的需要来自资助者和图书馆。绿色的图书开放获取政策以及专著的开放获取落后于期刊的开放获取政策，政策制定者、资助者、出版社和机构需要"在执行强制授权之前为OA专著出版开发可行、可持续和负担得起的选择"。⑦学科问题。一所大学指出，STEM学科支持期刊开放获取，而HSS学科则更关注图书开放获取。

二　发展开放获取专著的主要优先事项的安排

考虑到利益相关者的主要作用，受访者被问及他们认为在他们的国家进一步发展开放获取专著的主要优先事项是什么。受访者被要求对每个选项进行排名。142名（61%）受访者回答了这个问题。大多数回答被归类为非常重要或相当重要。进一步按国家进行的分析并没有在这个粒度级别上带回任何有意义的数据。

在不同的相关利益主体（图书馆、出版社、资助机构与作者）对以下12个议题的看法方面，参与者的反映存在差异。这12个议题是：不同主体间更好的合作、更好的出版与发行OA专著的基础设施、更好的国际合作、其他主体的态度改变、更清晰的授权、创新项目的资金支持、改善OA专著的发现机制、增加OAB的政治参与、从其他国家学习转换的意识、每本专著的资助、将 OAB 整合到学术奖励结构中、更严格地实施强制授权。其中,更好的基础设施、更充分的资金资助和对作者更好的奖励排名很高。国际间合作与个体间合作、其他主体的态度改变也是备受关注和排名很高的议题。更严格的强制执行则被认为是影响最小的事项安排。

依据如上图书开放获取利益相关者角色、功能、活动、关注点、能力、态度、优先事项阐述的基础上,可以形成利益相关者类型与优先事项安排表(见表3-2-7)(此处仅做部分说明)。

表3-2-7　　利益相关者类型与优先事项安排(部分说明)

类型	利益相关者 (参与者)	角色	打破变化的能力	目前的理解 (社会结构)	需理解	角色参与现状	关注点
主要	研究理事会 (PF=资助,启动)	授权规则的制定者	强	少	高	启动者、资助者	遵守授权规定
	图书馆 (PF=监管,传播)	传播、保护	强	高	高	管理者、保护者、传播者	满足用户需求
	出版社 (PF=传播)	传播	强	较高	高	传播者	成本的可负担性质量有保证
次要	图书馆/档案馆 (SF=创建、使用)	创建、使用	弱	中等	高	创建者、使用者	内容可发现性 内容保存的长期性
	出版社 (SF=策划、使用)	策划、使用	弱	中等	高	策划者、使用者	策划的顺利展开 内容的可发现、可使用

第六节　OAB 利益相关者价值链地图与互动关系网络

一　OAB 利益相关者价值链地图

在 Covid-19 背景下,由美国安德鲁·W.梅隆基金会资助的"开发开放获取电子书使用的数据信托"项目(OAeBU)得以推出。该项目从一个为期两年的利益相关者规划项目转变为一个为期两年的全球试点项目,其任务是开发基础设施用例、软件代码、可持续性模型和治理机制,以更好地实现 OA 专著的使用和影响分析。图书开放获取利益相关者价值链地图是为 OAeBU 制作的表格（见表 3-2-8）①，描述了利益相关者的当前状态、元数据和使用数据流，以及 OA 专著的供应链。该表格的信息内容是基于 2020 年通过问卷调查和对供应链利益相关者和领域专家代表的半结构化访谈收集的信息。受访者代表出版社、学术图书馆员、聚合商、出版平台供应商、在线图书经销商等。

OAeBU 项目由一系列利益相关者参与，对 OA 图书虚拟网络建设和参与策略进行了分析，运用了面向利益相关者的在线社区和协作工具、传统策略等，以探索全球使用数据信任是否可以满足 OA 专著创作者、编辑、出版社、出版服务提供商、图书馆和赞助商的需求。

二 OAB 利益相关者互动关系网络

依据如上分析，结合本书所遵循的"结构—行为—绩效"研究范式，进一步将图书开放获取利益相关者互动的因果关系形成如图 3-2-3 所示的关系网络图，以便为后续的博弈分析奠定基础。

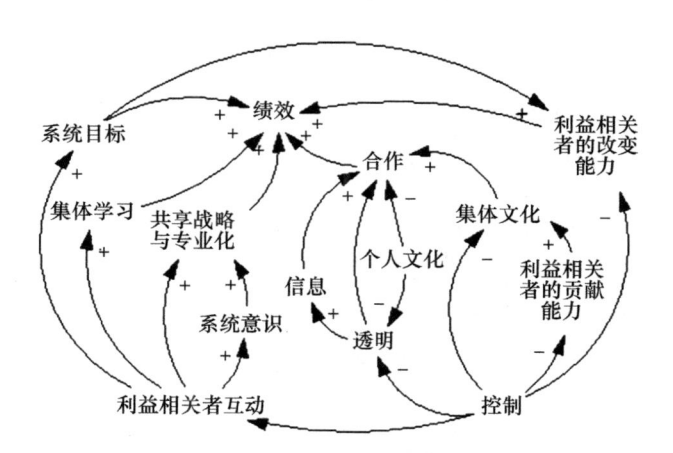

图 3-2-3　图书开放获取利益相关者互动关系网络图

---

① Christina Drummond, "Engaging Stakeholder Networks to Support Global OA Monograph Usage Analytics", October 21, 2020, https://digitalcommons.du.edu/cgi/viewcontent.cgi?article=1467&context=collaborativelibrarianship.

表3-2-8 价值网视阈下图书开放获取利益相关者价值链地图

类别	利益相关者	在 OA 价值链中的角色	案例	输入	输出
内容资助者	资助者	组织为作者或出版社的 OA 出版提供资金	European Research Council UKRI Wellcome Trust	使用报告	
	图书馆馆员	能够对 OA 书目标题的机构资助起到协调作用；此外，还负责为读者选择和发现标题，并监测机构使用报告	图书馆或参与汇集资助计划的机构，如 Knowledge Unlatched 或 TOME	使用报告	
内容创作者	作者	原著作者；可以有多种形式的作者身份（例如，一个标题可以有一个主要作者，多个合作作者，一个主要编辑，章节作者等）		使用报告	
内容生产者	出版社	负责多家出版社的元数据和内容文件的打包和规范化，分发给各下游 B2C 和 B2B 零售商；传统分销商是主要关注付费接入业务模式的人	Springer Nature Taylor & Francis Oxford University Press De Gruyter IntechOpen Open Book Publishers	使用报告	ONIX 内容文件
分销商	分销商	负责多家出版社的元数据和内容文件的打包和规范化，分发给各下游 B2C 和 B2B 零售商；"传统"分销商是那些主要关注付费接入业务模式的人	Longleaf Distribution HFS Ingram Academic	ONIX 内容文件	ONIX 内容文件
内容平台	出版社平台	内容发布平台，专门发布特定出版社的内容；平台上的任何付费访问内容通常以 B2B 的方式出售给图书馆和机构。OA 内容经常与这些付费访问的标题一起托管	Springer Link Taylor & Francis Online Cambridge Books Online MIT Press Direct Brill Online	ONIX 内容文件	KBART MARC 使用报告 其他格式（非标准）
	电子书聚合商	内容交付平台，聚合多个出版社的标题。通常服务于 B2B 市场（机构和图书馆），尽管一些聚合器在其平台上托管特定于 OA 文献。包括出版社平台，其中包含来自其他合作伙伴的内容			

续表

类别	利益相关者	在 OA 价值链中的角色	案例	输入	输出
内容平台	消费者电子书平台	提供个人购买或下载后访问书籍的内容交付平台。OA 标题可能出现在这里的"购买"后，由个人账户所有者所有	Kindle Kobo Nook Google Play	ONIX	其他格式（非标准）
销售渠道	OA 资料库或平台	完全致力于免费或 OA 内容的交付的内容交付平台；访问标题不需要遗留的 B2B 或 B2C 交易功能	OAPEN 图书馆 Internet Archive Gutenberg 项目 Hathi Trust Ubiquity 出版社 Manifold 机构资料库	ONIX	OAI-PMH MARC KBART 其他格式（非标准）
销售渠道	消费者数字书店	服务于零售市场的书商，个人可以从他们那里购买消费者电子书平台上的图书	Amazon.com Barnes & Noble Kobo.com Google Play	ONIX	无
目录和索引机构	图书馆管理系统	允许图书馆员管理本地馆藏和目录的系统和技术产品的总称。包括综合图书馆系统（ILS）和任何相关模块，以及下一代图书馆服务平台（LSP），其中包括更广泛的功能集	ExLibris Alma OCLC WorldShare FOLIO Sierra Koha	MARC 使用报告	使用报告
目录和索引机构	KnowledgeBase	跨图书馆和机构共享的内容元数据的广泛目录（包括任何关联的联合目录）。KnowledgeBases 结合了多个来源的元数据，可以以结构化的格式向图书馆管理系统提供信息，并支撑图书馆的发现服务	OCLC WorldCat Alma Central KnowledgeBase（CKB） EBSCO Integrated Knowledge Base	MARC KBART ONIX OAI-PMH 其他格式（非标准）	MARC KBART
目录和索引机构	第三方内容索引	专门用于元数据管理和发现的产品；可以包括特定主题的 A&I 数据库或其他策划目录。开发用于提供结构化和组织化的元数据和发现	开放获取图书目录（DOAB） Clarivate Analytics 图书引用索引 MLA 国际参考数目 Unpaywall Digital Science Dimensions Crossref	其他格式（非标准） OAI-PMH	其他格式（非标准）

续表

类别	利益相关者	在 OA 价值链中的角色	案例	输入	输出
目录和索引机构	DOI 注册	发行机构的唯一数字对象标识符（DOI），它可以应用在书或章级别。主要的 DOI 注册为 OA 书籍，Crossref，跟踪 DOI 决议，并向出版社报告		其他格式（非标准）	使用报告（DOI 解决办法）
	网络及发现引擎	为索引和检索内容开发搜索引擎，贯穿整个网络的图书（包括 OA 书籍）；重要的用户发现机制（特别是在图书馆之外的机制）	Google Scholar Google	OAI-PMH 其他格式（非标准）	其他格式（非标准）
终端用户平台	在线图书阅读器	嵌入在网页或设备中的软件，使用户可以访问和阅读电子书	嵌入电子书聚合商、网站的网络阅读器	内容文件	使用数据
	电子书阅读 App 或设备	由平台提供商运营的专用设备或应用程序；允许内容平台跟踪阅读行为信息	Kindle 设备 Kindle App iBooks Kobo 设备	内容文件	使用数据
	离线电子书阅读器	第三方软件，允许用户访问和阅读电子书，但不向托管平台提供任何信息	Adobe Acrobat Bluefire Reader	内容文件	

其中，图的右半部分主要为利益相关者的研究内容，左半部分将是下一章博弈论分析的主要内容。"系统目标"为：①集体价值最大化；②以公共价值最大化为目标的集体策略选择与以个人价值最大化为目标的个体策略选择相一致。"集体学习"是指为克服个体理性与有限理性，利益相关者需要通过学习来实现进化稳定均衡状态。"共享战略与专业化"是指图书开放获取的每个利益相关者都凭借其所具有的专用性投资资本，在整个图书开放获取系统中担当角色、作出贡献并实现价值增值，并依据贡献大小分配价值增值以实现价值捕获。

第二章　图书开放获取利益相关者分析

本章小结

　　本章在构建图书开放获取利益相关者生态系统模型的基础上，按照利益相关者的分析步骤，提取以权威机构提供的三个文献资料的相关数据为支撑，依次对 OAB 利益相关者进行了识别，分析了利益相关者的角色、功能与运作联结关系，明确了利益相关者的关注点、态度与优先事项选择等内容。在此基础上，以美国安德鲁·W. 梅隆基金会资助的"开发开放获取电子书使用的数据信托"项目（即 OAeBU）描绘的图书开放获取利用信息价值链地图为依据，进一步构造了 OAB 利益相关者之间的互动关系网络。该网络的形成不仅是对上一章内容的补充，也是下一章进行博弈行为分析的基础。

第四部分

行为分析

第四部分 行为分析

按照"结构—行为—绩效"的研究范式,本部分为行为分析部分。具体思路为:

图书开放获取的公共价值属性要求相关利益主体展开集体合作的行为。然而,图书开放获取各权益相关主体的个体属性则要求个体价值最大化。因此,图书开放获取存在囚徒合作困境。基于此,本书首先将囚徒困境博弈模型引入学术图书开放获取研究,研究两个权益主体间的博弈均衡策略组合与破解囚徒困境的解决思路。接下来,运用演化博弈模型,从种群与有限理性的角度,继续研究三方权益主体间的演化稳定均衡策略组合。

囚徒困境是一个关于个人利益与集体合作利益之间权衡的著名模型,亦称为囚徒合作困境。目前,许多图书开放获取出版社仍在寻找可持续的出版模式与商业模式,力求使集体价值最大的解决方案与竞争市场中个人价值最大的策略相一致。囚徒困境的本质是合作(困境)问题,而合作问题的本质是激励问题。在学术图书开放获取面临合作困局的背景下,本书运用囚徒困境模型解析学术图书开放获取的合作困局,有助于找寻激励相关利益方合作的策略建议。本书将囚徒困境博弈模型引入学术图书开放获取研究,首先在固定的、具有一维关系的狭义参与人框架下分别以静态博弈、重复博弈视角构建图书开放获取囚徒困境模型。然后在非固定、非一维关系的广义参与人框架下,继续构建大系统观下的学术图书开放获取囚徒困境模型。在此基础上,提出破解囚徒困境的长期合作激励策略。将囚徒困境模型应用于学术图书开放获取研究,可以清晰地阐释学术图书开放获取面临的具体困局,有助于在技术、制度、文化层面上,找寻物质激励与精神激励的合作激励策略,实现从个人理性走向集体理性的合作均衡结果。

第四部分　行为分析

图书开放获取存在囚徒困境现象。学术图书（尤其是专著）是许多学科（尤其在艺术、人文和社会科学领域）传播学术的首选出版形式与媒介①。传统封闭市场意义上，由于学术图书市场是隐性的，研究主题具有专业性强、受众少、图书传播慢、印刷量少、出版社收益低等特点，学术图书市场中各图书出版社追求的是个人利益最大化（即个体价值最大化）②。现代开放共享意义上，针对学术图书市场隐秘、受众面狭窄、传播与影响力不高的状况，以"公共价值"最大化为宗旨的开放获取出版模式为学术图书提供了新的隐性市场解决方案，扩大了学术图书的使用数量与使用范围③。不过，虽然开放获取是学术图书出版的既定模式，大规模开放获取出版是一个根本的解决方案，由于学术图书的整体市场正在衰退，出版社只能逐渐地扩大开放获取，导致图书开放获取的进程相当缓慢。尤其是在迄今为止最激进的 Plan S 计划〔该计划由欧洲多国政府资助的 cOAlition 联盟发起，要求以开放获取出版物（如期刊论文或图书）作为获得资助的条件〕改革框架下，许多图书开放获取出版社正积极寻找可持续的出版模式与商业模式，力求使集体价值与个人价值的策略选择相一致。

出版社之间的囚徒合作困境分析是探寻图书开放获取快速增长解决之道的良好视角。在图书开放获取价值网络各相关利益主体中，出版社是承接内容创造者（作者）与用户（如图书馆或读者）的桥梁，是开放获取出版的实际施行者，在推进图书开放获取活动中有重要的作用。基于此，本书在该部分仅将"囚徒困境"模型应用于图书开放获取出版社间的博弈分析，探讨开放获取图书出版的市场特点、成本与收益、博弈均衡策略选择。结果表明，为了使出版社广泛地开展图书开放获取，政府、资助者、

---

① Frosio G. F., "Open Access Publishing: A Literature Review", 2014, http://www.create.ac.uk/wp-content/uploads/2014/01/CREATe-Working-Paper-2014-01.pdf.

② Simba, "Global Social Sciences & Humanities Publishing: 2023-2027", 2023, http://www.simbainformation.com/Global-Social-Science-9596745/.

③ Ferwerda E., Snjider R., Adema J., "OAPEN NL: A Project Exploring Open Access Monograph Publishing in the Netherlands", 2013, http://www.oapen.org/download?type=export&export=oapen-nl-final-report.

出版社或图书馆（或联盟）、研究机构等组织需要制定激励机制，从而使各出版社在系统性激励措施的框架下，做出使彼此合作的策略选择。需说明的是，本章所指的图书开放获取主要是指黄金开放获取，当然也可适用于绿色开放获取；本章所指的出版社可以是商业出版社、大学出版社、图书馆出版社（即新大学出版社）、学者主导的出版社等类型中的某一种。

第一章 图书开放获取两方权益主体间的博弈行为分析

本部分的博弈分析,能够有助于解释图书开放获取利益相关主体所面临的合作困境。

合作困境导致的结果为:在图书开放获取在一定程度上影响了付费获取销售量的背景下,个体理性的策略选择将导致图书开放获取的发展速度依然缓慢、规模扩大之路依然受阻的非集体理性结果。

第一节 学术图书出版的市场特征

在应用囚徒困境模型展开具体分析之前,需首先明晰学术图书出版市场的效率特征,以及开放获取图书的出版价格和成本,以便为各局中人在不同策略组合的支付值进行赋值。

一 学术图书出版市场效率低下

应用囚徒困境模型的前提条件,首先是区分学术图书的行为。判断其是否具有无效率需求价格弹性的特征,将有助于确定市场无效率行为特征,从而为图书开放获取囚徒困境中的主体策略选择提供背景依据。此处的学术图书出版市场是指国内外的市场整体,而非某一国范畴内的地理细分市场。

目前,学术图书市场呈现日渐萎缩态势的原因在于,一方面,图书馆作为学术期刊论文与学术图书的最大采购者,会在预算减少的情况下将资金更偏向于学术期刊，而非学术图书。另一方面，学术图书出版成本高、受众小、销量少，出版社需要采用提价机制确保收支平衡。为避免学术图书陷入销量与提价的恶性循环，破除学术图书获取的价格障碍，有必要借鉴期刊开放获取的成功经验和做法，将开放获取延伸到学术图书领域。

按照 Clark 和 Phillips 的定义，学术图书是以精装形式出版的编辑卷、参考著作、手册、会议记录和学术专著，并以电子书的形式高价出售给图书馆。在数字时代，学术图书产品市场几乎没有地域界线，学术图书出版的实际市场规模也难以评估（Esposito，2015）。2009 年，国际学术出版者学会（ALPSP）进行的一项全行业调查发现，每年出版 24213 种图书，总共有 349183 种图书。这些书目大多是专著，其中人文和社会科学在学科领域处于领先地位。2019 年，Digital Science 应用三种计算方法，估计出每年出版的学术图书数量为 86000 种[①]。

在理论上，学术图书和期刊市场行为不同，市场特征也不同。衡量市场特征的一个指标是需求的价格弹性（price elasticity of demand）。需求的价格弹性是指"一种商品的价格上涨1%导致的需求量的百分比变化"，用公式可表示为：

$$E_p = \frac{\Delta Q/Q}{\Delta P/P} = \frac{P\Delta Q}{Q\Delta P}$$

需求的价格弹性

如果 E_p 小于 1，需求是无弹性的。这意味着，价格的变化会使需求相对不变，需求不是价格决定的。缺乏弹性是需求方面缺少替代品所致。

在一般意义上，学术信息市场中学术图书需求弹性大于学术期刊。首先，在期刊市场上，期刊论文很难找到替代品[②]，致使期刊出版价格

[①] Sara Grimme, Cathy Holland, Peter Potter, et al., "The State of Open Monographs: An Analysis of the Open Access Monograph Landscape and Its Integration into the Digital Scholarly Network", June 2019, https://www.digital-science.com/blog/2019/06/the-state-of-open-monographs-dsreports/.

[②] McCabe M. J., "Information Goods and Endogenous Pricing Strategies: The Case of Academic Journals", *Economics Bulletin*, Vol. 12, 2004, pp. 1 – 11.

不断走高。相比之下，图书出版市场的表现则有所不同，图书出版更具弹性需求。近年来，学术图书没有出现比学术期刊更大的价格涨幅[①]。其次，图书价格上涨的原因与期刊出版完全不同，图书价格上涨是为了弥补成本缺口，而不是垄断信息或产生收益。最后，由于学术图书中的专著的主题领域更具专业性和探究性，专著需求弹性低于其他学术图书。总之，在期刊出版领域，1%的价格变化几乎不会影响需求，而在图书出版领域，1%的价格变化可能导致0.5%—1%的需求变化，因而$0 < E_p < 1$。

近年来，学术图书出版的数量有所增加，且变得越来越专业化，满足了小众读者的需求。不过，出版社扩大供应量的目的是弥补收入的下降，更多种类的图书并不一定意味着具有更多的原创性。此外，学术图书的再版也导致专业书籍产量增加，引致图书销量下降[②]。近年来，每部专著的印数大幅下降[③]，在过去的30年里，每部专著的印数从2000下降到200[④]。单凭学术图书价格的上涨并不能弥补销售量的下降，也不能推动收入增长。总体来说，尽管期刊出版仍能带来很高的利润率。但大多数出版的图书几乎无法实现盈亏平衡[⑤]。

二 不同获取模式下学术图书出版的数量与成本不同

学术图书的获取模式有两种。一是开放获取模式（Open Access,

[①] Milloy C., "Innovative Approaches to Publishing Open Access Monographs—It's not Business as Usual", *JISC*, 2013, https://digital-scholarship.org/digitalkoans/2013/07/12/innovative-approaches-to-publishing-open-access-monographs-its-not-business-as-usual/.

[②] Adema J., "The Monograph Criris Revisited", *Open Reflections*, 2015, https://openreflections.wordpress.com/2015/01/29/the-monograph-crisis-revisited/.

[③] Greco A. N., Wharton R. M., "Should University Presses Adopt an Open Access [Electronic Publishing] Business Model for All of Their Scholarly Books?", *ELPUB*, 2008, pp. 149 - 164.

[④] Gatti R., Mierowsky M., "Funding Open Access Monographs: A Coalition of Libraries and Publishers", *College & Research Libraries News*, Vol. 77, No. 9, 2016, pp. 456 - 459.

[⑤] Larivière V., Haustein S., Mongeon P., "The Oligopoly of Academic Publishers in the Digital Era", *PLOS ONE*, Vol. 10, No. 6, 2015, https://journals.plos.org/plosone/article/file?id=10.1371/journal.pone.0127502&type=printable.

OA）；二是付费获取模式（Paid Access，PA）。不同模式下的学术图书成本出版数量与成本有所不同。

  首先，在开放获取的学术图书数量方面，与学术期刊市场相比，学术图书的份额显得相当小，因为学术图书出版影响因素更加复杂。依据 2022 年 12 月 DOAB 数据统计，目前由 635 家出版社提供的 OA 图书一共有 63500 本，不到每年学术图书出版数量的 5%。在 Springer 集团内部，开放获取图书的数量为 2524 本，仅占其 300000 本图书总量的 0.84%。虽然每年统计数字与统计来源有所不同，但仍反映了一个基本事实，即开放获取图书在整个市场中所占的百分比非常微小。在我国，这种情况更是如此。虽然图书出版数量每年有所增长，但开放获取图书的数量极少，且缺乏统计。例如，2019 年，出版图书 105.97 亿册（张），增长 5.87%，2019 年出版电子出版物 2.93 亿张，较上年增长 13.05%。在这些新版或再版图书中，没有体现开放获取图书的数量①。

  其次，在学术图书的收入和成本方面，呈现差异化特点。第一，从学术图书的平均收入测算角度，需要确定图书的价格与销售量这两个参数。在价格上，学术图书（尤其是专著）的价格一般在 50—160 英镑（即 70—220 美元）之间②。而在数量上，销售量则存在差异。基于这两点，人们很难确定学术图书的平均收入。一般而言，由于图书的印刷量为 200—300 本，加上部分折扣价格，每本图书的平均收入估计可达 1.4 万英镑（约 2 万美元）③。第二，从学术图书的成本计算角度，学术图书出版成本高昂。美国大学出版社的一项研究显示，专著的出版成本最低

---

  ① Lambert Craig, "The 'Wild West' of Academic Publishing", *Harvard Magazine*, 2015, https://www.harvardmagazine.com/2014/12/the-wild-west-of-academic-publishing.

  ② Milloy C., "Innovative Approaches to Publishing Open Access Monographs—It's not Business as Usual", *JISC*, 2013, https://digital-scholarship.org/digitalkoans/2013/07/12/innovative-approaches-to-publishing-open-access-monographs-its-not-business-as-usual/.

  ③ Gasson C., "The Economics of Academic Publishing [Online]", Royal Economic Society, 2004, http://www.res.org.uk/view/art2Apr04Features2.html.

第一章 图书开放获取两方权益主体间的博弈行为分析

为 15140 美元,最高为 129909 美元,平均成本约为 40000 美元。该研究收集了 20 家不同规模的大学出版社 2014 财年出版的 382 种专著的数据。例如,2016 年,伊萨卡(Ithaka)在美国大学出版社出版成本的报告中估计,首份印刷的平均生产成本为 30000—50000 美元①。目前,图书其他研究发现,学术图书的平均成本为 1.2 万欧元(约合 1.67 万美元),或 2.5 万—3 万美元②。

再次,学术图书市场需求弹性小,决定了销售价格增长不能带来收入的增长。虽然图书价格随学科领域而有所不同,并在 1980—2010 年以 400%—1000% 幅度上涨③,但由于学术图书市场需求弹性较小,这种增长仍不足以弥补销售额的下降。罗伯特·达恩顿(Robert Darnton)在《哈佛杂志》上曾指出:"销售 300 本图书是无法收回成本的。"在市场层面上,由如上学术图书的成本与收入现状已演变成一种价格上涨而销售量下降的下行周期困局。针对这一困局,图书开放获取是一种有效的解决之道。因为开放获取作为一种出版模式,其规模比付费获取更大,且开放获取出版物比订阅型印刷版本更能提高图书的可触及性和可发现性。此外,随着资助人和公共机构对公共利益与集体价值的要求,图书开放获取在全球范围内越来越具有授权的强制性④。

最后,图书开放获取出版社间的出版成本存在差异。第一,计算成本是市场化的个体理性行为。图书开放获取虽然对读者免费,但该出版模式将成本和资金负担沿着供应链条向后倒挤至学术图书供给侧的各利益相关主体,因此利益相关主体〔尤其是出版社(图书内容出版制作与

---

① Karin R. Sipido, "Open Access and Plan S: A 'Prisoner's Dilemma': Brief of Presentation to the Heart Group Editors' Meeting 3", *European Heart Journal*, Vol. 40, No. 46, 2019, pp. 3745-3747.

② Marcel Knöchelmann, "Open Access Book Publishing and the Prisoner's Dilemma, A Theoretical Approach to a Description of the Slow Scalability of Open Access Book Publishing", 2017, https://ucldigitalpress.co.uk/BOOC/Article/1/19/.

③ Barclay D. A., "Academic Print Books are Dying. What's the Future?", *The conversation*, 2015, https://escholarship.org/uc/item/38b8p0d5.

④ Collins E., Milloy C., Stone G., "Guide to Creative Commons for Humanities and Social Science Monograph Authors", *OAPEN-UK and JISC Collections*, 2013, https://eprints.hud.ac.uk/id/eprint/17828/1/CC_Guide_0613.pdf.

传播主体）与图书馆（图书内容的传播与消费主体）两类主体］仍需计算该业务的收入与成本状况（尤其是成本状况）。第二，图书开放获取成本主要体现在"第一本"图书的成本上。由于图书开放获取是数字时代的产物，学术图书通过数字媒介来传播，因此开放获取的出版成本主要体现为"第一本"图书的出版成本。第三，在学术图书出版成本方面，不同类型出版社的图书开放获取的出版成本存在差异。例如，Springer[①]、Taylor & Francis 等商业出版社对开放获取图书的收费为 1.275 万—1.5 万美元（依据专著或会议论文而定）（2022 年 12 月数据）[②]，而 Open Book publishers 这类图书开放获取出版社收费则为 5500 英镑（即 7700 美元）[③]。此外，大学出版社开放获取项目、图书馆或图书馆联盟、研究学会或协会等外部市场参与者通过某些方式将付费出版物转换为开放获取的收费在 1.5 万美元左右（加州大学出版社的 Luminos 项目[④]）或 1.2 万美元左右（如 Knowledge Unlatched 图书馆联盟项目[⑤]）。第四，联盟项目中图书开放获取成本也有差异。例如，2021 年，美国 TOME（迈向开放专著生态系统）试点项目进入第五年。作为 TOME 合作伙伴成员的大学出版社协会（AUPresses）与研究人员一起，调查了 15 家大学出版社通过 TOME 计划出版 57 本书的平均成本。研究结果显示，TOME 会员出版社出版 57 本图书的平均成本 19954 美元。其中不同费用的占比结构如图 4-1-1 所示：

---

① Springer Nature, "Open Access Books Pricing", https://www.springernature.com/cn/%20open-research/journals-books/books/pricing.

② Taylor & Francis, "Taylor & Francis Position on Open Access Pricing", https://taylorandfrancis.com/our-policies/open-access-pricing/.

③ Barnes L., "Open Book Publishers", *Business Models for Open Access Books*, 2022, https://oabooksbusinessmodels.pubpub.org/pub/open-book-publishers.

④ University of California Press, "A New Publishing Option for Authors", https://www.luminosoa.org/site/for_authors/.

⑤ Wiley, "Knowledge Unlatched Focus Collection 2023: Climate Change & Latest Thinking on the Climate Action SDG 2023", https://www.wiley.com/en-us/network/publishing/research-publishing/open-access-knowledge-unlatched-focus-collection-2023-climate-change.

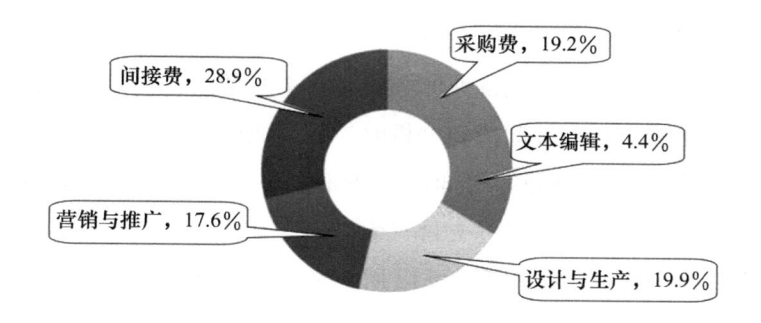

第一章　图书开放获取两方权益主体间的博弈行为分析

间接费，28.9%
采购费，19.2%
文本编辑，4.4%
营销与推广，17.6%
设计与生产，19.9%

图4-1-1　（美国）TOME会员出版社出版57本图书的评价成本与占比结构[1]

第二节　图书开放获取出版社间囚徒困境博弈分析

一　囚徒困境基本模型的假设前提、参数与表达形式

本质上，囚徒困境博弈模型是合作困境博弈模型。该模型注重合作的细节和最大化结果的策略，不局限于特定领域。由于该模型具有普适性，它为人文、社会科学和哲学中的现象提供了大量的思维实验。囚徒困境的情境是：两个被监禁的人被指控犯了罪，但没有确凿证据，所以警察只能依靠对囚犯进行审讯来定罪。囚犯会在不同的房间同时被审问，彼此不能交谈，每个囚徒的策略选择只有两个：背叛（Betray）或合作（Cooperate）。从集体利益视角，两囚徒均选择合作策略将是帕累托最优的策略组合。将囚徒困境模型应用与图书开放获取的合作困境分析，需要明确该模型的假设前提、参数与表达形式，以便为后续分析奠定基础。

首先，博弈分析前需明确几个前提假设条件：①假设出版社是理性和智能的。②假设博弈是完全信息静态博弈。这个假设意味着博弈局中人掌握完全信息，且每个局中人同时进行策略选择。对每个局中人而言，博弈分析中的三个参数（即局中人、局中人的策略集合以及每种策略组合所对

---

[1] Nancy Maron, Kim Schmelzinger, "The Cost to Publish TOME Monographs", July 2022, https://www.niso.org/niso-io/2022/07/cost-publish-tome-monographs#:~:text=The%20TOME%20project%20represents%20something%20of%20a%20deeper, university%20press%20in%20bringing%20a%20manuscript%20to%20market.

应的支付值）是所有参与人的共同知识。

其次，博弈分析前需明确博弈分析的三个参数。在使用囚徒困境模型进行图书开放获取出版社间博弈分析时，最经典的是完全信息静态博弈的分析框架。在完全信息静态博弈的分析框架下，只需在确立假设的前提下，明确参与人、博弈策略、支付三个参数。

最后，囚徒困境博弈模型可以用矩阵式（亦称标准式）表达（见表4-1-1）。

表4-1-1　　　　　　囚徒困境模型的矩阵式表达

		参与人B		
		合作（C）	背板（D）	
参与人A	合作（C）	(T, T)	(S, R)	S：受骗的支付；P：惩罚的支付
	背板（D）	(R, S)	(P, P)	T：奖励的支付；R：诱惑的支付 C=合作；D=背叛

其中，$R>T>P>S$。同时，囚徒困境模型假定合作的总价值大于一方合作、另一方不合作的总价值，即 $(T+T) > (S+R)$。此外，可以显见，$(T+T) > (P+P)$。囚徒困境模型的均衡结果，展现了基于个人利益最大化的个体理性决策所带来的集体非理性（即使集体利益非最大）的结果。

二　不同蚕食效应下出版社间囚徒困境博弈分析

蚕食或销蚀（cannibalization）是指由于公司推出新产品取代其旧产品而造成的销售损失。尽管新产品的销售额有所增长，但现有产品的蚕食导致公司的市场份额没有增加。当新产品与现有产品相似并且共享相同的客户群时，就会发生市场蚕食现象[1]。在学术图书出版市场，专著等图书开

---

[1] John Sherer, "Guest Post—Does Open Access Cannibalize Print Sales for Monographs?", 2022, https://scholarlykitchen.sspnet.org/2022/01/27/guest-post-does-open-access-cannibalize-print-sales-for-monographs/.

第一章　图书开放获取两方权益主体间的博弈行为分析

放获取将侵蚀付费获取印刷品销售是毋庸置疑的。理论上，学术图书的销量少，经济运行状况堪忧，进一步的收入侵蚀很容易破坏本已岌岌可危的生态系统。不过，在另一方面，学术图书读者对纸质版本的偏好也在一定意义上破除了这种蚕食效应①。在大学出版社的开放获取实验中，印刷品的销量一直很稳定。

考虑到 OA 对 PA 获取模式可能具有蚕食效应，从而对支付值有所影响，笔者将以下两种情况进行分述。

1. 情况一：图书开放获取与图书付费获取间无利益蚕食效应

开放获取图书的销售量一般会较低。不过，当 OA 与 PA 彼此无利益蚕食关系（即不存在因交叉产品所导致的替代效应），意味着 OA 不会影响 PA 的图书销售量与销售价格，也不会改变价值链下游图书馆的购买力和产品弹性。在无利益蚕食条件下，图书开放获取两个出版社间囚徒合作困境的博弈分析的假设前提与参数体现为②：

首先，前提假设条件有：①假设出版社是理性和智能的。即以利益最大化或损失最小化标准为行动准则，同时能够观察周围局势，对博弈规则有充分的理解。②假设是出版社掌握完全信息，每个出版社同时进行策略选择。对每个出版社而言，博弈分析中的三个参数（即局中人、局中人的策略集合以及每种策略组合所对应的支付值）是所有参与人的共同知识。③假设两家出版社打算出版同一领域的某本学术图书。由于两本图书具有一定的相互替代性，图书馆和研究人员这两类用户可自由选择在其中一家出版社来购买图书。在图书馆受到预算限制的条件下，除非其有预算盈余，否则图书馆将只投资其所属大学真正需要的图书。

其次，博弈分析的参与人、策略选择与支付值体现为：

在博弈参与人方面，一共涉及两个博弈主体：出版社 A 与出版社 B。

---

① Danielle Miriam Cooper, "Do Physical Books Still Spark Joy? On the Material Reality of Today's Academic Libraries", 2019, https://sr.ithaka.org/blog/do-physical-books-still-spark-joy/.

② Martin Paul Eve, "Open Access and the Humanities: Contexts, Controversies and the Future", UK, London: Cambridge University Press, 2014；张维迎：《博弈与社会》，北京大学出版社 2013 年版，第 6—7 页。

该出版社可以为商业出版社、大学出版社、新大学出版社、学者主导出版社的任意一种类型。

在博弈策略选择与策略组合方面，出版社 A 与出版社 B 均有两种策略选择（即开放获取或付费获取），进而形成四个策略组合：（OA，OA）、（OA，PA）、（PA，OA）、（PA，PA）。其中，OA（Open access）代表开放获取图书，PA（Paid access）代表付费获取。不同策略组合具有不同的含义。①如果一本图书是开放获取的，而另一本图书是付费获取，即出现（OA，PA）或（PA，OA）的策略组合，这意味着很多图书馆可以把开放获取所节约下来的预算盈余资金用于采购付费图书。在这种情况下，只有一小部分图书馆会购买开放获取图书的印刷版。②如果所有的图书都是开放获取（OA，OA），若所有出版社选择 OA，由于学术图书市场效率低下特征所引致的无经济偏好属性，会使图书馆对每本书的购买数量相同。③因为并非所有图书馆都要求同时拥有电子版和印刷版，此时将出现购买纸质图书的数量低于全付费的情况——（PA，PA）出现，此时，将会导致囚徒困境出现。

在博弈支付值方面，支付值是每个出版社所关系的利益或效用。在静态囚徒困境博弈分析的三个参数中，确定参与主体在不同策略组合下的"支付值"是一个关键步骤，它决定了参与人在不同局势下的策略选择。"支付值"是所有博弈参与人最关心的物质利益与精神利益的总和。在此部分中，为简化分析，"支付值"仅侧重于物质利益（也即个体价值）的讨论，而在其他部分的博弈分析中，则侧重于物质利益与精神利益（即公共价值）的讨论。其中，物质利益或经济利益可以用经济利润来代表。经济利润是收益（即单位收益乘以数量）减去成本（即单位成本乘以数量）的差值，因此需要确定出版数量，成本与价格几个重要参数，以此来确定经济利润。

依据前述对图书开放获取与付费订阅两种情况下的图书销售数量、图书价格与图书开放获取的出版成本特征的描述，可以在囚徒困境博弈分析中确定每个出版社在四种策略组合下的支付值。具体参数如表 4-1-2 所示：

第一章 图书开放获取两方权益主体间的博弈行为分析

表4-1-2 学术图书出版社囚徒困境博弈模型的矩阵式表达（情况一）

		出版社B		支付值的基本关系：$R>T>P>S$
		OA_B	PA_B	
出版社A	OA_A	17500(*T*),17500(*T*)	13750(*S*),22500(*R*)	$S=13750=10000+50×75$(OA固定出版费+印数×价格) $P=15000=200×75$（付费订阅印数×价格） $T=17500=10000+100×75$(OA固定出版费+印数×价格) $R=22500=300×75$（付费订阅印数×价格） OA=开放获取出版 PA=付费订阅获取出版
	PA_A	22500(*R*),13750(*S*)	15000（*P*），15000（*P*）	

运用完全信息静态博弈框架下纳什均衡的求解方法，如上博弈可以得到唯一的一个纳什均衡，即（PA，PA）。这意味着，出版社依据个体理性的选择，形成了集体非理性的策略组合结果。

2. 情况二：图书开放获取与图书付费获取间存在利益蚕食效应

当OA与PA彼此有一定的利益蚕食关系（即存在因交叉产品所导致的替代效应），意味着OA不仅将促进PA情境下的销售量，也会影响学术图书的销售价格，进而改变价值链下游图书馆的购买力和产品弹性。由于图书具有需求价格弹性小于1的市场特征，因此在PA情况下，会通过增加销售量和降低价格的方式来增加收入。不失一般性，假设开放获取图书的价格低于付费获取的图书价格，销售数量也低于付费获取的销售量。

此时，博弈分析中的参与人、策略选择与"情况一"相同，只是在四种策略组合下每个出版社的支付值发生了改变。具体参数如表4-1-3所示：

表 4-1-3　　学术图书出版社囚徒困境博弈模型的矩阵式表达（情况二）

		出版社B		支付值的基本关系：$R>T>P>S$
		OA_B	PA_B	
出版社A	OA_A	18000(T),18000(T)	14000(S),22500(R)	$S=140000=10000+100×40$（OA固定出版费+印数×价格） $P=15000=200×75$（付费订阅印数×价格） $T=18000=10000+200×40$（OA固定出版费+印数×价格） $R=22500=300×75$（付费订阅印数×价格） OA=开放获取出版 PA=付费订阅获取出版
	PA_A	22500(R),14000(S)	15000(P),15000(P)	

同样，运用完全信息静态博弈局势下的纳什均衡求解方法，如上博弈依然可以得到唯一的一个纳什均衡，即（PA，PA）。这意味着，出版社依据个体理性的选择，依然形成了集体非理性的策略组合结果。

从另一个角度分析，情况一与情况二也蕴含了形成（OA，OA）均衡策略组合的条件。例如，出版社可能不知道竞争对手正在计划出版哪些图书（即存在信息不完全或信息不对称的情况）、出版社之间存在除竞争性交易之外的多频次交易或多重关系［如彼此为同一联盟成员（如 KU 联盟），或某理事会会员（如 UKRI 理事会），且有密切的业务往来的情况］、图书馆可能不会依据假定的严格理性来采购图书（即存在由外部参与人外力作用，导致的销售量暴增导致奖励的支付值 T 大于订阅印数的支付值 R 的情况）等。当所有出版物都以开放获取模式来出版时，图书开放获取也将更具公共价值，且该模式并不会影响图书的销量。

三　囚徒困境博弈模型的一般化表示与均衡策略分析

1. 囚徒困境博弈模型的一般化表示

囚徒困境并不在于预测行为，而是向决策者提供了一个如何进行相机抉择的理论框架。为形成普适性结论，本书将图书开放获取出版社间的囚徒困境模型一般化为广义收入矩阵的形式，以期在模型化的基础上阐述囚徒困境应用于开放获取图书出版必须满足的要求，探索形成集体非理性纳什均衡的条件，进而找寻破解囚徒困境的解决办法①。

一般化囚徒困境博弈模型的各项参数（参与人、策略、支付值）如表 4-1-4 所示。

表 4-1-4　　学术图书出版社囚徒困境博弈模型的矩阵式表达（一般式）

	出版社B		支付值的基本关系： R>T>P>S
出版社A	OA_B	PA_B	
OA_A	(T, T) $F+\gamma P_1, F+\gamma P_1$	(S, R) $F+\varepsilon P_1, \theta P_2$	F: OA 资助费 γ 奖励销量；ε 受骗销量 θ 诱惑销量；μ 惩罚销量 P_1: OA 策略下图书单价 P_2: PA 策略下图书单价
PA_A	(R, S) $\theta P_2, F+\varepsilon P_1$	(P, P) $\mu P_2, \mu P_2$	

该矩阵式显示了出版社在不同策略选择下的不同收益。其中，每种策略都会带来特定的收益（基础成本 + 价格 P × 数量 n），而数量 n 可能是奖励销量 γ、受骗销量 ε、诱惑销量 θ 或惩罚销量 μ 的某一种，是每个出版社在依据相噬效应和图书馆预算支出行为所做战略选择的对应销售额。

从囚徒困境的形成条件分析角度，需在 $R > T > P > S$ 支付值关系下，满足条件：$F + \varepsilon P_1 < \mu P_2 < F + \gamma P_1 < \theta P_2$（即 $\mu < \theta$，$\varepsilon < \gamma$）。其中，

$\varepsilon < \gamma$ 意味着，当己方选择 OA 策略时，对方选择 OA 时的销量 θ 要大于对方选择 PA 时的销量 μ。

$\mu < \theta$ 意味着，当己方选择 PA 策略时，对方选择 OA 时的销量 θ 要大

---

① 张维迎：《博弈与社会》，北京大学出版社 2013 年版，第 6—7 页。

于对方选择 PA 时的销量 μ。

在 $F + \varepsilon P_1 < \mu P_2 < F + \gamma P_1 < \theta P_2$ 中，由于 $\mu P_2 < F + \gamma P_1$，可以推知：$F > \mu P_2 - \gamma P_1$。此外，$P_1 < P_2$ 意味着，选择 PA 策略的图书价格要高于选择 OA 策略的图书价格。在这一条件下，如上会形成集体非理性的结果（PA，PA）。

2. 均衡策略选择分析

囚徒困境模型提供了某一出版社评估 OA 是否比 PA 更具优势（如狭义的经济价值或广义的社会价值等）的思维方法或预测思路，从上面分析可知，一般化模型中的参数依赖于蚕食（销蚀或相噬）效应与图书馆的预算花费行为。

首先，拥有开放获取/付费获取同类图书相噬效应的准确信息是重要的。成本分析表明，开放获取并不能缓解图书出版的财务压力。此时，出版社不愿意提供开放获取图书，因为免费的开放获取并不能为出版社带来高收入。但囚徒困境分析表明，如果存在更开放的开放获取市场，则可能为出版社提供开放获取的经济激励。此时，拥有开放获取/付费获取同类图书蚕食效应的准确信息是重要的。

其次，新成立的或规模较小的出版社欠缺图书开放获取的动力。在囚徒困境中，$P < R$（开放获取出版更有回报）的要求只有在同类蚕食效应不大于出版费用的补偿［即 $P(\gamma - \beta) < f$］时才成立。这一点对于新成立的或规模较小的出版社来说，将面临比较大的风险，因为图书馆更愿意在知名出版社采购图书，而不会考虑在实力欠缺、具有结构化缺陷的出版社采购图书。因此，从经济角度来看，新成立的或规模较小的出版社没有扩大开放获取的动力。因此，一些如 Knowledge Unlatched 联盟、加州大学出版社的 Luminos 项目都试图通过借助社区来降低风险。

最后，囚徒困境模型的使用受到两个方面的制约：一是图书整体质量问题；二是在将模型泛化时，图书馆方面的预算来源并不明确，这种不明确，使得订阅收益无法得到准确估计。

总之，向开放获取转变过程的基础问题展现为，为了让开放获取为出版社提供经济激励，则 $P<T$（开放获取出版更有回报）这一条件必须成立。按照这一条件要求，应进一步思考包括资助者、图书馆、基础设施供应商等相关利益主体所构成的整个市场。对于图书开放获取，资金来源与出版社的战略产品同样重要。因为对个人研究人员来说，如果不能确定图书开放获取的出版资金来源或保证资金的可持续性，开放获取就无法扩大规模。如果有更多的外部活动（如开放人文图书馆或开放知识运动等）导致竞争增加，这种情况可能会改变，因为更多的竞争会缓和价格下降。

第三节　图书开放获取囚徒困境的破解思路

破解囚徒困境的思路有两个：一是从囚徒困境模型本身的前提假设与形成条件出发（内生路径）；二是从防止蚕食效应的措施出发（外生路径）。其中，前者是破解囚徒困境合作问题的主要路径。

一　从博弈模型本身寻找破解思路

从路径一角度出发，从狭义角度，囚徒困境的一般化模型提供了改变博弈规则，促成满足集体理性的策略选择与支付值的分析工具。当某一出版社在评估开放获取是否比付费获取更有回报的信息基础上，要想实现开放访问出版的收入（OA，OA）比付费访问出版的收入（PA，PA）这一公共价值最大化目标，其隐含的条件是：$T>R$，$S>P$，以及 $T>P$。此时，能促使（OA，OA）成预期一致的纳什均衡策略组合。

从广义角度，囚徒困境问题描述个体理性与集体理性发生冲突时的策略均衡问题。其要点体现在：

第一，囚徒困境问题的本质是一个合作问题（或称合作困境问题），也是一个激励问题。因此，运用囚徒困境模型刻画图书开放获取的合作困境，将有助于找寻破除囚徒困境的合作激励机制。理论上，运用个体理性选择来实现集体理性的合作红利，需要对个人的行为进行激励和诱导。

第二，激励和诱导经常采用物质手段与精神激励两种手段进行。比如，对合作行为给予奖励，或者是对不合作行为予以惩罚。这样，就会使得不合作行为带来的回报低于合作行为所得到的回报，从而激励个人选择合作行为。

第三，进行物质奖励的一个前提是，要存在一个不受财富约束的第三方，从而能够有足够的财富来实施物质奖励。另一个前提是，该第三方要有足够的信息和能力以识别出谁选择了合作、谁选择了不合作，并且能够公允行事，从而能够正确地实施物质奖惩。在图书开放获取中，该第三方角色往往由具有核心价值网络地位的主体担当，如联盟核心成员（如OPERAS联盟的OpenEdition机构）、核心会员（如ScholarLed联盟中的Open Book Publishers出版社）。当人数众多时，对第三方要求也会提高。合作问题是内生的，是人们选择的结果。社会分工是全球范围的分工，是全球范围内合作的结果，不同的国家、民族有不同的生活方式、价值观念，如何协调各国的行动，促进合作的达成是一项艰巨的任务。在这一过程中，增进国与国之间的了解是重要的，借此来掌握相关的信息有助于局中人行为的正确预测。此外，了解各方的利益所在，也有利于达成合作，从这个角度出发，很容易理解为何要有联合国、世界贸易组织等机构，用于协调各国的行动、促进各国合作。

第四，实施物质激励对第三方的财富、信息、能力、公正等方面均提出了较高的要求（政府、致力于公共事业的资助机构、研究部门、文献服务机构等）。这也是为何在图书开放获取领域展开比较好的国家均为经济发达的美国、英国、法国、澳大利亚、日本、韩国等国家。

第五，精神激励手段可弥补物质激励的不足。在许多情况下，前四个方面可能很难实现。比如，有时根本就不存在一个第三方，有时存在一个第三方，但他缺乏足够的物质财富，或者缺乏足够的信息和能力，以致难以实施奖惩。在这种情况下，对合作行为进行激励往往需要借助非物质手段。实际上，在很多国家以合作为主流价值观。在这种价值观的影响下，人们从合作行为中不仅会获得物质利益上的回报，还会获得精神上的奖励；同样，不合作的行为会使当事人心生愧疚，从而降低了物质回报的诱

第一章 图书开放获取两方权益主体间的博弈行为分析

感。精神奖励之所以能发挥作用,是因为人类有对荣誉的追求。如果利益相关主体能对合作行为给予非物质的嘉奖,对不合作的行为给予谴责,在个人追求荣誉的情况下,在一定程度上就会激励个人选择合作。这表明通过文化的熏陶、价值观的塑造,可以形成人们内在的精神力量,通过内省的机制,不需要借助第三方的监督从而节约大量的交易成本,较为低廉地促进合作实现。

具体来说,要想实现个人利益与集体利益相一致的合作,需要运用技术手段、制度手段、经济手段、社会手段等。①技术手段。通过现代的基础设施、通信手段协调行动、促进合作,并达成合作结果。②制度手段。分为正式制度(即明规则)与非正式制度(即潜规则)两种制度。前者如与图书开放获取相关的法律、各类规章制度等,后者为一些不成文的规则,如开放或合作的习俗、偏好与社会规范等。制度手段之所以具有约束力,就在于它们能对人们的行为施加约束,帮助人们形成一致性的个人理性与个人偏好,改变局中人选择每一种策略或行为的支付,因而可以通过改变合作行为的支付值来激励局中人选择合作行为。此外,制度也会起到形成和改变人们预期的作用。③经济手段。解决合作问题需要依靠内在的精神或物质力量。

二 从博弈模型外部寻找破解思路

从路径二角度出发,由于图书开放获取并不意味着要在图书的印刷或数字版本之间做出选择。除必须适用于第一份数字副本外,图书开放获取并不妨碍印刷和销售硬拷贝。具体措施有:①为了防止新旧出版模式对图书销售的蚕食效应,重要的是要考虑学术图书产品的品牌化和服务功能。根据纽伦堡营销决策研究所的说法,具有相似定价和布局的产品(如新品种或附加功能)会带来市场蚕食的高风险。这种风险可以通过更具特色的品牌推广来降低。还可以安排新图书的出版时间,以避免破坏旧产品。②与蚕食效应相对立的是互补(complementation)效应、共生与共栖(symbiosis)效应、后继共生(metabiosis, coexist)。因此可以通过促进图书开放获取与付费获取方式相共生和后继共生的方式,破除由蚕食效应所形成的囚徒困境。参与博弈的主体还应强调，博弈策略的选择不是开放获取和印刷之间的选择，而是面向印刷和开放获取的选择。开放获取导致传播、使用、参与和影响增加，但可以通过印刷品来补充。

总之，囚徒困境的一般化模型为开放获取提供了扩展性见解。如果整个市场向有利于开放获取的方向转变，开放获取对单个出版社来说在经济上更有利。此外，开放科学作为一种系统方法，它为整个市场提供了非经济回报的改善。可以说，在日益开放的市场中，出版社面临的最大威胁是缺少曝光度。针对这一问题，许多出版社在付费内容市场中也没有有效地解决这个问题。最后，研究人员不得不选择开放获取，而资助机构和政策制定者仍在努力寻找资助开放获取学术图书的需求。囚徒困境为研究者以及业界人士指明了未来的研究方向，不过人们对蚕食效应和资金可用性的知识可能还不充足。

本章小结

本章首先将"囚徒困境"博弈模型引入图书开放获取二方权益主体的博弈分析之中，探讨了图书开放获取图书出版的市场特征，以期明晰博弈分析的环境分析并为确定博弈支付值奠定基础。然后以蚕食效应为外生情景，分两种情况分析两个出版社权益主体间的博弈行为，并通过将模型一般化以得到普适性的结论。最后从博弈模型内部与模型外部两个视角寻找破解囚徒合作困境的措施和办法。这些结果从理论上表明，为了在足够大的范围内适应开放获取，需要一种使所有参与的出版主体都必须采取集体合作行动的系统方法。

第二章 图书开放获取三方权益主体间的演化博弈行为分析

图书开放获取在开放获取领域目前还处于初步发展阶段，对增加学术图书的传播范围和影响力有着至关重要的作用。但目前研究针对开放获取图书出版模式利益相关主体的研究方法过于单一。本书考虑到目前 OA 图书多样的出版模式下不同的利益主体，决定首先对利益主体进行分类，再通过构建作者、学术图书出版机构、资源供给者之间的三方演化博弈模型，分析各利益相关主体策略选择的演化稳定性，探讨各要素对三方策略选择的影响，进一步分析了三方博弈模型中均衡点的稳定性。基于以上分析，本书从加强演化博弈三方合作和相关利益主体对 OA 图书出版模式的影响提出合理的对策和建议。

第一节 演化博弈分析中的主体

图书开放获取的目标是通过发行高质量开放获取的图书或专著，为出版社、图书馆和资助机构提供 OA 图书专著传播、质量保证与数字保存等服务，探索高质量 OA 图书内容的可持续发展路径。

根据上述学术图书 OA 出版模式可知，每种学术图书开放获取出版模式涉及的利益主体并不相同，通常并不会包括所有的利益相关主体[①]。分

---

① 刘文锦：《利益视角下探究可持续的开放出版商业模式》，《河南图书馆学刊》2021 年第 3 期。

析不同出版模式情况得知，利益相关主体包括作者、商业出版者、非营利出版者、图书馆、文献组织或机构、单纯资助者等，他们为了自身利益最大化选择其合作主体。根据其为图书开放获取提供服务不同，可将其分为三类群体。

一 作者

在图书开放获取出版领域中，作者是学术图书内容的提供者，如果没有作者提供图书资源，OA 图书就不能得以运行。在遵循《知识共享协议》前提下，作者选择将自己的智力劳动成果整理成图书并通过互联网进行展示，供读者进行阅读和非商业使用，以达到促进学术领域发展的作用、提高图书的传播率的效果。作者的利益可以从以下两个方面进行分析：

1. 经济利益

首先，作者从学术图书中所获经济收益较小。学术图书的作者通常不是职业作家，而大多是科研人员或学者。由于有固定的工作和收入，他们往往不会从学术图书的出版中获得版权收入或其他经济利益。其次，学术图书受众较少，获取经济利益的可能性较小。学术图书是对某一学术领域的深入研究，对受众群体的学习能力、专业素养要求较高，因此受众群体较少，从学术图书中获得经济收益的可能性也非常小。

在作者科研经费不足的情况下，作者需要承担一定的学术图书开放获取出版费用，从而增加了作者的经济负担。此外，若作者需要参与出版流程时，则会占用其时间和精力，影响其从事科学研究的效率和专注力，进一步增加了作者出版的经济成本。

2. 社会效益

一方面，作者选择 OA 图书出版模式大多是为了获得社会效益，而非经济收益。学术图书作者选择 OA 图书出版模式的主要目的，一是为了提高自己的学术地位和声誉，扩大自己所在研究领域的学术影响力，取得同行的认可，以进一步提高自身学术研究水平；二是为把学术图书的出版作

第二章 图书开放获取三方权益主体间的演化博弈行为分析

为职称评定和科研项目结项的依据。因此,在功能方面,作者是驱动图书开放出版模式释放社会效益的基层因素。在各国科学发展水平提高、对高质量科学研究成果越来越重视的背景下,图书开放获取运动将促动作者将其学术成果整理成图书在全世界学术圈广泛传播。

另一方面,图书开放获取社会效益的释放需要以遵循共享许可协议为前提。作者是图书作品的创作者,版权伴随着作品的完成而自动产生,作者对作品享有版权。不过,虽然作者作为代表个人权益的作品拥有者,但图书才是图书开放出版模式的开放对象,图书的出版要首先取得作者的自愿授权,从而导致作者大部分版权权利丧失。为保障作者的权益,进行开放获取需满足创作共用许可协议。

二 学术图书出版机构

学术图书出版机构主要分为商业图书出版机构与非营利性出版机构。非营利性出版机构由大学出版社、图书馆出版社和由学者主导的出版社组成[①]。

商业出版机构是通过从事出版行业来实现个人利益最大化的营利性社会机构,在收益中自行承担亏损与盈利。商业出版机构主要有传统出版社、网络出版服务商等,如施普林格出版社、博睿出版社、印天出版社、泰勒弗朗西斯出版集团等[②]。商业出版者通常选择进行图书开放获取出版的目的是实现自身利益最大化,同时包括经济利益和社会效益。其中,经济利益的实现可以通过作者或者资助者向出版社提供出版费用的方式,也可以通过出售与 OA 图书相关增值服务的方式(如获得离线版本向用户收费,利用自身出版物的影响力吸引广告商来获得广告收益等)。社会效益的实现则可以通过提高出版物品牌的知名

---

① Adema J., Stone G., "The Surge in New University Presses and Academic-Led Publishing: An Overview of a Changing Publishing Ecology in the UK", *LIBER Quarterly*, Vol. 27, No. 1, 2017, pp. 97–126.

② 李瑾、盛小平:《利益视角下的学术图书开放获取出版模式研究》,《图书情报工作》2017年第 3 期。

度和品牌影响力、促进其他机构发行图书、提升其在学术界的声誉和地位等方式。

非营利性出版机构是为促进学术界科学研究而从事出版行业的机构。非营利性机构通常是国家科研所、不同学术领域的科研机构、专业开放获取机构等。相对于商业出版社来说，支撑非营利性出版机构一般是定期获得大额资金支持，因而进行出版的资金来源相对稳定，很少担心因出版OA图书而导致经济利益亏损的问题。非营利性出版机构的目标是促进学术成果广泛传播、促进某学科领域进步发展、承担社会责任等（如中国科学院文献情报中心等科研机构）。

在作用上，图书出版社是实现图书开放出版模式的主要途径。在图书开放出版模式下，作者不仅将版权除署名权以外等大部分权利转让给出版社，还要通常以出版社为媒介对图书展开开放获取模式的出版。不过，由于图书开放获取会影响传统出版模式的运营，进而影响出版社的经济利益，所以一些出版社对此持反对意见。学术图书出版社的策略选择对开放获取有着极大的影响①。伴随着开放获取运动不断发展，开放获取拓展到开放科学视阈（即从最初的学术期刊拓展到学术图书、研究数据、研究笔记、研究基础设施等文献内容），需要让出版社积极主动地展开学术图书开放获取。

三 资源供给方

资源供给方一方面向作者或者出版社提供资金上的投入和支持；另一方面则包括帮助作者分担其在OA图书出版过程中的工作负担和时间精力等，帮助出版社分析、整理、审核图书资源，减少其工作负担，使出版社能更加投入于出版工作。资源供给方主要包括社会性资金资助者、政府公共资助部门、专业的文献组织或者机构、学术机构等。

资金资助者一般情况下不主动参与图书开放获取出版项目运作的组织

---

① Megan Taylor, "Mapping the Publishing Challenges for an Open Access University Press", Computing and Library Services, Huddersfield: University of Huddersfield Press, 2019.

第二章 图书开放获取三方权益主体间的演化博弈行为分析

或个人，只对 OA 图书出版项目提供单纯的资金支持。资金资助者的主要类型有政府资助、相关学科领域的企业资助、个人资助等。例如，欧洲 OAPEN 模式的资金支持、英国 KU 模式的资金支持等[①]。资金资助者通常是带有一定社会责任，即通过对开放获取图书的资助，进一步促进学术图书的开放获取、OA 图书所属学科领域的发展。通过将学术成果进行整理以 OA 出版的形式免费面向大众，有助于学术成果的进一步转化和再利用，是学术成果可持续性发展的助燃剂。当然，这也有利于获得社会的认可和赞许，提升自身的社会形象。如果学术图书开放获取出版项目的进展没有达到预期效果乃至最终失败，那么将直接造成投资损失，错失提升其社会形象的机会，甚至带来负面影响。

专业的文献组织或机构凭借其拥有丰富的馆藏资源和优秀的专业图书分析人员，也可以帮助学术图书出版机构进行学术图书 OA 出版。由于专业的文献组织或机构身份地位的特殊性，可以为学术图书出版社和作者缓解一定的压力。专业的文献机构可以帮助出版社对图书资源进行整合、管理和利用，减少其工作负担和工作难度，可以增加出版社对出版等核心业务的专注度，有利于促进整体层面利益均衡条件的实现。文献机构关注的是能否有效满足用户的学术研究过程中多样化的信息需求，由此体现自身价值和完成被赋予的使命以及得到进一步的资金支持，所以专业文献组织的存在必不可少。

在作用上，资源供给方是图书开放出版模式的重要支柱，在图书开放出版模式中起到至关重要的作用。一方面，资源供给方将缓解作者的经济压力。由于图书的开放获取出版模式需要作者自费进行出版，但是由于现状学术图书出版费用高昂，作者收入有限，因此很多作者会放弃开放获取图书出版模式而去选择传统图书出版模式。资源供给方的出现，可以给作者提供资金支持，缓解作者的经济压力。另一方面，资源供给方将给予作者专业能力的支持。资源供给方通常会有专业的图书管理员。当作者采用

---

① Open Edition, "Open Edition Freemium for Books: A Sales Offer for Libraries and Institutions", *The OpenEdition Team*, 2013, https://oep.hypotheses.org/1554.

图书开放获取出版模式出版时，往往会占用学术研究时间与精力，增加其工作负担。此时，资源供给方给予的专业能力的支持，将可解决这一问题。此外，资源供给方还可以提供版权问题服务、与出版社进行协调沟通等服务。

如上三个利益相关方在图书开放出版模式下，都发挥着至关重要的作用，其核心作用与各主体相互之间的关系如图4-2-1所示。

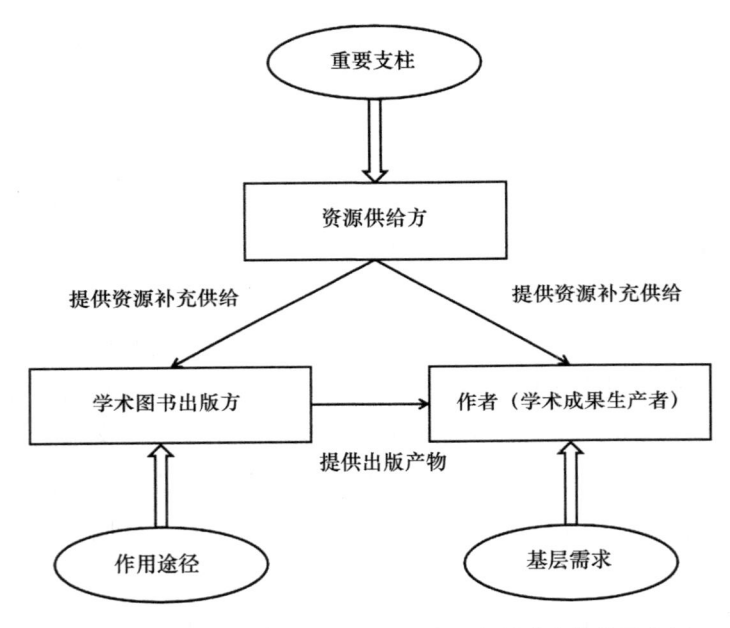

图4-2-1 相关利益主体在OA图书出版模式中的作用分析

第二节 演化博弈分析过程

充足的资源供给和出版社采取开放获取图书模式对高质量图书的出版、发行、传播起着至关重要的作用。本书构建的图书开放获取出版模式相关利益主体三方演化博弈主体之间的逻辑关系如图4-2-2所示。

第二章　图书开放获取三方权益主体间的演化博弈行为分析

资源供给/不供给　　　　　　　　减少/增加出版相关工作

作者——学术成果的生产者

带来好/坏的社会效益　　　　　提供低/高成本图书

出版高/低质量图书

资源供给方　　　　　　　　　　学术图书出版方

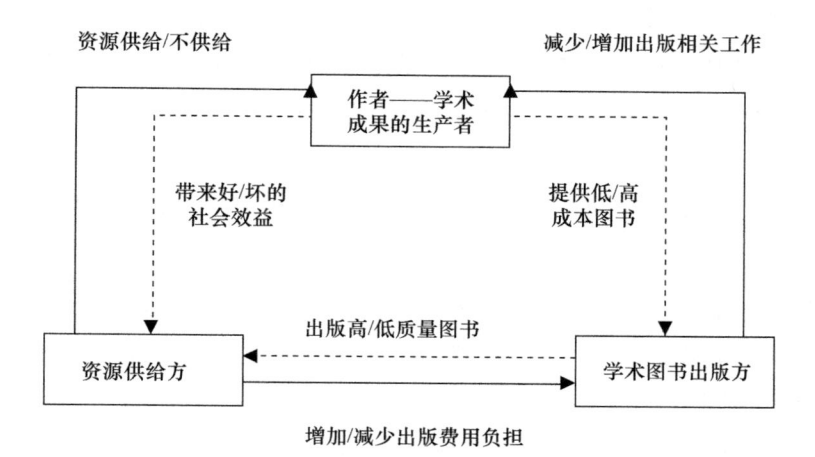

增加/减少出版费用负担

图 4-2-2　三方演化博弈模型逻辑关系

一　模型假设

为构建博弈模型，分析各方策略和均衡点的稳定性以及各要素的影响关系，做出如下假设①：

假设1：作者为参与人1，学术图书出版机构为参与人2，资源供方为参与人3。三方均是有限理性的参与主体，策略选择随时间逐渐演化稳定于最优策略。

假设2：作者的策略空间 $\alpha = (\alpha_1, \alpha_2) = $（提供高质量图书，提供低质量图书），并以 x 的概率选择 α_1，以 $(1-x)$ 的概率选择 α_2，$(0,1) \ni x$；学术图书出版机构的策略空间为 $\beta = (\beta_1, \beta_2) = $（出版，不出版），其选择 β_1 的概率为 y，选择 β_2 的概率为 $(1-y)$，$(0,1) \ni y$；资源供给方的策略空间为 $\gamma = (\lambda_1, \lambda_2) = $（供给资源，拒绝供给资源），并以 z 的概率选择 γ_1，$(1-z)$ 的概率选择 γ_2，$(0,1) \ni z$。

假设3：作者供给高质量图书的成本为 C_{ph}，供给低质量图书的成本为 C_{pl}，$C_{ph} > C_{pl}$；高质量图书出版后带给作者的收益为 R_{ph}，低质量图书出

---

① ［英］约翰·梅纳德·史密斯：《演化与博弈论》，潘春阳译，复旦大学出版社2008年版，第1—12、55—68页。

版后带给作者的社会效益为负的 $R_{pl}(R_{pl} < R_{ph})$。当作者供给高质量图书时，图书出版社可能会进行出版；当作者供给低质量图书且想要出版社出版时，会主动寻求愿意出版的出版社产生投机成本 B_t，$B_t < (C_{ph} - C_{pl})$。

假设4：采取出版战略时，不论图书质量均产生审核成本 C_{tt}。高质量学术图书经出版社质量审核合格后方有可能出版，需要作者提供 V_1 的出版费用，且出版者获得 Q_1 的社会收益即学术出版影响力和声誉等和 Q_2 的经济利益，经营业绩受损 D_t；若高质量图书未经出版，则出版者损失 Q_1 的社会效益和 Q_2 的经济利益。低质量的学术图书经出版社出版，需要作者提供 $V_2(V_2 > V_1 + B_t)$ 的出版费用，由于出版社发布低质量图书，会导致出版社得到负的社会效益 $Q_3(Q_3 > Q_1)$，可能会获得经济收益 $Q_4(Q_4 < Q_2)$。

假设5：采取"提供资源"战略时，即同时给作者补贴资金和时间成本 C_{pm} 和协调出版社完成部分出版工作成本或资金补贴 C_{cm}。高质量图书出版，且得到资源供给时，资源供给方会得到更多的社会效益 $Q_5(Q_5 > Q_1)$；高质量图书出版或未出版，未提供资源供给，供给方造成投资损失 V_3，错失提升社会形象的机会所带来的社会收益 V_4；低质量图书出版，提供资源供给，给资源供给方带来负面影响 $V_5(V_5 > V_3)$；当图书未出版时，提供资源供给，损失投资其他项目机会成本 V_6；低质量图书出版，未提供资源供给，挽回低质量图书出版所带来的负面的社会收益 V_4。

假设6：若作者出版的高质量图书极大地促进了学术提升或者科研进步，国家奖励参与利益主体经济利益各为 A_t，而由此产生的社会效益各为 A_s。

二 模型构建

根据如上假设，构建作者、图书出版机构、资源供给方的混合策略博弈矩阵，如表4-2-1所示。

表 4-2-1　作者、图书出版机构与资源供给方的混合策略博弈矩阵

	学术图书出版机构	资源提供资源供给 z	供给方没有提供资源供给 $1-z$
作者	提供高质量图书 x 出版 y	$-C_{ph}+R_{ph}-V_1+C_{pm}+A_t+A_s, V_1+Q_1+Q_2-D_t-C_{tt}+C_{cm}+A_t+A_s, -C_{pm}-C_{cm}+Q_5+A_t+A_s$	$-C_{ph}+R_{ph}-V_1+A_t+A_s, C_{tt}+V_1+Q_1+Q_2-D_t+A_t+A_s, -V_3-V_4$
	拒绝出版 $1-y$	$-C_{ph}+C_{pm}, -Q_1-Q_2+C_{cm}, -C_{pm}-C_{cm}-V_6$	$-C_{ph}, -Q_1-Q_2, -V_3-V_4$
	提供低质量图书 $1-x$ 出版 y	$-C_{pl}-B_t-V_2+C_{pm}+R_{pl}, Q_4-Q_3+V_2-C_{tt}+C_{cm}, -C_{pm}-C_{cm}-V_5$	$-C_{pl}+R_{pl}-B_t-V_2, -C_{tt}+V_2-Q_3+Q_4, V_4$
	拒绝出版 $1-y$	$-C_{pl}-B_t+C_{pm}, C_{cm}, -C_{pm}-C_{cm}-V_6$	$-C_{pl}-B_t, 0, 0$

三　作者的策略稳定性分析

作者即学术成果生产者生产高质量图书成果的期望收益 E_{11}、生产低质量图书的期望收益 E_{12}，以及平均期望收益 $\overline{E_1}$ 分别为：

$E_{11} = yz(-C_{ph}+R_{ph}-V_1+C_{pm}+A_t+A_s) + y(1-z)(-C_{ph}+R_{ph}-V_1+A_t+A_s) + (1-y)z(-C_{ph}+C_{pm}) + (1-y)(1-z)(-C_{ph})$

$E_{12} = yz(-C_{pl}-B_t-V_2+C_{pm}+R_{pl}) + y(1-z)(-C_{pl}+R_{pl}-B_t-V_2) + (1-y)z(-C_{pl}-B_t+C_{pm}) + (1-y)(1-z)(-C_{pl}-B_t)$

$\overline{E_1} = xE_{11} + (1-x)E_{12}$ （1）

作者策略选择的动态方程为：

$F(x) = dx/dt = x(E_{11} - \overline{E_1}) = xy[R_{ph}+A_s-R_p+V_2-V_1+x(V_1+2zB_t+R_{pl}-R_p-A_s-A_t-V_2)] + x[C_{pl}+B_t-C_{ph}+x(C_{ph}-C_{pl}-B_t)]$ （2）

x 的一阶导数和设定的 $G(y)$ 分别为：

$\dfrac{d(F(x))}{dx} = y(R_{ph}+A_s-R_p+V_2-V_1)(V_1+2zB_t+R_{pl}-R_p-A_t-$

$$A_s - V_2) + x[y(V_1 + 2zB_t + R_{pl} - R_p - A_t - A_s - V_2)^2 + (C_{ph} - C_{pl} - B_t)^2] + (C_{pl} + B_t - C_{ph})(C_{ph} - C_{pl} - B_t) \tag{3}$$

$$G(y) = y(V_1 + 2zB_t + R_{pl} - R_p - A_t - A_s - V_2)^2 + (C_{ph} - C_{pl} - B_t)^2 \tag{4}$$

根据微分方程稳定性定理，作者选择提供高质量图书的概率处于稳定状态必须满足：

$F(x) = 0$ 且 $d(F(x))/dx < 0$。由于 $\partial G(y)/\partial y > 0$，故 $G(y)$ 关于 y 为增函数。因此，当 $y = -(C_{ph} - C_{pl} - B_t)^2/(V_1 + 2zB_t + R_{pl} - R_p - A_t - A_s - V_2)^2 = y^*$ 时，$G(y) = 0$，此时 $d(F(x))/dx = 0$，$F(x) = 0$ 则所有的 x 都处于演化稳定状态；当 $y > y^*$ 时，$G(y) > 0$，此时 $d(F(x))/dx|_{x=0} < 0$，$x = 0$ 为作者的演化博弈策略；反之，则 $x = 1$ 为演化稳定策略。图 4-2-3 为作者的策略演化相位图。

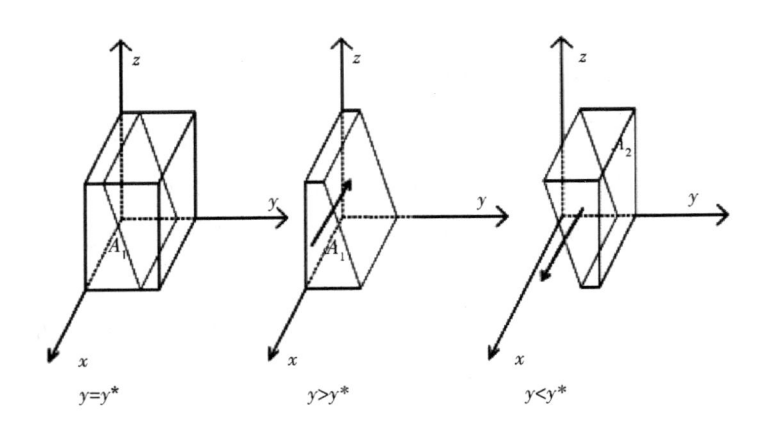

图 4-2-3 作者策略演化相位图

图 4-2-3 表明，作者稳定提供低质量作品的概率为 A_2，稳定提供高质量作品的概率为 A_1，计算得：

$$V_{A_1} = \iint_0^{1\,1} -(C_{ph} - C_{pl} - B_t)^2/(V_1 + 2zB_t + R_{pl} - R_p - A_t - A_s - V_2)^2 dzdx = (C_{ph} - C_{pl} - B_t)^2/(V_1^2 + 4B_tV_1 + 2V_1R_{pl} - 2V_1A_t - 2V_1A_s - 2V_1V_2 + 4B_t^2 +$$

$4B_tR_{pl} - 4B_tR_p - 4B_tA_p - 4B_tA_s - 4V_2B_t + R_{pl}^2 - 2R_pR_{pl} - 2R_{pl}A_t - 2R_{pl}A_s - 2V_2R_{pl} - 2R_pV_1 + R_p^2 + 2R_pA_t + 2R_pA_s + 2R_pV_2 + A_t^2 + 2A_tA_s + 2A_tV_2 + A_s^2 + 2A_sV_2 + V_2^2)^{-2} \times 32768B_t^8V_1R_{pl}R_pA_tA_sV_2$, $V_{A2} = 1 - V_{A1}$。

推论1：作者提供高质量作品的概率关于高质量图书成本、低质量图书找出版社出版和作者提供成本成反比，与低质量图书出版成本、高质量作品收益、国家奖励收益成正比。

证明：根据作者提供高质量作品概率 V_{A2} 表达式，求各要素的一阶偏导数，得：

$\partial V_{A2}/\partial C_{ph} < 0, \partial V_{A2}/\partial C_{pl} < 0, \partial V_{A2}/\partial C_{Bt} < 0, \partial V_{A2}/\partial V_1 < 0,$
$\partial V_{A2}/\partial C_{pl} > 0, \partial V_{A2}/\partial C_{ph} > 0, \partial V_{A2}/\partial A_t > 0, \partial V_{A2}/\partial A_s > 0,$
$\partial V_{A2}/\partial V_2 > 0$。

因此，高质量作品作者提供费用的减少、经济收益越大，均可使作者提供高质量作品的概率上升。推论1表明：降低作者的供给高质量作品提供的成本能够避免作者提供低质量作品。学术图书出版机构不仅可以通过降低作者提供出版的费用，还可以利用资源供给方现有设备、人力及数字化生产、管理、营销和存储等技术提高效率来增加资源的投资进而减少作者成本，促进作者提供高质量的作品。

推论2：演化过程中存在作者提供高质量作品的概率随着学术图书出版机构减低作者提供的费用和资源供给方提供资源的增加而上升。

证明：由作者策略稳定性分析可知，当 $z < -(C_{ph} - C_{pl} - B_t)^2/(V_1 + 2zB_t + R_{pl} - R_p - A_t - A_s - V_2)^2 = y^*$ 时，$y > y^*$ 时，$G(y) > 0, d(F(x))/dx|_{x=0} < 0, x = 0$ 为作者的演化博弈策略；反之，则 $x = 1$ 为演化稳定策略。

因此，随着 y、z 的逐渐增大，作者的稳定策略由 $x = 0$（提供低质量作品）增加至 $x = 1$（提供高质量作品）。推论2表明：增加学术图书出版机构出版的概率有利于作者供给高质量作品作为稳定策略，资源供给方不仅可通过增加对作者的供给来保证高质量作品，还可以通过给学术图书出版机构提供供给来增加高质量学术图书出版，如可以提供人力资源和资金资源等，构建学术图书出版体系。

四 学术图书出版社的策略稳定性分析

学术图书出版社出版、拒绝出版的期望收益 E_{21}、E_{22}，平均期望收益 $\overline{E_2}$ 分别为：

$$E_{21} = x[z(V_1 + Q_1 + Q_2 - D_t - C_{tt} + C_{cm} + A_t + A_s) + (1-z)(C_{tt} + V_1 + Q_1 + Q_2 - D_t + A_t + A_s)] + (1-x)[z(Q_4 - Q_3 + V_2 - C_{tt} + C_{cm}) + (1-z)(-C_{tt} + V_2 - Q_3 + Q_4)]$$

$$E_{22} = x[z(-Q_1 - Q_2 + C_{cm}) + (1-z)(-Q_1 - Q_2)] + (1-x)zC_{cm}$$

$$\overline{E_2} = yE_{21} + (1-y)E_{22} \tag{5}$$

由方程组（5）可得学术图书出版机构的复制动态方程以及一阶导数分别为：

$$F(y) = dy/dt = y(E_{21} - \overline{E_2}) = -2C_{tt}xyz + xy(2C_{tt} + V_1 - D_t + A_t + A_s - V_2 + Q_3 - Q_4) + zyC_{cm} + y(-C_{tt} + V_2 - Q_3 + Q_4) - y^2[2xz(Q_3 - Q_4 - V_2) + x(2Q_1 + 2Q_2 + C_{tt} + V_1 - D_t + A_t + A_s) + 2z(Q_4 - Q_3 + V_2 - C_{tt})] \tag{6}$$

$$\frac{d(F(y))}{dy} = -2C_{tt}xz + x(2C_{tt} + V_1 - D_t + A_t + A_s - V_2 + Q_3 - Q_4) + zC_{cm} + (V_2 - C_{tt} - Q_3 + Q_4) - 2y[2xz(Q_3 - Q_4 - V_2) + x(2Q_1 + 2Q_2 + C_{tt} + V_1 - D_t + A_t + A_s) + 2z(Q_4 - Q_3 + V_2 - C_{tt})] \tag{7}$$

设 $J(z) = 2xz(Q_3 - Q_4 - V_2) + x(2Q_1 + 2Q_2 + C_{tt} + V_1 - D_t + A_t + A_s) + 2z(Q_4 - Q_3 + V_2 - C_{tt}) \tag{8}$

根据微分方程稳定性原理，学术图书出版机构选择出版的概率处于稳定状态必须满足：$F(y) = 0$ 且 $d(F(y))/dy < 0$。由于 $J(z)$ 为增函数。因此：当 $z = \dfrac{-x(2Q_1 + 2Q_2 + C_{tt} + V_1 - D_t + A_s + A_t)}{2x(Q_3 - Q_4 - V_2) + 2(Q_4 - Q_3 + V_2 - C_{tt})} = z^*$ 时，$J(z) = 0$，$d(F(y))/dy = 0$，$F(y) = 0$，此时所有的 y 都处于稳定状态；当 $z < z^*$ 时，$J(z) < 0$，$d(F(y))/dy |_{y=0} < 0$，则 $y = 0$ 为演化稳定策略；当 $z > z^*$ 时，$y = 1$ 为演化稳定策略。学术图书策略演化相位图如图4-2-4所示。

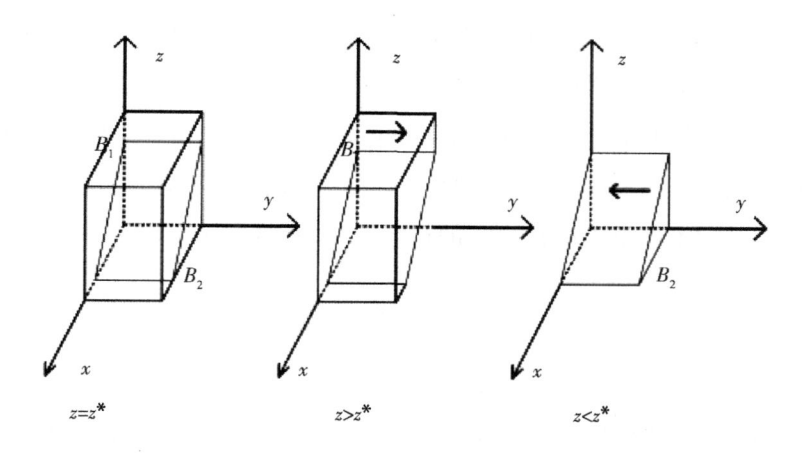

第二章 图书开放获取三方权益主体间的演化博弈行为分析

$z=z^*$　　　　　　$z>z^*$　　　　　　$z<z^*$

图 4-2-4　学术图书出版机构策略演化相位图

图 4-2-4 可知，切面过点 $(-2Q_1-2Q_2-C_{tt}-V_1+D_t-A_s-A_t, 0)$，其中，$B_1$ 的体积 V_{B1} 为学术图书出版机构稳定选择出版的概率，计算得：

$$V_{B2} = \int_0^{1-2Q_1-2Q_2-C_{tt}-V_1+D_t-A_s-A_t} \int_0^{} \frac{-x(2Q_1+2Q_2+C_{tt}+V_1-D_t+A_s+A_t)}{2x(Q_3-Q_4-V_2)+2(Q_4-Q_3+V_2-C_{tt})} dxdy = \frac{(2Q_1+2Q_2+C_{tt}+V_1-D_t+A_s+A_t)^2}{(Q_3-Q_4-V_2)+(Q_4-Q_3+V_2-C_{tt})}$$

$$V_{B1} = 1 - \frac{(2Q_1+2Q_2+C_{tt}+V_1-D_t+A_s+A_t)^2}{(Q_3-Q_4-V_2)+(Q_4-Q_3+V_2-C_{tt})}$$

推论3：学术出版机构选择学术图书出版策略的概率与审核成本呈负相关，与出版物带来的经济收益和社会收益、资源供给者提供的资源、国家奖励呈正相关。

证明：对 V_{B1} 分别求各元素的一阶偏导数，得 $\partial V_{B1}/\partial C_{tt} < 0$，$\partial V_{B1}/\partial Q_3 > 0$，$\partial V_{B1}/\partial Q_4 > 0$，$\partial V_{B1}/\partial A_s > 0$，$\partial V_{B1}/\partial A_t > 0$。因此，$C_{tt}$ 降低，Q_3、Q_4、A_t、A_s 增大，均可使学术图书出版机构选择出版的概率上升。

推论3表明，学术图书出版机构可以选择和资源提供者协商，减少学术图书出版审核费用，选择高质量学术图书来增加社会收益和经济收益，为三方带来更好的效益。

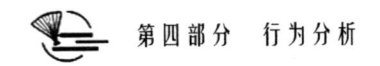

推论 4：在演化过程中存在学术图书出版社选择出版的概率随着资源供给方提供资源的增加或作者提供高质量作品的概率的增加而上升。

证明：根据学术图书出版社策略稳定性分析，当 $z>z^*$ 时，$y=0$ 为演化稳定策略；当 $z>z^*$，$x>x^*$ 时，$y=1$ 为演化稳定策略。因此，随着 x、z 的增大，学术图书出版社出版的概率由 $y=0$ 增加至 $y=1$，故存在 y 随着 x、z 的增加而上升。

推论 4 表明，作者和资源提供者策略选择将影响学术图书出版机构的稳定策略选择。资源供给者提供资源、作者提供高质量作品的概率均可促使学术图书出版机构选择出版作为稳定策略。因此，促进学术图书出版模式稳定，保障学术图书出版社的利益，需要作者提供高质量的作品以及资源供给方提供足够的资源。

五 资源供给方的策略稳定性分析

资源供给方提供资源供给、不提供资源供给的期望收益为：

$$E_{31} = xy(Q_5 + V_5 + V_6 + A_t + A_s) + y(V_6 - V_5) + (-C_{pm} - C_{cm} - V_6)$$

$$E_{32} = xyV_4 + (-V_3 - V_4) + yV_4$$

$$\overline{E_3} = zE_{31} + (1-z)E_{32} \tag{9}$$

资源供给方策略选择的复制动态方程 z 的一阶导数，设定的 $H(y)$ 分别为：

$$F(z) = dz/dt = -z^2[xy(Q_5 + V_5 + V_6 + A_t + A_s - V_4) + y(V_6 - V_5 - V_4) + (V_4 + V_3 + V_6 - C_{pm} - C_{cm})] + z[xy(Q_5 + V_5 + V_6 + A_t + A_s) + y(V_6 - V_5) - yV_4(x+1) + (V_4 + V_5 - C_{pm} - C_{cm} - V_6)] \tag{10}$$

$$\frac{d(F(z))}{dz} = (2z-1)[xy(Q_5 + V_5 + V_6 + A_t + A_s - V_4) + y(V_6 - V_5 - V_4) + (V_4 + V_3 + V_6 - C_{pm} - C_{cm})] \tag{11}$$

$$H(y) = xy(Q_5 + V_5 + V_6 + A_t + A_s - V_4) + y(V_6 - V_5 - V_4) + (V_4 + V_3 + V_6 - C_{pm} - C_{cm}) \tag{12}$$

资源供给方提供供给处于稳定状态需满足：$F(z)=0$ 且 $d(F$

第二章 图书开放获取三方权益主体间的演化博弈行为分析

$(z))/dz<0$。由于 $\partial H(y)/\partial y>0$，故 $H(y)$ 是关于 y 的增函数。因此：当 $y = \dfrac{C_{pm}+C_{cm}-V_3-V_4-V_6}{x(Q_5+V_5+V_6+A_t+A_s-V_4)+(V_6-V_5-V_4)} = y^*$ 时，$H(y)=0$, $d(F(z))/dz=0$，此时所有的 z 都处于演化稳定状态；当 $y<y^*$ 时，$H(y)<0$, $d(F(z))/dz|_{z=1}<0$，$z=1$ 为演化稳定策略，反之，则 $z=0$ 为演化稳定策略。资源供给方策略演化相位图如图 4-2-5 所示。

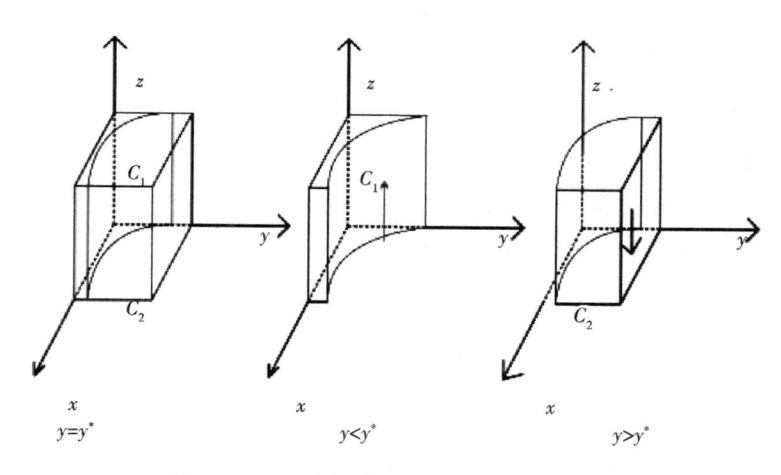

图 4-2-5 资源供给者策略演化相位图

由图 4-2-5 可知，C_1 的体积 V_{c1} 表示资源供给方提供供给的概率，且资源供给方不提供供给的概率等于 C_2 的体积 V_{c2}。计算得：

$$V_{c1} = \int_0^1\int_0^1 \dfrac{C_{pm}+C_{cm}-V_3-V_4-V_6}{x(Q_5+V_5+V_6+A_t+A_s-V_4)+(V_6-V_5-V_4)}dxdz =$$

$$\dfrac{Q_3+V_4+V_3}{V_4} - [\dfrac{A_t+A_s-V_6}{V_6}+\dfrac{(V_6-V_5-V_4)(C_{pm}+C_{cm}-V_3)}{C_{pm}^2}]$$

$$\ln(1+\dfrac{1}{Q_5+V_5+V_6+A_t+A_s-V_4})$$

$$V_{c2} = [\dfrac{A_t+A_s-V_6}{V_6}+\dfrac{(V_6-V_5-V_4)(C_{pm}+C_{cm}-V_3)}{C_{pm}^2}]\ln(1+$$

$$\frac{1}{Q_5+V_5+V_6+A_t+A_s-V_4})-\frac{Q_3+V_4}{V_4}$$

推论5：资源供给方提供供给的概率与国家对资源供给方的奖励、作者提供高质量作品所带来的经济收益和社会收益呈正相关，与作者提供低质量作品带来的负收益成反比，与机会成本成反比等多方面因素的影响。

证明：根据 V_{c1}，分别求各要素的一阶偏导数，由于 $1-\ln(1+\frac{1}{Q_5+V_5+V_6+A_t+A_s-V_4})<\frac{Q_3+V_4}{V_4}$，得：$\partial V_{c1}/\partial C_{pm}>0$，$\partial V_{c1}/\partial C_{cm}>0$，$\partial V_{c1}/\partial V_4<0$，$\partial V_{c1}/\partial V_5<0$，$\partial V_{c1}/\partial V_6<0$。因此，作者带来的收益越大，可使资源供给方提供的资源越多。

推论5表明，资源供给方提供的供给越多，作品带来的收益越多，越能促进资源供给方提供更多资源。学术出版社选择出版高质量作品，越能促进资源供给方提供更多资源。

六 三方演化博弈系统均衡点的稳定性分析

由 $F(x)=0$，$F(y)=0$，$F(z)=0$ 可得系统均衡点：$E_1(0,0,0)$，$E_2(1,0,0)$，$E_3(0,1,0)$，$E_4(0,0,1)$，$E_5(1,1,0)$，$E_6(1,0,1)$，$E_7(0,1,1)$，$E_8(1,1,1)$，E_9，E_{10}，E_{11}，E_{12}，E_{13}。由于 x，y，z 属于 $(0,1)$，则 E_9-E_{13} 在一定条件下有意义。三方演化博弈系统的 Jacobian 矩阵为：

$$J=\begin{bmatrix}J_1 & J_2 & J_3\\ J_4 & J_5 & J_6\\ J_7 & J_8 & J_9\end{bmatrix}=\begin{bmatrix}\partial F(x)/\partial x & \partial F(x)/\partial y & \partial F(x)/\partial z\\ \partial F(y)/\partial x & \partial F(y)/\partial y & \partial F(y)/\partial z\\ \partial F(z)/\partial x & \partial F(z)/\partial y & \partial F(z)/\partial z\end{bmatrix}$$

利用李雅普诺夫（Lyapunov）间接法：雅可比矩阵的所有特征值均具有负实部，则均衡点为渐近稳定点；雅可比矩阵的特征值至少有一个具有正实部，则均衡点为不稳定点；雅可比矩阵除具有实部为0的特征值外，其余特征值都具有负实部，则均衡点处于临界状态，稳定性不能由特征值符号确定。

第三节　完善图书开放出版模式的对策建议

图书开放获取离不开作者、出版机构与资助者的共同参与。基于以上分析，考虑我国学术图书出版现状，为维持作者选择提供高质量作品策略、学术图书出版机构提供出版策略和资源供给方提供资源策略的长期动态稳定性，使博弈三方选择更良性的协作出版机构，促进作者、学术图书出版机构和资源供给方对学术图书出版起到更有效的作用[①]。本书分别从作者、学术图书提供方和资源供给方的角度提出以下建议：

一　对作者的建议

作者提供学术图书资源，而出版社则提供出版服务促进知识的传播。同时作者也需要向出版社缴纳一定的出版费用。由于两者的性质、开放获取学术图书目的不同，学术图书通过与出版社谈判、争取许可协议的主动权可能是不太现实的。图书开放获取出版利益主体繁多，关系复杂，出版社与作者可以进行基于项目的学术图书开放获取。比如，在项目实践合作中出版系列学术图书，寻求利益平衡点以及相对固定的开放获取出版模式。

二　对学术图书出版机构的建议

从学术图书出版机构角度，学术图书出版机构可以通过出版机构结盟来赋能学术出版社。目前全球最大的学协会出版社 Wiley 在开放获取服务方面注重与世界知名学协会合作，致力于为研究者与作者提供优质的出版体验。Wiley 新兴市场总裁 Philip Kisray 表示，Wiley 是开放获取与开放科学的坚定支持者。Wiley 的开放获取服务除了发展金色开放获取期刊以外，还与学协会合作伙伴一道，结合一些历史悠久的知名订阅期刊发展开放获

---

① 焦媛媛、闫鑫、杜军、李静榕：《区块链赋能视角下保理融资三方演化博弈研究》，《管理学报》2023 年第 4 期；白世贞、许文虎、姜曼：《电商平台大数据"杀熟"行为的协同治理研究——基于电商企业、消费者和政府三方演化博弈分析》，《价格理论与实践》2022 年第 12 期。

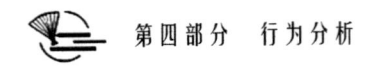

取服务，受到了学术作者的广泛欢迎。

随着世界科研领域对提高学术研究和评审透明度需求的提升，一些学科研究越来越多地转向开放领域。开放的核心在于使学术作者的研究得到更广泛的关注与应用。Philip Kisray 表示，在未来，Wiley 的开放获取服务将继续从学术作者、科研院所与资助机构的需求出发，开发新的金色开放获取期刊与图书，同时结合优质订阅期刊向开放获取期刊转化，为学术作者提供更多的出版选择。

三　对资源提供方的建议

资源供给方机构是推动学术图书开放获取行动的主力军。目前，虽然国内还没有完全意义形式的监督机制，但是许多机构都进行了开放获取行动，因此创建监督机制也只是时间的问题。资源供给方机构具有稳定的资金来源、出版的学术图书科研价值高、作者版权保护完善等优势，可以说是最大限度地促进了学术信息的传播。因此，不论是哪种出版模式，每家资源供给方机构都能保障基本的资金运营，表明资源供给方出版组织有投入运营建设的必要。

学术图书出版机构虽然是需要通过学术图书的开放获取盈利，但是其宣传模式和传播模式同样促进了学术图书的开放获取，绝大多数科研人员对于开放获取的益处还不是很了解。学术图书出版机构利用实践证明，开放获取图书相比于非开放获取图书在图书下载量、网络提及率以及被引用量上都有着很大的优势，同样会吸引着更多的读者参与到开放获取的行动中来。不过，在图书开放获取中要避免出现侵犯作者的权利、同行评审不严格的行为。

本章小结

本章择取目前三个关键的图书开放获取相关利益主体（即作者、学术图书出版方、资源供给者），在有限理性前提与非合作博弈框架下，运用

第二章　图书开放获取三方权益主体间的演化博弈行为分析

演化博弈分析工具展开三方演化博弈模型。具体地，本章解析了各利益相关主体策略选择的演化稳定性，探讨各要素对三方策略选择的影响，并进一步探究了三方博弈模型中均衡点的稳定性。基于以上分析，本章从加强演化博弈三方合作和相关利益主体对 OA 图书出版模式的影响提出合理的对策和建议。建议指出，各方应发挥各自的优点进行合作，加强监督，利用学术图书出版机构的传播机制与评价机制吸引更多的读者参与到学术图书开放获取中来。同时，利用资源供给方机构的版权完整和出版学术图书价值特点来监督商业出版机构出版的学术作品，使两者相互监督、相互合作，建立互相奖励制度的举报体制等，以完善学术图书的开放获取出版模式。

第五部分

机制分析

第五部分 机制分析

　　机制即制度机制,是指制度系统内部构成要素按照一定方式彼此相互作用并能实现系统特定的功能。机制从属于制度,是较微观、可人为设计并侧重于经济与管理运作方式的概念。在建立与变革制度的过程中,机制在实践中才能得到体现。

第一章 图书开放获取的法律与政策机制

国家和地方的图书开放获取法律、法规以及组织内部的规章制度,是图书开放获取权益分享机制研究的重要内容之一。在本质上,法律机制与政策机制是通过正式制度,运用自上而下的强制力来保证图书开放获取权益各利益相关主体在共同价值与个人价值之间取得平衡。这两种机制也构成了图书开放获取权益均衡分享的约束机制与保障机制。其中,图书开放获取中的法律机制主要指版权法律机制(含在版权基础上建立起来的版权许可机制)、强制授权许可的法律规定。图书开放获取中的政策机制则包含资助政策、版权许可政策、迟滞期政策、质量评审政策、技术标准政策等内容。

第一节 图书开放获取的法律机制

图书开放获取法律机制主要体现在各国的版权法,以及在版权法基础之上建立的版权许可规定(含强制授权许可的规定)。基于此,学者们与业界人士不断探讨如何通过版权法、版权转让协议以及强制性法律规定来协调权益主体之间的权益平衡。

一 图书开放获取中的版权与版权许可机制

版权(Copyright)是复制原创作品、许可其重复使用或以其他方式将其权利转让给他人或组织机构的合法权利。无论是开放获取图书出版还是

第五部分 机制分析

传统纸本图书出版，作者与出版社在版权问题上的权利平衡一直是重要的研究内容①。在图书开放获取出版模式下，各利益相关主体以承认作者享有版权法所赋予的各项权利为前提，需要做到版权所有权与许可控制权的平衡。通过版权使用许可协议将这些权利的部分权利授予公众，作者将版权法所赋予排他性私权依契约自由的方式转让给了社会公众，并在这一过程中使用户访问和出版社财务收支之间找到新平衡的支点②。

1. 版权的内涵

版权是一种知识产权。版权具有原创性和固定性，一旦作者以有形的表达形式固定了作品，版权就会保护原创作品。在版权法中，有许多不同类型的作品，包括绘画、照片、插图、音乐作品、录音、计算机程序、图书、诗歌、博客文章、电影、建筑作品、戏剧等。版权法赋予版权所有者针对以上作品具有几项专有权：复制权（即以副本或录音的形式复制作品）、衍生权（即根据作品准备衍生作品）、出售、出租权（通过出售或其他所有权转让或出租、出租或出借的方式向公众分发作品的副本或录音制品）、公演和展示权（如果作品是文学、音乐、戏剧或舞蹈作品，则公开表演；如果作品是文学、音乐、戏剧或舞蹈作品、图形或雕塑作品、哑剧、电影或其他视听作品，则公开展示该作品）、其他权利等。

版权由经济权利和道德权利这两部分权利构成。首先，"经济权利"的目的是给内容生产者一个有时间限制的垄断，以便内容生产者能够从"投资"于创造内容的脑力劳动中获得实质性利益的"知识产权"。当学者有学术报酬的情况下（如具有稳定性的版税报酬或预付资助资金），学者可以不使用版权的经济权利，而将其转让给出版社使用。其次，"道德权利"通常可分为三部分权利，即署名权、可使用假名的权利、作品完整权（即反对对作品进行贬损处理）。一些批评者认为，开放许可（特别是更自

---

① 马小琪：《图书开放获取权益分享机制研究溯源与现状分析》，《图书情报工作》2019年第5期。
② Eve M. P., "Open Access Publishing and Scholarly Communications in Non-scientific Disciplines", *Online Information Review*, Vol. 39, No. 5, 2015, pp. 717 – 732.

由的知识共享署名许可）将严重损害学术作者的道德权利①，因此需要深入探讨"道德权利"的更理论化表述，包括道德权利的基础以及最好的执行方式等。对此，著名学者 Martin Paul Eve 指出："道德权利是建立在声誉或象征意义上的一种货币理念之上。这种货币奖励劳动，并将思想视为有形财产对待。"

在订阅经济模式下，出版社往往行使版权垄断的限时专有权来收回劳动力成本，甚至实现盈利。出版社为补偿成本，声称其可以通过销售图书来增加价值，从而要求保护其订阅和/或销售业务模式的版权来维护其自身利益。正如 Michael Bhaskar② 所阐述的，出版的增值功能至少有三种，即"过滤""框架"和"放大"。真正的出版不仅仅是"公开"，而是需要发挥某种过滤或放大职能，以便读者在嘈杂需求中"听到"或"读到"内容，并保护学者的声誉。

2. 版权许可在开放获取中的适用性

版权立法的最初目标不是保护作者的知识产权，而是公共目标和市场力量之间的平衡。开放获取运动史上的重要人物之一理查德·斯托曼（Richard M. Stallman）在 1989 年一份名为 GPL［注：GPL 是 GNU（免费软件基金会）公共许可证］的文件中，重新定义了版权，并提出了与"独家版权"（Copyright）相对应的"公共版权"（Copyleft）概念。他指出，在各国的司法管辖区，版权是一种自动授予的、有时间限制的、发行原创作品的独家权利。版权是一种法律机制，通过这种机制，任何人都可以对自己的学术或艺术作品进行控制。虽然大多数软件许可的设计目的是使用版权来限制最终用户修改底层源代码和/或重新分发程序的自由，但斯托曼提出的版权许可却相反，该许可借用版权的权威来明确规定，应用程序的

---

① Eve M. P., Vries S. C., Rooryck J., "The Transition to Open Access: The State of the Market, Offsetting Deals, and a Demonstrated Model for Fair Open Access with the Open Library of Humanities", *The authors and IOS Press*, 2017, https://core.ac.uk/download/pdf/141227987.pdf.

② Aaron McCollough, "Book Review: Michael Bhaskar. The Content Machine: Towards a Theory of Publishing from the Printing Press to the Digital Network", *Education and Training for 21st Century Publishers*, Vol. 17, No. 2, 2014.

源代码必须公开，以允许任何人查看、重新发行、修改程序等。该许可进一步规定，任何人对软件的修改必须在相同的条款下重新发布，从而确保这种自由可扩展到未来的用户。斯托曼将 GPL "病毒式"许可称为 Copyleft（即"公共版权"）。

斯托曼认为，国家制定版权法的动力是为公众而不是个人创作者争取最好的交易。在目前的学术图书出版条件下，版权通常是由学术创作者分配给出版社的。一方面，无论出版社向学者支付版税与否，学者和出版社基本上都没有经济报酬，学者得到的往往由交换版权所得的象征性声誉资本。另一方面，出版社保留独家版权、提供出版服务并出售包装好的图书出版物商品对象分销给大学图书馆或读者用户。

哈佛大学 Lawrence Lessig 律师在 GPL 取得成功之后，开始研究内容创造者将重用权扩展给他人的许可类型，从而提出知识共享许可（Creative Commons License）。许可的类型对应不同的许可程度，允许内容创作者利用其版权保护，以及允许其他人重新分发、修改、翻译和计算分析作品等活动，从而降低了开放获取资料的法律许可壁垒[①]。在此基础上，美国非营利组织知识共享（Creative Commons）于 2002 年 12 月首次发布了 CC 协议。

知识共享许可不是版权的替代品，而是在版权之上的上层建筑，它废除了许多阻止他人使用作品的条款。相比知识共享许可，版权既不能帮助读者解决在线期刊或图书的可获得性问题，也不能满足期刊或图书所有者的特定需求，而许可却可以满足如上两种情况。版权许可模式可应用于公共领域的图书馆及其联盟购买电子期刊或图书的协商过程，有助于出版社与图书馆员减少磋商与管理。许可制不能预见协商结果或制定某种最好的时间，但属于在快速变化信息环境下的新工具。

正如《柏林宣言》所定义的，开放获取不仅涉及获取信息的权利，还涉及在尽可能少的限制下重复利用信息的机会，并得到适当的归属。主要

---

① Lawrence Lessig, "CC in Review: Lawrence Lessig on How it All Began", 2005, https://creativecommons.org/2005/10/12/ccinreviewlawrencelessigonhowitallbegan/.

原则是：①作者或其所在机构应保留学术著作内容的版权。②所有的出版物都应该在开放许可下出版（最好是单独归属的 CC BY）。

3. 知识共享版权许可在图书开放获取中的使用

版权许可有很多种形式，其中知识共享许可协议（Creative Commons, CC）是广为使用的一种版权许可形式。CC 许可在 OAB 具有适用性，但在使用过程中也产生了一些衍生问题。

（1）知识共享许可的含义与类型

由美国非营利组织 Creative Commons 在 2002 年创建并发布的知识共享许可，允许作者免费分发受版权保护的作品，并赋予人们分享和使用这些作品的能力。其宗旨是增加可用于共享和制作衍生作品的创作作品的数量。

作者在应用知识共享许可时需考虑四个条件。①"署名"规定（即 CC BY）。用户可以分发作品，并在其基础上制作派生作品，但必须注明作者。②"类似分享"。衍生作品必须在与原作品相同的许可下发布。③"非商业"条件。用户只能出于非商业目的分享、使用和制作衍生作品。④"无衍生作品"限制。用户在作品的基础上制作衍生作品。有六种常用的许可证结合了这四种条件（例如，"单独归属""归属＋非商业"和"归属＋非商业＋无衍生品"）。在上述四个条件中，CC BY（知识共享署名许可）是 CC 许可中最开放的版权许可协议，被视为 OA 行业的"黄金标准"；它也是世界上许多主要研究资助者的首选或要求的许可形式。CC BY 允许其他人自由散布、混合、修改或以作者的作品为基础进行（甚至是商业性的）创作，只要他们尊重作者的原创权。它提供了被许可材料的最大限度传播和使用[1]。

知识共享许可允许免费分发受版权保护的作品，赋予人们分享和使用这些作品的能力。作者可以应用四个条件：①"署名"规定：用户可以分发作品，并在其基础上制作派生作品，但必须注明作者。②"类似分享"

---

[1] Nature Portfolio：《关于 OA，你不可不知的几点》，2020，https://zhuanlan.zhihu.com/p/426711302。

规定：衍生作品必须在与原作品相同的许可下发布（例如，如果原作者不允许对其作品进行非商业用途，衍生作品也不能）。③"非商业"条件规定：用户只能出于非商业目的分享、使用和制作衍生作品。④"无衍生作品"规定：限制用户在作品的基础上制作衍生作品。有六种常用的许可证结合了这四种条件（例如，"单独归属""归属＋非商业"和"归属＋非商业＋无衍生品"）。这些授权是由美国非营利组织 Creative Commons 于 2002 年创建并发布的，其宗旨是增加可用于共享和制作衍生作品的创作作品的数量①。

（2）CC 许可在 OAB 的适用性及衍生问题

CC 协议并不是国家法律法规，而是基于一定的知识产权法律基础上建立的一种知识作品等分享约定协议，旨在促进创意作品流通和分享。最初的 CC 协议是基于国际法、国际惯例、美国法律而撰写的。现实中，CC 许可已经广泛应用于图书开放获取之中，但依据各机构与学术组织的调查数据，图书开放获取所采用的知识许可条件的比例有所不同。

例如，依据 DOAB② 平台提供的相关数据进行统计，在所有图书开放获取所采用的许可条件中，33% 为 CC BY，45% 为 CC BY-NC-ND。Dan Pollock 与 Ann Michael 两位学者基于截至 2021 年 6 月的 DOAB 数据，对 DOAB 中的书目总数及其许可类型的分布情况进行了统计和分析（见图 5-1-1）（注：2021 年的数据是截至 2021 年 6 月底的全年数据；其他数据均为全年数据）。

图 5-1-1 显示了图书标题累计数量随时间的增长情况。许可比例随着时间的推移基本上是一致的。只有超过 71% 的图书使用 CC 许可。其中，CC BY-NC-ND 许可是最常使用的许可类别（占指数的 32%），CC BY 许可为第二常使用的许可类别（占索引的 24%）。在 OAPEN-UK 报告中，得到

---

① Mitchell S. S. D., "Open Sesame: Analysing Public Library of Science as a Site of Production and Distribution for Open Access Scientific Information and Knowledge", *Communication and the Public*, Vol. 2, 2017, pp. 226-238.

② Directory of Open Access Books, https://www.doabooks.org/.

了类似更细化的一组数据,即:79% 偏好严格的 CC BY-NC-ND 许可。其中,57% 采用了 CC BY-ND 许可,24% 采取了 CC BY-NC 许可。CC BY-ND 之所以比 CC BY-NC 更受偏好,是因为商业使用本身具有不确定性,而这种不确定性会限制学术图书的再利用。

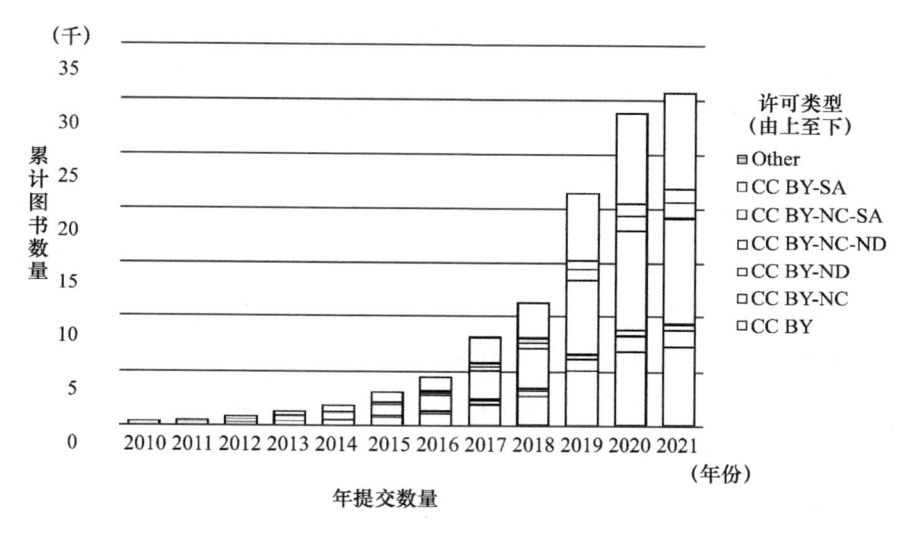

图 5-1-1　每年提交到 DOAB 的图书总数与许可类型分布

资料来源:DOAB, Delta Think Analysis①。

再如,2019 年,在英国 OAM 集团支持下,fullstopp 公司(注:fullstopp 是一家出版咨询和投资组合公司,旗下包括 Knowledge Unlatched 和 Sample of Science 等初创企业)针对不同学科的许可类别选择对 DOAB 中 9182 本图书的许可信息进行分析。分析发现,相比于 STEM 学科,AHSS 使用了更严格的许可。例如,ND 许可适用于所有 AHSS 书籍的 60% 左右。CC BY-NC-ND 作为最严格的许可,在政治和国际研究中的应用占比为 73%,人类学和发展研究为 71%,传播、文化和媒体研究为 67%,历史为 61%。CC BY 作为最不受限制的许可,在 DOAB 图书的占比超过 13%。其

---

① Dan Pollock, Ann Michael, "News & Views: Open Access Books", 2021, https://deltathink.com/news-views-open-access-books/.

中，与艺术和设计等主题在 CC BY-NC-ND 许可证中所占份额最低，因为考古学家、艺术历史学家和从事视觉文化工作的人，需要以地图、照片、乐谱和其他图像的形式纳入插图，由此可能包括涉及"第三方权利"的问题①。

另外，英国研究院（British Academy，BA）、英国大学联盟（University of UK，UUK）在 2018 年的调研结果显示，作者们更偏好 CC BY-ND 许可。Springer 的调研还显示，作者们还提出了 CC BY-NT（不允许翻译）的许可要求，以期阻止其他人员对图书原文的衍生处理。

需要注意的是，OA 许可标准由大资助商的政策所驱动，是期刊文章开放获取（OAJ）的行业标准，但并不一定适用于图书开放获取（OAB）。开放许可在 HSS 学科中并不被广泛接受，"无衍生品"（ND）许可可能更适合于艺术、人文和社会科学（AHSS）学科。对于专著中经常涉及的第三方权利问题，CC BY-SA（归属 + 共享相似）、CC BY-NC（归属 + 非商业用途）或 CC BY-ND（归属 + 无衍生品）是比较合适的选择。

此外，CC 许可还存在如盗版与剽窃等衍生问题。不过，剽窃抄袭的前提是抄袭人并不在乎制度规则，因此剽窃与作者的道德权利相关②。

二 图书开放获取强制授权的法律规定

强制授权（Mandate）是指强制授予作品使用者获取、使用作品的版权许可权力（注：Mandate 有时也称为政策，但带有强制之意）。依据图书开放的强制程度，可以将授权许可分为要求授权（require）、推荐授权（recommend）、未提及（not specified），其中要求授权（require）是最强程度的授权类型。由于各国文化背景、法律体系、规则惯例不同，各国各机构对图书开放获取的强制授权有不同规定。目前运用法律手段规定

---

① Universities UK Open Access and Monographs Group，"Open Access and Monographs: Evidence Review"，October 2019，https:// openresearch. community/documents/59416-uuk-open-access-evidence-review? channel_ id =2449-content https://www. internationalscienceediting. cn/solution-698. html.
② Cox J.，"Developing Model Licenses for Electronic Resources: Cooperation in a Competitive World"，*Library Consortium Management: An International Journal*，Vol. 2，No. 1，2000，pp. 8 – 17.

图书开放获取强制授权许可的国家仅有英国、美国、奥地利、荷兰、阿根廷、秘鲁等国。考虑到英国和美国在图书开放获取处于先驱者和引领者地位，本书在此仅对英、美两个国家的图书开放获取的法律规定进行阐述。

1. 英国强制授权图书开放获取的法律规定

英国研究与创新资助委员会（UKRI）于2021年8月6日宣布了其最新的开放获取政策。由于UKRI是英国负责研究与创新的国家级行政部门，也是英国最大的公共研究资助者，其政策贯彻了英国政府在坚定承诺公开发表公共资助研究的《研究及发展路线图》（UK Research and Development Roadmap）①，政策规定具有法规性质，因此本书将其放入法律机制范畴进行研究。

UKRI要求所有受其资助的研究都要以开放获取的方式予以获取，旨在制定一个一致、明确、尽可能容易遵守的政策，使UKRI资助的研究成果更容易获得和可重复使用，有利于研究、社会和经济；鼓励发展开放获取出版的新模式。UKRI的强制性开放获取政策（包括图书）有以下几个特点：

第一，在强制授权方面，UKRI将开放获取首次强制用于学术图书。这意味着从2024年1月开始，尽管允许1年的迟滞期，但专著和编辑的章节图书都必须以开放获取方式出版。

第二，在许可类型的选择方面，UKRI建议首选许可是CC BY，即知识共享许可。只要原作者得到适当的署名即可，允许用户以任何形式自由分享、改编和翻译作品。由于UKRI收到了人文和社会科学研究人员的反馈，认为CC BY许可可能会导致错误引用和/或滥用某些研究（特别是在敏感主题方面），因此允许作者选择CC BY-ND许可作为"例外"选择。UKRI还允许CC BY-NC许可，以防止OA作品被重新用于商业目的。

第三，在迟滞期规定方面，UKRI授予出版社12个月的迟滞期，允许

---

① UKRI, "Open Access Policy-Explanation of Policy Changes", 2021, https://www.ukri.org/wp-content/uploads/2021/08/UKRI-180821-UKRIOpenAccessPolicyExplanationOfChanges-2.pdf.

出版社在其生效之前通过销售收回初始投资。UKRI 认为这是公众对作品的兴趣和出版社可持续性之间的适当平衡点。如果许可成本过高，OA 豁免将适用于已经拥有版权的大量第三方材料的使用，但同样，目前尚不清楚这些材料在实践中将如何运作。

第四，在强制授权的例外方面，UKRI 规定，如果作品的唯一合适出版社无法提供开放获取，并且出版社和作者认为待出版的图书如果是商业图书，则适用于 OA 政策的例外情况。UKRI 的强制性规定旨在消除图书开放获取出版的某些理念（如认为图书处理费是必要的、更可取的商业模式的理念等）。不过，尽管很多机构、学者和图书馆员支持 OAB 出版的目标和道德规范，但对 UKRI 的强制性规定仍然有些担忧[1]。对此，UKRI 联合 Research England 机构资助了 COPIM 项目（即专著的社区主导的开放获取基础设施项目），以期使用和开发的一些与图书处理费相差异的商业模型和系统（即 Open Book Collective 平台），为 OA 出版社提供更可持续的收入来源。

2. 美国强制授权图书开放获取的法律规定

美国对 OAB 的法律规定呈现一个配套体系，即由联邦法律与各州法律法规构成（见表 5-1-1）。这些规定没有将学术图书排除在外。

表 5-1-1　美国联邦与州级开放获取（含图书）的相关法规[2]

层面	具体规定
联邦法案	①PL 110-161（2008 年综合拨款法案）。2008 年 NIH 公共获取政策（一项开放获取的授权）被写入法律，并要求由美国国立卫生研究院资助的研究论文必须在发表 12 个月内通过 PubMed Central（PMC）向公众免费提供。NIH 公开获取政策实施了 PL 110-161（2008 年综合拨款法案）第 218 节 G 部分，规定美国国立卫生研究院院长应要求所有由 NIH 资助的研究人员在接受出版后，向国家医学图书馆的 PubMed 中心提交

---

[1] Fathallah J., "Open Access Monographs: Myths, Truths and Implications in the Wake of UKRI Open Access policy", *LIBER Quarterly*, Vol. 32, No. 1, 2022, pp. 1-22.

[2] University of Illinois Chicago, "Publishing, Scholarly Communications, and Open Access: Open Access Legislation", https://researchguides.uic.edu/sc/oapublishing.

续表

层面	具体规定
联邦法案	或已经为他们提交一份经同行评审的最终手稿的电子版本，应在正式出版日期后12个月内公开。 ②白宫科技政策办公室（Office of Science and Technology Policy，OSTP）和白宫指令。2013年2月，OSTP和白宫向所有获得1亿美元以上研发经费的联邦资助机构发布了一项指令，要求它们为来自联邦资助的同行评审文章制定公共访问政策。许多受此影响的机构已经制订了符合这一指令的计划。查看这些指令并了解更多关于联邦资助研究的公共访问授权。 ③FASTR（公平获取科学技术研究法案）。2013年2月，两党合作的FASTR（公平获取科学技术研究法案）法案被提交到参众两院。 ④2014年综合拨款法案——财政年度综合拨款法案。2014年1月，国会通过了2014财政年度综合拨款法案。该法案要求综合法案中劳动、卫生与公众服务和教育部分的联邦机构，研究预算在1亿美元或以上，在同行评审期刊发表后的12个月内，向公众提供在线访问联邦资助研究报告的途径。 ⑤数据管理计划。一些联邦机构现在要求数据管理计划作为拨款申请的一部分。
州法案	①SB1900—研究论文开放获取法。SB1900引入了伊利诺伊州的《科研论文开放获取法》。该法案要求伊利诺伊大学成立一个研究开放获取工作组，以制定自己的研究论文开放获取政策，并于2015年1月到位。 ②伊利诺伊州公共法案098—0295。伊利诺伊大学香槟分校开发了该法案的常见问题解答。由于该政策由大学制定，具体细节目前尚不清楚。

第二节 图书开放获取的政策机制

各国图书开放获取的法律规定是与政策联动进行的。政策是各类主体（如国家政权机关、政党组织和其他社会政治集团等）为实现其所代表的阶级与阶层利益与意志，以权威标准化形式规定在一定的历史时期内，应该达到的奋斗目标、遵循的行动准则、完成的明确任务、实行的工作方式、采取的一般步骤和具体措施。目前，许多大学、政府机构和研究资助者都制定了包含学术图书在内的开放获取政策，鼓励或要求研究人员公开他们的作品，将学术研究成果授予大学并存入机构数据库，以表达教职员工或作者对图书开放获取的集体承诺。同时确保公众获得公共资助的研究成果和学术作品，从而最大限度地发挥研究投入的价值①。

---

① Rubow L., Shen R., Schofield B., "Understanding Open Access: When, Why, & How to Make Your Work Openly Accessible", *Authors Alliance*, 2015, pp. 30–41.

图书开放获取政策可划分为两类：一是专门针对学术图书开放获取而颁布的政策；二是扩展现有的开放获取政策，将学术图书涵盖其中。对于第一类专门的图书开放获取政策，主要是由学术出版机构颁布的专门针对学术图书出版的开放获取政策。随着越来越多的出版机构开展图书开放获取实践项目，它们也陆续颁布了一些图书开放获取政策，如 Springer Nature、Sage 出版社、剑桥大学出版社（CUP）、加州大学出版社、Taylor Francis 出版集团等。对于第二类图书开放获取政策，是指将学术图书纳入其适用范围的开放获取政策。这类政策主要是由科研资助机构、各级各类科研机构、出版社、图书馆、平台供应商、研究协会颁布的开放获取政策。目前，现有的开放获取政策有些已将学术图书纳入适用范围中，虽然更多的开放获取政策目前还未在政策文本中体现学术图书，但政策中未见有排斥学术图书的表述。

一 图书开放获取政策的范畴与具体内容

从总体角度而言，图书开放获取政策应该包括如下几个方面的内容：①图书开放的强制程度（如强制、要求或推荐、未提及）；②图书开放获取的路径选项（如金色、绿色、混合等）；③图书的存放地点（如机构资料库、主题库、任何合适的存储库、未指定）；④开放获取图书的存缴日期（如验收日期、出版日期、政策允许的迟滞期结束日、当出版社许可只要存缴完成、没有提到过、其他）；⑤权利持有（如作者授予机构关键权利、机构或资助者保留关键权利、作者保留关键权利、未提及等）；⑥针对自然科学或人文社会科学，政策允许的迟滞期（如立即开放、6 个月、12 个月、24 个月、更长）；⑦授权许可（如不需要任何重用许可证、需要开放许可证，但不指定哪个、需要 CC BY 或同等条件、需要 CC BY–NC 或同等条件、需要不同的开放许可证、其他、未指定）；⑧开放对象（如整本图书、图书章节）。

从核心内容角度，政策内容应主要聚焦于图书开放获取的资助政策、强制程度政策（强制、要求或推荐、未提及）、授权许可政策（CC BY、

CC-BY-NC、CC-BY-ND、CC-BY-NC-ND 等)、质量保证政策(同行评议标准、使用数量的计算)、用以保证可发现性的元数据政策、存缴与保护政策等方面,且要求这些政策具有实际的可操作性、可行性并与研究者的日常工作实践相对齐。

图书开放获取政策规定的项目与具体内容如表 5-1-2 所示:

表 5-1-2 图书开放获取政策的范畴和具体内容(部分说明)

OAB 政策项目(部分)	具体内容
政策范围	政策可能包括专著、编著、图书章节或这些的任意组合;对于不同种类的图书,政策可能不同
最长迟滞期/禁售期	开放获取的最长迟滞期可能从没有到几个月甚至几年不等
可用资金	用于支持开放获取图书出版成本的资金可能是有时间限制的。即使图书是基于没有资助的研究,一些资助者会支持开放获取图书的费用
许可(如果是黄金 OA)	资助者可能需要特定的 Creative Commons 许可,或者可以简单地说明可接受的许可条件
作者手稿自存档	一些资助者可能需要这样做;根据原始出版物的资助方式,政策可能会有所不同
机构资料库	可能需要存入机构存储库。资助者可能会指定要使用的机构存储库
存缴时间和流程	围绕存缴的政策可能会有所不同,具体取决于使用的是黄金还是绿色开放获取。作者、出版社或两者都可能负责存缴

二 5W1H 分析框架下的图书开放获取政策机制

图书开放获取政策机制可以 5W1H 为分析要素,嵌入 5W1H 分析框架下进行政策机制分析。具体内容如下:

第一,为什么(Why):OAB 政策制定的原因,旨在使各国家及联盟的 OAB 政策(如 cOAlition S 的 Plan S)、各国家政策(如英、美、澳、法、荷、德、中等国的政策)、各机构政策(资助者、出版社、图书馆、研究机构等的政策)的协调、统一,以规范行动、形成集体合作效应。OAB 制定的原因还在于可以进行后续的教育和培训,以形成目标一致的思想和行为。

第二,什么(What):OAB 制定政策的内容应针对价值网络各环节、各层面和各种内容,对开放对象(如专著、编著;或者整本图书、图书章节等）、元数据（书目标题、作者、DOI、ISBN 等）、质量评审（出版前的双盲评审、出版后的影响力评估）、开放许可条件（CC-BY-ND、CC-BY-NC-ND）、存缴条件（如对已存放的物品转为开放获取的可豁免；保存在机构知识库的要求）、强制程度（如强制、要求或推荐、未提及）、资助条件（资助者允许 BPC 从研究经费中支付、资助者为 BPC 提供特定的额外资金、院校提供资助、未提及）等各方面内容的界定。

第三，谁（Who）：包括政策的制定者（由谁）与受众（被谁），政策中对版权归属于谁等相关规定。政策的制定者可以来自国际联盟层面、国家层面、机构层面。制定政策的主体可以为资助者、研究机构（如大学或研究机构）、基金和研究机构、多个研究机构、研究机构的附属单位（如学系、学院或学校）。政策的受众可以为图书馆、出版社、研究机构、读者、作者、平台供应商等各类组织或个人。版权归属的主体可以是作者、作者的代理人、出版社、图书馆、高校等各类主体。

第四，何时（When）：是与 OAB 的时间相关的政策，包括迟滞期的长短（包括针对不同学科的迟滞期长度）、最长迟滞期、开放的时点（立即开放还是延迟开放）、政策采纳与有效日期（具体某个时点）、内容存缴日期（不迟于接受时间、不迟于出版日期、政策指定的禁止结束、当出版社允许时、未指定等）等规定。

第五，何地（Where）：是与 OAB 的地点相关的政策，包括存放地点（如机构资料库、主题库、任何合适的存储库）、提供 BPC 单位的网址、发现平台的规定等。

第六，如何（How）：包括授权许可（如不需要任何重用许可证、需要开放许可证，但不指定哪个、需要 CC BY 或同等条件、需要 CC BY-NC 或同等条件、需要不同的开放许可证、其他、未指定）与图书开放获取的路径选项（如金色、绿色、混合等）、开放强度（强制、要求或推荐、未提及）等细节内容。

5W1H 分析框架的图书开放获取政策机制内容的逻辑关系如图 5 – 1 – 2 所示：

第一章　图书开放获取的法律与政策机制

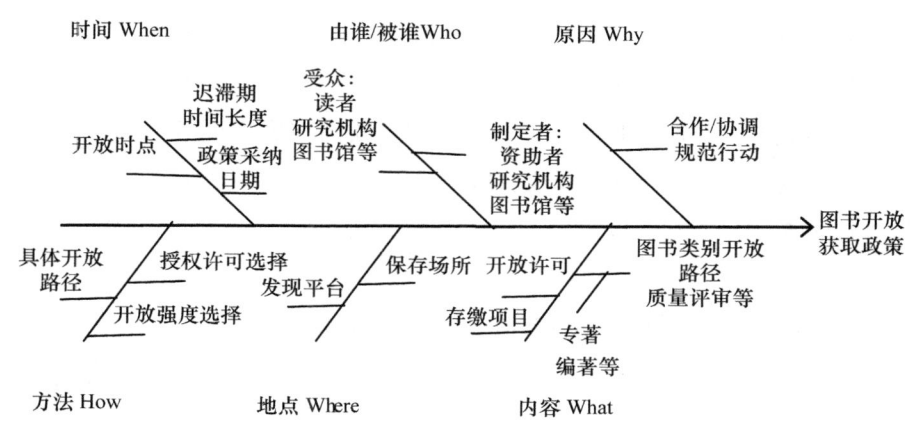

```
时间 When              由谁/被谁 Who        原因 Why
         迟滞期         受众：
         时间长度       读者
   开放时点            研究机构       制定者：      合作/协调
              政策采纳  图书馆等      资助者       规范行动
              日期                    研究机构
                                      图书馆等
                                                                    图书开放
                                                                    获取政策
   具体开放  授权许可选择         保存场所  开放许可   图书类别开放
   路径                发现平台                       路径
             开放强度选择                    存缴项目  质量评审等
                                                专著
                                                编著等
   方法 How              地点 Where           内容 What
```

图 5-1-2　5W1H 分析框架下的图书开放获取政策机制

第三节　图书开放获取政策调研

由于图书开放获取政策的汇交一般集中在 ROARMAP 平台，或各国家相关部门、资助机构、大学与科研机构、出版社或图书馆等网站，因此，本书首先基于 ROARMAP 平台数据进行网络调研和统计，然后依次展开各主体的政策文献调研和网络调研，以期对目前图书开放获取政策进行系统的梳理与透视，为未来的政策制定、宣传、教育、普及等奠定理论与实践基础。

一　基于 ROARMAP 的各国图书开放获取政策概览

ROARMAP 数据库（The Registry of Open Access Repositories Mandatory Archiving Policies，ROARMAP，开放获取资料库注册中心强制存档政策）是一个可搜索的国际注册表，记录了由大学、研究机构和研究资助者采用的开放获取授权的增长情况。这些授权要求其研究人员通过将同行评审的研究成果存入开放获取存储库来提供开放获取。

1. 图书开放获取政策制定的组织构成与国家构成总览

依据 ROARMAP 数据库 2023 年 1 月 20 日数据显示，图书开放获取的政策制定主体主要有资助者、资助者与研究机构、多个研究机构、大学研究机构、研究机构的下属单位五类主体，分别制定了图书开放获取政策。在地理地域上，分别跨非洲、美洲、亚洲、欧洲与大洋洲等国家和区域。其中，研究机构制定的图书开放获取政策制定的政策最为众多。具体数字统计如表5-1-3所示。

表5-1-3　　　　政策制定主体的组织类型与国别构成①

序号	类型与数量	序号	国家与区域（1114）
1	资助者（85）	1	非洲（36）
2	资助者和研究机构（57）	2	美洲（242）
3	多个研究机构（12）	3	亚洲（84）
4	研究机构（如大学或研究所）（878）	4	欧洲（710）
5	研究机构的下属单位（如系、学院或学校）（82）	5	大洋洲（42）

ROARMAP目前列出了314个与图书相关的OA政策要求的组织，相比之下，有660个与同行评审期刊文章相关的组织。可见，在资金方面，图书的OA政策格局落后于期刊。此外，ROARMAP只列出了13个要求图书内容在出版后立即公开的组织，这表明政策滞后于作者的情绪②。

如上五类机构在不同年份制定的图书开放获取政策数量如图5-1-3所示。

---

① ROARMAP, "The Registry of Open Access Repositories Mandatory Archiving Policies", https://roarmap.eprints.org/view/policymaker_type/; Universities UK, "Open Access Monographs: Report and Recommendations", A Report Produced by the Universities UK Open Access Monographs Working Group, 2018, https://www.universitiesuk.ac.uk/sites/default/files/field/downloads/2021-09/open-access-monographs-report.pdf.

② Ros Pyne, Christina Emery, Mithu Lucraf, Anna Sophia Pinck, "The Future of Open Access Books: Findings from a Global Survey of Academic Book Authors", 2019, https://digitalcommons.unl.edu/cgi/viewcontent.cgi?article=1114&context=scholcom.

图 5-1-3 各类机构在不同年份制定的政策数量

注：横轴为年与季；纵轴为数量（单位：个）。

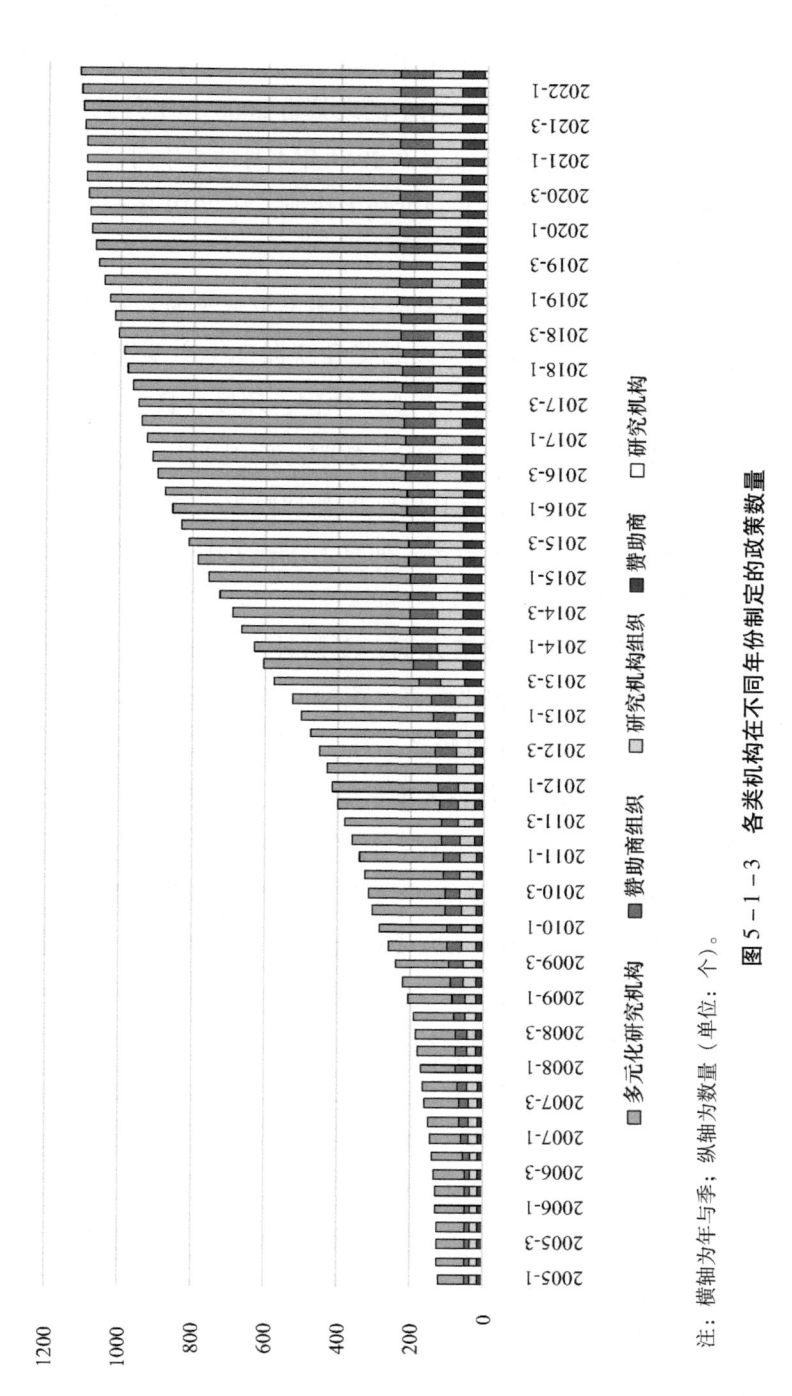

可见，各类机构（包括研究组织、资助者、研究机构的子机构、资助者与研究组织、多个研究组织）制定的政策自 2005 年 1 月到 2022 年 2 月呈现每年递增的态势。2009 年 4 月至 2014 年 4 月的 5 年间，各类机构的政策均有比较明显的增长，且增长速度最为快速。从 2019 年至今，则各类机构制定的政策较为趋缓。

2. 各国在制定开放获取政策与图书开放获取政策的数量对比

在制定开放获取政策方面，以北美和欧洲几个主要国家（美国、英国、德国、荷兰、意大利、澳大利亚、中国、印度、日本、韩国）来看，目前已注册开放获取（OA）政策的个数为：英国 121/118 个（后面的数字为各国家政策中所有要素与 H2020 的平均政策一致情况下的政策，下同）；美国 148/131 个，政策最多；加拿大 31/27 个（含各主要医博类大学、大学图书馆、研究基金会或中心）。

在制定图书开放获取政策方面，专门针对图书与章节的开放获取（OAB）政策则非常稀少。相比而言，英国、美国、加拿大、德国、法国、荷兰等国的 OAB 政策数量相对较多。其中，英国为 28 个（包括哈德斯菲尔德大学、兰开斯特大学、伦敦大学学院等）。美国为 5 个（包括 IGOR 管理员、马萨诸塞大学阿默斯特分校、北德克萨斯大学、弗吉尼亚大学、伍兹霍尔海洋研究所）。加拿大为 7 个［包括布鲁克大学图书馆委员会、国际发展研究中心、加拿大国家研究委员会（NRC）、女王大学图书馆学院、卡尔加里大学图书馆和文化资源、圭尔夫大学环境科学学院、约克大学图书馆员和档案管理员］。德国、法国、荷兰、西班牙、荷兰一共有 5 个仅限图书或章节的政策（这些国家的开放获取政策一共有 12 个）。在亚洲，几个主要国家（如中国、日本、韩国、印度）制定 OA 政策共计 84 个，但专门针对图书与章节的开放获取（OAB）政策则一共为 7 个。例如，日本有 1 个政策（日本国际研究中心）、印度有 4 家制定了图书开放获取政策［Bhogawati Mahavidyalaya Kurukali、国际农业研究磋商组织、印度科学与工业研究院（CSIR）、印度农业研究委员会（ICAR）］、韩国 1 个（韩国科学技术信息研究所）、中国 1 个（中国香港大学）。

值得注意的是，包括中国大陆、香港、澳门、台湾在内的开放获取政策共计9个，即中国大陆现有开放获取政策注册的机构一共有4家［包括中国科学院（Chinese Academy of Sciences，CAS）69%、中国科技部（Ministry of Science and Technology of the People's Republic of China）38%、国家自然科学基金（National Natural Science Foundation of China）54%、中国科学院国家科学图书馆（National Science Library of Chinese Academy of Sciences）62%］，中国香港4家［包括香港大学（University of Hong Kong）、香港大学图书馆（University of Hong Kong Libraries）、香港理工大学（Hong Kong Polytechnic University）、香港侵会大学（Hong Kong Baptist University）］，中国台湾1家。在这9个政策中，只有香港大学（The University of Hong Kong）有1个面向学术图书与章节的政策，说明我国的图书开放获取政策还非常欠缺。

3. 各类机构在政策"强制程度"方面规定

ROARMAP在439个针对图书开放获取的政策中，"必须开放"的政策个数为231个，其中资助者11个，涉及英国、奥地利、比利时、西班牙、瑞士、印度、塞尔维亚等国家［如奥地利科学基金（FWF）；比利时科学政策办公室（BELSPO）；国际农业研究磋商组织；Fundação para a Ciência e a Tecnologia；印度农业研究委员会；国际发展研究中心、塞尔维亚共和国教育、科学和技术发展部；欧洲科学；西班牙国家总局；瑞士国家科学基金会；英国惠康信托］；研究组织（大学或研究机构）208个；资助者和研究机构有2个；多个研究机构2个；研究组织的子单位（如部门、教师或学校）8个［包含考文垂大学媒体与传播系；华沙大学数学与计算建模跨学科中心（ICM）；凯末尔大学；俄罗斯科学院中央经济与数学研究所；俄罗斯科学院卡尔德什应用数学研究所；俄罗斯科学院、沃洛格达科学协调中心、中央经济与数学研究所等］。在图书开放许可政策方面：有116个政策要求开放许可条件为"CC BY或同等条件"；162个政策"要求或推荐开放"；38个政策为"未提及开放"。

二 国际联盟制定的图书开放获取 OAB 政策调研

在国际层面，2013 年 4 月，代表在欧洲资助或执行优秀的、突破性研究的主要公共组织的欧洲科学协会（Science Europe）通过了一套"关于向开放获取研究出版物过渡的共同原则"，认可并承诺采取行动，为向开放获取过渡作出贡献。虽然这些原则没有提到专著等学术图书，但是英国社会科学院（Academy of Social Sciences）在其《社会科学院路线图》[①] 中将图书定义为"不受限制地在线获取学术研究出版物（包括图书、专著和非传统研究材料）供阅读和生产性再利用，不受任何财务、组织、法律或技术障碍的阻碍"。此外，小组委员会还设立了一个工作组，负责提出一套原则和建议，具体涉及推进 OA 专著的议程。

从表 5-1-4 可见，目前国际联盟制定的开放获取政策，在资助范围、资金可用性、迟滞期、存缴地点、许可类别与路径选择等方面都存在差异。由于国际联盟制定的 OAB 政策是联盟内成员制定 OAB 政策的框架，因此如能在联盟层面做到政策协调一致，将有助于各国 OAB 政策制定和执行的协调一致。值得注意的是，近期颇具国际影响力的 cOAlition S 提出的 Plan S 倡议虽在政策指南上对很多方面的政策规定没有特别细化，但依然有望成为各国共同遵守的图书开放获取政策制定框架。《Plan S 实施指南》明确指出，到 2021 年底，发布一份适用于专著和图书章节的 S 计划原则声明，以及相关的实施指南。考虑到学术图书出版与期刊出版之间存在很大的差异，Plan S 的第 7 项原则承认，实现图书开放获取的时间表需要单独和正当的程序。

cOAlition S 建议[②]如下：（1）所有基于原创研究的学术图书，如果由 S 联盟组织直接资助，应在出版时开放获取。（2）作者或者其机构应该保留

[①] Qiantao Zhang, Charles Larkin, Brian M. Lucey, "Universities, Knowledge Exchange and Policy: A Comparative Study of Ireland and the UK", *Science and Public Policy*, Vol. 44, No. 2, 2017, pp. 174-185.

[②] cOAlition S, "Statement on Open Access for Academic Books", 2021, https://www.coalition-s.org/coalition-s-statement-on-open-access-for-academic-books/.

表 5-1-4　国际联盟制定的图书开放获取 OAB 政策

层面	资助者	正常范围	最长迟滞期	资金可用性	许可（金色）	自存档（绿色）	资料库	存缴时间和流程	政策链接
国际	CLACSO 拉丁美洲社会科学理事会	由 CLACSO 资助出版的图书	无迟滞期	可以	大多没有许可；越来越多地使用 CC BY 和 CC BY-NC	CLACSO 存储库中自行归档	CLACSO 的资料库中；内容采用 CC BY-NC 许可；CC 3.0 授权协议	在图书出版前存入图书库。公告提供了到存储库中 OA 全文的链接	http://biblioteca.clacso.edu.ar/documentos/CLACSO_and_Open_Access_version_ingles.pdf
国际	国际农业研究磋商组织 CGIAR	图书和图书章节	最多 6 个月	没有专门针对 OA 图书的方案	适当的开放许可，鼓励使用和改编	允许	需要存缴或资金 OA	最迟在出版后 6 个月	CGIAR OA 政策 https://www.cgiar.org/how-we-work/accountability/open-access/
国际	cOalition S 的 Plan S 倡议	所有基于原创研究的学术图书如果接受得到 cOalition S 的资助，都应该在出版时开放获取	学术书籍的迟滞期应尽可能短，且不得超过 12 个月	在资助范畴内可以	应根据知识共享方式开放获取式出版	未规定（各成员可自行规定）	未规定（各成员可自行规定）	未规定（各成员可自行规定）	https://www.coalition-s.org/coalition-s-statement-on-open-access-for-academic-books/
欧洲	欧洲地平线（包括 ERC）	经过同行评审的所有图书、专著和其他长文本出版物。如果主要部分或全部章节（在主编辑卷册的情况下）则需要至少由出版者或系列科学编辑以外的独立专家进行了评审	无迟滞期	项目期间的资金只要资金涵盖了图书的第一本数字开放获取版本（可包括不同的格式，如 html、pdf、epub 等），开放获取的出版费即成为合格条件。专著和其他图书的印刷费用不包括在内	CC BY、CC BY-ND 和 CC BY-NC（或其他具有同等权利的许可）	允许出版后自存档	必需存缴到资料库。已出版版本的机器可读电子副本，或接受出版的经同行评议的最终发表科学手稿，必须存放在科学出版物的可信存储库中。	在出版时；零迟滞期；在信任存储型授予协议中提供的注释模型的协议中定义	地平线欧洲模式赠款协议草案公布 https://ec.europa.eu/info/funding-tenders/opportunities/docs/2021-2027/common/agr-contr/general-mga_horizon-euratom_en.pdf

续表

层面	资助者	正常范围	最长迟滞期	资金可用性	许可（金色）	自存档（绿色）	资料库	存缴时间和流程	政策链接
欧洲	ERC（欧洲研究理事会）(FP7和H2020两个框架)	ERC资助的所有专著、图书章节和其他长文本出版物（H2020要求，出版物必须经过同行评审）	FP7: 6个月（但开放获取不是一个严格的要求，被授权人必须"尽最大努力提供开放获取"）。H2020: HSS学科12个月，其他学科6个月	在资助期内可以	未规定	允许自存档	需要存入存储库；ERC推荐OAPEN	作品必须在出版后立即交存。作者可自行将作者手稿存档	https://www.st-andrews.ac.uk/research/support/open-research/open-access/research-funders-policies/erc-eu-horizon-2020/

足够的知识产权,从而为学术图书提供开放获取并允许重复使用。(3)学术图书应根据知识共享许可协议开放获取出版。(4)学术图书的任何时滞期都应该尽可能短,不得超过12个月。(5)S联盟资助者应该通过其资助计划为学术图书的开放获取提供资金支持,并通过专门安排为开放获取出版业务模式提供财政支持。认识到图书出版实践的多样性,如学术图书格式、技术平台、语言、特定的国家图书出版实践、出版社和经济模式等,cOAlition S 将与 OA 图书社区合作,制定尊重书目多样性的实施指南。这些指南将包括一套关于 OA 图书的技术标准,这些标准反映了联盟 S 为 OA 期刊和存储库设置的技术需求。

目前,许多 cOAlition S 成员在其指导原则下制定了自己的 OA 政策,如斯洛文尼亚研究机构(ARRS)、葡萄牙科学技术基金会(FCT)、英国惠康基金会(Wellcome Trust[①])、荷兰科学研究组织(NWO)、世界卫生组织(WHO)等。由于 cOAlition S 只是一项原则,而没有法律约束力,因此其成员国家的相关部门都针对本国情况制定了不同的图书开放获取政策,在资助范围、迟滞期、许可类型选择等方面有不同的政策规定。

三 各国制定的图书开放获取政策调研

在国际联盟 OAB 政策框架下,在各国家层面制定的图书开放获取政策主要体现于各国政府以及支持图书开放获取的基金会[例如,英国的惠康基金会(Wellcome Trust)、美国梅隆基金会(Mellon Foundation)]等资助机构、奥地利科学基金(FWF)、荷兰科学研究组织(NWO)、葡萄牙科学技术基金会(FCT)、瑞士国家科学基金会(SNSF)制定的图书开放获取政策。各国支持图书开放获取的基金会等资助机构也出台了很多支持图书开放获取的政策。本书在这部分的调研主要基于各大机构的调研报告以及官方网站(如法国、荷兰、奥地利、英国等国家)调研展开。各国各基金会的政策见表5-1-5。

[①] Wellcome Trust, "Open Access Policy", https://wellcome.org/grant-funding/guidance/open-access-guidance/open-access-policy.

表 5-1-5　各国基金会与资助机构的 OAB 政策（部分）（来源：经整理）

国家	资助者	政策范围	最长迟滞期	资金可用性	许可（金色）	自存档	资料库	存缴时间和流程	政策链接 URL 的字段
英国	惠康基金会	所有由惠康资助人撰写或合作撰写的原创学术专著和图书章节	6 个月	可用	CC BY 优先，其他 CC 许可	允许。任何许可	需要存入存储库。强制在 PMC 书架，从那里的作品将转镜像到欧洲 PMC 和 OAP-EN	如果支付了 OA 费，出版社必须在出版后立即代表作者保管作品。作者可自行将作者手稿存档	Wellcome OA policy
英国	Arcadia 基金	用 Arcadia 基金制作或出版的图书	12 个月	不可用，是研究人员负责的 BPC	未规定	未规定	需存入存储库	作品应在出版前或出版前存档（并根据印前存档或出版后一年内（并根据印后存档规则）存放	Arcadia Fund OA policy
美国	国家卫生研究所 NIH	应以符合版权法的方式实施公共访问政策	出版后 12 个月内公开提供		未规定		放入 PubMed Central	在迟滞期结束后立即开放	NIH Public Access Policy
奥地利	FWF	所有经同行评审的研究成果	12 个月图书禁售期（仅适用于 FWF 不资助图书出版的情况）	可用，FWF 对独立出版物（如专著和编辑集）有一个单独的资助计划，供 FWF 资助人和主要在奥地利或在国外机构主持下进行研究活动的研究人员使用	需要出版的图书，以抄送方式和以抄送方式发送	允许任何许可	需要存入存储库。对于 FWF 资助的独立出版物：FWF 授权 FWF 电子副本。对于 FWF 资助的独立图书出版，其中的作品由 OAP-EN 收集	作者或出版社必须寄存作者手稿或寄存独立出版的电子副本；FWF 在出版后立即代表作者寄存作品	FWF OA policy

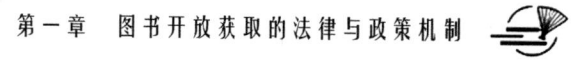

第一章 图书开放获取的法律与政策机制

续表

国家	资助者	政策范围	最长迟滞期	资金可用性	许可（金色）	自存档	资料库	存缴时间和流程	政策链接 URL 的字段
荷兰	荷兰科学研究组织 NWO	所有经同行评审的研究成果	对 NWO 资助的出版物没有迟滞期	可用，NWO 为开放获取图书设立了专门的资助计划，这是由新世界大学资助的研究项目的成果	CC BY 优先，也可使用其他许可	允许任何许可	建议存放在存储库中。通过 NWO 开放获取图书资助计划资助的出版物必须在出版社的平台上提供，并必须存入 OAPEN 图书馆	如果 BPC 是付费的，出版社必须在其网站上发布作品后立即将以作者的名义将其存放。作者亦可自行将作者手稿存档	NWO OA policy
瑞士	瑞士国家科学基金会（SNSF）	所有由 SNSF 资助的经同行评审专著、选集和图书章节	12 个月（由 BPC/BCPC 资助的 SNSF 的出版物不受禁制）	可用，由资助项目产生的出版物：SNSF 为资助出版物设立了 OA 图书（BPC）和 OA 图书章节（BCPC）资助计划。独立出版物：SNSF 为独立出版物设立了资助计划，符合条件的研究人员应向 SNSF 提出申请。（正在进行和已完成的项目）	图书出版：CC 许可证之一，推荐 CC-BY 对于图书章节：推荐 CC 许可证之一	不包括在政策内	由 BPC 资助的出版物必须在出版社的网站上提供，并存放在机构储存库，OAPEN 图书馆和瑞士国家图书馆	如果 BPC 是付费的，出版社必须在其网站上发布作品后立即将以作者的名义将其存放。如果已付费购买了 BPC，作者必须在出版物的发布后立即在特定学科机构或存放在机构储存库中。如支付了 BPC，SNSF 将出版物的 OA 版本存入 OAPEN 和瑞士国家图书馆	SNSF OA books policy SNSF OA chapters policy

续表

国家	资助者	政策范围	最长延滞期	资金可用性	许可（金色）	自存档	资料库	存缴时间和流程	政策链接URL的字段
法国	高等教育、研究和创新部	建议图书开放获取	未规定	无OA专门针对图书的经费，出版经费由赠款资助	未规定	未规定	建议在公共存储库（如HAL）或机构存储库中存储	未规定	National Plan for Open Science, France
法国	法国国家研究机构（ANR）	推荐给ANR资助的图书研究成果	未规定	无OA图书经费，出版经费由赠款资助	未规定	未规定	建议在公共存储（如HAL）或机构存储库中存储	未规定	ANR OA policy
德国	Volkswagen大众基金会	所有出版物都是大众基金会资助的研究结果	6—12个月	没有专门的OA图书基金，出版费用由赠款支付	未规定	未规定	未规定	未规定	Volkswagen Foundation OA policy
德国	Helmholz协会	所有出版物均为赫姆霍尔兹协会基金提供	12个月（HSS学科则为24个月）	可用	内部出版物要求抄送	未规定	需存入存储库	如果支付了BPC，作者必须尽快将其存入存储库，最迟在出版时	Helmholz Association OA policy
德国	The Leibniz（莱布尼茨协会）	由莱布尼茨协会资助的专著和编辑作品中的图书章节	未规定	可用，专著出版基金（至2021年6月30日）	建议CC BY	未规定	建议存入机构存储库	未规定	Leibniz Association OA policy
波兰	科学和高等教育部	国家OA战略建议公共资助的研究推荐OA	尽快，STM不迟于6个月，HSS不迟于12个月（图书灵活）	没有专门OA图书基金，没有由赠款资助的出版物	未规定	未规定	建议存入机构存储库	未规定	Ministry of Science and HE, Poland OA policy

续表

国家	资助者	政策范围	最长迟滞期	资金可用性	许可（金色）	自存档	资料库	存缴时间和流程	政策链接URL的字段
葡萄牙	FCT (Fundação para a Ciência e a Tecnologia)	作为FCT资助的研究成果出版的图书和章节（全部或部分）	越快越好，对出版后不超过12个月	没有专项图书经费，出版经费来自补助金	建议CC BY	未规定	存储在RCAAP网络所需的存储库中	在迟滞期结束后立即开放	FCT OA policy
斯洛文尼亚	教育、科学和体育部	鼓励出版专著	6个月，对HSS最多12个月	无专门的OA图书基金、出版物	建议使用CC创作共用许可证	未规定	要求存入存储库	最迟在出版后	Ministry of Education, Science and Sport, Slovenia OA policy
芬兰	芬兰科学院	推荐所有类型的出版物，包括图书和图书章节，由芬兰学院资助	不超过6个月（STM），最多12个月（HSS）	没有专门的OA图书基金、出版资助作为补助金的一部分	未规定	未规定	未规定	未规定	Academy of Finland OA policy
瑞典	瑞典研究委员会（SRC）	瑞典出版社出版的图书（2020年）	STM6个月，HSS12个月(2015)，6个月(2020)	没有专门针对OA图书的方案	CC知识共享许可证，类型未指明	未规定	出版物的副本应与标准格式的元数据一起放置在机构存储库中	在发表后立即免费获取。如果是在开放获取期刊上发表，则立即获取；如果是并接受出版的已发行的稿件，最多在6个月后发布	Swedish Research Council, Proposal for National Guidelines for OA to Scientific Information
瑞典	波罗的海和东欧研究基金会	鼓励出版专著和图书章节	最多6个月	没有专门针对OA图书的方案	未规定	未规定	在推荐的存储库中存储	如果支付BPC，在出版后立即或最多6个月后	The Foundation for Baltic and East European Studies

续表

国家	资助者	政策范围	最长迟滞期	资金可用性	许可（金色）	自存档	资料库	存缴时间和流程	政策链接 URL 的字段
比利时	FWO（比利时弗兰德研究基金会）	所有由 FWO 的全部或部分资助产生的出版物，FWO 的附属出版物，都没有明确提到图书/章节	最长 12 个月	没有专门针对 OA 图书的方案	未规定	未规定	要求在 CAS 存储库中存储	尽快，不迟于允许发表后 12 个月，不指定最低搁置期	FWO Open Access Policy
捷克共和国	CAS（捷克科学院）	捷克科学院附属作者的图书和章节	未规定	没有专门针对 OA 图书的方案	未规定	未规定	要求在 CAS 存储库中存储	尽快，不迟于允许发表后 12 个月，不指定最低搁置期	The Czech Academy of Sciences OA Policy
爱尔兰	SFI 爱尔兰科学基金会	学术图书（专著和图书章节）全部或部分由 SFI 资助	12 个月	可用；对 BPCs 的资助金额没有指定数额	开放许可证，推荐 CC BY	未规定	建议存入资料库	如果没有支付 BPC，出版后立即需要定金	SFI Open Access Policy
爱尔兰	全国开放研究论坛	所有由公共资金资助的出版物（包括图书）	不设迟滞期（过渡期最长 6 个月，STEM 最长为 12 个月，HSS 最长为 18 个月）	没有专门针对 OA 图书的方案	开放许可，CC BY、CC0 和 CC BY-SA 优先。鼓励作者/机构保留版权		在推荐的存储库中存储	出版后立即	National Framework on the Transition to an Open research Environment

1. 总体特征

欧洲开放获取政策对成员国没有约束力，各国可以自由采用最适合本国科学界需求的开放获取政策。这导致了整个欧洲的开放获取政策具有相互拼凑的特点，如英国研究委员会（Research Councils UK，RCUK）制定的出版物（含学术图书）和数据强制性开放的"黄金之路"、荷兰出版物和数据的"绿色之路"、德国出版物的"绿色之路"，以及一些成员国更模棱两可的开放获取政策。近年来，英国和荷兰的国家研究委员会发布了政策声明，根据该政策，研究赠款将只授予申请人承诺在 OA 条件下出版他们的研究结果、出版物和数据。

2. 各国政府层面制定的开放获取政策

在荷兰，2017 年制订了开放科学国家计划，其目标是到 2020 年实现所有科学出版物（包括学生图书）的开放获取。荷兰科学研究组织 Dutch Research Council（NWO）已经强制受研究资助的出版物予以开放获取（包括图书）。在奥地利，奥地利科学基金会（FWF）是早期签署的柏林宣言的机构。FWF 作为一个公共研究资助机构，在 10 年前的 2008 年开始强制授权学术出版物开放获取。这项授权包括专著，要求存放在机构或主题存储库中。

在瑞士，实施了开放获取图书的授权政策，这一决定得到了 2014 年启动的 OAPEN-CH 试点项目的参考。该项目发现，免费提供学术图书的数字拷贝对印刷版的销售没有影响。

在法国，2018 年 7 月由法国高等教育、研究和创新部长弗雷德里克·维达尔夫人在一年一度的自由科学会议上公布了一项开放科学国家计划。该计划要求由政府资助项目所产生的文章和图书开放使用。

在英国，2021 年 8 月 6 日，英国研究与创新基金会（UK Research and Innovation，UKRI）[由 7 个研究委员会及 4 个高等教育机构即英格兰研究所（EI）、威尔士高等教育委员会（HEFCW）、苏格兰资助委员会（SFC）和北爱尔兰经济部（DfE）构成]宣布了新的开放获取政策，要求从 2022 年 4 月 1 日起提交发表的同行评审研究文章立即开放获取，而且该政策对图书开放获取提出了新的要求，即从 2024 年 1 月 1 日起出版的专著、图书章节和编辑的馆藏必须在出版后 12 个月内开放获取①。UKRI 每年将会提供 4670 万英镑的资金来支持这项政策的实施。作为国际 cOAlition S 集团的成员和 S 计划协议的签署方，UKRI 致力于更广泛地推动公共资助研究的开放获取。UKRI 已经表示，尽管 OA 对下一个研究卓越框架的要求不会比 UKRI 资助研究的政策更严格（即符合 UKRI 政策的产出将自动有资格获得 REF），预计在进一步的 REF 要求中会越来越多地向开放获取迈进。

2021 年 10 月 UKRI 表示会结合利益相关者的观点和实际考虑因素，进一步澄清其为了支持实施专著开放获取政策所做的工作，并且发布更详细的实施计划。UKRI 提议的措施包括零迟滞期绿色 OA 的可能性、更自由的开放许可，以及对资助专著的要求。最后一个要素建立在英国长期的政策历史之上，预示着 UKRI 对开放获取专著的强制授权。

英国惠康信托基金制定了"强制开放"的图书开放获取政策。惠康基金会指出，专著是一种极其重要和独特的研究交流工具，在任何转向 OA 的行动中都必须予以维持。在这一政策下，惠康基金会强制授权所有在慈善基金资助下发表开放获取专著，并为开放获取专著作者出版了一份指南。惠康金基会还与 OAPEN 合作，以增加这些专著在医学研究跨学科领域的覆盖面。

四 各机构制定的图书开放获取政策网络调研

图书开放获取出版社可以大体分为四类：商业出版社、大学出版社、新大学出版社（即图书馆出版社）、学者引导的出版社。从 ROARMAP 调研中可以发现，前两类出版社占比最大，因此本书仅以代表性商业出版社与大学出版社为例进行网络调研。

1. 商业出版社的图书开放获取政策

本书择取商业出版社的 Springer 出版社，对其图书开放获取许可、开放获取图书版权归属、开放获取图书存档要求等政策进行调研。具体

---

① Fathallah J., "Open Access Monographs: Myths, Truths and Implications in the Wake of UKRI Open Access policy", *LIBER Quarterly*, Vol. 32, No. 1, 2022, pp. 1-22.

第一章　图书开放获取的法律与政策机制

OAB 政策有：①图书开放获取许可。默认情况下，Springer Nature OA 图书和章节在 CC BY4.0 许可协议下出版。CC BY 许可协议是许多资助者的首选。本许可允许读者以任何媒介或格式复制和重新分发材料，并更改或者转换材料，包括用于商业用途，前提是注明原作者。政府间组织（IGO）版本的图书和章节知识共享许可可以根据作者雇主的要求提供。②开放获取图书版权归属：作者保留 Springer Nature 根据知识共享许可出版的所有开放获取图书或章节的版权。③开放获取图书存档要求：鼓励通过付费开放获取方式出版的图书和章节作者将最终出版的 PDF 存放在其机构存储库或任何合适的主题存储库中。作者在将内容存放在存储库中时，应在 SpringerLink 上包含指向已出版图书或章节的链接；在所有情况下，链接到出版社网站的要求旨在保护科学记录的完整性和真实性，出版社网站上的在线出版版本明确标识为记录的最终版本。施普林格自然代表作者将所有开放获取图书和章节的全文存放在开放获取图书目录（DOAB）中，并且将惠康信托基金会资助的所有图书和章节存放在 PubMed 的 NCBI 书架上，还将根据要求提交相关主题领域的其他图书。④其他图书开放获取政策：施普林格出版的开放获取图书和章节的作者必须在出版标题之前表明他们希望开放获取出版。作者不能在出版后将图书转换为开放获取形式。但是在资助者许可的情况下，个别章节可以转换为开放获取出版物。

2. 大学出版社的图书开放获取政策

以下以美国密歇根大学出版社及英国曼彻斯特大学出版社为代表性案例来说明大学出版社的 OAB 政策。

(1) 密歇根大学出版社的 OAB 政策

密歇根大学出版社针对作者、资助机构和读者分别出台了相应的 OAB 政策[①]。

第一，针对作者的图书开放获取政策主要体现于开放获取的方式与

---

① University of Michigan Press，"Open Access"，https://press.umich.edu/Open-Access.

许可类别的制定上。具体政策有：①在开放获取方式方面，作者可以选择白金开放获取、黄金开放获取或者绿色开放获取。白金开放获取是指无须作者支付任何费用，通过第三方计划或者项目为出版社提供财务支持，从而抵消制作开放获取专著的成本，比如知识解锁（KU）、迈向开放专著生态系统（TOME）是白金开放获取的典型模式；黄金开放获取是指媒体和作者共同决定在图书出版后立即开放获取，并且可能涉及资助机构或者其他来源的资助；绿色开放获取是指作者将作品的一个版本存放在机构知识库或学科知识库中。②开放获取许可：根据大多数作者的选择，默认会允许作者使用（CC BY-NC-ND）许可证，如果合适可以考虑其他许可方式。

第二，针对资助机构的图书开放获取政策。①资助条件方面，密歇根大学承诺以标准专著合同的形式遵守资助者的要求。任何专著的首次印刷成本都会因所属学科、篇幅和复杂性不同而存在区别，2016年一项关于专著出版成本的研究显示，大学出版社专著的首版成本从15000美元到129000美元不等。②资助信息提供平台方面，为了确保资助机构可以衡量该项研究产生的影响，密歇根大学出版社会通过以下形式提供尽可能多的信息：通过自己平台上的谷歌分析进行网络使用统计（即页面浏览量或下载量）；通过例如OAPEN和JSTOR等其他平台的使压报告；通过社交媒体或新闻中的提及进行替代计量分析。

第三，针对读者的图书开放获取政策，主要对使用和利用的方面进行规定。密歇根大学出版社的图书被分配了一个称为数字对象标识符（DOI）的永久URL，确保可以通过链接查看该书的权威版本，读者可以通过共享图书的链接共享开放获取图书。如果读者想使用本书中发布的图片、视频等，必须寻求该材料最初创作者的许可，读者必须判断想使用的材料是否需要许可才能重复使用；如果使用本书相关章节的内容，必须遵循知识共享许可要求。

（2）曼彻斯特大学出版社的OAB政策

曼彻斯特大学出版社成本的OA图书均可以在其开放获取平台"manchester openhive"找到①。曼彻斯特大学出版社制定的 OAB 政策对图书类型、许可类型、第三方资料使用、BPC 费用等均作了规定②。例如，①在开放获取图书类型方面，规定专著和编著可以开放获取出版，而教科书、手册或参考书不会以开放获取方式出版。②在开放获取图书格式方面，规定 DRM 免费，PDF 和 EPUB 可以从 manchester openhive 网址和 OAPEN 获得，印刷版将提供给客户和读者购买。③在开放获取许可的规定，出版社推荐的许可方式为知识共享—署名—非商业性使用—禁止演绎（CC BY-NC-ND）。④在第三方材料使用方面，规定出版社更倾向于在知识共享许可下已经可用的照片、图表等第三方材料。如果版权所有者在图书标题中明确说明，并注明未经许可不得重复使用材料，则可以包含非知识共享许可材料。⑤在图书处理费用方面，规定 BPC 为 9850 英镑（含 20% 的增值税）（最多 12 万字）。此价格最多包括 20 张图片。在某些情况下，可能会收取额外费用。彩色图像可以根据要求在数字版本中使用，但黑白仅用于打印。个别章节可以在非开放获取图书中发布开放获取，根据章节占总稿件的比例计算章节处理费（CPC）。

第四节 讨论与建议

一般意义上，各机构需要制定 OAB 政策。依据 2016 年 Springer nature 对作者的态度报告，各利益相关者在对待 OAB 的态度上是积极的。不过，由于"搭便车"的个体理性特征导致各相关利益主体并不能保证采取统一行动，因此，需要某种形式的政策干预以形成一个统一的行动框架。在图书开放获取领域，政策干预类似行动的催化剂，可以将利益相关者从一个相对稳定的状态带入另一个状态，改变人们对事物的看法和行动。这个过程也是一个求同存异的过程。

---

① Manchester Openhive, https://www.manchesterhive.com/.
② Manchester University Press, "Open Access", https://manchesteruniversitypress.co.uk/open-access/.

第五部分 机制分析

SCOAP3（高能物理开放获取出版资助联盟）由欧洲核子研究组织（CERN）牵头发起，致力于将高能物理（HEP）领域的核心论文转换为作者无须付费发表且全球需求者可免费使用的开放出版形式。自2014年启动以来，目前全球已有44个国家的3000多个主要资助机构、研究机构、图书馆和3个政府间组织参与到该联盟中，实现了全球HEP领域90%以上期刊论文的开放出版。2019年，SCOAP3启动"开放出版图书计划"，旨在将HEP领域的订阅图书转为开放获取出版，并确定首批图书共102种。

目前，经我国科技部批准，国家科技图书文献中心NSTL于2014年开始代表我国正式参加SCOAP3，目前我国已有17家（见表5-1-6）机构共同支持、参加SCOAP3开放获取图书项目。2021年11月26日，国家科技图书文献中心（NSTL）联合国内多家科研机构、专业图书馆和高校图书馆以及国际学术出版社，在中国科学院文献情报中心（以下简称"中心"）召开SCOAP3开放获取图书计划实施工作交流研讨会，NSTL与国内多家机构联合支持SCOAP3图书计划，共同支持我国及全球学者对102种高能物理领域经典图书的免费获取。

表5-1-6 我国参与SCOAP3开放获取图书计划的机构

序号	机构名称	序号	机构名称
1	国家科技图书文献中心	10	中国科学院文献情报中心
2	北京大学图书馆	11	中国科学院高能物理研究所
3	清华大学图书馆	12	中国科学院大学图书馆
4	复旦大学图书馆	13	中国科学院理论物理研究所
5	南京大学图书馆	14	中国科学院近代物理研究所
6	南京师范大学图书馆	15	中国科学院物理研究所
7	中国科学技术大学图书馆	16	中国科学院上海应用物理研究所
8	上海交通大学图书馆	17	中国科学院上海高等研究院
9	四川大学图书馆		

对我国而言，有以下几点启示和建议：

一 各类主体的政策制定各有侧重

各层面、各机构政策的制定内容有共性内容之外，还存在很多差异性的地方。体现了各个层面、各个机构所处环境背景、文化习俗、政策偏向、OAB 发展程度等各个方面的差异，也体现出图书开放获取政策正面临许多问题。

在这些问题中，资金及其可持续性一直是图书开放获取研究的重要议题。但在 OAB 资助政策方面，对于许多研究人员而言，理解资助机构或其所在学术机构的 OA 政策并不容易。首先，很多研究学者目前尚不清楚应该在哪里查询以找到这些信息，或者是否有可能获得图书项目的开放获取资金。其次，对于编著或多个作者合著的项目，资助信息导航更加复杂。例如，针对多个作者的不同身份，资助款项具有不同的分配规则，需要在不同的学术机构之间分配，且可能需要遵循不同的规则和流程。再次，对于设法从其所在学术机构获得资助的作者来说，资助申请过程差异很大，甚至同一学术机构内不同图书的资助申请项目也有所不同。学术交流涉及广泛的利益相关者，图书开放获取将在很大程度上依赖于数字图书技术和出版系统。鉴于这些构成了在线开放获取的重大障碍，政策制定者应考虑与业界和其他各方采取主动行动，确定并实施解决方案。

二 各主体的政策制定需协调一致

许多政府机构、资助机构、研究执行组织和学术团体都制定了 OAB 政策，但目前存在很多问题：各国政策并不统一、一国内部不同机构制定的政策不统一、各类层面政策制定不统一、同一类政策制定主体制定的政策也不统一等现象。

例如，英国内部各机构的政策不统一。UKRI 由七个研究委员和四个高等教育机构组成，惠康基金会是英国最大的研究资助基金会。针对学术图书是否应该采取开放获取的政策规定方面，英国 UKRI 的七个研究委员会的 OA 政策规定"并不要求"OAB 出版，UKRI 的四个高等教育资助机构制定了"不开放"的OAB政策，而惠康信托基金会制定了"必须开放"OAB政策。再如，英美之间政策不统一。梅隆基金会作为美国OAB最大的资助机构，也并没有对学术图书做出与英国惠康信托基金会一样"必须开放"的OAB政策。此外，如上各种层面、各个机构制定政策的不一致性还体现在对出版社OA选项的问题、版权许可、资助来源、第三方权力、迟滞期等各项规定。

总之，由公共基金资助的研究成果是一种公共产品，应该免费和立即提供，不收取任何费用或不合理的限制。因此，从长远来看，向开放获取转变出版系统可以遵循不同的模式，应该从系统与协同角度出发，考虑政策之间的协同，以期协调合作，实现图书开放获取集体行动的利益最大化目标。

本章小结

本章重在对图书开放获取的自上而下的两个机制（即法律机制与政策机制）进行了阐述。第一，在法律机制方面，探讨了图书开放获取中的版权与版权许可机制，以及各国在图书开放获取强制授权的法律规定。第二，在政策机制方面，本章首先对图书开放获取政策的范畴与内容进行界定。然后在此基础上运用5W1H分析法搭建了图书开放获取的政策机制框架，从而为各利益相关主体制定政策机制奠定了思维框架。接下来从国际联盟、各国、各机构三个层面对目前图书开放获取政策进行网络与文献调研，并在最后进行讨论和提出建议。

第二章 图书开放获取的商业机制

商业机制是商业模式机制的简称。在图书开放获取中,资金问题一直是事关其可持续发展的重要挑战。自2002年布达佩斯倡议之后,以学术期刊为代表的开放获取已取得巨大成功,形成了可持续的商业模式。不过,在学术期刊开放获取中取得的成功经验却并不能简单移植到学术图书之中。当图书开放获取市场竞争格局向供给侧倾斜时,由于其成本高、资金来源分散、运营流程欠融合、传播平台的复杂性均高于期刊等专属特性,导致各主体间利益不平衡的矛盾更为突出。

破除图书开放获取困局的关键在于能否找到可持续的商业模式,因此探寻与创建可持续性的图书开放获取商业模式成为业界人士关注的焦点。考虑到图书开放获取商业模式的实现需要依托于某一主体,而在图书开放获取诸多相关利益主体(如作者、大学等科研机构、出版社、图书馆、资助机构、机构知识库、基础设施平台以及读者用户等)形成的价值网络结构中,出版社(尤其以学者、大学或高校科研机构为主导的出版社)是具有4个核心功能(即注册、认证、传播与存档)[1] 学术传播链条的关键节点,因此本书将以出版社为研究主体,展开图书开放获取商业模式研究。

---

[1] Jason P., Bradley M. H., "Decoupling the Scholarly Journal", *Frontiers in Computational Neuroscience*, Vol. 6, 2012, pp. 1–13.

第五部分　机制分析

第一节　图书开放获取商业模式的含义与研究视角

在学术出版生态系统中，学术图书是学术交流和学术传播的重要途径之一，尤其是艺术、人文和社会科学领域（Art，Humanities and Social Sciences，AHSS）传播学术的首选媒介①。不过，由于出版成本高、受众少、版权复杂、出版社市场集中度不高等原因，学术图书已陷入以印刷量和销售量均下降为特征的出版危机②。为提高学术图书的知识共享，增强其可发现性、可获得性与可复用性，各商业出版社、大学出版社、以学术团体或大学研究机构为主导的大学出版社（如 Springer 出版社、美国麻省理工学院出版社、加拿大阿萨巴斯卡大学出版社、英国伦敦大学出版社等）纷纷投入到 OAB 出版与商业模式创新活动之中。

目前，国内外不同学者分别从不同角度对 OAB 商业模式的构成要素展开了研究，形成了较为丰富的研究成果。

一　图书开放获取商业模式的含义与构成元素

商业模式是产品、服务和信息流的体系结构，包括各种业务主体及其角色的描述、描述各种商业行为者的潜在利益，以及收入来源的描述。在价值网络中，能够反映各利益相关者承担的角色、执行这些角色的业务参与者、交付的服务种类以及可能交换的财务价值③。

在为学术图书提供开放获取出版服务时，出版社等利益相关者使用了各种各样的商业模式。但任何未来的政策要求都不应该依赖于一种特定的模式。例如，资助机构认识到，面向作者的出版费用很高，无法大规模运

---

① Masahiro O., "Monographs in Humanities and Social Sciences: Back to the Basics?", *Institute of Developing Economies*, No. 721, 2018.
② Science Europe, "Briefing Paper on Open Access to Academic Books", September 2019, https://www.scienceeurope.org/our-resources/briefing-paper-on-open-access-to-academic-books/.
③ Braet O., "Merging Publishers' and Libraries' Institutional Interests through Business Modelling", *Library Management*, Vol. 33, No. 1/2, 2011, pp. 112 – 120.

作；OA 专著的商业模式应具有成本效益和可扩展性，同时适当注意专著出版生态系统保持可持续性、创新性和多样性[①]。

大学出版社面临的众多挑战，尤其在收入方面，承受到诸多压力，如政府对 OA 的强制性授权，学术图书销售量下降，以及大学出版社希望为学术著作开发更多读者——鼓励大学出版社认真考虑如何才能让他们的学术专著公开发表。在这些压力中，收入与成本压力最为核心。一项由梅隆基金会资助的研究，试图实现与多所美国大学共计出版 400 多本专著的合作，同时评估他们的出版成本。评估出版过程中涉及的所有类型的费用，包括人事费、间接费用、直接费用等。结果显示，每本专著的费用范围从 15140 美元到 129909 美元不等。该报告的成果之一是开发了一个免费的专著成本计算工具包。其他报告（如 2010 年的 OAPEN）的研究表明，一本 OA 学术书籍的成本约为 12000 欧元[②]。

商业模式是包含企业进行价值创造活动所涉及的多元要素以及要素之间关系的复杂系统，各要素之间的联系影响着商业模式的运作以及企业的经营。因此讨论商业模式的构成要素对于研究和创新学术图书开放获取商业模式有着重要作用，本书对国内外学者有关商业模式构成要素的讨论进行归纳总结，如表 5-2-1 所示。

表 5-2-1　　　　　国内外商业模式构成要素研究汇总表[③]

学者	构成要素	数量
Horowitz（1996）	价格、产品、分销、组织、技术	5
Timmers（1998）	产品/服务、参与主体利益、收入来源、信息流结构、市场	5

[①] Universities UK, "Open Access Monographs: Report and Recommendations", A Report Produced by the Universities UK Open Access Monographs Working Group, 2018, https://www.universitiesuk.ac.uk/sites/default/files/field/downloads/2021-09/open-access-monographs-report.pdf.

[②] Maron N., Mulhern C., Rossman D., Schmelzinger K., "The Costs of Publishing Monographs: Toward a Transparent Methodology", *The Journal of Electronic Publishing*, Vol. 19, No. 1, 2016.

[③] 张新华：《价值网视角下的数字出版商业模式创新研究》，知识产权出版社 2018 年版，第 27 页。

续表

学者	构成要素	数量
Chesbrough 等（2000）	价值主张、成本结构、利润模式、内部价值链结构、价值网络、目标市场、竞争战略	7
Linder 等（2001）	定价模式、收入模式、渠道模式、商业流程模式、互联网商业关系、组织形式、价值主张	7
Weill 等（2001）	战略目标、价值主张、收入来源、渠道、成功因素、核心能力、顾客细分、IT基础设施	8
Forzi 等（2002）	产品设计、收入模式、产出模式、市场模式、财务模式、网络和信息模式	6
Lambert（2003）	产品/服务/信息、收入来源、价值链及位置、合作网络、客户交互	5
Osterwalder 等（2005）	价值主张、目标顾客、分销渠道、顾客关系、价值结构、核心能力、伙伴网络、成本结构、收入模式	9
原磊（2007）	目标顾客、收入模式、价值内容、网络形态、伙伴关系、隔绝机制、成本管理、业务定位	8
Christensen（2007）	客户价值主张、盈利模式、关键资源、关键流程	4
Richardson（2008）	价值主张、价值创造、价值传递、价值获取	4
李振勇（2009）	融资模式、营销模式、管理模式、生产模式	4
魏炜、朱武祥（2009）	企业价值、定位、关键资源能力、业务系统、现金流结构、盈利模式	6
Yunus 等（2010）	价值主张、经济利润模式、社会利润模式（社会利益、环境利益）、价值系（内部价值链、外部价值链）	4
Teece（2010）	价值主张、产品效益、客户细分、收入模式、价值传递	5
王雪冬、董大海（2013）	顾客、价值模式、运营模式、盈利模式、营销模式	5
Boons 等（2013）	价值主张、供应链、顾客界面、财务模式	4
Bocken（2014）	价值主张、价值创造、价值传递、价值获取	4
季慧生（2014）	价值主张、价值构成、价值创造、价值网络、价值匹配、价值管理、价值实现	7
张越、赵树宽（2015）	核心产品、目标市场、运营流程、价值分配原则、价值链结构	5
雷浩（2017）	价值主张、价值创造、价值传递、价值实现	4
朱芳芳（2018）	价值维护、价值实现、价值网络、价值主张	4

从以上可知，商业模式与价值网络中的构成要素是相互重合的，主要包括价值主张、价值创造、价值实现与价值维护四个要素。实际上，价值

网络是商业模式的一种。

1. 价值主张

价值主张指企业应向客户以何种方式提供何种产品和服务，并在提供服务的同时向客户传递出企业的核心价值观，而在同一种商业模式中可能存在多种价值主张，即企业可以针对不同的客户群体提供不同的产品和服务。学术图书开放获取商业模式的价值主张包括目标客户和产品与服务两种属性，其中目标客户指商业模式需要为谁提供服务，产品与服务指需要提供何种服务。例如，学术图书出版社需要为作者提供图书出版服务、为读者提供图书阅读服务，在提供这些基础产品和服务的同时，出版社可以对其不断加以改进或创新，如个性化订阅和推送等，不断完善自身的价值主张、为后续的价值创造开拓新的路径。

2. 价值创造

价值创造指企业为实现价值主张而采取的一系列活动，是实现价值主张的保障，完善的价值创造过程可以保证企业按照既定的价值主张向目标客户高效率地提供产品和服务。学术图书开放获取商业模式的价值创造包括资源配置和渠道管理两种属性，其中资源配置指对企业及价值网拥有的资源进行合理分配，渠道管理是指在合适的时间和场景通过合适的媒介为合适的客户群体提供合适的产品或服务。例如，学术图书出版社可以依据自身的价值主张吸引图书馆、科研机构、学术交流平台甚至是作为竞争者的其他出版社共同组建价值网，建设学术图书开放获取平台，保障价值创造顺利实现。

3. 价值实现

价值实现指企业在价值主张的驱动下，通过进行价值创造活动获得的收益，价值实现也是企业进行商业模式构建与创新的目的。学术图书开放获取商业模式的价值实现包括收入模式和成本结构两种属性，其中，收入模式指企业的收入来源，通俗地讲就是如何赚钱，图书开放获取的收入来源形式较多，包括图书处理费、增值服务费、众筹资金、政府资助、机构补贴等；成本结构指企业开展业务所需要的各项成本，成本结构包括平台管理费用、营销费用、纸质图书销售成本等。

4. 价值维护

价值维护指企业在完成前三个单元的内容后，需要建立对相关价值活动的维护机制，以稳定同合作伙伴及客户构建的价值网并吸引新客户。学术图书开放获取商业模式的价值维护包括客户关系和合作网络两种属性，客户关系指企业与现有客户和潜在客户之间的信息交流活动，合作网络指企业与其他经营主体间保持的良好关系。

二 图书开放获取商业模式的研究视角

目前，国内外学者对图书开放获取的研究从以下几个视角展开：

在国内研究方面，主要集中于以下几个方面的内容：①运用个案分析方法，探究某出版社或某类 OAB 商业模式。例如，分别以 Open Book Publishers[①]、Knowledge Unlatched 为例[②]，探究 OAB 的免费增值模式（Freemium）[③]、知识解锁模式（KU）[④] 和众筹模式（Crowdfunding）[⑤] 等。②运用案例研究与文献调研方法，归纳出诸多 OAB 商业模式类型。例如，从资金来源角度，将 OAB 出版模式分为免费增值、众筹、图书馆资助和教师职称补贴四种模式[⑥]；从运作流程角度，将 OAB 划分为"传统出版—数字化—开放获取模式""在线 OA 出版—开放获取模式""自存档—开放获取模式"三种模式[⑦]；从利益相关人主体关系角度，探究利益制衡之下的出版模式[⑧]。③将商业模式作为系统分析框架的一部分展开研究。例如，借鉴欧洲开放获

[①] 刘紫薇、牛晓宏：《图书开放获取模式选择——以 Open Book Publisher 为例》，《农业图书情报学刊》2017 年第 9 期。

[②] 徐志玮：《人文社科专著众筹 OA 出版发展现状和思考——以 Open Book Publishers 和 Knowledge Unlatched 为例》，《图书情报工作》2020 年第 22 期。

[③] 张建中、夏亚梅：《Freemium 出版：专著开放获取的未来》，《科技与出版》2018 年第 8 期。

[④] 宁圣红：《学术图书开放获取新模式：Knowledge Unlatched》，《图书馆论坛》2015 年第 7 期。

[⑤] 王向真：《高校图书馆 OA 学术图书整合众筹机制研究》，《图书馆界》2018 年第 1 期。

[⑥] 郑雯译、侯壮：《国外人文社科学术图书开放出版模式研究》，《图书情报工作》2016 年第 11 期。

[⑦] 朱本军、龙世彤、肖珑、黄燕云：《图书开放获取模式及整合利用研究》，《大学图书馆学报》2015 年第 5 期。

[⑧] 李瑾、盛小平：《利益视角下的学术图书开放获取出版模式研究》，《图书情报工作》2017 年第 3 期。

取出版网络（OAPEN）开放获取出版模式的内容框架，从商业—出版模式、服务模式、法律框架三方面分析国外20个典型OA图书出版项目，总结出包括机构资助、OA出版成本支付、合作出版和复合内容出版等在内的六种商业出版模式[1]；研究OAPEN对学术专著开放获取模式的调查与试验，探究其长期与稳定运营的发展路径[2]。

在国外研究方面，主要内容包括：首先，国外学者在论述电子书商业模式[3]的基础上，指出开放获取模式是摆脱学术图书出版危机的途径，认为将资金补贴、资源共享、规模经济和合作带来的效率、印刷品销售服务与免费内容结合起来，会构成最成功的OAB商业模式战略[4]。开放专著出版的商业模式将不可避免地结合多种方法，如小额资助、图书馆和档案馆的合作、学者和研究生的积极合作等。其次，有学者给出了运用商业模式画布分析方法阐述图书出版社商业模式的分析原理[5]，另一些学者根据OAB出版活动链条中各元素的执行功能和融资方式，提出了六种OAB商业模式，即传统出版社、新大学出版社、面向任务的OA、免费增值OA、聚合商/分销商、作者支付[6]。最后，学者们前瞻性地指出，由于OAB资助机制不同、AHSS领域学术书籍的种类具有多样性等原因，不会存在一种普适性的OAB商业模式[7]。

---

[1] 魏蕊、初景利：《国外开放获取图书出版模式研究》，《图书情报工作》2013年第11期。

[2] 魏蕊：《OAPEN学术专著开放获取研究与实践进展述评》，《图书情报工作》2017年第9期。

[3] Georgina A. T. V., Valentino M. L., "A Business Model for Electronic Books", *Procedia-Social and Behavioral Sciences*, Vol. 147, 2014, pp. 268-274.

[4] Janneke A., Eelco F., "Open Access for Monographs: the Quest for a Sustainable Model to Save the Endangered Scholarly Book", *LOGOS journal of the World Book Community*, Vol. 20, No. 1-4, 2009, pp. 176-183.

[5] Bhaskaran E., "Business Model Canvas for E-book Publishing Industry", 2017, https://www.researchgate.net/publication/321019591_BUSINESS_MODEL_CANVAS_FOR_E-BOOK_PUBLISHING_INDUSTRY.

[6] UKRI, "Economic Analysis of Business Models for Open Access Monographs", Annex 4 to the Report of the HEFCE Monographs and Open Access Project, 2015, https://re.ukri.org/documents/hefce-documents/mono-annex-4-economic-analysis-pdf/.

[7] Jubb M., "Academic Books and their Futures: A Report to the AHRC and the British Library", 2017, https://academicbookfuture.files.wordpress.com/2017/06/academic-books-and-their-futures_jubb1.pdf.

总体上，不同规模的出版机构可以选择三种商业模式战略：D2O、OtF、其他图书馆订阅策略。大规模、资助充裕的学术出版社如 MIT 大学出版社，可以选择 D2O 模式，即订阅费一旦达到门槛值，就可开放获取相应的书目。小规模到中等规模的学术出版社可以选择低风险、无门槛值的模式，如 OtF 模式；学者主导的原生 OA 出版社集中在一起，开放的集体合作①。

综上，国内外相关研究已取得丰富成果，图书开放获取商业模式在实践中亦呈现纷繁之势。不过，目前研究中尚有如下不足之处：①将商业模式与出版模式混同（前者侧重于资金产生来源，后者侧重于利益相关人之间的关系和扮演角色），不利于深入挖掘 OAB 商业模式的理论内涵与构成要素。②研究的细粒度不够，缺少对 OAB 出版社商业模式更加细化的要素分解及要素逻辑关系的研究。③研究方法较为单一，大多数相关研究采用了案例分析法与文献调研方法。虽有国外学者指出了商业画布分析方法，但只有一般性的理论概述，鲜有具体案例的指导性说明。④在偏向供给侧的开放获取出版市场的竞争格局中，学者们侧重从供给侧角度挖掘资金来源并以此划分 OAB 出版社商业模式类型，而忽略了从面向用户需求侧的价值实现与价值增值角度的相关研究，因而存在缺陷。⑤以往商业模式研究忽略了对相关利益者之间的网络外部效应、出版社平台的聚集效应的探讨，因而存在研究缺口。⑥研究的实操性有待提高，学者们对出版社商业模式的探讨大多为规范性的、单一模式的归纳梳理，缺少某一出版社对复合商业模式应用的实证演绎说明。基于此，本书以出版社为主体视角，运用兼顾外在客户价值与内在组织效率双重因素的商业画布工具，兼顾网络外部效应与平台聚集效应的双边市场理念，详细阐释 OAB 出版社商业模式的构成要素与运作机理。

---

① OPERAS P & OASPA Workshop, "Innovative Business Models for Open Access Book Publishing in Europe", 2021, https://www.zenodo.org/record/4727970#.Y4y0Q3ZBy3B.

第二节 图书开放获取商业模式的类型与现存问题

一 图书开放获取商业模式的类型

自 2012 年起，以 OAPEN、Springer Open、Brill Open、Palgrave Open 等为标志，学术图书开放获取作为学术信息交流的主流模式之一，受到出版界、图书情报界的关注。很多国家（如法国、瑞士、奥地利、荷兰等国家）已经或正在探索图书开放政策，旨在全面和直接开放获取由公共资金资助的出版物，如欧洲研究委员会（European Research Commission，ERC）和英国惠康基金会（Wellcome Trust）迫切要求基金受让者公开包括书籍在内的研究出版物等。

在各出版社选择商业模式时，非营利性 OAB 出版社或具有 OAB 选项的商业出版社往往采用多种商业模式①。例如，Open Book Publishers 分别采取了免费增值、众筹、图书馆会员及图书馆联盟的复合商业模式。需要注意的是，在如上诸多商业模式中，图书处理费（BPC）商业模式一般由作者所在机构或资助机构承担，大多数从事图书开放获取业务的大学出版社和学术出版社均不向作者或读者收取费用。据一项调查显示，在英国人文社科（Humanities and Social Sciences，HSS）专著研究的资金来源中，只有 22% 来自研究委员会的拨款，而 62% 来自大学资金或自筹资金②。

依据 2019 年 Science Europe 对学术图书开放获取所作的全景分析，结合 2020 年 COMIP（Community-led Open Publication Infrastructures for Monographs）关于开放获取专著收入模式的报告，以及 OAD 组织对图书开放获取商业模式的划分（见附录），目前图书开放获取的商业模式划分为以下几种（见表 5-2-2）③：

---

① Adema J., Stone G., "The Surge in New University Presses and Academic-Led Publishing: An Overview of a Changing Publishing Ecology in the UK", *LIBER Quarterly*, Vol. 27, No. 1, 2017, pp. 97-126.
② University of Cambridge, "Open Access Monograph Option", https://osc.cam.ac.uk/monographs/open-access-and-monographs/open-access-monograph-publishing-options.
③ Science Europe, "Briefing Paper on Open Access to Academic Books", September 2019, https://www.scienceeurope.org/our-resources/briefing-paper-on-open-access-to-academic-books/.

表 5-2-2　　　　　　　　　图书开放获取商业模式

模式	描述	案例（出版社/服务提供者）
图书处理费（BPC）/开放获取费	出版社为使电子书公开获取而收取费用；通常所有的电子书都是开放获取的。一般由作者的资助者或机构支付费用	Bloomsbury、Brill、剑桥大学出版社（CUP）、Elsevier、牛津大学出版社（OUP）、Springer Nature（包括 Palgrave Macmillan）、斯德哥尔摩大学出版社、T&F（包括 Routledge）、加州大学出版社（Luminos）等
免费增值（Freemium）	开放获取或免费提供电子书的一个版本；免费获取由其他收入来源资助（如其他电子格式的销售、印刷销售，和/或图书馆会员费）	经济合作与发展组织（OECD）、Open Book Publishers、OpenEdition、开放人文出版社（Open Humanities Press）、Punctum Book
机构补贴/新大学出版社	机构对机构出版社的出版物或与该机构有关的公开获取出版刊物提供资助。费用在不充足的情况下，机构中的学者可以获得额外的折扣或费用减免	杠杆出版社（Lever Press）、伦敦大学学院出版社（UCL Press）、哈德斯菲尔德大学出版社（University of Huddersfield Press）、白玫瑰出版社（White Rose Press）
图书馆会员	图书馆或其他机构每年向出版社支付会员费，出版社承担使书籍开放获取的一部分费用；会员机构和/或其作者可以获得额外的好处（如图书处理费的折扣）	Open Book Publishers、Punctum Books、加州大学出版社（Luminos）
图书馆联盟	图书馆承诺为馆藏图书开放获取而收取费用，包括收取部分或全部费用。一旦有足够多的图书馆确认参与，并且达到了目标数量，该馆藏将开放获取	知识解锁（Knowledge Unlatched，KU）（至2021年5月，KU 已与 100 多家出版社合作）
众筹	个人承诺为图书开放获取支付费用；一旦有足够的个人确认参与，并且达到了目标数量，该本图书就可以开放获取	Unglue.it（通常与出版社合作，如 CUP、OBP）；Open Book Publishers；自助出版的作者

学术图书（尤其是 HSS 专著）出版往往不是自我维持的，总是依赖某种形式的额外资助。补贴、机构和政府资助一直占 HSS 图书出版的很大一部分，因此外部资助模式也是开放获取商业模式的主要形式。其次，在需求侧经济模式下，大部分出版费用已经通过图书馆预算得到间接支付，而图书馆预算是属于国家/大学机构预算的公共资金。当前社区可能会以一种更直接的方式资助开放获取出版，另一种补充方法认为出版是研究成本

本身的一个组成部分。所有这些考虑都应该在开放获取商业模式的开发阶段考虑进去（见表 5-2-3）。

表 5-2-3　　　　　　出版社类型与商业模式选择①

收入模型		出版社类型					
		商业类型	学者引领类型	社区类型	大学出版社类型	多个机构	所有机构
市场收入模式（侧重内部运作）	市场收入；书目销售	1 已存在同行评议体系；属于私人物品；市场模式		1 已存在同行评议体系；属于私人物品；市场与补贴模式；补贴动力；立法体系			
	图书馆购买合作或电子书聚合协议	2 已存在同行评议体系；OA；保证合同 ⇒					
补贴模式	通过带有价值增值的版本收入来交叉补贴		3 学者引领的同行评议 ⇒				
	托管机构补贴与书目补贴					4 学院引领的同行评议；OA；互惠	
	托管机构补贴						5 协会认证与同行评议；OA；互惠
	大学机构对书目的补贴		⇐	⇐	6 已存在同行评议体系；OA；符合条件的出版商可以扩大；保证合同 ⇒		

二　图书开放获取商业模式存在的问题

目前，许多报告和文章探讨了专著等学术图书开放获取的全景，探究了它的商业模式（例如，Geoffrey Crossick，Monographs and Open Access，HEFCE，2015；Ferwerda，Pinter and Stern，Landscape Study on Open Access and Monographs，KE，2017；Deegan and Jubb，the Future of academic Books，AHRC 和大英图书馆，2017）。确定的模式包括图书馆众包或合作伙伴补贴、机构众筹、作者或其机构或资助者支付的图书处理费（BPC）、

---

① Crow Raym，"MIT Press Open Monograph Model（Direct to Open）"，*Chain Bridge Group and the MIT Press*，2021，https://openresearch.community/documents/mitp_ d2o_ report_ 2021_ dec_ 20.

赠款、国家和欧盟资助、商业活动收入，例如，印刷品销售或服务提供、社区志愿服务（取代支付的劳动力成本）和机构资金。一些开放获取出版社使用这些模型的组合。在 AHSS 研究中，以某一国家语言撰写作品是一种流行做法。有许多不同的商业模式可以允许图书以开放获取的方式生产。例如：双重收费模式，出版社从印刷格式中获得收入，同时提供免费的在线版本；机构或研究机构的补助；学术机构与大学出版社合作；增值服务；收取出版费用 BPC。

目前图书开放获取商业模式依然存在以下问题：

1. BPC 模式引发不公平

黄金 OA 是开放获取的最终目标。实现完全的黄金 OA 意味着出版社不能出售论文或图书作品，而是免费提供资料，此时的出版行为转变为一种服务活动，导致出版资源必须重新配置，并使出版收入的取得方向转向论文或图书作品的供应方[1]。但是，图书出版资金转向由作者、图书馆等供给侧提供资金的 BPC 与 CPC 商业模式具有弊端：①造成资助的不平等。富裕的机构、国家以及具有资深地位的学者更有可能获得可靠的、长期的出版资金。②建立学术等级差异化的壁垒。导致领域发展存在偏向性，弱势学科发展缺乏机会，并损害更年轻学者的职业发展轨迹，造成更不稳定的员工。③支持商业垄断。OA 领域被主要商业参与者掌管的危险大，缺乏多样性，幸存下来的出版社将越来越少，供应链中的所有参与者都将失去价值；虽然有其他的方式来资助 OA 书籍，包括机构支持和免费增值模式，但这些都是不可靠的，让出版社很难计划[2]。

图书出版成本高而期刊论文资助来源相对较少，金额也相对稀少（见表 5-2-4）。美国 ITSAKA、OAPEN-NL 等报告和文献对成本进行了测算。

---

[1] Sara Grimme, Cathy Holland, Peter Potter, et al., "The State of Open Monographs: An analysis of the Open Access Monograph Landscape and Its Integration into the Digital Scholarly Network", Digital Science Report, June 2019, https://www.digital-science.com/blog/2019/06/the-state-of-open-monographs-dsreports/.

[2] NAG, "Collective Funding for Open Access Books: How Libraries and Publishers Can Banish the BPC", November 14, 2022, https://nag.org.uk/development/collective/.

如下为部分出版社的图书开放获取成本。当然，成本的高低与开放获取的版权许可、下载格式与开放路径的选择密不可分。

表 5-2-4　　　　图书开放获取出版社的成本构成

出版社	收费	版权许可	开放路径
（德国）De Gruyter	2450 美元/每章	CC BY	金色 BPC
（德国）施普林格	大约 15000 欧元	CC BY	金色 BPC
（德国）帕尔格雷夫出版社	11000 英镑	CC BY	金色 BPC
（法国）OpenEdition 出版平台带有一个名为"OpenEdition 图书"的组件。（加拿大）阿萨巴斯卡大学出版社也出售其免费图书的 EPUB 格式版本	创建具有开放获取版本免费提供的功能和特性的专著版本	CC BY	免费部分：HTML 版本免费开放阅读；增值部分：PDF 版本为付费访问。（1）对数字条目的增强技术支持；（2）更多元数据（包括图书馆的机器可读格式）；（3）使用统计数据；（4）订阅图书馆的治理利益
（英国）InTech 出版社	640 英镑/每章	CC BY	金色 BPC
（英国）曼彻斯特大学出版社	5900 英镑	CC BY	金色 BPC
（英国）开放图书出版社 OBP	5500 英镑	CC BY	金色 BPC；印刷补贴（POD）；机构的补贴
（英国）开放人文出版社 OHP		CC BY	
（荷兰）阿姆斯特丹大学出版社		CC BY	绿色（通常有 18—24 个月的迟滞期）
（澳大利亚）阿德莱德大学出版社和莫纳什大学出版社		CC BY	印刷补贴

2. 需要寻找 BPC 的替代商业模式

图书开放获取的可持续性增长面临挑战。很多商业模式为规模较小的利益相关者或特定学科领域提供了机会。但由于出版社的性质（如营利或非营利性质）不同、图书的多样性、多语言性，AHSS 领域普遍缺乏资金资助等原因，图书开放获取的可持续性增长仍然面临挑战。因此，除非在政策层面存在重大干预，否则专著出版领域的利益相关者将继续以混合商业模式运作。这种情况广见于英国、美国、澳大利亚、欧盟等国家和区域的开放获取商业模式之中。

在众多问题中，最常被提及的是 BPC（图书加工费作者付费模式）的商业模式，不过很明显，由于图书馆资源的分配原因导致难以负担。令人高兴的是，最近的几份报告详细介绍了出版社可以用来过渡到 OA 的非 BPC OA 收入和商业模式——最近的一个是 COPIM 的开放获取专著 2020 的收入模式①。COPIM 从期刊"订阅开放"模式的一种变体，即会员"订阅再版书的名单，然后将收入用于使新版书的公开访问"这一做法中得到启发，提出了以前未实施的图书 OA 新商业模式——OtF（Open to the Future）模式。COPIM 项目、中欧大学出版社（CEUP）和利物浦大学出版社（LUP）之间建立了合作伙伴关系，实施了这个被称为"开启未来"的模型。该模型为许多中小型大学出版社大规模和可持续地过渡到 OA 提供了一条潜在途径。

3. 图书出版社缺乏出版动力

开放获取既体现了知识民主与承担知识传播的社会责任，也展示了知识生产和传播中的经济分担关系。前者体现了开放获取的公共价值属性，后者体现了开放获取的经济价值属性。一方面，在订阅模式下，与学术知识交流流向相匹配的资金流向是逆向统一的。另一方面，在开放获取模式下，学术交流免费共享要求下展现的公共属性，与学术交流知识共享需要资金支持的经济属性之间存在矛盾。

当与知识流向相匹配的资金流已经得到事先垫付的前提下，无须逆向资金流与之匹配。在这种情况下，由于资助的个体主要面向作者而不是出版社，作为生产知识、过滤知识主体的出版社是否有意愿、动力和资金来匹配知识流动，成为焦点问题②。

4. 图书开放获取的商业模式更为复杂

具有学科偏好的图书，其商业模式多样且复杂。在科学、技术、工程

---

① Penier I., Eve M. P., Grady T., "COPIM-Revenue Models for Open Access Monographs", 2020, https://zenodo.org/record/4011836#.Y_G8JnZBy3A.

② John Wright, "Open Access for Monograph Publishing: Operational Thoughts and Speculations", *Journal of Scholarly Publishing*, Vol. 49, No. 2, 2018, pp. 175 – 192.

和医学（STEM）领域，学术交流主要发生在期刊文章中，金色 OA 路径的文章处理费（APC）模式或混合 OA 出版商业模式在 OA 期刊出版中占据主导地位。但在艺术、人文和社会科学（AHSS）领域，学术成果的展现形式与交流基础是学术图书，以金色图书 OA 路径的图书处理费（BPC）与章节处理费（CPC）为蓝本的图书开放获取商业模式更加丰富多样，从而形成了一个错综复杂的格局。

图书开放获取没有单一的、普适性的商业模式。由于 AHSS 社区规模相对较小、各国资金规模存在差异，以及图书出版工作流程和开放获取图书传播网络的标准化程度较低等原因，在可预见的未来，依然不存在适用于所有的图书开放获取出版活动或适用于所有参与者的唯一的、具有普适性的商业模式。各组织将在共存的生态系统中运用不同的商业模式展开开放获取活动。

三 图书开放获取的增值渠道

过去，出版社的角色常常与打印商或制造商的角色相混淆。但在开放获取环境下，其作用要广泛得多。对于图书出版社及其他利益相关者而言，为新图书的推出寻找新的利基市场，或扩大现有图书的可发现性是一个关键角色。图书出版社等利益相关主体还需要承担以下角色，具备以下开拓渠道、提供增值服务的能力：

1. 角色拓展

①作为制造商/电子服务提供商，提供文本编辑、排版和标签、印刷和装订图书服务。②作为市场营销者，吸引图书作者，增加读者对开和新的订阅者。③作为分销商，出版社维持一个订阅履行系统，以保证货物按时送达，并与订阅代理、系列图书馆员和学术团体保持联系。④作为数字托管商，提供很多额外数据库供应商、网站开发者和计算机系统功能。

2. 渠道聚合与平台搭建

目前，很多学术出版社都开始通过亚马逊的 Kindle 平台和学术图书馆平台将其图书进行数字销售。较小的出版社往往通过 EBSCO、Project MUSE、ProQuest 和 JSTOR 等第三方聚合商将学术图书出售给图书馆。一些公司使用基于 HighWire、Silverchair 和 Atypon（被出版社 Wiley 收购）技术的平台。其他规模的出版社已采取措施开发或运营自己的平台，补充或取代这些其他方法。

另外，很多出版社正努力开发新的营销形式。例如，剑桥大学引入了名为 Elements 的简洁、可更新的研究信息管理系统，剑桥研究人员可以在其中创建档案并在剑桥大学社区内共享信息。通过 Symplectic Elements 系统，剑桥研究人员可以开放获取不断增长的数据源列表中的材料，包括 Europe PubMed Central、Scopus 和 Web of Science、arXiv，以及 Altmetric 的替代指标，以及通过 Dimensions 搜索的授权数据、共享会议论文集和图书章节。加州大学出版社推出了 Luminos 图书开放获取的出版流程，允许在其数字版本中添加多媒体、实时链接和注释选项。Project MUSE 等平台试通过联系作者，以尝试更大的格式灵活性。社区出版社联盟组织 COPIM 借助其开发的 Open Book Collective（OBC）平台实现其 OtF（Open to the Future）的商业模式（见图 5-2-1）。

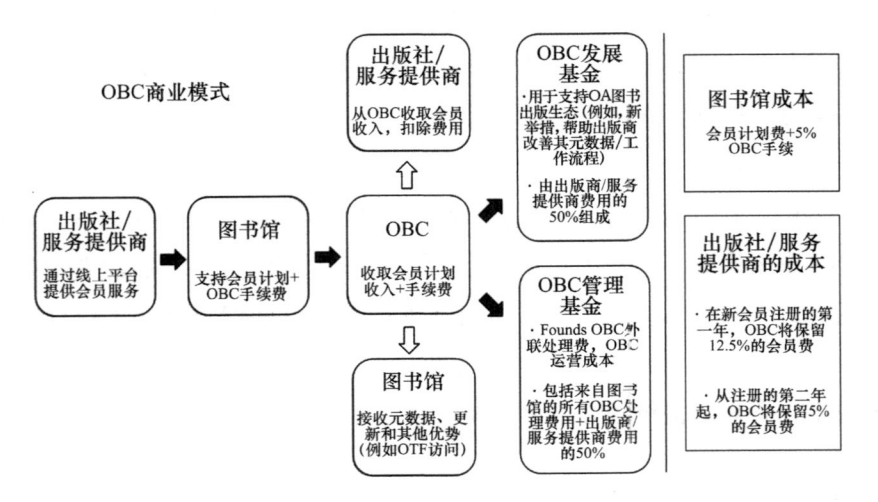

图 5-2-1　COPIM 的 OBC 平台及其商业模式

3. 增值服务

许多学术出版服务以学者、图书馆、读者等主体为目标受众，在汇集图书的基础上通过提供完整的浏览功能和全文搜索、扩展数据库搜索、导航工具、增强的交互式多媒体出版物、连接博客、播客、在线资源和社交媒体网站而实现价值增值。有些数字图书的聚合平台通过与图书馆藏中的其他文本以及与图书馆藏之外的文本和信息源建立有意义的联系，提高价值增值服务。对于出版商来说，增值服务主要集中在网络营销、电子管理和 POD 服务，以及分销和出版平台、转换服务、再版和转载服务、版权许可建议等。在某些情况下，下载和打印也被视为价值附加服务，即出版物可以免费在线阅读，但下载或打印副本需要付费。这是因为，有些图书只能以 PDF 和图书馆的形式提供，或者他们的客户需要付费才能获得更高级或更灵活的格式（如 HTML、EPUB 或 XML）。在某些情况下，出版商还会对编辑、校对和文字编辑服务收费。或者为其他出版商提供营销和管理咨询服务，以及如何创建开放获取出版基础设施的信息。再或者向作者提供咨询服务，为他们提供建议和帮助，而实现价值增值服务。

从更广泛的角度来看，出版社的角色可以通过以下方式为出版过程增加价值：①提供分类和评估研究成果服务：通过提供同行评议服务，提升用户对图书的感知质量，并将其结果广泛用于评估研究成果等。②内容聚合：即便有 EBSCO、Project MUSE 等聚合商参与，但出版社的聚合服务目前也提供广泛使用的服务。③整合来自多个来源的内容：超越简单的聚合服务，例如，建立复杂的循证医学服务，利用多种内容类型和来源，在护理点支持医生。④证据提炼：例如，参考著作和元评论。⑤创建标准和寻求共识：大量由出版社主导的举措提高了内容的质量、可查找性和可用性，包括 ORCID 和 Crossref 服务，如 Crossref 相似性检查、Crossmark 和 Crossref Funder Registr。⑥粒度化、标记和语义丰富（包括分类法和本体的开发），以及内容的优先级划分、标识和规则的应用：以这些方式增加价值可能会变得越来越重要。⑦系统集成、数据结构和交换标准、内容维护和更新程序：例如，SUSHI、KBART 标准。⑧制定和监测行为改变：例如，执行披露某学科兴趣的标准；鼓励或要求并行地存储研究数据。⑨在个人、部门、机构和地缘政治实体层面开发工作流程分析和最佳实践基准：例如，支持研究评估的工具。

如上较详细的角色拓展与增值服务视角，在本质上是对图书开放获取相关利益者角色和功能进行更细粒度的分解，为长期可持续商业模式或收入模式的探究提供了拓展思路。

第三节 图书开放获取商业模式的理论基础

一 商业模式与商业画布

商业模式（Business Model）概念于 20 世纪 50 年代第一次出现，它孕育于竞争商业环境，其含义随电子商务的发展得以深化①。商业模式即盈利模式，好的商业模式应该是可持续盈利的。商业模式不仅是盈利性企业关注的问题，也是公共部门信息系统关注的动态问题②。

商业模式是价值主张、创造、交流和获取的商务逻辑。它将商务市场和非商务、非市场逻辑中的各种要素相结合③，由个体的制度逻辑所塑造的同质的价值逻辑以及由两个或多个制度逻辑共同影响形成的异质价值逻辑构成。可持续发展商业模式建立在异质价值逻辑的基础之上④，因此，可持续商业模式常为复合型。

商业模式画布(The Business Model Canvas，简称商业画布）由 A. Osterwalder

---

① Timmers Paul, "Business Models for Electronic Markets", *Electronic Markets*, Vol. 8, No. 2, 1998, pp. 3 – 8.

② Agneta R., Helle Z. H., Jonas H., "An Analysis of Business Models in Public Service Platforms", *Government Information Quarterly*, Vol. 33, No. 1, 2016, pp. 6 – 14.

③ Randles S., Laasch O., "Theorising the Normative Business Model", *Organization & Environment*, Vol. 29, No. 1, 2016, pp. 53 – 73.

④ Oliver L., "Beyond the Purely Commercial Business Model: Organizational Value Logics and the Heterogeneity of Sustainability Business Models", *Long Range Planning*, Vol. 51, No. 1, 2018, pp. 158 – 183.

和 Y. Pigneur 于 2004 年在《商业模式新生代》（*Business Model Generation*）中提出，是对商业模式进行直观描述和可视化分析的一套方法。商业画布将商业模式中的元素标准化，强调元素间的相互作用，能够清晰地阐明商业模式的运作机理。目前，该分析方法被广泛应用于组织商业模式、商业创新活动等领域的分析、评估与设计①。

本书将运用商业画布分析方法展开 OAB 出版社的商业模式分析，依次考虑 9 个具有逻辑关系的构成要素，即客户细分、价值主张、渠道通路、客户关系、收益来源、关键资源、关键活动、关键伙伴（含基础设施）和成本结构。这九大要素清晰地展示了出版社进行价值创造、价值传递和价值捕获的内在机理，对出版社 OAB 商业模式进行了描述和定义，展现出同类出版社普遍采用的价值逻辑。

二　双边市场理论

双边市场（Two-sided market）也称"双边网络"（Two-sided network）或"多边市场"（Multi-sided market），最早由 Gale 与 Shapley 两位学者于 1962 年研究婚介所与学校招生的市场匹配问题时发现了这一现象，为研究产业发展及其竞争环境的新视角。它与只包含买方与卖方两个参与人的传统市场不同，一般有三个或三个以上的参与者，旨在促进更多用户接入平台、平台向各边参与者收取费用。Rochet 和 Tirole 于 2003 年给出了双边市场的定义，即一个或几个允许最终用户交易的平台（如黄页电话簿公司、信用卡公司、视频游戏平台、出版社等），通过适当的各方收费策略使双边（或多边）用户保留在平台上。

双边市场具有鲜明的特点，如网络外部性（即在某一特定市场上生产的产品效用随着对另一市场所生产产品的需求数量而变化，反之亦然）与采用多产品定价方式（中间层或平台必须为它提供的两种产品或服务同时进行定价）等。

---

① 胡保亮：《基于画布模型的物联网商业模式构成要素研究》，《技术经济》2015 年第 2 期。

双边市场可依据不同方法进行分类，例如：①依据平台与用户的关系角度，双边市场一般分为：市场创造型、受众创造型、需求互补型三类①。②依据平台功能角度，双边市场可分为四类：第一类是匹配中介市场（如不动产代理商、B2B、股票交易系统）。第二类是受众制造市场（如黄页目录、电视、报纸和门户网站）。该平台把成组的购买者与成组的销售商匹配起来。第三类是共享的投入市场（如计算机软件、服务器、视频游戏）。第四类是基于交易的市场（如信用卡产业）。

第四节　OBP 案例选择依据与案例描述

一　案例选择依据

依据出版价值链中各利益相关者所扮演的角色、参与出版活动的特点，可以将图书开放获取出版社划分为四种类型：商业出版社（Commercial Press）、大学出版社（University Press）、新大学出版社（含图书馆出版社）（New University Press 或 Library Press）、学术主导出版社（Academic-led Press（ALP）或 Scholar-led Press（SLP）②。在这四种类型的出版社中，后三类出版社具有共性，即均以学术团体或大学等研究机构为主导的出版社，符合开放获取学术逻辑导向的倡议初衷，代表了图书开放获取出版社的未来发展趋向。尤其是最后一类出版社，即学术主导出版社（ALP 出版社），相比其他类型的出版社具有如下特点：①出版逻辑以学术为导向，而非商业导向，能够满足学术图书用户更具体的利基需求③。②出版成本低于其他出版类型出版社。ALP 类型出版社通过选择和开发

---

① University of Cambridge, "Open Access Monograph Options", https://osc.cam.ac.uk/monographs/open-access-and-monographs/open-access-monograph-publishing-options.

② OAPEN, "Types of Publishers and Publishing Services", June 2023, https://oabooks-toolkit.org/lifecycle/3044370-write-submit-manuscript/article/7520994-types-of-publishers-and-publishing-services.

③ Samuel M., "Open by Whom? on the Meaning of 'Scholar-Led'", ScholarLed blog, October 24, 2019, https://www.samuelmoore.org/2019/10/24/open-by-whom-on-the-meaning-of-scholar-led/.

最有前途的作者和书目主题，优化工作流程，大幅减少采编支出与流程费用。③出版收入渠道多元。ALP 类型出版社力求获得多方利益相关者（如图书馆、用户、其他出版社等）的支持与合作，旨在建立一个强大的收入流生态系统。④出版社声誉佳。ALP 类型出版社通过专业的采编与更加严格的同行评议流程，实现了图书目录的独特性、多样性和高学术质量，在业界建立了良好的声誉①。以上特点也是本书选取 OBP 出版社作为分析案例的主因。

二 OBP 案例描述

Open Book Publishers（开放图书出版社，简称 OBP）是目前英国最大的学术图书（尤指专著）开放获取出版社，也是全球英语类学术图书的行业领导者。OBP 由剑桥大学的学者 R. t Gatti 和 A. Tosi 于 2008 年创立，是一家非营利性社会企业与迅速增长的国际学者网络中心。OBP 由致力于向公众提供高质量图书的卓越研究者经营，旨在使学术出版物以更公平、更快速、更容易的方式访问。

OBP 出版社除以平装本、精装本和电子书版本提供出版服务外，还以 PDF、HTML 和 XML 格式出版每个标题的免费在线版本。OBP 网站显示，OBP 每月在全球范围内可供 20000 多名读者免费阅读、下载和重复使用学术图书。OBP 出版的学术图书覆盖了 18 个领域（如哲学、人类学、文学和宗教类、艺术、经济学、政治和社会学、教育、环境研究、历史和文学、法律、文学作品和语言学、数学等）。

截至 2022 年 12 月 11 日，OBP 每年出版 40—50 本图书，OBP 网站图书目录中已经有 250 余本可以免费在线阅读的图书。这些图书可以通过 POD（按需打印）技术进行提供，也可以平装和精装版方式进行提供②。

---

① van Gerven Oei V. W. J., Joy E. A. F., "Scholar-led Open Access Publishers Are Not 'Author-Chutes'"，2020，https:// punctumbooks. pubpub. org/pub/scholar-led-open-access-publishers-are-not-author-chutes/release/1.

② Open Book Publishers, https://www.openbookpublishers.com/.

第五节 OBP 商业模式的九要素分析

经过分析，笔者绘制了 OBP 出版社商业模式画布分解图表，如表 5-2-5 所示：

表 5-2-5 Open Book Publishers 图书开放获取商业模式画布分解表

重要合作	关键活动	价值主张	客户关系	客户细分
①研究机构；②基础设施和培训机构；③开放平台；④图书馆；⑤开放获取组织成员	①与免费获取相关的审查、排版等活动；②与个性化定制有关的多格式处理、元数据增强、市场营销等活动	①让所有读者均可免费获得学术书籍，增加学术图书可访问性和可重用性；②免费获取高质量学术图书；③定制化个人升级付费服务	①建立流量关系；②保持、增加用户流量	①个人用户；②图书馆会员用户
	关键资源 ①内容资源；②人力资源；③技术平台；④资金资源		**渠道通路** ①自有渠道；②托管、合作伙伴（托管与合作）	
成本结构 ①标题设置成本；②日常管理费用；③生产印刷费与版税；④销售发行费；⑤人工费			**收益来源** ①销售收入；②作者付费或生产性收费；③图书馆会员与图书馆联盟收费；④来自基金成员会的捐助资金	

1. 客户细分（Customer Segments）

客户细分是指组织为满足用户多样化的异质需求，根据用户的属性、行为、需求、偏好以及价值等因素对客户进行分类，并提供有针对性的产品、服务和销售模式。据此，OBP 出版社将其目标客户划分为两类网络用户：个人用户和图书馆会员用户。这两类用户均可以免费获取 HTML 网页格式与 PDF 格式的学术图书，免费获取推送信息以及文献管理工具（如 EndNote、RefMan、BibTeX）。不过，如果用户具有图书馆会员资格，则会员图书馆除为所有工作人员、学生和校友免费获取 OBP 每本出版物各种格式的数字版本外，还可以免费获取已购买的纸质副本。此外，会员图书馆可以下载所有 OBP 书目的完整 MARC 记录集。

例如，以 OBP 出版的 *Searching for Sharing：Heritage and Multimedia in Africa* 一书为例，OBP 出版社针对如上两类用户需求一共有八种格式选择：平装本购买、精装本购买、MOBI 格式购买、EPUB 格式购买、PDF 下载、XML 格式下载、PDF 在线阅读、HTML 格式在线阅读。其中，后两者可以免费阅读。此外，OBP 支持 XML 格式的免费下载和 PDF 格式的免费阅读和下载。如果读者需要平装本（Paperback）、精装本（Hardback）或电子书格式（EPUB 或 MOBI），则可以点击购买，OBP 按用户喜好进行定制。

2. 价值主张（Value Propositions）

价值主张居于画布的中轴，是对目标用户真实需求（如用户最看重的产品或服务优势）的深入描述，也是针对竞争对手的战略模式。在实践中，价值主张体现在用户选择产品或服务的几项关键指标，如品种、价格、质量、格式等方面。

在战略层面上，OBP 的价值主张体现于组织愿景、使命与目标之中。OBP 的组织愿景为：通过合作共享，让所有读者均可免费获得高质量的学术书籍，并让学术图书可访问和可重用。OBP 使命为：凭借先进的理念、免费增值的服务、门类丰富的图书资源及遍布全球的分支机构，为不同客户群体提供定制化且具有创新性的产品和服务。OBP 的目标为：只发表高质量的研究；使阅读出版作品的读者人数最大化；最大限度地参与和重复使用作品；通过鼓励和发展创新成果，提高学术研究的质量。

在战术与操作层面上，OBP 在免费服务与增值服务两个方面的具体举措包括：其一，免费服务举措有：①与 Worldreader 合作使发展中国家的读者可以免费获取 OBP 书籍；②在 OBP 网页内，不仅可以以 HTML 格式阅读，还可以免费下载 PDF 版本的图书；③OBP 所有书籍都可以通过嵌入其他网站进行共享。其二，增值服务举措有：①针对不同用户与产品，采取差别定价法来提供增值产品与服务。例如，网络读者可以花费 5.99 英镑在亚马逊 kindle 等电子书平台购买电子书。②针对平装版本和精装版本，收费分别是 17.95 英镑、27.95 英镑。③针对订购超过 50 英镑的个人用户，提供一定的折扣。

3. 渠道通路（Channels）

渠道通路是出版社将其价值主张传递给用户的途径。OBP 的渠道通路主要分为两种：自有渠道和合作伙伴渠道。

OBP 自有渠道是通过出版社自身的平台渠道，实现将学术图书直接送达到用户手中。例如，OBP 在英国、美国、澳大利亚都有分支机构，可以实现快速打印、制作，然后送达世界上任何一个国家。

具体来说，OBP 有自己的网站（占 1/3 的销售额），9 个元数据聚合商（包括 Crossref、DOAB、CNKI、OCLC Knowledge Base、EBSCO Knowledge Base 等）、11 个电子书零售商与分销平台（包括 Amazon KDP、Google Books、StreetLib、EBSCOhost、Elib、OverDrive、OAPEN、OpenEdition Books 等），以及 4 个 OER 开放教育资源平台（包括 Open Textbooks Library、BC Open Textbooks Collections、OER Commons、Merlot）。

如上公司与平台要么以订阅模式向图书馆出售 OBP 的电子书，要么将 OBP 出版的电子书分发给世界各地的在线书店。

OBP 合作伙伴渠道主要有两种：一是托管，即通过将学术图书托管到其他平台的方式，进一步提高学术图书的可发现性与可获取性。例如，OBP 将其学术图书托管到开放获取图书目录（即 DOAB，该平台收集了开放获取图书元数据），或托管到 OAPEN 图书馆（该平台是开放获取图书的中央存储库），甚至托管到更大的欧洲最大的开放获取人文社会基础设施 OPERAS 项目下的 HIRMEOS 平台中，实现泛欧洲、泛全球的学术图书开放获取。二是合作。OBP 通过与研究机构（如 Dickinson College Commentaries、纽约大学全球高级研究学院等）、基础设施和培训合作伙伴［如 COPIM（Community-led Open Publication Infrastructures for Monographs）基础设施］、开放平台（如 OpenEdition 图书平台等）、图书馆访问合作伙伴［如 EIFL（图书馆电子信息）机构等］、开放访问组织成员［如国际科学出版物供应网络（INASP）、开放获取学术出版社协会（OASPA）］等展开多方位、深层次合作。

4. 客户关系（Customer Relationships）

OBP 与目标用户群体的关系分前期建立、中期保持与后期维护三段关系。OBP 作为小型图书开放获取出版社，最大的优势是不断增加与个人用户、会员用户之间的互动。

在前期建立阶段，OBP 通过为用户提供平台、注册服务与内容推送等方面，建立初步的客户关系；在中期阶段，OBP 为用户提供定期邮件跟踪，通过网站在线服务、社交媒体等渠道与用户保持沟通，及时了解用户的最新需求，并提供帮助以保持用户流量；在后期阶段，OBP 会继续提供增值服务，通过客服热线、网络媒体等方式了解和处理用户遇到的问题。与此同时，OBP 还提供后续技术支持，将新技术应用于书籍格式（如嵌入多媒体内容），不断完善服务、满足不同客户的多样化需求。此外，用户如有建议、反馈和问题，可以通过 Twitter、Facebook、LinkedIn 和 Zotero 联系成员或直接与出版社的电子邮件地址联系。

5. 收益来源（Revenue Streams）

作为非营利性的机构，OBP 证明了高质量的开放获取出版模式亦可通过成本效益的计量原则得以存续。据 2018—2019 年统计数据，OBP 的年收益为 186811 英镑。开放获取商业模式具有明显的传播和成本效率优势。但是，最小化成本并不意味着成本为零，仍然需要增加收入来支付这些费用，因此 OBP 需要通过许多渠道取得收益。

OBP 的收益主要源于以下四个方面（见图 5-2-2 与图 5-2-3）：①销售五种格式的图书印本（精装本、平装本、EPUB 版、MOBI 版以及 PDF 加强版）收入。这部分收益占比最大，可达 40% 以上。②作者付费或生产性收费。OBP 虽不强制性要求作者为出版付费，但是鼓励作者给予最基本的出版费用。③OBP 推出图书馆会员计划，通过收费以支持和扩展出版活动。会员图书馆支付 500 美元年费，OBP 则为图书馆所在大学用户提供一系列服务。④来自个人与基金会（如 Polonsky 基金会、Thriplow 慈善信托、Jessica E. Smith 和 Kevin R. Brine 慈善信托）的捐助资金。在 2020—2021 年，OBP

的研发工作获得了 182967 英镑的赠款。其服务输出包括开发元数据管理系统 Thoth（该系统是 COPIM 项目的一部分），该系统现在处理 OBP 所有的元数据并将其作为 OBP 图书目录的基础。此外，OBP 还开发了这个网站，这是一个开源网站，其他出版社可以将其用于自己的运营。

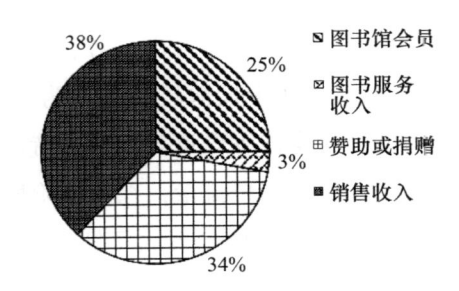

图 5-2-2　OBP 出版收入为 229000 英镑（2019—2020 年）

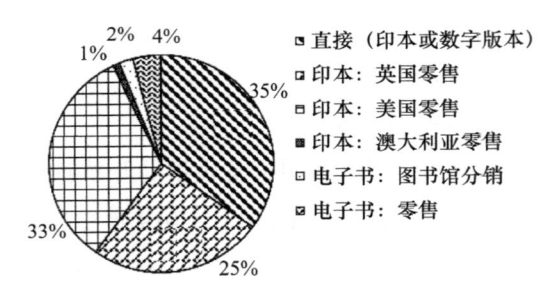

图 5-2-3　销售收入来源（2019—2020 年）

6. 关键资源（Key Resources）

作为一家领先于同行的非营利性出版社，OBP 的核心资源来自其高质量的内容资源、专业的人力资源、战略性合作伙伴与多渠道资金支持。这些资源成为 OBP 能够为各类用户提供优质服务的基础。

首先，OBP 拥有高质量或已获奖的学术图书，并寻求内容创新与形式创新。在内容创新方面，OBP 正在创作交互式书籍，试图将移动图像、链接和声音结合到文本结构中。在形式创新方面，OBP 将免费提供传统图书的网站数字资源，用户在每本图书产品页面上可以找到更多的章节内容、评论、链接和图片库等信息。其次，OBP 拥有专业的人力资源团队。学术图书成果传播由学术机构和研究中心主导，而非由商业出版社主导，在鉴别学术图书标题、编辑、设计、同行评议、出版等整个流程中，确保了学术图书的质量、学术创新的持续性。再次，学术图书在整个流程中都将经过严格的同行评审、专业的编辑、高质量的设计和排版，并具有商业印刷的精装本选项。最后，OBP 在世界多个国家和地区建立了分支机构，与多家捐助基金会建立了长期资助关系，能够实现与全球各地的基础设施平台和研究机构展开合作，形成了泛全球化的服务网络。

7. 关键业务（Key Activities）

OBP 的关键业务主要体现于与免费获取有关的活动及与个性化定制有关的活动。尤其是个性化定制业务，是 OBP 收入来源占比最大的部分。

OBP 提供的与免费获取相关的活动有审查、排版、生产等，提供的与个性化定制有关的活动有多格式处理、元数据增强、市场营销等。OBP 努力使增值服务向上延伸，不断与读者互动，以提供流程化的个性化服务。如 OBP 可依据用户需求，为个人定制提供多种版本选择，并依据用户选择内容进行拼接、排版、快速打印、发货并提供完善的售后服务。此外，OBP 网站还制作了在线补充材料，包括额外的章节、评论、链接、图像库和其他数字资源，可以在每本书的单独产品页面上找到。

8. 重要合作伙伴与基础设施（Key Partnership）

OBP 作为学术主导的开放获取出版社 ScholarLed 联盟的创始成员，是整个欧洲人文社科开放获取基础设施项目 OPERAS（Open Access Publications In European Research Areas）中 HIRMEOS 子项目的一部分。OBP 合作伙伴众多，其合作伙伴包括：①研究机构（如 Dickinson College Commentaries、纽约大学全球高级研究学院）；②基础设施和培训合作伙伴（如 COPIM、HIRMEOS（一项新的欧盟专著开放获取基础设施项目）；③开放平台（如 OpenEdition 平台、Open Textbooks Library、DOAB、Unglue.it）；④图书馆访问合作伙伴（如 EIFL）；⑤开放访问组织成员（如 INASP、OASPA）等。此外，OBP 正在开发开源基础设施，以使其他开放获取出版社成长和繁荣。这些平台采用多种元数据格式（ONIX、KBART、MARC），依据每个渠道专有特点进行提供。

OBP 通过与如上重要伙伴与基础设施平台展开多方位、多层次的深度合作，促使各商业要素得到良好匹配与精益运作，使其成为行业内的领头羊出版社，在获得一定市场集中度的同时，也产生了一定的规模经济效益与网络外部性效应。OBP 正与志同道合的组织合作开发开放基础设施，以出版开放获取作品，通过开放平台和服务分享书籍，并在全球推广愿景和价值观（见表 5-2-6）。

表 5-2-6　　　　　Open Book Publishers 的社区关系

社区关系类型	举例
基础设施和培训伙伴关系	COPIM、ScholarLed、Dixit、H2020
开放平台合作伙伴	DOAB、COT 教育、OpenEdition Books、Open Textbooks、Unglue.it
无障碍合作伙伴关系	皇家国家盲人研究所（RNIB）、Worldreader
图书馆访问合作伙伴	图书馆电子信息（Electronic Information for Libraries，EIFL）［注：OBP 正在与 EIFL（图书馆电子信息）合作，为 EIFL 合作伙伴国家（包括博茨瓦纳、柬埔寨、科索沃等）图书馆联盟成员的图书馆提供三年的 OPB 图书馆会员计划免费会员资格］
开放获取组织成员资格	开放获取学术出版社协会（OASPA）、激进开放获取联盟（ROAC）、国际科学出版物可用性网络（INASP）、纯开放获取联盟（Pure Open Access Alliance）

9. 成本结构（Cost Structure）

OBP 的图书处理费用为每本书 0—5500 英镑[①]。OBP 主要的成本来自标题设置成本、日常管理费用、生产印刷费与版税、销售发行费、员工费。其中，标题设置成本是基于固定成本的，占比最大。日常管理费用的分配取决于年度总间接费用除以当年出版的图书数量。销售和发行成本是提供该书的五种格式的销售结果，上述平均数是通过将成本除以

[①] Eve M. P., Inglis K., David P., "Cost Estimates of an Open-access Mandate for Monographs in the UK's Third Research Excellence Framework", *Insights: The UKSG Journal*, Vol. 30, No. 3, 2017, pp. 89–102.

已售出的单位数计算得出的。据 2018—2019 年统计数据，OBP 的成本为 181510 英镑。经过收益成本的对比分析，可见 OBP 于 2018—2019 年实现了微盈利。

OBP 费用类别与费用明细见图 5-2-4 与表 5-2-7。

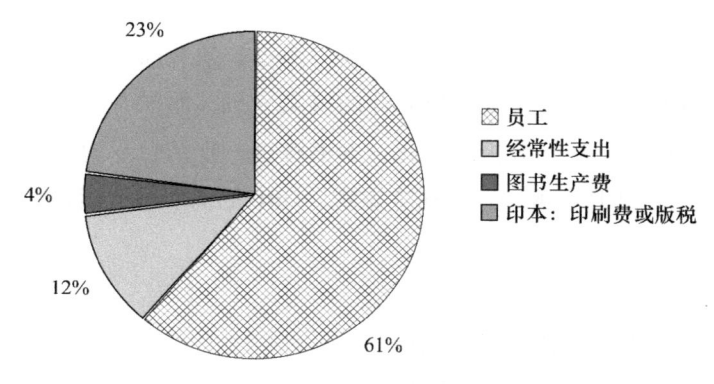

图 5-2-4　费用发生的类别

饼图显示：员工 23%，经常性支出 4%，图书生产费 12%，印本：印刷费或版税 61%。

表 5-2-7　　　　　　　　费用明细（2022 年数据）

费用类别	英镑
最终校对和索引费	2100
排版费	1000
封面设计费	150
数字编辑和网站维护费	350
分销和零售费	300
营销费	500
一般性支出（办公室租金、公用事业费等）	1100
成本总计	5500

在成本构成上，OBP 制作第一本图书的生产成本是所有成本减去印刷与版税成本。OBP 2019—2020 年生产成本：222000 英镑（此间成本费用明细为每本 5000 英镑）。

经过计算，在 2019—2020 年，OBP 第一版图书的制作费是每本图书的费用为 4874 英镑。此外，由于 2019—2020 年 OBP 出版收入为 229000 英镑，可见 OBP 在此期间也实现了盈利。

第六节 OBP 案例的商业模式运行特点分析

OBP 正在改变传统学术书籍的性质。不过，如上商业画布分析侧重的是从出版社与用户单边市场视角展开的狭义分析，而没有在广义双边或多边市场系统框架下展开分析。因此，本书将进一步结合双边市场理念，展开 OBP 运营模式特点的阐述。研究发现，OBP 的商业模式运行特点体现在以下四个方面：

一 OBP 商业模式具有集成性

商业画布以价值主张为中轴，左边四要素关注出版社内部的管理效率，右边四要素关注客户价值的提升。从 OBP 商业画布各要素分析可见，OBP 分别采用了免费增值模式（Freemium）、图书馆会员制模式、图书馆联盟模式、补贴模式、BPC 模式、众筹模式等多种图书开放获取商业模式的集成，分别体现于商业画布中的价值主张、客户细分、合作伙伴、关键业务、收入实现成本结构等各个模块。

商业画布涵盖了四大功能：客户、产品与服务、基础设施、财务能力。通过画布可以直观地看到，OBP 采用的商业模式，综合考虑了供给侧与需求侧两方利益，形成了一个完整的商业逻辑，且各个要素密切联系并相互辅助，形成了一定的内驱力[①]。

二 利益相关主体的需求存在互补性

OBP 作为平台，聚集了诸多利益相关主体（如作者、作者所属机构、资金提供方、出版社、图书馆、其他相关托管与合作机构或平台等）。这

---

① 孙瑞英、王浩：《新制度主义理论视域下激发我国政府数据开放驱动力的博弈分析》，《信息资源管理学报》2020 年第 2 期。

些主体间通过 OBP 中介平台互动匹配，进而形成具有聚集效应的双边或多边市场格局。

双边市场（Two-sided market）也称"双边网络"（Two-sided network）或"多边市场"（Multi-sided market），最早由 David Gale 与 Llyod Shapley 两位学者于 1962 年研究婚介所与学校招生的市场匹配问题时发现了这一现象[①]。在双边市场格局下，OBP 学术图书产品或服务的降价会具有关联价值（如数字版学术图书与 POD 服务之间存在关联价值）、强化价值（如学术图书的多种格式之间存在强化价值）、质量提升价值（会员费的提升与服务需求的满足提升之间存在提升质量价值）、方便使用价值（有数量较多的学术图书可以提供时，则用户浏览与获取学术图书具有便捷价值），使 OBP 平台连接的各利益相关方需求具有互补性。

三 交叉网络外部效应

双边市场可依据平台功能角度，双边市场可分为四类：匹配中介市场（如不动产代理商、股票交易系统）、受众制造市场（如黄页目录、报纸、门户网站、出版社，此时平台把成组的购买者与成组的销售商匹配起来）、共享的投入市场（如计算机软件、服务器、视频游戏）以及基于交易的市场（如信用卡产业）。

OBP 试图成为具有匹配中介市场、受众制造市场与共享投入市场特性的双边市场，并利用交叉网络外部性聚集收益。交叉网络外部效应下，任何一个利益相关主体的缺失都将导致其他主体利益受损。通过 OBP 平台及其托管合作平台记录的读者登录、下载、使用学术图书等功能，增加出版物的知名度、可发现性和可访问性，以此吸引更多的读者用户，进而会更多地吸引资金提供机构、图书馆、其他平台的关注，再由此吸引更多的作者，扩大平台规模，从而使作者和赞助商、合作伙伴形成了新的交叉网络。

---

① 刘霞、王云龙：《双边市场及平台理论文献综述》，《南都学坛》2018 年第 5 期。

四 双边平台价格结构非中立性

双边平台的价格结构非中立性是指一边用户的需求会影响另一边用户的收益，平台可以采取面向多边用户的多产品定价方式。由于图书开放获取的免费性质决定了 OBP 平台在针对读者方定价时价格始终为零，OBP 将为某类用户提供服务的成本完全转嫁到选择付费增值用户、会员用户、参与知识解锁的机构上，体现了其商业模式的价格结构非中性。

OBP 通过适当的各方收费策略使双边（或多边）用户保留在平台上，促进多边用户不断接入平台，从而产生了平台用户聚集效应，增加平台使用黏性。

第七节 对案例的讨论与启示

对 Open Book Publishers（OBP）出版社学术图书开放获取商业模式的 9 个构成要素及运作特点展开研究，以期以更细粒化的商业模式研究视角，求解破除图书开放获取困局的办法，并为以学术团体或大学研究机构为主导的同类出版社建立可持续的商业模式提供参考。从开放获取的研究视角，运用商业画布分析工具及案例分析法，试探究 OBP 出版社的商业模式构成要素及其耦合机理。OBP 作为全开放出版社能实现微利，其秘籍在于以用户需求为导向，以平台为基础，在明确的客户细分、面向用户需求的价值主张、良好的客户关系、畅通的渠道通路、丰富的内容资源与合作伙伴基础等要素的基础上，实现了供给侧与需求侧的精准匹配，引导实现正向网络外部性效应与聚集效应。OBP 商业模式的成功也为我国开展图书开放获取活动提供了有益的启示。

一 OBP 商业模式的成功之处

学术图书开放获取是具有公共文化服务属性的出版服务模式，有助于实现知识共享与学术交流。随着开放获取文献类型日渐多样化以及强制开放获取政策的普及，学术图书开放获取成为大势所趋。目前，学术图书开放获取的出版主体大多为以学术团体或大学研究机构为主导的非营利性出版社，一般以中小出版社为主，没有形成寡头垄断市场，因而存在大量的"长尾"出版社，市场集中度不高，难以实现规模经济收益。针对这一不利局面，Open Book Publishers 运用市场化商业模式与双边市场的运行机制来解决公共文化服务机构的运营问题，形成了可持续的 OAB 商业模式。

本书以具有未来发展潜力的学术主导出版社 OBP 为例，运用商业画布分析工具与双边市场理念，详细解析了 OBP 商业模式要素及其耦合关系，阐释了 OAB 深层运行机理。研究发现，OBP 作为全开放出版社能实现微利，其秘籍在于以需求为导向，以平台为基础，在明确的客户细分、面向用户需求的价值主张、良好的客户关系、畅通的渠道通路、丰富的内容资源与合作伙伴基础等要素的基础上，实现供给侧与需求侧的精准匹配，引导实现正向网络外部性效应与聚集效应。

由于"传统"完全基于销售收入的商业模式并不适用于 OA 出版物。在图书开放获取商业模式选择中，除了向作者或其所在机构收取高额的 OA 出版费用外，商业出版社几乎没有其他选择。但 OBP 案例表明，社会企业和非营利性组织可以在推动研究开放的过程中发挥主导作用。通过采用数字与 OA 技术，OBP 确实有可能减少传统出版社出版与发行学术专著的成本，在出版机构层面实现可观的成本效益，从而使作者无须支付 OA 专著出版的成本。研究资助者、学术团体和图书馆通过出版补助金、会员费和其他非销售收入来源为 OA 出版提供直接的财政支持，这对新的出版计划可能比传统出版社更重要。此外，这些新举措也为整个学术传播领域带来了创新和活力，有助于创建一个创新和动态的 OA 学术出版环境。在这一过程中，图书馆也通过合作，成为学术出版生态系统的领导者，而不仅仅是产品购买者[1]。

---

[1] Gatti R., Mierowsky M., "Funding Open Access Monographs: A Coalition of Libraries and Publishers", *College & Research Libraries News*, Vol. 77, No. 9, 2016, pp. 456–459.

二 对我国的启示

现阶段，学术图书开放获取出版模式的理论探索与实践仍以欧洲为主，并逐渐向全球扩展①。随着开放获取（OA）图书出版及其资助方式正在发生变化。2020年和2021年出现了几项基于图书馆集体资助的新OA专著计划，如剑桥大学出版社推出了Flip It Open（FIO），麻省理工学院出版社推出了Direct 2 Open（D2O），利物浦大学出版社推出了Open to the Future（OtF）。而在我国，目前各大学出版社与商业出版集团尚未真正涉足图书开放获取出版，更没有依据图书开放获取未来发展趋势，演变形成以学术团体与研究机构为导向的多样化OAB出版社。依据2023年2月24日Directory of Open Access Books（DOAB）平台数据，仅有的16本中文开放获取图书中，其出版社均为国外出版社。不过，我国在设置学术图书出版各类基金资助（如国家出版基金、国家科学技术学术著作出版基金）、项目支持（如中国学术外译项目、国家重点图书出版规划项目）、政策导向（如2020年4月出台的《国家出版基金资助项目成果公益使用管理办法（试行）》）等方面已取得了一定进展，为学术图书开放出版的真正运行奠定了一定基础。

本书的研究为我国同类型半开放与全开放出版社开展学术图书开放获取提供了经营思路。具体启示有：

1. 顺应学术图书开放获取的必然趋向，积极向完全开放获取转换

依据cOAlition S发布修订版S计划原则和实施指南，允许大学出版社或学术主导出版社等相关利益者做出转换安排（包括转换协议、转换模式、转换型期刊或图书），逐步实现完全开放获取。在此背景下，我国各类相关出版社应积极做好学术图书从封闭到半开放、从半开放（即混合开放）到完全开放的转换工作。

---

① 魏蕊:《学术图书开放出版十年实践进展分析（2011—2020年）》，《农业图书情报学报》2020年第12期。

2. 协调内驱与外推的关系，注重成本与收益核算

探索可持续的 OAB 商业模式可持续的商业模式不仅要从外部资金支持的外推力上寻找答案，更重要的是从内部资源、关键活动、成本收益核算和投入基础设施等内驱力上打造为用户提供增值服务的能力。我国各相关出版社可依据商业画布理论与方法框架，在分解 OAB 商业模式要素的基础上，从需求侧客户价值分析入手，循序渐进地提升供给侧出版社内部的管理效率，探索可持续的 OAB 商业模式。

3. 形成协作的相关利益者的关系与治理结构

如同 OBP 非常重视建立关系渠道、形成重要的合作关系一样，我国各类出版社在开展图书开放获取时，也需要注重与学术交流圈中各相关利益主体（资助机构、大学、图书馆、聚合平台等）协调合作，建立正式与非正式的治理结构。同时，还要注意与国际接轨，加入国际或区域协会、联盟和计划项目之中，利用平台聚合与共享资源。例如，加入 OASPA、参与到区域性基础设施联盟（如 OPERAS）、注册成为 DOAB 平台成员等。

本章小结

在图书开放获取中，资金问题一直是事关其可持续发展的重要挑战。本章首先解析了图书开放获取商业模式的含义与目前研究视角。然后依据 Science Europe、COMIP、OAD、OPERAS 等机构对商业模式的汇总研究，对图书开放获取商业模式的类型与现存问题进行了阐述，指出目前 BPC 模式的诸多弊端与寻找替代模式的必要性，同时给出价值增值的几种渠道。接下来以商业画布与双边市场理论为基础，以 Open Book Publishers 为例，说明商业画布的九个模块内容在阐释商业机制中的应用。最后探究了 OBP 商业模式的成功之处及对我国的几点启示。

第三章 基于数字基础设施的图书开放获取技术机制

图书开放获取各利益相关者使用数字基础设施来执行相互关联的任务。一直以来，学术图书出版业界中的各主体已将注意力从内容转移到服务上，但从作者到读者之间供应链的"技术服务"并未受到广泛重视。数字图书开放获取的发展改变了这一局面，不断揭示出技术机制的重要性。数字技术驱动传统学术图书出版格局发生改变，图书开放获取要实现多主体之间高质量、大范围、精深度与细粒化的图书内容的共享和发现，需要数字基础设施（Digital Infrastructure，DI）的支撑。目前，在纸质版学术图书销量下降、数字图书销售收入相对较低的背景下，承接印刷和纸本时代运营模式的传统图书出版模式已不可持续，难以满足学术图书的可获取性、参与性、可利用性和价格等优先事项的创新。从技术推动视角，技术基础设施是解决上述问题的关键环节[①]。

元数据缺乏与不协调的问题是研究图书开放获取数字基础设施议题的关键。数字基础设施的连接由元数据组成，但在开放获取图书的元数据和标准在使用上存在不足，限制了数字基础设施的互操作性和内容的发现性，影响了 OA 图书生态系统的生成。基于此，业界人士需要首先依据图书开放获取的发现路径与传播路径特点，然后探究图书开放获取的重要基础设施（托管、保存、元数据增强、聚合、存储和对质量保证的技术支

---

① Martin Paul Eve, "Open Access and the Humanities: Contexts, Controversies and the Future", Cambridge University Press, 2014.

持)、元数据通用标准的使用等技术机制问题,以实现作者、资助者、出版社、图书馆、平台供应商等价值网络中各主体在使用技术标准的基础上,将图书开放获取内容纳入学术出版物的发现系统[例如,图书馆发现系统(如 Primo)和图书获取发现系统(如 DOAB)],解决封闭获取向开放获取过渡的目标。

第一节 图书开放获取数字基础设施的价值与服务功能

图书开放获取价值网络中的各个利益相关者都需要使用基础设施来执行相互关联的任务,传递信息、构建和优化工作流程。例如,作者需要得到更好的出版支持,选择公开发表他们的研究成果;资助者和科研机构等需要改善基础设施,以支持遵守政策和监测研究成果。从服务功能视角,图书开放获取基础设施分为质量保证、合规性检查、托管和交付、发现、保存、监测和衡量影响、参与和宣传等几类出版基础设施。为简化分析,本书运用实例,仅对开放获取的图书发现和图书传播这两个焦点问题进行了侧重阐述。

一 图书开放获取数字基础设施的价值

基础设施是指允许在空间交换的某种物质形式,也是商品、信息、资源、人员和资金交换的物理网络。数字基础设施是指为实现数字学术而收集数字、制度、代码、范例、专家、网络、服务提供商、信息系统、标准和文本的多层结构,代表了认识论和政治思想的标准化[①]。在数字出版领域,无论是评审管理系统、认证服务系统、内容发现系统、公共网站还是社交媒体等数字基础设施,都具有减轻人力劳动、将生产和资源隐形的功能。虽然基础设施与平台概念具有一定的差异性,但本书在此并不做严格区分。由于开放数字基础设施是开放科学的一部分内容,图书开放获取数

---

① Brian Larkin, "The Politics and Poetics of Infrastructure", *Annual Review of Anthropology*, Vol. 42, 2013, pp. 327–343.

字基础设施(以技术工具、应用程序和硬件的形式)也随之成为开放科学的组成部分。在此背景下,开放硬件工具的多样性既是公民科学家的产品,也是允许在地理上不同的社区之间建立网络、共享和重新利用的基本知识基础设施。

图书开放获取数字基础设施的价值体现为如下几点:

第一,联结各利益相关者活动、任务和识别对象的手段。

所有利益相关者都使用基础设施来执行他们的共享任务。这些任务是相互关联的,首先是发表研究成果,其次是质量保证和合规检查。由此产生的出版物是开放获取,进而导致了发现必须保留托管的出版物。所有利益相关主体都需要监测出版物的影响,其结果将为参与和宣传提供信息。基础设施连接由识别对象的元数据组成,如手稿或授权资助。图5-3-1描述了基础设施、利益相关者、任务和识别对象间的关系。

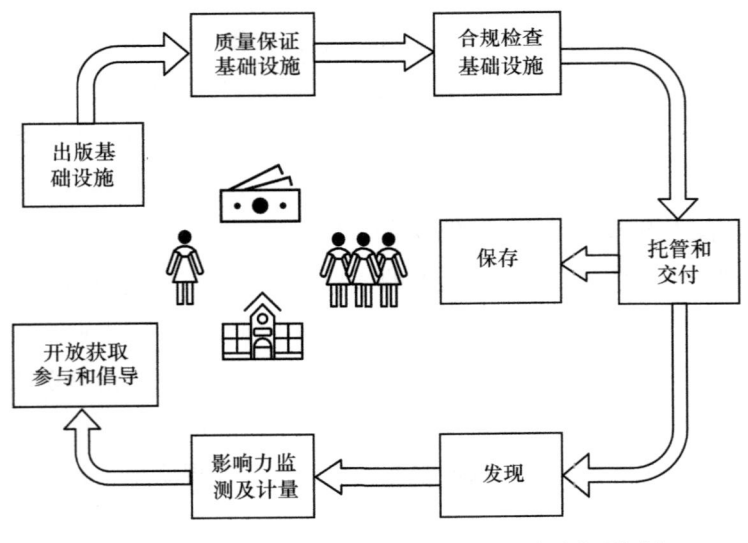

图5-3-1 基础设施联结利益相关者、任务和识别对象

第二,机器可读格式使搜索引擎能够索引作品的整个图书文本,从而使读者更容易搜索和查找图书或章节。以标准化格式提供关于作品的元数据还可以增强工作的机器可读性,并帮助读者找到它。元数据包括作者姓

名、机构名称、作品名称、摘要和开放获取许可条款等信息。开放获取存储库通常在图书或章节上传到存储库时包含此元数据。同样，如果开放数据是机器可读的，用户可以更容易地在自己的研究中重用这些数据，或将其应用于不同的用途，从而最大限度地提高其对社会的效益。例如，要使图表机器可读，作者需要确保用户能够访问图表的来源和底层数据，而不仅仅是图表的固定图像。

第三，开放关联的数字基础设施可以支撑整个研究周期。研究周期中各个对象呈现许多价值，但迄今难以实现。即使把它们保存在数据库中，理解和使用它们所需的元数据也很少。现在，几乎所有科研都在数据环境下进行，各种研究对象都可以数字化表征从而具有潜在的可访问和可发表性。它们包括研究计划和研究材料注册、研究方法与规程数据库、数据集存储库、软件存储库、研究人员/研究项目/研究机构/同行评议的标识注册库。所有这些元素都是数字可解析、可链接、可计算和可互操作，共同构成了一个开放关联的数字基础设施。如果研究人员要利用这种潜力，那么工作流和研究对象的管理应该尽可能的简单，而且管理流程作为常规部分嵌入研究过程。

第四，使用数据挖掘可提升科研生产力。数字基础架构的许多元素已经被出版社收集，这些数据对研究人员跟踪所在学科的出版物，对大学管理其研究工作及其研究人员，对国家机构评估科研趋势和科研生产力，都具有重要价值。原则上，数字环境下出版的期刊、专著等不再需要单独计算成本，而尽快与数据合在一起，它们是最重要的产出。

二 图书开放获取数字基础设施的相关倡议

目前，各国与各类机构已经将数字基础设施作为图书开放获取的重要议题，围绕这一议题形成了各种倡议、计划、运动、平台和建议书，如H2020计划、OPERAS项目、OA2020计划、Plan S计划、开放科学建议书、Sage open平台等。各国与各机构纷纷构建能满足图书开放获取需求的托管、保存、元数据增强、聚合、存储等基础设施，从而形成了支持学术图书向开放获取过渡的重要基础设施和服务生态体系。

第一,在泛欧洲层面,欧洲各国认识到数字基础设施重要性在合作共赢基础上,试图建立一个跨国家、跨部门、具有高级互操作性的人文社科基础设施,并将其整合到欧洲开放科学云计划之中。

首先,2012年7月17日,欧盟委员会向欧洲议会和理事会发布了题为"促进科学信息的更好获取:促进公共研究投资的收益"的函件,标志着欧洲在开放获取科学和人文领域公共资助研究成果的道路上迈出了正式的新一步。为了实施这一政策,欧盟委员会在其第七个研究框架计划(FP7)中设立了一个开放获取试点计划(或称为 OpenAIRE 项目)。

其次,欧盟委员会同意开放获取科学出版物应成为当前"地平线2020"(Horizon 2020,简称 H2020)研究框架方案的一般原则。至2018年,ESFRI 论坛作为发展欧洲科学融合的欧洲战略工具,制定了研究基础设施路线图,还特别强调了研究基础设施在科学研究与对外联络交往中的重要性。ESFRI 认识社会科学和人文学科的多元、碎片化特征(如出版物类型、参与主体、语言多元化,平台的碎片化等),提出有必要为其建立一个以研究为主导的开放式学术交流系统,从而提出了旨在解决社会科学和人文学科领域特殊挑战的 OPERAS 基础设施项目及其子项目 OPERAS-D 的构建计划,更好地促进 SCI 数据和服务的可访问性和互操作性。其中,OPERAS 基础设施项目构建的目标是适应跨部门的高级互操作性需求,将其整合到 EOSC(欧洲开放科学云计划)中。由 H2020 资助的 OPERAS 利用现有的知识、技术、基础设施、商业模式和资金流进行构建,旨在建立强大的开放式学术交流系统以促进开放科学的需求,并将人文学科融入开放科学的长尾①。OPERAS 长尾模型在两个层面上运行:未来基础架构将提供的服务定义,以及其运营将采用的结构类型(服务及其结构的计划)。

再次,cOAlition S 联盟分别于2016年和2018年发起了"OA2020"计

---

① Giglia E., "OPERAS: Bringing the Long Tail of Social Sciences and Humanities into Open Science", *JLIS. it*, Vol. 10, No. 1, 2019, pp. 140–156.

第三章 基于数字基础设施的图书开放获取技术机制

划和 Plan S 计划促进了开放获取的蓬勃发展。目前在开放获取的进程中可以看出人文社会科学与自然科学的发展产生了较大的差异,人文社会科学的开放获取要远远落后于自然科学,主要是由于 HSS 领域的学术成果更多是以图书形式存在的,并且获得资助的资金较少以及版权问题更加复杂等因素导致的。为了改善学科间开放获取的不均衡,欧盟等联盟通过多种方式或政策补贴鼓励图书的开放获取,发起图书开放获取研讨会、审核相关项目同时加大对 HSS 开放基础设施建设。

最后,2021 年联合国教科文组织第 41 届大会通过了《开放科学建议书》,指出开放科学基础设施是"支持开放科学和满足不同社区需求所需的共享研究基础设施",提出了开放基础设施对于学术交流和开放科学的重要性。2022 年《布达佩斯开放获取倡议：20 周年建议》指出目前开放获取基础设施还处于开发阶段,指出了专有基础设施造成的危害以及对研究访问和评估指标的商业控制,提出在开放的社区控制的基础设施上托管和出版 OA 文本、数据、元数据、代码和其他数字研究成果。

第二,在社区和机构层面[①],SPARC 等组织、Invest In Open 运动、COPIM 项目,以及资助机构、OA 出版社、研究人员和图书馆,正在构建迫切需要的系统,以确保开放内容的创建、可发现性和长期可持续性。首先,在社区层面,参与者包括出版社、研究人员和开放学术交流发展的领导者,探讨的主题包括加速开放基础设施建设,以及图书馆和学术交流专业人员如何参与对话。其次,在出版社方面,Springer nature、Sage open 大商业出版社的平台以及加州大学出版社、密歇根大学出版社、开放图书出版社（Open Book Publishers,OBP）建立的出版社平台都建立自己的平台基础设施,为作者、读者、图书馆、资助者等各类利益相关主体提供服务。

在如上倡议的影响下,为了让研究人员尽可能广泛地传播、获取学术成果和知识,近年来很多机构和联盟组织构建了很多非离散的技术基础设

---

① Alicia Wise, Lorraine Estelle, "Society Publishers Accelerating Open access and Plan S", Final Project Report, 2019, https://blog.scholasticahq.com/post/findings-society-publishers-open- access-plan-s-project/.

施以索引和查找内容，形成发现和存档机制①。例如，开放获取图书目录（DOAB）作为提高学术图书可发现性的基础设施平台，也发挥了收集开放获取图书元数据的功能。OAPEN 为开放获取图书出版提供了一个平台，并通过 OAPENLibrary 图书馆建立了一个用于托管和传播开放获取图书的中央存储库，并在统一开放获取图书元数据功能中发挥着作用。由法国数字平台 OpenEdition 牵头成立的 OPERAS 计划正在协调和汇集欧洲大学主导的学术交流活动，开发和完善一个分布式基础设施的想法，以应对当前人文学科学术图书知识的碎片化现象②。OPERAS 针对开放获取专著可见度，致力于开放获取书籍的"地平线 2020"项目，即 HIRMEOS 平台（本书将在后面的相关内容中进行详述）。

三 图书开放获取数字基础设施的服务功能

依据服务功能视角，可将图书开放获取数字出版基础设施划分为几种类型：质量保证、合规性检查、托管和交付、发现、保存、监测和衡量影响、开放获取参与和宣传③。各图书开放获取利益相关者使用数字基础设施来执行相互关联的任务。数字基础设施由元数据连接，但 OA 图书在元数据标准使用上存在不足，限制了基础设施的互操作性和图书发现，进而影响了 OA 图书生态系统的构筑。2021 年，UKRI 针对主要的图书开放获取技术基础设施存在的差距进行了研究并提出建议（见表 5-3-1）。

图书开放获取数字基础设施的服务功能和结构是嵌套在一起的。在结构上，图书开放获取作为开放科学的重要内容之一，需要通过有用的服务将它们相互链接，将跨学科和专业领域构建一个集成的、受信任的

---

① Ferwerda E., Snijder R., Arpagaus B., Graf R., Krämer D., Moser E., "OAPEN-CH—The impact of Open Access on scientific monographs in Switzerland", A project Conducted by the Swiss National Science Foundation (SNSF), 2018, pp. 26-36, https://zenodo.org/record/1220607#.W6EizLpuLVh.

② Lore Caliman, "Webinar Presents the Peer Review Information Service for Monographs", 2023, http://operas.hypotheses.org.

③ Ferwerda E., Snijder R., et al., "UKRI Gap Analysis of Open Access Monographs Infrastructure", 2021, https://explore.openaire.eu/search/publication?pid=10.5281%2Fzenodo.5735020.

开放知识系统。因此，在上游，它意味着通过提供对各种数字对象的访问来打开整个研究过程，这些数字对象包括最终同行评审的研究图书或章节之外的方法、软件、数据和中间文档。在下游，它意味着打开基于知识学科的孤岛，在国家和学科之间建立桥梁，并支持跨学科主题的聚集和重用。

表 5-3-1 主要的技术基础设施、已确定的差距和建议

领域	现有和新兴基础设施	已确定的差距	目的	建议采取的行动
OA 参与和宣传	思考、检查、提交 OAPEN OA Books 工具包； 新大学出版社工具包； 开放获取图书网络（OABN）； 欧洲 SPARC 开放获取跟踪项目； OAPEN； 开放获取图书目录 DOAB	研究人员对图书出版的可能性缺乏认识。 缺乏基础设施来帮助作者清除开放获取出版物的第三方权利	帮助作者理解开放获取书籍的好处； 帮助所有类型的出版社遵守开放获取要求，支持文献多样性	与出版社合作，围绕开放获取图书建立案例研究和成功示例 解决许可、版权、第三方权利、可重用性等问题 支持社区倡议，如思考、检查、提交和 OA 图书工具包
质量保证基础设施	DOAB 认证服务	认为开放获取书籍缺乏质量	支持对 OA 书籍的信任；同行评审程序的透明度	促进并酌情要求透明度* 效仿社区为期刊发起的"学术出版的透明度原则和最佳实践"
符合性检查	OPERAS 出版服务部分*； SHERPA 图书服务*	缺少 OA 书籍的工具	服务的透明度	发起/帮助支持授权者理解他们的选择；寻找资助机会，遵守政策* 支持"图书检查工具"的开发图书的 SHERPA*
监控和测量影响	OAeBU 数据信托*； OPERAS 计量服务*； IRUS - 英国； OpenAPC（OpenBPC）*； Open Book Watch	缺少将开放获取书籍与研究资助和出版基金联系起来的元数据。 使用数据缺乏标准化和最佳实践。 CRIS/RIM 系统中缺少 OAB 表示	获得洞察力；开放获取政策的影响，向开放获取书籍的过渡；受资助研究的使用和影响	引进 DOIs，用于研究和出版资助 利用 DOI 元数据模式连接相关的 PID 与 NBK 集成（数据交换）* 支持建立 Open Book Watch 的倡议 围绕使用指标支持标准化和最佳实践

续表

领域	现有和新兴基础设施	已确定的差距	目的	建议采取的行动
发现	DOAB； COPIM 项目关于开放传播系统的工作； Unpaywall	缺乏元数据的下游"覆盖面"（特别是 PID 和融资细节）。贯穿电子书供应链的 OA 图书元数据退化。图书馆很难识别开放获取书籍（开放获取标签）	一致、完整、开放的元数据	与国内利益相关方和国际合作伙伴保持一致* 参与社区倡议，实现元数据的进一步标准化和最佳实践* 支持 DOAB 作为注册/发现服务 支持开放式传播系统的潜在后续项目
保存	CLOCKSS； Portico； 公共知识项目（PKP）保存网络； COPIM 项目在存档和数字保存方面的工作（包括大英图书馆）*	保存的技术挑战和谁负责保存开放获取图书的不确定性	让出版社解决方案透明	与英国法定保存图书馆和国际合作伙伴联系，开发保存 OAB 的方法 考虑 COPIM-WP7 的结果，归档和保存
托管或聚合	思考、检查、提交 OAPEN； OA 图书工具包； NUP 工具包； OA BOOK Network（OBN）； 开放获取跟踪项目； 欧洲 SPARC； OAPEN； DOAB； DOAB 认证服务*； OPERAS 出版服务部分*； SHERPA 图书服务*	自存档不是长格式出版物的既定途径。聚合是改进监控、发现和影响的机会	OA 书籍的存档要求	通过将作者接受的手稿存放在风险承担者的存储库中，评估自存档/OA。考虑国家汇总/国家平台与 OAPEN 合作，作为 OA 资金和存缴的聚合商*
互用性	越来越多的平台和机构知识库	在元数据标准、PID 和最佳实践方面缺乏共识	PID 的使用	支持使用图书 OA switch-board*
收入管理的基础设施	COPIM 项目在收入基础设施和管理平台以及替代商业模式方面的工作*	（不在差距分析范围内）	形成多种多样的商业和融资模式	围绕 OA 模式进行创新*

注：*代表与资助相关。

为展开说明 OAB 数字基础设施融入开放科学的路径，本书将利用案例进行辅助说明。由于 OPERAS 项目是参与的国家众多、参与利益相关主体类型众多，功能较全面和突出，具有很好的 OAB 数字基础设施的代表性，

第三章 基于数字基础设施的图书开放获取技术机制

本书以 OPERAS 为例展开功能说明。

1. OPERAS 的平台与服务功能

第一，认证平台 HIRMEOS。这是 OPERAS 第一个开发的平台，提供认证功能。基于 OAPEN 和 OpenEdition 运营的现有开放获取书籍目录（DOAB：http://doabooks.org），当前通过 HIRMEOS 项目支持其主要开发，以升级工作流组织方面的平台结构技术，目前在 HIRMEOS 项目中，整个 OPERAS 的设计和早期准备阶段都支持 DOAB 作为 OPERAS 的认证平台的开发。

第二，发现平台 Isidore。是 OPERAS 基于非常成熟的、由法国研究基础设施 Huma-Num 开发的 Isidore 平台[①]，主要提供发现服务。Isidore 于 2011 年启动，已证明其可持续性至少在国家一级，并且每年访问量超过一百万，显然满足了研究人员的需求。从技术角度来看，Isidore 不仅满足与最先进的数字交付平台兼容的最低标准。遵循数据网络的原理，Isidore 利用跨多个科学词汇对齐的元数据来丰富索引内容，并通过包括 Sparql 在内的多种方式提供对数据的访问。目前，Discovery 平台计划在开发的准备阶段，将 Isidore 拓展至除法语、英语和西班牙语之外的其他语言。

第三，社区研究平台 Hypotheses。Hypotheses 的设想起点将 Hypotheses 平台打造为学术博客平台，目前这一功能已经非常成熟。Hypotheses 由 OpenEdition 运营，Hypotheses 平台拥有 2000 多个活跃的博客，拥有使用几种最重要的欧洲语言（法语、英语、德语、西班牙语、葡萄牙语、意大利语）的结构化用户社区，现已进入欧洲范围。尽管如此，仍需要开发该平台的其他组件以建立一个实际可用的环境，支持跨学术界的协作。

2. OPERAS 子平台 HIRMEOS 的服务功能

图书开放获取数字基础设施项目需要有足够的作品以系统和协调的方式将开放获取专著集成到开放科学生态系统中。在欧洲开放科学项目中，OPERAS 的子项目 HIRMEOS 恰恰以研究专著的高度集成为主要目标。

---

① isidore, https://isidore.science/.

HIRMEOS 的含义为"欧洲开放科学基础设施中研究专著的高度集成"（High Integration of Research Monographs in the European Open Science infrastructure，HIRMEOS）。该项目解决了学术专著的特殊性，为社会科学和人文科学的科学交流提供了具体支持，并解决了将专著完全整合到欧洲开放科学云中的主要障碍。它旨在通过为文档提供其他数据、链接和交互，为专著支持开放科学基础设施的专著提供创新服务的原型，基于此，本部分以与图书开放获取最为密切的 HIRMEOS 平台①为例进行说明。

第一，在结构方面，HIRMEOS 平台通过改善参与 OpenAIRE 基础设施的现有发布平台和存储库，增加其影响力，并帮助将更多学科纳入开放科学范式，扩大其与人文科学和社会科学之间的界限。具体来说，HIRMEOS 将在现有的电子出版平台之上为开放获取专著建立原型并建立一个通用的增值服务层。通过实施通用标准并将文件与其他文件以及与研究相关的各种数字对象进行交联，然后将被原型化的服务集将使分散的文档集合成为欧洲水平的开放科学知识系统的集成部分。该项目建立在两个结合的支柱上：整合和创新。HIRMEOS 不会从头开始开发新技术，而是使用已经存在的技术，并将其实现原型化为学术专著的特定类型的数字对象。尽管已经足够成熟，可以实施，但所使用的技术将是目前最具创新性的技术。

HIRMEOS 参与全球开放科学知识系统的结构关系如图 5-3-2 所示。

第二，在服务功能方面，HIRMEOS 平台在模块化体系结构中相互依存且相互关联，提供两类服务：基础服务和高级服务。第一类的基础服务包括三项内容：①识别服务将为文档分配几个标识符，从而允许在出版物和其他数字对象之间创建链接。数据服务将产生 3 个附加数据：作者标识，文档标识，命名实体标识。②通过 NERD 服务进行实体识别。③认证服务将确保平台内选择的专著符合通用的开放科学标准；认证服务将以标准化方式生成和公开 2 个附加数据：同行评审过程和许可证信息的描述。第二类的高级服务包括两项内容：①开放注释将为文档添加开放的同行评审和

---

① Hirmeos，https://operas.hypotheses.org/projects/hirmeos.

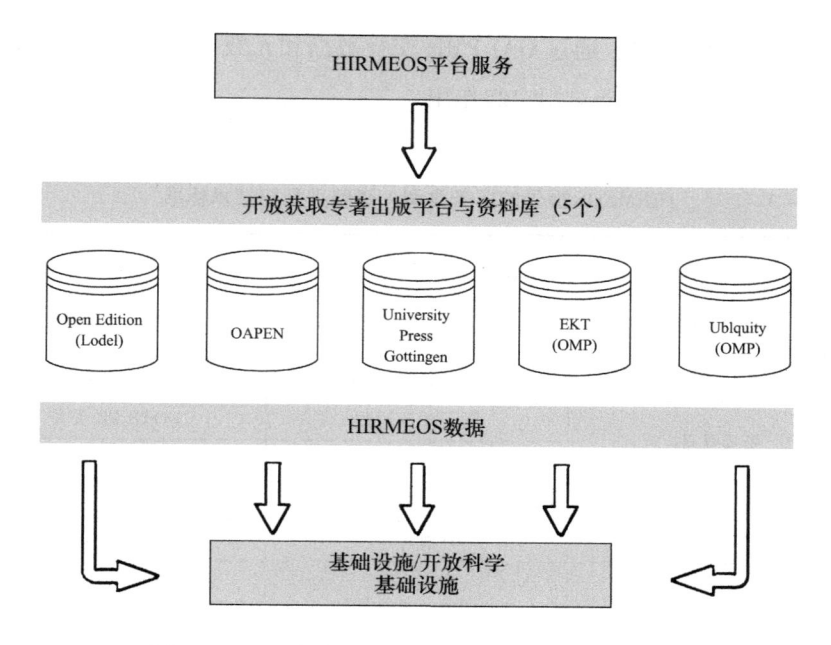

第三章 基于数字基础设施的图书开放获取技术机制

```
                    ┌─────────────────────┐
                    │   HIRMEOS 平台服务    │
                    └──────────┬──────────┘
                               ↓
        ┌──────────────────────────────────────────────┐
        │      开放获取专著出版平台与资料库（5个）       │
        └──────────────────────────────────────────────┘

  ( Open Edition )  ( OAPEN )  ( University  )  ( EKT   )  ( Ublquity )
  (   (Lodel)   )              ( Press       )  ( (OMP) )  (  (OMP)   )
                                ( Gottingen  )

        ┌──────────────────────────────────────────────┐
        │                HIRMEOS 数据                  │
        └──────────────────────────────────────────────┘
                ↓         ↓         ↓
              ┌──────────────────────────┐
              │   基础设施/开放科学       │
              │       基础设施           │
              └──────────────────────────┘
```

图 5-3-2　全球开放科学知识系统中的 HIRMEOS

开放评审，并通过唯一标识链接到它们，以增加与学术领域内外用户的互动并添加 1 个数据：用户产生的证书。②使用指标服务将对文档的使用指标进行标准化，并添加 1 个使用指标的其他数据。

  第三，在技术方面，HIRMEOS 项目建立在两个结合的支柱上：整合和创新。一方面，HIRMEOS 是使用已经存在的技术，并将其实现原型化为学术专著的特定类型的数字对象。另一方面，HIRMEOS 所使用的技术将是目前最具创新性的技术，使用最广泛的技术和标准，尤其是那些在出版行业占主导地位的技术和标准，以使 OA 图书在竞争激烈的商业领域中占有一席之地。HIRMEOS 在最常见的出版平台和技术之上发展，形成了出版基础架构，符合 OpenAIRE 并由 OpenAIRE 索引，因此项目向平台增加的价值将由 OpenAIRE 重复使用，以更好地将专著集成到 OpenAIRE 基础设施设置的 KMS 中。目前，该项目平台之间的实际开发水平并不平衡。

  HIRMEOS 提供的服务类型，资料类型与技术标准如表 5-3-2 所示。上述五项服务中的每一项将有四个实施级别，其中前两个在项目联盟中是强制性的，API 连接；通过 OAI-PMH 交换数据和元数据；可视化生成的数据；使一项或多项服务对用户起作用。

表 5-3-2　HIRMEOS 提供的服务类型、资料类型与技术标准

服务类型	资料类型	技术或标准
身份认证	作者编号	ORCID
	文稿编号	DOI
实体识别	命名实体	NERD
资质认证	同行评审过程	DOAB PR 类型
	执照	Creative Commons
注解	公开同行评审	Hypotheses
	开放评审	Hypotheses
使用指标	资料下载	COUNTER
	引文/评论	Crossref- Google 学术搜索
	社交媒体的影响	ALM

第二节　开放获取图书的摄取、发现和传播路径

开放获取图书的汇聚、发现和传播技术路径有其鲜明特点。在总体路径构成上，可以划分为摄取路径与传播路径两个部分，且如上两种路径还可以各自再细分为多种路径。摄取路径与传播路径都以学术图书发现为基本目标，且在整个路径中，要能够实现元数据收割。

一　开放获取图书的摄取路径

从汇聚开放获取图书角度，其摄取（ingestion）路径如图 5-3-3 所示。

具体来说，OAB 的摄取一般路径有（但不限于）如下两种：

（1）导入 OAPEN。有多个渠道将书籍导入 OAPEN：①直接导入（FTP 或邮件）；②通过合作伙伴间接导入［CoreSource（现为 Health Benefits），

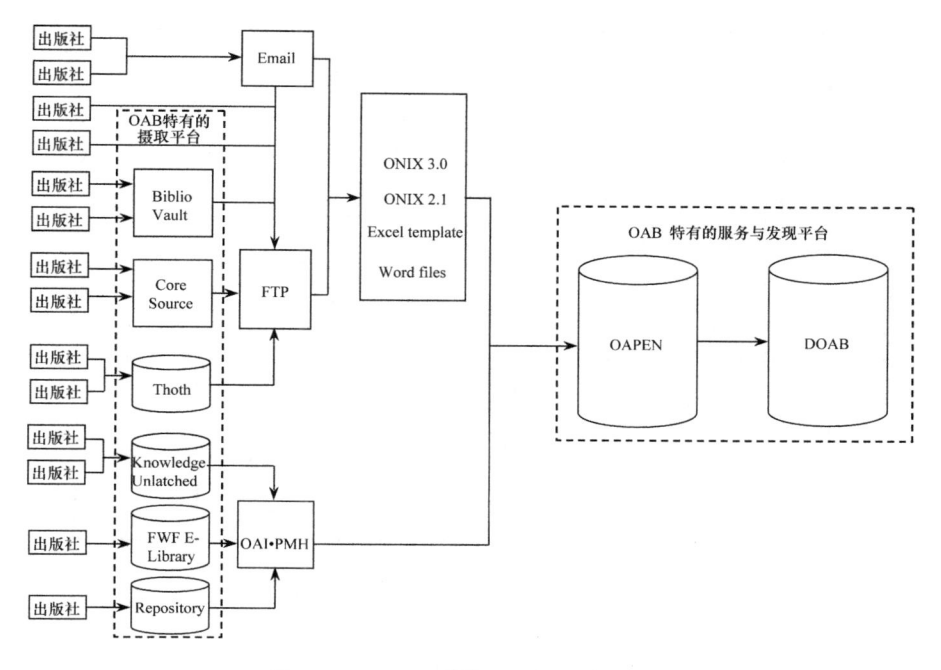

第三章 基于数字基础设施的图书开放获取技术机制

图 5-3-3 开放获取图书的摄取路径

Thoth（属于 COPIM 联盟，在建中）]；③通过资助者平台导入（如知识解锁 KE、FWF e-library 等）。

（2）直接导入 DOAB。开放许可条件自动在 DOAB 中列明。其中，摄取元数据格式可以为：Word 或 Excel；CSV；NIX 2.1，ONIX 3.0。

二 开放获取图书的传播路径

从传播开放获取图书的视角，OAB 的传播路径如图 5-3-4 所示。

在解决开放获取图书向读者的传播方面（Dissemination），有很多种路径：（1）直接路径。即直接从出版社传递给读者。（2）间接路径。具体分为三种情况：①商业性搜索引擎（如 Google Scholar）；②非商业性平台（如 Unglue.it、Unpaywall、Jisc Library Hub、OpenAIRE）；③图书馆（如英国国家图书馆）。

在实现上述路径的元数据收割方式方面，一共有三种类型：（1）搜索

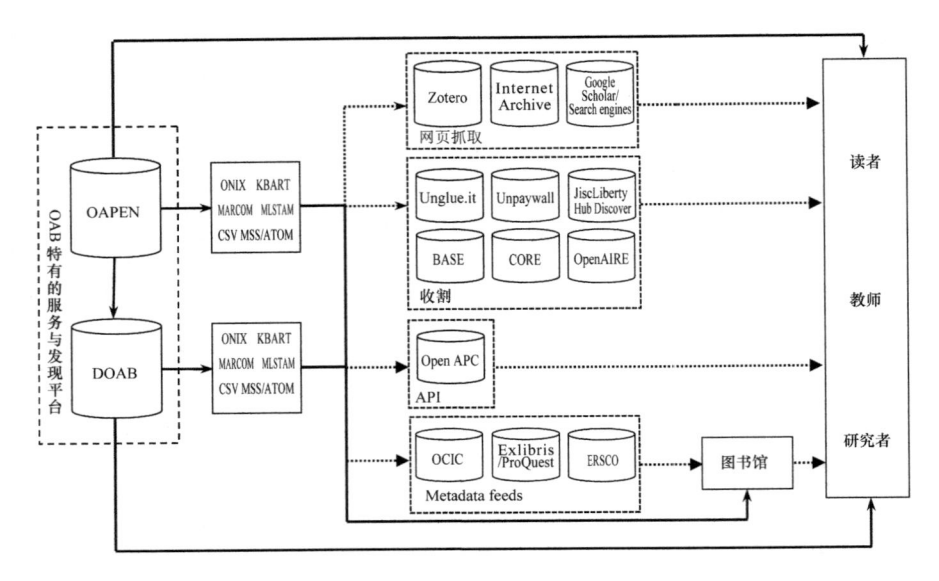

图 5-3-4　开放获取图书的传播路径

引擎（如 Web Scraping 与登录页码元数据）；（2）非商业平台［如收割协议（OAI/PMH 开放文献元数据收割协议）、以 DC 为基础的元数据］；（3）图书馆（如通过聚合商到图书馆或直接到图书馆，元数据为 KBART、MARC、XML 或专有格式)①。

首先，由于很多学术图书出版社规模较小、资源少、资金欠缺，没有自己的传播平台，需要将图书托管到其他商业性（如 EBSCO）或非商业性平台［如惠康基金会推出的 Wellcome Open Research 平台、COPIM 推出的 Thoth 平台（在建）、知识解锁（Knowledge Unlatched）推出的平台等］，因此无法取得图书的使用数据②。

其次，除了大型商业出版社（如施普林格、Taylor & Francis）和一些大学出版社（如牛津、剑桥、杜克、麻省理工、密歇根、曼彻斯特等大学出版社），大多数专著出版社通过聚合商（主要有 EBSCO、ProQuest、JS-

---

① OAPEN Online Library and Publication Platform, https://www.oapen.org/.
② Ross-Hellauer T., Schmidt B., Kramer B., "Are Funder Open Access Platforms a Good Idea?", *SAGE Open Journals*, Vol. 8, No. 4, 2018, pp. 1-16.

TOR、Project Muse）独家发布他们的电子书。由于这些聚合商提供的使用数据质量存在差异，因此不易比较。

再次，对于学术图书来说，除由于出版社对图书和文章的分类方式不同，因此使用 COUNTER（欧盟的 HIRMEOS 项目）这种衡量下载量的标准不如期刊有用外，一些聚合商并不向出版社提供 COUNTER 兼容的统计信息，导致从聚合商处获取使用统计数据也非易事。

最后，OA 图书出版社除了面临要聚集图书使用统计数据的问题外，还面临公开许可的学术图书在其他平台上重新存放时所面临的信任问题。例如，出版社在专用开放访问平台（如 OAPEN、Ingenta Open、HathiTrust）以及 OA 电子书的校对机构（如 Internet Archive、Unglue it、Open Research Library 或机构知识库）等平台需要存放开放获取图书时，这些平台也缺少学术图书使用数据的提供服务。

第三节　图书开放获取中元数据标准不协调的问题

Eelco Ferwerda 指出，由于 OA 图书未正确集成到学术图书的现有工作流程和发现系统中，因此在互联网上搜索和发现免费书籍是开放获取书籍出版最容易也是最关键的部分，而解决 OA 图书发现性问题的核心在于使用正确的元数据[①]。此外，学术研究周期中各个对象呈现许多价值，但由于缺乏理解和使用它们所需的元数据，使其价值难以实现。目前在 OAB 中存在的主要技术问题有：元数据中，ISBN 和 DOIs 标准的采纳难以协调，ONIX 与 MARC 标准的采纳难以协调的问题。

一　ISBN 和 DOIs 标准的采纳难以协调

期刊文章信息供应链的核心是数字对象标识符（DOIs），但图书出版

[①] Association of Learned and Professional Society Publishers,"How to Build a Successful Open Access Books Programme", February 22, 2017, https://www.alpsp.org/Events/SuccessfulOABooks/40031.

在采用 DOIs 方面进展缓慢。按照目前的学术链接治理结构，DOI 发行机构 Crossref（即记录版本注册机构的链接）可以保证读者在点击 DOI 后直接链接到数字版本的图书记录。然而，图书出版社主要依靠国际标准图书编号（ISBN）系统，该系统是英国零售商 W. H. Smith 在 20 世纪 60 年代开发的，它不需要保存与记录版本的链接。因此，试图从电子书 ISBN 导航到数字版本 DOI 记录的读者可能会比较失望和沮丧。根据出版社的做法，电子书版本也可能有几个不同的 ISBN。

1. 在纸本零售标识具有持续主导地位的 ISBN 阻碍元数据的流动

ISBN 的持续主导地位对学术图书出版社来说仍然非常重要，且这一地位与零售供应链的性质有关。例如，大多数大学出版社的大部分收入来自通过普通零售商和批发商（如 Amazon 亚马逊或 Ingram 英格拉姆）以及像 EBSCO GOBI 这样的专业供应商（这些组织已经围绕 ISBN 建立了商业系统）销售纸质书。

被设计成零售标识的 ISBN 为 OA 数字图书增加了一个特殊问题。当一本 OA 数字图书不存在经济价值时，零售商（其商业模式主要是基于收取销售额的一定比例作为佣金）将缺少分销动机，也缺少单独识别一个 OA 版本 ISBN 的需求。亚马逊（Amazon）和巴诺（Barnes & Noble）等大型零售商一直是供应链标准系统化背后的主导力量。如果没有他们的要求，出版社在是否以及如何为一本书的 OA 版本分配单独的 ISBN 方面将非常不系统，从而进一步混淆可解析元数据的流动。

2. 数字图书需要 DOI 的分配

ISBN 在印刷零售领域之外面临挑战。很多出版社不给电子书以及电子书章节分配 DOIs 的做法，正在损害作者的权益。DOIs 是一系列工具和关系的基础，这些工具和关系使作者的工作得到认可，连接到其他标准。例如，将 ORCID（用于识别个人）输入教师档案系统、审稿人认可工具和公众参与指标。DOI 系统也有与开放获取出版相关的进一步扩展空间。例如，通过表明学术书籍已经通过了同行评议过程来提升质量。

3. 出版社在分配 DOI 方面缺乏主动性

由于出版社在分配 DOI 方面缺乏主动性，试图为电子书创建供应链渠道的组织开始着手创建自己的 DOI。这一行动可能导致一种危险，即图书的 DOI 系统将变得像 ISBN 系统那样混乱。例如，Project Muse 和 JSTOR 是两个数字图书聚合商，它们需要出版社创建 DOI 来适应它们的系统，以便交付图书和期刊。这给那些已经创建了自己 DOI 的出版社带来了挑战，也给那些刚刚进入 DOI 行业的出版社带来了困惑。作为回应，Crossref 创建了一个名为"共同访问"的解决方案，允许多个 Crossref 成员注册内容，并为同一本书的内容（整本图书或单独章节）创建 DOI。例如，使用 DOI 来衡量注意力和参与度的 Overlay 组织目前正在与"共同访问"作斗争，但希望这些技术问题能够很快被克服。此外，作者经常选择在 Figshare 等开放知识库和 ResearchGate 等社交网络上分享他们的作品，这些社交网络也会生成他们自己的 DOI。由于供应链的许多部分产生了更多的 DOI 来确定相同的学术对象，对这些工作的影响的评估被进一步稀释了；这些平台中只有一部分提供 API 访问，以帮助绘制、收集和跟踪使用情况。

4. DOIs 带来了新的挑战

电子书和 DOIs 之间不断演化的关系给 OA 数字图书的出版社带来了另一挑战，尤其是当出版社想为同一本书创建不同的数字版本（比如，出版社想要在 OA 数字图书的基础上再开发一个电子书版本），这种希望差异化数字版本的愿望就会显现出来。不过，由于这种做法可能会触发出版社的机会主义行为，图书馆并不鼓励这种做法。例如，Knowledge Unlatched GmbH 成立了抵制双重收费的联盟，以阻止出版社"隐藏" OA 版本的可用性。并且，将增强技术或沉浸技术引入学术图书出版后，将会使情况变得更为复杂。比如，增强版电子书和交互式学术作品的持续开发取决于电子书阅读器显示它们的不同能力，可能会让学术作品出现在几个版本中。此时，在将 DOI 分配给同一作品不同版本记录的最佳实践方面，应有明确的指导或指南，以避免出版社混淆图书开放获取的生态系统实践。

二 ONIX 与 MARC 标准的采纳难以协调

在 OA 数字图书方面，除 DOIs 和 ISBN 之间相互纠缠外，ONIX 和

MARC 两项标准之间也存在着亟待解决的紧张关系。

1. ONIX 标准与 MARC 标准的含义

ONIX 是 XML 标准，大多数出版社使用该标准向信息供应链合作伙伴提供有关书籍的书目信息。ONIX 由 EDItEUR 创建，是一个文档完善且持续开发的框架，于 2014 年发布了描述 ONIX 图书开放获取专著的最佳实践。其中包括一个明确的指标，说明一本学术图书是否是 OA 的，授权条款的细节，以及资助者的信用。MARC 标准（起源于 20 世纪 60 年代美国国会图书馆的机器可读编目）的协调人花了更长的时间来明确适应 OA 数字图书。直到 2019 年，MARC 咨询委员会（MARC Advisory Committee）才采纳了 OCLC（在线计算机图书馆中心）和德国国家图书馆提出的一项建议，该建议将极大地提高图书馆获取资源是否为 OA 以及 OA 具有哪些特点的清晰度。OCLC 已经在 WorldCat 中实现了 OA 过滤功能，而在 MARC 中增加的这一变化将使图书馆更容易与用户沟通 OA 版本是否可用。

2. 数字图书 OA 版本的可用性依然不完善

ONIX 和 MARC 标准的问题在于，需要信息供应链中各合作伙伴改变实践做法，以适应新的需求。虽然效率的提高是重新设计系统和程序以处理新标准的强大动力，但对于 OA 数字图书来说，EBSCO、ProQuest、OCLC、JSTOR 或 Project Muse 等学术图书供应商在识别、编目和交付 OA 数字图书方面仍然存在实际成本。不过，谁将为此买单则并不明显。基于此，管理图书供应链中各主要商业信息中介，几乎没有直接动力来宣传由图书馆购买的免费版本出版物的可用性。简言之，在此问题得到解决之前，无论 MARC 和 ONIX 标准有多好，图书馆和用户用来识别和获取学术书籍的主流系统，电子书 OA 版本的可用性仍然是不完善的。ProQuest 是为学术图书馆提供此类图书馆服务平台（简称 LSP）的最大供应商，其次是 EBSCO 和 OCLC。OCLC 虽在这一领域表现出了领导地位，但是 ProQuest 和 EBSCO 对 OA 数字图书的态度仍然不明确，或者至少在他们的服务和他们的内容集合之间不一致。

3. OA 数字图书出版社

对自身产品富有自信并想增加用户数量的 OA 数字图书出版社来说，

第三章 基于数字基础设施的图书开放获取技术机制

目前有两种策略或方法可供选择。策略之一，系统内的运作策略。这一策略是在系统内尝试运作，通过支持信息中介开发商业模式的方式，帮助信息中介将 OA 数字图书集成到现有的工作流程中。策略之二，系统外的运作策略。这一策略是尝试创建一个平行的信息供应链，避开现有以图书为中心的企业。这种方法更符合谷歌或 Facebook 等科技颠覆者的工具和理念。在北美，在系统内运行的方式是一种更受欢迎的方法，但欧洲的 OA 基础设施项目之一的 OPERAS，则更关注于构建一个不涉及商业实体的元数据分布替代系统（基础设施）。介于这两种方法之间的是一些如开放获取图书目录（DOAB）的基础设施项目。这些项目向任何希望收割元数据的人公开元数据，并将其数据集成到像 ProQuest 的 Primo 或 Digital Science 机构的 Dimensions 这样的图书馆发现服务中。

图书馆需要关注这两种不同方法，因为试图去中介化图书馆核心供应商的同时，也有风险去中介化图书馆。当用户可以通过自己喜欢的搜索引擎找到、获取和使用 OA 数字图书时，图书馆丰富发现和支持高质量信息的潜力就被大大削弱了。

当然，最终读者会选择摩擦最小的方式来寻找、获取和使用电子书。Andrew W. Mellon 基金会在 2017 年支持的"绘制免费电子书供应链地图"研究表明，谷歌目前是 OA 数字图书发现的主要渠道，但 Twitter、Facebook 和 LinkedIn 群组也发挥了重要作用。图书馆的目录基本上是不相关的，这是其他研究观察到的情况。在一些试图系统化 OA 数字图书发现的信息中介作用下——特别是 JSTOR、Project Muse、OAPEN、OCLC、BiblioLabs，以及来自 KU 的新开放研究图书馆（Open Research Library），还有 Unglue. it 及 Ingenta Open 这样的小公司，这种情况无疑正在改变。对于需要支付大量费用的信息中介来说，OA 数字图书似乎正出现一些财务机会，即从向出版社收取相对较小的费用（包括如 JSTOR 的 OA 数字图书），到运用 OA 内容牵引"聚集"客户，令其购买和租赁其他内容[①]。

---

① McCollough Aaron, "Does It Make a Sound: Are Open Access Monographs Discoverable in Library Catalogs?", *Protal: Libraries and the Academy*, Vol. 17, 2017, pp. 179 – 194.

本章小结

图书开放基础设施可以实现将图书开放过程、方法和结果最大限度地提供给他人使用，实现图书资源的开放访问和广泛传播。同时近几年的新冠疫情使得线上获取信息和研究材料成为主流趋势，构建合理有效的图书开放获取基础设施是非常必要的。首先，在数字基础设施层面，本章在明晰图书开放获取数字基础设施的价值、倡议、服务功能的基础上，进一步阐述了开放获取图书的摄取、发现和传播路径。其次，在元数据层面，详细阐释了图书开放获取中元数据标准不协调的问题。

第四章 图书开放获取的运营管理机制

管理机制是管理系统的内在联系、功能及运行原理。管理机制以运营管理机制为主体内容，其本质是围绕产品与服务所展开的系统输入与系统输出的价值增值过程，其目标是最大限度地满足用户需求，实现系统内组织利益最大化。具体来说，运营管理机制主要从运营系统的设计（战略设计、产品与服务设计、工作流程设计）、运行（计划、组织与控制）、系统维护与优化（精益生产、敏捷制造、定制服务）三个方面展开，重点关注工作流程设计、生产方式的选择与优化，通过成本管理、质量管理、时间管理，让组织具有价格、质量、速度、服务、创新、绿色等竞争力。与此相应，图书开放获取运营管理机制的本质是利益相关主体在一定的战略目标下，试图通过各类资源（人、财、物）的输入，形成满足用户信息获取与传播质量的输出服务，进而形成知识正外部效应、促进学科发展均衡等个人利益与集体利益最大化的价值增值效果。

第一节 价值网视阈下图书开放获取运营管理机制的内涵

学术图书开放获取不仅意味着"免费阅读"，还意味着需要在适当的许可、质量保证以及有效的发行和营销方法等运营过程，确保学术图书能够接触到目标受众。

从广义的角度，图书开放获取的运营管理机制包括运营流程、成本节约、质量评审、创新服务、组织优化等几个机制内容。从狭义角度，由于图书开放获取的成本难以计算且信息并不透明，创新服务与组织优化的探讨往往归于商业模式与出版模式之中，图书开放获取运营管理机制的重点内容主要体现在运营流程与质量评审两个方面。其中，图书开放获取运营流程是指在运营管理战略指导下，在破除传统出版与服务流程的基础上，形成适应图书开放获取特点的EDP（编辑/设计/制作）、传播、营销的出版流程。图书开放获取质量评审包括质量评审标准的确立以及质量控制两方面的内容。对于质量评审标准，可分为广义的质量评审标准与狭义的质量评审标准两种。目前通常所指的是狭义的质量评审标准。对于质量控制，对应于广义的质量评审标准，包括认证和监督制度两个质量控制方法；对应于狭义的质量评审标准，包括同行评审与树立出版社品牌两个质量控制方法。

图书开放获取运营管理机制的研究内容框架如图5-4-1所示：

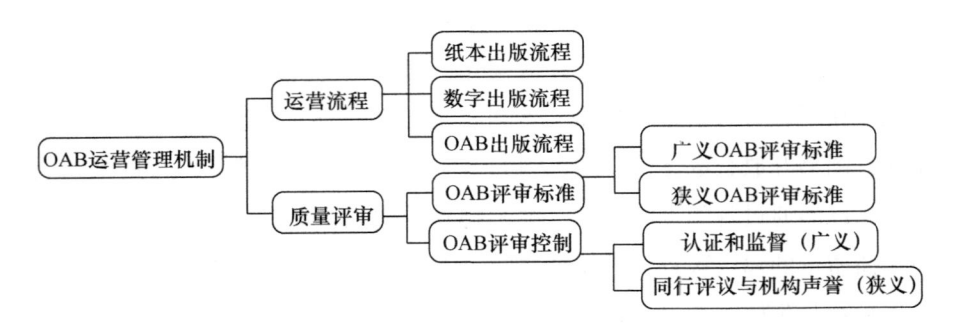

图5-4-1 图书开放获取运营管理机制的研究内容框架

第二节 价值网视阈下图书开放获取的运营流程

运营管理的对象是运营过程和运营系统。在价值网络视阈下，各利益相关主体的运营过程与运营系统呈现一定的关联性。基于此，在展开图书开放获取运营管理流程分析前，需首先把握学术图书出版价值网络中各利益相关主体的局部运营活动与整体系统的要素内容。

一 学术图书出版价值网络中各主体的运营活动与系统关系

学术图书价值网络节点中各利益相关主体的运营活动除狭义的输入与输出的价值增值过程外,还包括环境约束与资源支撑要素的价值增值系统。学术图书出版价值网络各利益相关主体的运营过程与系统的关系如图5-4-2所示:

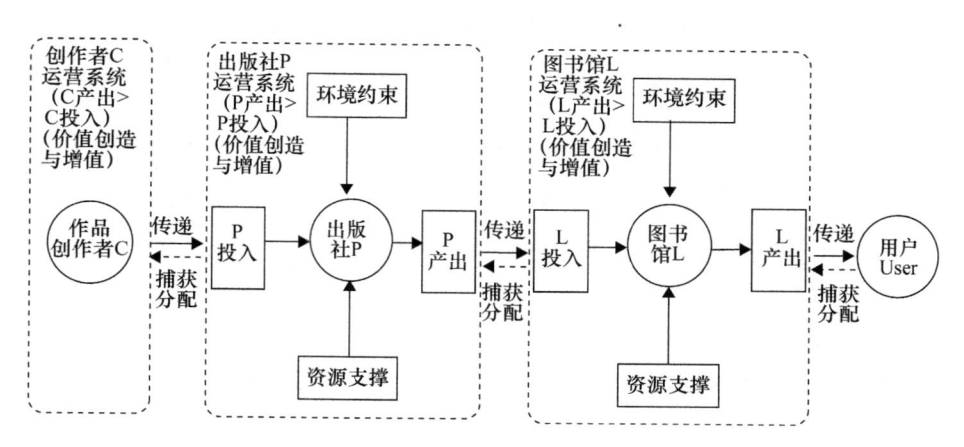

图5-4-2 学术图书出版价值网络节点各利益相关主体运营活动与系统关系

在学术图书出版价值网络的运营系统中,针对不同的利益相关主体,输入要素是指作品、编辑、资金投入、基础设施、信息与知识等各种资源输入。输出要素是指书稿、出版物、出版传播服务、发现服务、利用服务、保存服务等产品或服务输出。环境约束要素是指经济约束、技术约束、社会习俗约束、版权法律约束、自然生态约束、政治法律环境约束等。资源支撑要素则指经济增长水平、技术工具、人员素质、社会基础设施等辅助性资源支撑要素。需指出的是,在学术图书出版的价值网络中,各利益相关主体运营所拥有和使用的要素各不相同。

二 学术图书出版运营管理战略及其运营流程

运营流程以运营管理战略(可简称为运营战略)为指导依据,运营管理战略与运营流程有一定的对应性。截至目前，在学术图书出版的运营管理中，为吸引不同类型和规模的终端用户，出版社及图书馆等利益相关主体一般会根据学术图书的专业性、市场规模、功能、格式来制定三种不同的出版运营管理战略，即传统纸质版出版运营战略、数字出版运营战略以及开放获取出版运营战略。三种策略下的差别如表5-4-1所示①。

表5-4-1　　三种学术图书出版运营管理战略的特点比较

传统纸质版出版运营管理战略	数字出版运营管理战略	开放获取出版运营管理战略
·具有广泛的受众，专业化程度较低 ·较高的销售目标计划：800—1500本 ·预期能完全收回成本，或有盈余 ·面向专家与普通读者展开营销 ·多种发现形式 ·主要格式：纸本打印	·经过同行评议，面向专业人士营销 ·目标销售量较小（小于450本） ·预计亏损（至少2万美元） ·对晋升与任期是重要的 ·与其他内容混合更有价值 ·主要格式：数字	·广泛的受众，专业化程度高，经过同行评议 ·共生后的销售目标计划 ·依赖外来资助与内部运营，收回成本并略有盈余 ·对晋升与任期是重要的 ·多种发现形式与跨学科内容 ·数字与按需印刷（POD）形式

1. 传统纸本学术图书出版运营战略及其流程

第一种运营战略是面向学者、机构、课程，甚至普通读者出版学术版本书籍的传统出版运营策略。由于读者用户对学术图书的纸本阅读偏好，这一策略下的学术图书是出版社最渴望出版的图书类别。此时，出版社不仅要推广图书，还要尽可能吸引更广泛的读者和公众。该图书出版战略具有每年出版数量较多（图书数量范围在800—1500本）、整体收益保持相对稳定的特点。

近年来，制作传统纸本书籍以物质实体版本为主要格式，专业化程度较低，其工作流程变化不大，大学出版社主要针对纸本图书的印刷数量与质量、营销和宣传等工作流程进行了优化，试图增加销量和影响力。

---

① John Sherer, "Open Access History Monograph Initiative", 2018, https://longleafservices.org/blog/oa-monographs/.

2. 数字学术图书出版运营战略及其流程

在专著销量与销售收入下降、专著正以数字格式被发现和使用的背景下，出版社逐渐将传统纸质出版运营战略迁移到数字出版运营战略。在数字出版运营战略下，学者写作的目的是为其他学者撰写更具专业性的专著，图书受众主要是机构图书馆和某一学科领域的其他专家。由于学术图书受众小，学术图书出版社的出版行为主要出于知识共享与公共价值最大化的使命感。此时，出版学术图书的销售数量一般为450本以下，销售收入主要用于支付出版成本，出版社一般会有越来越大的亏损。不过，由于更具专业性的学术图书在人文学者的晋升和终身教职制度中发挥着至关重要的作用，因此各大学出版社每年会继续出版数以千计的专著。

相比传统纸本图书出版运营战略，数字图书出版战略下的工作流程规模较小，专业化程度较高。由于该种运营战略下的出版格式主要为数字格式，图书的可发现性和使用性成为工作流程考虑的重点。

3. 开放获取学术图书出版运营战略及其流程

在学术图书出版运营战略制定中，出版社等利益相关主体还可以采取混合模式，即结合如上两种模式在市场规模、专业化程度、目标受众、销售数量与收入特点，允许出版社以高效的数字图书出版工作流程，同时保留传统纸本出版物选项，形成更优化的学术图书出版运营战略与运营流程。

在开放获取图书出版运营战略下，各利益相关主体既要兼顾传统工作流程，也要考虑为高质量的、规模化的、数字优先的工作流程开发一个支持系统。此时，需要开发专注于使文案编辑、页面合成和文件准备尽可能高效和廉价的运营流程。

三 图书开放获取的流程优化与基础设施支撑

1. 图书开放获取的流程优化

开放获取是出版数字专著的新策略。出版社要想成功地过渡到基于网络的图书开放获取工作流程，以数字格式快速、廉价、高品质地交付专业性更强的学术图书，需要积极的运营干预。例如，整合开放获取出版模式，简化工作流程与实施市场激励，将核心出版活动精简为一项增值服务，而非传统以成本回收为主旨出版物产品提供活动，使新工作流程成为专著出版范式与关键组成部分。

图书开放获取模式可以分为三个阶段：在第一阶段，主要面向传统出版社流程，其流程包括：采编（从初稿或提案开始，到同行评议、决定出版、签订合同）、手稿编辑（排版、整合作者的反馈、版权）、项目定位（营销框架、元数据、编目/出版公告）几项内容。在第二阶段，主要面向数字学术图书出版战略，其流程包括：准备数字版本的编辑、传播给书商、提交评审意见、促进开放同行评议、Web 2.0 营销、社会共享、追踪使用数据并分析，评估市场潜力等内容。在这个阶段，出版社将电子文件分发到一系列在线开放访问平台中。出版社将用 12—18 个月的时间来评估数字使用和潜在的印刷适销性。在第三阶段，出版社行使选择权，通过传统策略完成将印刷版带入成本回收市场所需的传统工作流程。或者，将市场权利许可给另一家出版社进行数字出版，并进一步探索开放获取的出版战略。其流程包括：探索编辑修改或附加资料、设计打印版的 PDF 格式与封皮、渠道分销给批发商与零售商、课程营销、广告与促销等。

三个阶段的流程设计有助于提升运营管理在质量、成本、创新、速度、服务等上的竞争力。具体优势有：①质量与格式方面。大学出版社可以开放获取模式出版高质量的、数字格式的 OA 专著。同时，开放获取不妨碍纸本印刷。通过 POD 印刷方式，图书被评价、引用、奖励，并有助于作者的晋升和终身教职。②成本方面。可以确定开放获取的成本，以及资金补贴金额。③创新方面。形成新的资助模式或商业模式。由于使用三阶段 OA 选项的选择是在图书获得并获得认证后进行的，因此该过程避免了与其他模式相关的道德风险，在其他模式中，在图书接受同行评审之前就已经分配了津贴。④影响力方面。可以了解 OA 出版物的使用影响力。⑤时间和速度方面。将标准专著的"上市时间"缩短至少 3 个月。

总之，将 OAB 运营流程优化为分阶段的工作流程，可以加速和扩大获得资金资助的机会、降低出版成本、应用文献计量与替代计量指标来衡量图书的影响力，以及数字人文输出。该流程通过提供不同的方式分配出版成本，允许各种资金来源（作者的主办机构，还包括研究资助者、学术协会和人文学科的私人捐助者）进入出版流程，有效地提高了图书开放获取出版的可持续性。

2. 图书开放获取的基础设施支撑

新工作流程需以数字化工具与基础设施为支撑。目前，数字出版实践为学术图书出版活动提供了新的可能性。按需出版（POD）和数字打印技术的兴起已成为 OAB 商业模式的基础。基于开源软件和开放环境，数字工具、数字管理工作流程与数字分销平台［如 D-Space（开放访问存储库）、DPubS（免费的开放获取出版管理软件）、OpenStax CNX（原为 Connexions，是由志愿者提供的教育内容的全球资源库）和 Drupal（内容管理框架）］被引入到数字出版实践活动中，不仅大大降低了成本，充分利用了在线分销渠道（如谷歌图书和亚马逊等重要的在线分销商），也更注重了沟通平台（如 ArXiv 和 E-LIS）的价值。

如上数字基础设施包括从高度复杂的、基于自动添加元数据的 XML 基础设施到最简单的基础设施。出版社只需在其网站上提供出版物，并将 POD 的生产和销售委托给需求印刷公司即可。根据使用的出版模式，图书馆和大学的数字基础设施可以使用。有了这些基础设施，图书馆和其他参与者可以处理图书的数字化、扫描和全文可搜索性，并可以通过使用 OAI-PMH、Z39.50 和 OpenURL 等协议与其他集合建立连接。有时这是手动完成的，或者它被合并到平台本身中，这些工具的开发有助于研究过程本身，反映了出版社和图书馆员等参与者角色的变化，有助于转变为学术研究的服务提供者，而不是简单地负责同行评议过程。

四 图书开放获取出版运营流程的 OMP 软件支持工具

为将学术出版的控制权交还给研究人员和学者，很多机构还开发了便于学术图书开放获取的出版和传播工作流程的解决方案,即由研究人员和出版社社区驱动的开源、非商业的出版软件。

例如,由 John Willinsky 于 1998 年开发的公共知识项目（Public Knowledge Project,PKP）,是美国几个著名机构（英属哥伦比亚大学教育学院、西蒙·弗雷泽大学图书馆、斯坦福大学教育学院和西蒙·弗雷泽大学加拿大出版研究中心）的学者和图书馆员的合作项目,旨在增加公众对经过仔细审查和审查的研究的访问权,帮助大学出版社、学术团体和学者出版社以按需印刷和多种电子格式出版学术书籍（包括开放获取与付费获取两种模式下的数字图书）。PKP 取得成功的关键在于致力于编写、维护和发布免费和开源软件（FOSS）出版平台和工作流程,构建了出版平台包括开放期刊系统（Open Journal Press,OJS）、开放获取专著系统（Open Monograph Press,OMP）、开放获取预印本系统（Open Preprint System,OPS）与开放会议系统（Open Conference System,OCS）,从而成为学术出版生态系统的一部分,提供开放的基础设施。

2012 年 9 月,公共知识计划（PKP）宣布了 OMP 的 1.0 测试版。在含义上,OMP 是一个用于管理和出版学术书籍的开源软件平台,以及完整的端到端图书出版解决方案,是有助于图书开放获取流程规范化的信息系统辅助平台与工具。在功能上,OMP 通过内部和外部评审、编辑、编目、制作和出版等学术图书（如专著、编著和学术版本所需）的编辑工作流程,出版包含完整元数据的专著和编著,并作为具有目录、分销和销售能力的新闻网站来运营,便于图书在全球范围内传播和发现。在流程上,OMP 出版过程是从出版生产链的角度（从内容交付到编辑/排版,再到传播/获取等）来审视出版物,如数字工作流程的类型、所支持的格式类型、所使用的印刷过程类型（胶印、数字印刷、按需印刷等）、版权政策的性质、用于传播数字和印刷内容的平台类型等①。

---

① John Sherer,"The Sustainable History Monograph Pilot",2019,https://longleafservices.org/blog/the-sustainable-history-monograph-pilot-041219/.

第三节　图书开放获取的质量评审机制

图书开放获取（OAB）质量评审机制包括质量评审标准的确立以及质量控制两方面的内容。具体内容包括：（1）OAB 质量评审标准，可细分为广义的 OAB 质量评审标准与狭义的 OAB 质量评审标准两种。值得注意的是，目前通常所指的是狭义的 OAB 质量评审标准。（2）OAB 质量控制，包括对应于广义的质量评审标准的认证和监督制度两个质量控制方法，以及对应于狭义的质量评审标准的同行评审与树立认证机构品牌两个质量控制方法。

一　数字学术图书质量标准的具体含义

开放获取图书不仅是学术图书，而且是以数字方式出版和传播的学术图书。基于此，图书开放获取的质量评审标准需要以数字学术图书的质量标准为依据，并需要结合开放获取出版模式的特点进行诠释。从广义的角度，数字学术图书的质量标准包括同行评审、营销、设计、使用许可、可持续性和保护、注释、搜索等标准。从狭义的角度，数字学术图书的质量标准仅指同行评审。数字学术图书标准的具体内容见表 5-4-2。

表 5-4-2　　　　　　　数字学术图书的质量标准[①]

标准	含义
同行评审	出版社将继续其现有的同行评审做法
营销	（1）出版社为出版过程带来的价值之一来自开发特定主题的图书列表，并将这些列表推销给读者。（2）数字出版的最大担忧之一是数字专著的可发现性。（3）出版社在开放获取专著中可能需要新的和创新的营销形式来吸引读者
设计	出版社的另一个价值是出版社为印刷书籍的设计带来的专业知识深度。数字专著将需要类似的专业知识，以确保高质量的读者体验，保证出版物既可导航又可访问。数字出版物可以让不同视觉能力的读者以印刷出版物无法做到的方式进行访问

---

① Elea Giménez-Toledo, Jorge Mañana-Rodríguez, Tim C. E. Engels, et al., "Taking Scholarly Books into Account: Current Developments in Five European Countries", *Scientometrics*, Vol. 107, 2016, pp. 685–699.

续表

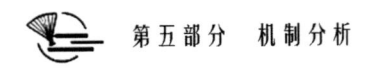

标准	含义
可持续性和保存	持久性和耐久性将是转向数字出版的最大关注领域之一。永久性的一个组成部分是保存,因此需要考虑数字出版物的长期存储和可持续性。应鼓励资助机构(如梅隆基金会)与大学出版社(如密歇根大学出版社)合作,建立稳定的数字存储库平台并制定数字保存标准。OA 图书可以在受托保存服务中存档(数据来源:Cariniana Network、CLOCKSS、Global LOCKSS Network、Portico)①
可打印	虽然很多人会通过平板电脑和其他设备阅读数字专著,但许多人文学科的读者可能希望打印其中的部分以获得更传统的阅读体验。未来人文学科的课堂仍将需要印刷材料,而不是数字版的注释。尤其在数字访问受限的环境中,打印专著或部分专著以供课堂使用非常重要
注释	注释在研究和教学中的价值至关重要。任何数字格式都必须允许注释,并允许读者导出注释。这是许多新数字出版平台的关键特征
可搜索	在没有印刷索引的情况下,数字出版的专著是完全可搜索、可发现的(数据来源:开放获取图书目录 DOAB、OpenAIRE、OpenAlex、SciELO Books、The Lens、WorldCat)
网络的潜力	数字出版物能够提供嵌入在文本或附录中的链接,指向公开可用的主要资源和证据,以增强学术成果和阅读体验。网络链接可以鼓励学术对话和辩论,推动未来的学术研究。不过,分布在不同 Web 域中的 OA 书籍具有长尾特点,使书籍为易失性云存储或空文件

其中,出版社可以指大学出版社、商业出版社与图书馆出版社等多种类型。其获取类型可以是封闭获取的,也可以是开放获取的。既包括出版前的设计、评审,也包括出版后的营销、再利用、可搜索、网络潜力等内容②。

二 广义的图书开放获取质量评审机制

从广义价值链和价值网的角度,学术图书开放获取的质量标准包括提供图书开放获取服务的出版、发行(或分销)、财务参与等标准。对于提供 OAB 出版服务的出版社、提供 OAB 基础设施的平台供应商以及希望通

---

① Laakso M., "Open Access Books through Open Data Sources: Assessing Prevalence, Providers, and Preservation", *Journal of Documentation*, Vol. 79 No. 7, 2023, pp. 157–177.

② 朱本军、龙世彤、肖珑、黄燕云:《图书开放获取模式及整合利用研究》,《大学图书馆学报》2015 年第 5 期。

过资金参与来实现其在 OAB 地位的图书馆来说，确定广义的 OAB 质量标准非常重要①。它不仅有助于描述利益相关主体"可以提供"或"期望提供"的服务项目，也使作者、出版社和图书馆能够平等地利用数字化所提供的机会，确立其在学术图书出版系统中的定位。

基于此，德国国家联络点开放获取 OA2020-DE 项目（National Contact Point Open Access OA2020-DE）和知识解锁（Knowledge Unlatched）项目提出了"关于图书开放获取质量标准的建议（Recommendations on quality standards for the open access provision of books）"。其目的是为作者、出版社和图书馆提供一个实用的指南，描述图书开放获取提供的生产、发行和财务参与的标准。这两个项目不仅希望通过与出版社和图书馆合作加强图书的转型过程，也希望通过透明的框架条件，为参与出版过程的所有行动者提供规划保障。总体来说，决定开放获取图书质量的广义标准有：格式、元数据可获得性版权、质量保证、计算、营销/交流、使用数据度量等指标。值得注意的是，在条件约束下，并非所有开放获取的图书出版物都能满足上述标准，但这些标准从总体上能够确定 OAB 的质量判断标准。

广义的 OAB 标准可分为基础阶段的图书开放获取质量标准、强化阶段的图书开放获取质量标准两个阶段进行，各阶段的标准有不同侧重。

1. 基础阶段的图书开放获取质量标准

基础阶段的 OAB 质量标准包括格式、元数据、分销、平台可访问性、版权与授权、公共关系与交流、使用统计数据等项目，涵盖图书开放获取价值网络中生产、发行、客户关系管理、财务、基础设施等多个价值生成过程及其相关主体，涉及经济、技术、管理、社会等各个层面的标准。具体内容见表 5-4-3。

---

① Pieper D., Fund S., Werner K., Jobmann A., "Qualitätsstandards für den Einstieg in die Open-Access-Stellung von Büchern", 2018, https://pub.uni-bielefeld.de/record/2932189.

表 5-4-3　　初期阶段图书开放获取的质量标准①

标准	内容
格式 （运营管理层面/ 技术层面）	·图书将至少以一种适合长期存档的文件格式出版（如 ISO 19005 规定的 PDF/A）（EPUB 和其他格式也可取） ·以适合进一步处理的格式（如 XML、HTML）发布应该是一个目标 ·开放获取文件应支持导航。例如，带有书签并保存文件属性的全面信息（至少含作者、标题、许可的详细信息） ·图书可以印刷版形式出版和销售 ·PDF 文件包含完整的工作（封面，底稿） ·PDF 是书签和可搜索的 ·如果赞助商可以使用的话，该 PDF 包含了知识共享许可和版权持有人（通常是作者）的引用 ·完整作品有一个 DOI 和一个 ISBN 号，最好在章节级别也能分配 DOIs ·需要用于图表和表格的 DOI
元数据 （技术层面/ 运营管理层面）	·元数据应该全面，至少包括：标题、副标题、作者/编辑姓名、ORCID、出版时的大学从属关系、出版日期、出版社、系列标题、卷号、ISBN、DOI、知识共享归属、摘要、关键词 ·元数据至少以 CSV 文件的形式提供，最好是 ONIX 提要 ·提供 MARC 记录 ·每个分销都接收一个 DOI 作为持久标识符。其他可采用的标识符是 URN ·DOI 在注册机构（如 Crossref 或 DataCite）中已注册 ·内容最好是在 CC BY 或 CC BY-SA 4.0 下授权 ·在章节级别上分配 DOI，并在适用的情况下分配到图表和表格应该是一个目标
平台/可访问性 （技术层面/ 运营管理层面）	·开放获取书籍以免费出版物的形式出现在所有在线格式（包括 EPUB 和其他格式），并向公众开放，没有财务、法律或技术障碍 ·图书必须明确标记为开放获取出版物 ·必须有知识共享许可通知 ·图书出版物可在出版社或合作出版社的网站上查阅，如果适用，也可在适当的社交媒体渠道上查阅 ·除国家图书馆存缴外，开放获取版本被记录在相应的数据库中（如 OAPEN 和 DOAB）。此外，其目的是通过在其他数据库（如 JSTOR、MUSE、主题数据库或发现服务）中提供参考来实现最高可能的传播和可见性。 ·允许在个人和机构存储库中存档（如国家图书馆和各自的州立图书馆接受印刷和开放在线版本的存缴副本） ·如果适用，相关研究数据和其他材料将被存档在一个合适的存储库中，并在出版物中链接 ·出版社的网站上可能有付费版本的链接，明确指向给定出版物的开放获取版本。 ·保证长期存档。出版社为此目的与认证服务（如国家图书馆、Portico、CLOCKSS）合作

---

① 马小琪：《图书开放获取权益分享机制研究溯源与现状分析》，《图书情报工作》2019 年第 5 期。

续表

标准	内容
平台/可访问性（技术层面/运营管理层面）	·允许文本和数据挖掘（TDM）。这包括全文的自动下载、提取和索引
版权和授权（法律层面）	·图书根据知识共享许可协议出版 ·作者和编辑向出版社授予非排他性权利，因此保留向其他方授予非排他性使用权，并在其他地方出版其作品或其部分内容的权利 ·已澄清图书中插图和其他第三方材料的权利，且不妨碍根据知识共享许可提供完整的作品 ·版权归作者所有，作者和编辑通过授予开放获取兼容协议授予公众广泛的使用权利 ·知识共享许可协议（理想情况下为 CC BY 或 CC BY-SA；对于某些情况，CC BY-ND 也可适用） ·版权信息以文本形式包含在印本中，并以机器可读的形式嵌入文件中
黄金开放获取的成本（运营管理层面）	·为避免开放获取书籍的价格过高，建议出版社根据书名的要求，透明地展示联合资助图书馆的成本 ·为了从公共基金中获得 OA 图书的资助资格，除需透明出版成本外，还需明确表明开放获取的成本结构 ·为了使一个 OA 图书的资金流动透明，销售价格和印刷销售信息也应公开
公共关系/交流/媒体（社会层面）	·出版社为其开放获取计划指定联系人 ·在所有出版媒体中包括开放获取的版本，与印刷版本的出版同步 ·出版社在黄金开放获取出版物上为作者提供建议和激励
开放获取图书的发行/分销（运营管理层面）	·出版社为 OAB 计划指定一个联系人 ·出版社提供 OAB 的附加价值的信息，并就法律问题和 CC 许可提供建议 ·向 DOAB 提供数据（由 OAPEN 覆盖） ·强制地将数据提供给国家图书馆和各省或各州图书馆。如有必要，则提供给地区图书馆网络、发现服务、谷歌图书和书店平台 ·在出版社的网站、其他出版媒体和适当的社交媒体渠道投放广告和营销 ·获取并发表评论
使用统计数据（运营管理层面）	·每季度根据 COUNTER 标准（或 LogEC）提供使用数据 ·每季度提供额外的使用数据（外部 IP 使用） ·如果可能的话，发行商和平台会追踪替代性指标，以显示在互联网上的使用率和影响力

2. 强化阶段的图书开放获取质量标准

强化阶段的 OAB 质量标准主要有质量检查、机器可读性/文本和数据挖掘两个方面的内容，涉及运营管理层面和技术层面两个层面的标准。具体标准与内容见表 5-4-4。

表 5-4-4　　　　　强化阶段的图书开放获取质量标准

标准	内容
质量检查（运营管理层面）	·所有标题都经过科学测试或由专家小组选择 ·如果需要，出版社可以提供同行评议，出版社公开其审查标准的信息 ·只有得到积极评价后的图书才可以考虑出版；此外，所有图书都要接受剽窃检查 ·要评估出版物的科学质量，必须根据特定学科的标准进行审查 ·出版社对新的或创新的质量保证形式持开放态度，例如公开同行评审
机器可读性/文本和数据挖掘（技术层面）	·如果可能，出版物应是用于研究目的的机器可读（XML），并应由出版社或适合的服务提供者编制和提供 ·出版社允许授权用户通过合适的格式和接口操作文本和数据挖掘（TDM）。这包括由研究人员自动下载、提取和索引全文

资料来源：以文献为基础整理而成①。

3. 认证和监督质量控制制度

广义的图书开放获取质量控制包括认证和监督两种质量控制方法。这两种控制方法往往结合技术基础设施来予以实施。例如，Wellcome Open Research 现在是英国惠康基金会 Wellcome Trust 资助的研究人员出版和发表研究成果最常用的平台。Wellcome Open Research 平台于 2016 年推出，采用 F1000Research 的开发和运营的公开研究模式，通过电子存储和索引等方式严格审查和确保质量跟踪，为 Wellcome 资助研究人员提供公开的合作模式。惠康基金会资助出版社的目的，不仅让出版社自由决定其出版社与出版时间，也能够使它们采用认可和公开的出版和透明的研究。此外，为响应对透明度和更好地理解图书同行评议过程的需求，欧洲开放科学基础设施 HIRMEOS 项目（High Integration of Research Monographs in the European Open Science infrastructure，欧洲开放科学基础设施中研究专著的高度集成）提供了开放图书同行评议认证服务，能够对作者和相关机构提供与印刷书籍相同的方式接受同行评审，起到了质量保证方面的作用。

---

① Zenodo, "Quality Standards for Open Access Books", Knowledge Unlatched and the National Open Access, 2023, https://zenodo.org/records/4622135/files/qualitystandards-OAbooks_en_AGUVG_20210319.pdf.

三 狭义的图书开放获取质量评审机制

图书开放获取以公共利益最大化为基本目标,以质量度量标准和保持声望为激励研究人员及其机构参与的关键手段①。狭义的 OAB 质量评审机制是如上广义质量标准中与出版环节相关的机制内容,具体包括同行评审标准(含出版前与出版后的同行评审标准)、质量认可机构的声誉这两项内容②。

具体来说,学术图书质量是通过若干基本机制来确定的。一是面向出版社的出版前同行评议。二是质量认证机构的声誉。认可机构可以是出版图书的出版社,也可以是出版丛书的出版社,通常两者兼而有之。三是出版后的同行评议对专著也相当重要。在这些机制中,发表前的同行评议毫无疑问是黄金标准,一般通过单盲或双盲评审机制实现。专家凭借长期建立的书评制度向潜在读者发送质量的重要信号,它向公众保证学术研究已经达到了适合其发表地点的质量门槛。出版后同行评议系统一直支持着专著质量评估。通过博客和在线论坛等公开评审形式来形成发表后同行评议是一个较新的现象。

1. 图书开放获取的同行评审机制

同行评议是图书开放获取的质量保证与控制机制。学术图书的"危机"不仅是学术出版经济学的危机,也是同行评审和学术自治过程中的危机。图书开放获取如何克服由几百年来建立的同行评议学术出版模式而产生的路径依赖,成为一个焦点问题③。

同行评审(Peer Review),也被称为同行评议,是指由从事某个学科

---

① Geoffrey Crossick, "Monographs and Open Access", *A Report to HEFCE*, January 2015, https://dera.ioe.ac.uk/21921/1/2014_monographs.pdf.
② Martin Paul Eve, "Open Access and the Humanities: Contexts, Controversies and the Future", UK, London: Cambridge University Press, 2014.
③ Mitchell S. S. D., "Open Sesame: Analysing Public Library of Science as a Site of Production and Distribution for Open Access Scientific Information and Knowledge", *Communication and the Public*, Vol. 2, 2017, pp. 226–238.

领域或接近该学科领域的专家来评定某一项科研工作的学术水平或重要性的一种机制。从历史角度，同行评审是用于评价学者及其学术科研成果的最早的一种测度体系。随着科学研究的进展，同行评审也发展成为一种更加完善、结构化的评价方法。早期的同行评审实践可以追溯到 1665 年英国皇家学会《哲学汇刊》（*Philosophical Transaction*）的创立，皇家学会理事会要求出版的学术文章首先要经过该理事会部分理事的评审。于是，有一部分科学家对另一部分科学家的科研工作进行评审的把关功能就诞生了。

开放获取的理念并没有将对学术资源的同行评审作为必要条件，所以并不是所有的开放获取学术图书都经过了同行评审。但在实际层面，同行评审制度也已被很多出版机构应用在学术图书开放获取出版的实践之中。开放获取图书目录 DOAB 中特别强调，其列表索引的所有的开放获取学术图书都经过了同行评审，开放获取图书知识库平台 OAPEN Library 也将开放获取学术图书是否经过了同行评审作为其收录的重要标准。

从同行评审标准角度分析，同行评审实际上是一个制度性问题，可以通过制定社区标准和提高各种做法的透明度来加以改进。对于前一个问题，即在社区同行评议标准方面，按照空间划分，存在国家层面的同行评审标准（如英国卓越研究计划 REF、澳大利亚的卓越研究计划 EAR）、平台层面的同行评审标准（如 DOAB 的标准、各机构知识库的标准）、出版社等机构层面的同行评审标准［如剑桥大学出版社（Cambridge University Press，CUP）的标准、加州大学出版社（University of California Press，UCP）层面的标准］。按照时间划分，则可以分为出版前同行评议标准与出版后同行评议标准两方面内容。其中，出版前同行评议标准需要与各资助人或出版机构的标准相契合。出版后同行评议标准则一般需要依据在网络媒体上点击量、评论、引用、下载、转发、网络可见性等与图书影响力指标相关联。

从同行评审质量控制角度分析，为确保和提高学术书籍的质量，应保证独立的、外部的和文件化的质量保证过程，鼓励对质量保证采取不同的办法。例如，开放获取图书目录 DOAB 强调，学术图书在出版前必须接受独立和外部同行评议。无论是否为开放获取出版模式，严格的同行评议应该是当前和未来学术出版的组成部分。其原因在于，学术团体和学科协会在许多学科中扮演着公认的出版保管人角色。这也是开放获取学术文献的所有主要倡议都坚持同行评议重要性的原因。

同行评审质量控制的主要原则是[①]：（1）出版中所使用的同行评审质量保证机制必须清晰、透明，并易于在文件政策中访问。（2）审查应由该领域的独立专家进行。默认情况下，应基于完整的手稿，而不是部分内容的提交。（3）所有资助模式都应将编辑工作作为正式质量保证的最低标准。（4）可以考虑新的和创新的审查程序形式，包括出版后评审。

2. 图书开放获取认证机构的声誉机制

在确保开放获取学术书籍质量的同时，确保开放获取认证机构（或人员）的声誉或品牌至关重要。目前，人们对学术图书同行评议做法的可持续性和真实性表示怀疑，进而导致出版社、资助者等认证机构的声誉、出版社编辑等认证人员的声誉逐渐成为学术图书的质量信号。其原因在于[②]：一是同行评议对学术图书的评审不如对期刊文章的评审彻底。目前，出版社只对提交图书的某个示例章节作为签订出版合同的基础，而不是对最终文稿进行全面的质量评审。二是学术图书的同行评审机制不像论文那么严格。对图书文稿的内容规范性与格式规范性的评审并不像期刊那样严格。同行评审和剽窃是撤销出版的两个常见理由。三是难以找到愿意评审手稿的学术专家，必须使用网络搜索等非正式方法来寻找评审手稿的评审人。在研究压力日益增加的背景下，学者们为出版社进行同行评议后并不会得到丰厚的报酬，因而学者们目前不愿担当评审人角色，而只是把同行评审作为与学科社区合作的一种贡献行为。在这种情况下，由知名出版社和受

---

① Science Europe, "Briefing Paper on Open Access to Academic Books", 2019, https://www.scienceeurope.org/our-resources/briefing-paper-on-open-access-to-academic-books/.

② Eve M. P., "Open Access Publishing and Scholarly Communications in Non-scientific Disciplines", *Online Information Review*, Vol. 39, No. 5, 2015, pp. 717-732.

尊敬的评审编辑作为向潜在读者展示图书质量的信号，将发挥更大的作用。

目前，很多国家已将出版社声誉或出版社编辑声誉作为绩效指标纳入资助体系之中。例如，自 2007 年起，西班牙国家质量评估和鉴定机构（即国家质量评估、鉴定机构和国家研究活动评估委员会）已将图书出版社的声望作为评估标准。由于缺乏具体的在图书出版社的声望数据，由 CSIC（西班牙国家研究委员会）于 2009 年开发了学术出版社开发指标 SPI，将其作为图书出版社在社会科学和人文学科中的声望指标。再如，丹麦于 2009 年开始实施绩效指标模型（BFI/BRI，目录学研究指标）。丹麦研究机构每年都从全国各地的大学招募学者，组成代表 68 个研究领域的委员会。每一个委员会都被要求编制一份"权威"的知识资源清单和与各自领域和专业相关的出版物[①]。

此外，图书开放获取基础设施平台的品牌也是声誉机制的一个方面。资助者、出版社等主体创建自己的出版平台，会增加其作为资助者或出版社的知名度和声誉，也可以让平台更容易建立声誉，成为一个有价值的图书出版、传播、发现的场所。对于作者来说，有三个影响他们在一个新的或现有平台上出版专著的决定性因素：对平台本身的信任、发表图书成果的预期传播范围、出版场所对他们研究成果声誉的影响。平台的品牌化不仅有助于作者等主体建立对其技术标准的信任，并保证其长期使用，也将增加平台的知名度，进而增加研究成果的影响力。此外，平台的网络效应和社区规模的增加可能会说服更多的研究人员在该平台出版著作。品牌平台还可以通过制定同行评审和接受著作的范围和标准等编辑政策来累积声誉。平台的声誉也会影响该平台的使用和其在学术界的地位。

四 DOAB 在 OAB 质量评审机制中的作用

DOAB（Directory of Open Access Book，图书开放获取目录）为开放获

[①] Eve M. P. , Vries S. C. , Rooryck J. ,"The Transition to Open Access: The State of the Market, Offsetting Deals, and a Demonstrated Model for Fair Open Access with the Open Library of Humanities", *The authors and IOS Press*, 2017, https://core.ac.uk/download/pdf/141227987.pdf.

取图书制定质量控制标准和许可政策方面发挥着重要作用。DOAB 是一项支持 OA 图书发现和传播的集中式服务,其已制定的准入标准可用于验证和授权出版社的同行评审和许可流程。出版社可依据 DOAB 制定的标准,作为进入 DOAB 的准入条件。通过定期与学术界、出版社、资助者和图书馆员以及 OASPA(Open Access Scholarly Publishers Association,开放获取学术出版社协会)和 DOAJ(Directory of Open Access Journal,开放获取期刊目录)等机构进行咨询,DOAB 可以了解质量控制标准和许可政策的最新发展,在各类用户反馈的基础上来确定质量控制和许可方面的首选或推荐路线[1]。

DOAB 为质量控制和许可开发的标准、要求和协议,一般需要满足一定的原则。例如,应该足够灵活,以纳入变化和创新;应该足够严格,以确保系统内的质量和信任等。然而,这些原则应该对各种质量控制机制保持灵活,既包括更传统的编辑控制形式,也包括较新的形式(如出版前公开评审和出版后评审)。考虑到编辑控制在图书出版中的重要性,DOAB 可能会考虑在"外部"评审要求更加灵活。

在同行评审过程与元数据认证方面,DOAB 可能会考虑添加关于特定图书标题的特定同行评审或质量控制程序的信息。这可以作为书的元数据的一部分添加,或者通过一个徽章或图标系统,如 Creative Commons 所使用的。此外,为了能够试验不同的商业模型,并预测重用方面可能存在的学术不安全性,目前首选的是广泛的开放获取许可。为了能够对内容和数据进行试验和重用,并对未来的变化保持开放,DOAB 应该努力尽可能地推广 CC–BY 许可的使用,并对未来可能开发的新形式的开放许可保持开放。

对于开放获取图书而言,质量控制机制的透明度是非常重要的。在同行评审过程的标准型与透明性认证方面,PRISM 项目(即棱镜项目)作为 DOAB 的一项为专著同行评审提供的信息服务与 OPERAS 服务目录的组成

---

[1] Janneke Adema,"DOAB User Needs Analysis: Final Report", 2012, https://oapen.fra1.digitaloceanspaces.com/3051df4cbd3f47cd9fc144fe7ce97443.pdf.

内容，是学术出版社在其整个目录中显示有关同行评审过程信息的标准化方式，旨在提供有关适用于其作品的同行评审过程的透明度。当出版社所有的同行评审流程都是可见的，即使可能在不同的图书标题中使用了不止一个流程，都会被标注为 PRISM 认证标记，以显示应用于单本图书该作品的同行评审过程。PRISM 有助于建立对开放获取学术图书出版的信任。DOAB（包括 PRISM）由科学委员会监督，该委员会验证和审查要求，并充当出版社投诉的上诉委员会。目前，在 DOAB 中定义的质量控制的要求应该得到支持，因为公开存取图书需要明确定义和透明的质量控制措施。

本章小结

本章首先从解析运营管理的内容出发，分析价值网视阈下图书开放获取运营管理机制的内涵，将研究重点限定在运营流程与质量评审两个焦点内容。然后依据学术图书的运营战略与运营流程特点，在构造学术图书出版价值网络节点各利益相关主体运营活动与系统关系图关系的基础上，深入分析图书开放获取的流程优化与基础设施支撑、软件支持工具。接下来，将图书开放获取质量评审内容分解为质量评审标准的确立以及质量控制两个内容。同时将质量评审标准划分为广义的质量评审标准与狭义的质量评审标准两种，并在质量控制部分，提出了包括认证和监督制度两个质量控制方法的广义标准对应的质量控制内容，提出了包括同行评审与树立认证机构声誉或品牌的两个狭义的质量评审标准的质量控制方法。最后应用 DOAB 与其项下的 PRISM 子项目为例，简要说明图书开放获取同行评审机制的具体实践做法。

第五章　图书开放获取的社会合作机制

合作是社会面临的两个基本问题之一，在社会科学中发挥着核心作用。合作的成功取决于人们是否有能力为了共同利益而不采取个人有利可图的行动。合作问题的关键特征是，由于个人行动对他人具有外部性，私人最优和社会最优并不一致，合作往往陷入囚徒困境[①]。解决合作面临困境的关键是在分析合作类型、合作方式的基础上为合作各方提供有效的激励机制。针对图书开放获取面临的囚徒合作困境，本书已经在第四部分从理论角度，探究了图书开放获取合作困境的形成与破解思路。本章将借鉴合作理论相关成果，重点从实践角度，探究图书开放获取各相关利益主体采取集体行动的合作类型与合作演化机制。

合作是价值网络的理论内核，合作行为下的集体行动能够有助于图书开放获取价值网络中各相关利益主体实现共赢和公共价值最大化的绩效。具体来说，图书开放获取社会合作机制主要探究各利益相关主体依据什么目标（即公共利益最大化和公平）、采用什么方式（即合作共赢、集体行动的具体方式）、运用什么资源（即人、财、物、信息等）和谁（即各利益相关主体）在什么领域（即具体活动）展开合作。

考虑到出版模式重在说明各相关利益人之间的关系，本章首先在出版模式的框架下展开分析；然后在更广义的价值网络的框架下继续探究图书开放获取的合作类型与合作演化的机理。

---

① Bandiera O., Barankay I., Rasul I., "Cooperation in Collective Action", *Economics of Transition*, Vol. 13, No. 3, 2005, pp. 473–498.

第一节 图书开放获取的出版模式与合作维度

图书开放获取具有偏向人文、社科类学科的偏向性特点，图书开放获取出版社一般为规模较小的大学出版社。值得注意的是，这些出版社往往具有结构性缺陷，即存在编辑人员、资助资金、数字技术、基础设施与平台等资源缺少或空缺的情况。在这种背景下，需要图书开放获取各利益相关者采取合作共赢的策略选择。

一 图书开放获取出版模式的内涵

合作是人与人之间依据一定的角色进而产生关系和行为的社会活动，合作能带来共赢和社会的进步。以公共价值和集体利益最大化为目标的图书开放获取是以合作为手段的学术交流活动，其思想内核符合开放获取OA2020 的倡议。2016 年 3 月 21 日，由马克斯·普朗克学会发起的《开放获取 2020 行动计划》（The Open Access 2020 Initiative, OA2020）是致力于加速向开放获取过渡的全球联盟，旨在推动全球范围内实现向开放获取过渡。目前，该计划已扩展到学术图书领域。通过 OA2020 合作，实现学术出版向 OA 的快速高效过渡，从而造福学术和整个社会。OA2020 倡议的具体使命为：以合作（手段）改造当前的出版系统，用新模式取代订阅型商业模式，确保产出是开放的和可重用的，传播背后的成本是透明的和经济上可持续的。公平（目标）是 OA2020 使命的组成部分[①]。

探究图书开放获取利益相关者的合作行为，应首先明确其依归的模式框架。图书开放获取模式可以细分为出版模式与商业模式两类。对于前者，图书开放获取的出版模式聚焦于相关利益者之间的关系，尤其指合作关系。在价值网络框架下，图书开放获取出版模式重在说明利益相关者之间的网络合作关系与结构。对于后者，图书开放获取的商业模式则关注各

---

① OA2020, "Equity is Integral to the OA2020 Mission", https://oa2020.org/.

相关利益者的资金或收入来源。在价值网络框架下，商业模式聚焦于如何获得外部资金与实现内部价值增值，尤其指资金来源渠道。对于 OAB 商业模式的具体内容请参见本书前述商业机制部分的论述。此外，本章虽论及商业模式，但重在从出版模式角度探究图书开放获取的合作类型。

图书开放获取出版模式与商业模式之间存在密切关系。图书开放获取的商业模式重点考虑哪些资金或其他收入机制可以全部或部分地支付出版成本，以维持出版活动。在资金来源渠道的寻找、挖掘和利用中，商业模式促进了出版模式的改变。另外，不同主体间的内部或外部合作将产生不同的出版模式，也将改变商业模式的价值创造、价值传递与价值实现过程与绩效。

例如，通过与大学、非营利性组织、图书馆、资助机构与出版社（商）的战略伙伴关系形成的"出版模式"，可以为开放获取、印刷版本或存档过程提供额外资金。这些资助机制可能以结构性补贴或捐赠、实验性一次性资助计划或其他计划的形式出现（如开放获取图书所需的出版资金可以通过主体间运营活动和资金筹集的方式获得），从而转化为一定的"商业模式"。具体来说，各利益相关主体既可以从不同利益相关者之间的人力资源、版权资源、内容资源、基础设施资源等资源，从管理与信息资源交易、转让、共享等活动实现价值转移或增值，也可以从外部资助者、赞助者、补助者等主体通过赠款、补贴、赞助或捐赠，或提供额外服务、印刷和增值电子版本的销售、交叉补贴等方式筹集资金。因此，在图书开放获取出版的整个活动过程中，如果研究者侧重从主体间活动关系的角度思考问题，属于"出版模式"探究的内容；如果从收入或资金实现的角度思考问题，则属于"商业模式"的思考范畴。

目前，业界正不断尝试新的出版合作模式与商业模式。其原因在于，两者的创新与演进将会带来更高效、更便宜的出版基础设施系统。出版模式可以使用各种商业模式来收回成本；反之亦然[1]。例如，可以通过在战

---

[1] Raym Crow, "Campus-based Publishing Partnerships: A Guide to Critical Issues", SPARC, 2009, https://sparcopen.org/wp-content/uploads/2016/01/pub_partnerships_v1.pdf.

略伙伴关系中分担资源和费用、非中介化和职能脱钩等出版模式的变化能够提高效率，减少成本。在合作关系中，可能会发生内容和服务的逻辑分离，由拥有必要资源和声望的不同利益方承担差别化的注册、认证、传播、保存和奖励等出版服务。此外，随着图书馆、图书馆—出版社合作组织、由学者建立和管理的出版社的兴起，出版链中的各种职能日益与传统上负责履行这些职能的参与者分离开来，并在出版过程中也可以进行创新①。例如，通过使用数字技术和基于开源软件的新基础设施，使生产过程中实际图书副本所需的存储空间减少，从而可能导致进一步节省费用。除了着眼于开放获取为新的资金和收入模式或商业模式提供的可能性外，许多出版社在开放获取实验中也同时追求提高出版过程效率的策略②。

二 图书开放获取出版模式的合作维度

由上述分析可见，依据图书开放获取追求公共价值的本质目标，探究图书开放获取的社会集体合作机制，是与出版模式密切相关的议题。

从合作视角，图书开放获取出版模式可以做以下三个维度的解读（见图 5-5-1）。

第一，从合作主体的角度，图书开放获取的出版模式着眼于出版价值网络或链条中的不同利益相关者［例如作者、出版商、图书馆、大学、研究机构、学（协）会、资助机构、媒体等］之间的相互关系、他们所扮演的角色，尤其关注各参与者间合作参与行为与可能的合作模式如何有助于履行"出版"活动的必要功能。从该角度划分的合作类型，可以是上述图书开放获取利益相关者的任意组合。例如，大学出版社与图书馆之间的合作、学者社区与大学出版社之间的合作、学会或协会与图书馆（或图书馆联盟）之间的合作、图书馆协会、出版社与学术社区建立出版社的合作等。

---

① Richard K. Johnson, "The Future of Scholarly Communication in the Humanities: Adaptation or Transformation?", The Modern Language Association Annual Convention, December 30, 2004, http://eprints.rclis.org/8319/1/SPARC_CELJ_paper_2004.pdf.

② Boice K., "Open Access, Libraries, and the Future of Scholarly Publishing", https://api.semanticscholar.org/Corpus ID:59658183.

第五章 图书开放获取的社会合作机制

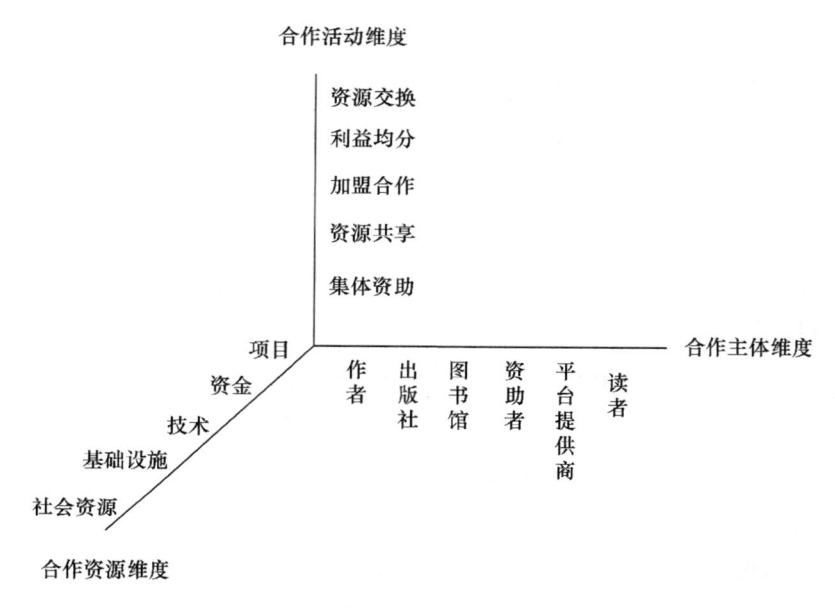

```
                合作活动维度
                     │
                     │ 资源交换
                     │ 利益均分
                     │ 加盟合作
                     │ 资源共享
                     │ 集体资助
                     │
          项目       │                              合作主体维度
         资金       │ 作  出  图  资  平
        技术       │ 者  版  书  助  台
     基础设施      │     社  馆  者  提
   社会资源       │                供
                                    商
合作资源维度
```

图 5-5-1 图书开放获取合作出版模式的三个维度

目前使用的最常见的出版模式之一是图书馆与出版社的合作。在这种模式下，出版商或学术部门基本上负责（或外包）同行评议、编辑、营销、内容准备和管理任务，而图书馆则为研究工作的数字出版提供技术专长（如处理数字扫描）、基础设施或平台（如提供保存以及托管技术和基础设施平台）。此外，分担费用、资金和补贴也是这类伙伴关系中的一个常见因素。在这方面，这些合作企业是有效分工任务和资源共享的一个很好的例子，表明出版模式在 OA 图书出版倡议使用的资金、业务或收入模式方面具有很强的影响力。

第二，从合作主体展开的具体活动角度，图书开放获取相关个体与组织之间的合作有以下几种常见模式，即资源互换、质量评审、利益均分、买断合作、加盟合作。可见，合作与价值创造、传递、实现密切相关的活动。在纸媒时代，最常见的出版模式是营利性商业出版商和非营利性大学出版社（主要是商业出版社和大学合作的形式）。在数字时代，随着数字技术的发展，出版参与主体的改变和增多，出版模式也在不断演化，使得大学系统内外的参与者更容易地承担出版活动，随之出现了图书开放获取价值网络中任何利益相关者之间任意活动相互组合的出版模式。

第三，从合作主体针对不同资源客体展开合作的角度，有五种合作方式，即：①项目与项目的合作；②项目与人的合作；③项目与技术的合作；④项目与资金的合作；⑤项目与社会资源的合作。例如，欧洲人文社科研究基础的 OPERAS 项目接受欧洲理事会等各机构的资金资助，与法国 OpenEdition 等项目以及与希腊 EKT、英国 JISC、德国 MWS 等社会资源展开合作。在技术和基础设施上，OPERAS 项目借用各成员国现有平台基础设施展开合作。

三　图书开放获取合作出版模式的应用案例

根据 Simba 咨询公司提供的信息，在未来几年，OAB 领域的出版商和机构之间将会有更多的合作。从三维合作出版模式的分析中可见，图书开放获取各利益相关主体间社会合作出版的类型可以多种多样，也为人们在理论上与实践中探寻创新性合作出版类型提供了广阔的思维空间。依据不同主体间合作为标准进行划分，图书开放获取合作出版模式的类型、案例的出版模式特点、合作提供的附加服务、商业模式等如表 5-5-1 所示。

在表 5-5-1 中，第一类为图书馆与出版社的合作类型；第二类为图书馆与数字学术出版办公室的合作类型；第三类为大学、学者与出版社的合作类型；第四类为除前三类之外的其他类型。此外，在如上案例或项目中，很多是以大学为基础的跨合作项目启动的。从未来角度，OAB 出版模式应积极寻求与其他主体类别的合作，并应在包括内容和资源共享、服务、咨询水平等领域展开深度的增值合作。

结合本章提出的图书开放获取三个合作维度，研究者和实践者可以展开更细致深入的合作，如可以针对基础设施建设展开合作，也可以针对某个倡议、商业模式、工作流程或政策体系一致性展开合作等[①]。例如，在基础设施的合作方面，为实现开放获取图书的公平运作，可以在图书

---

① Raym Crow, "The Collective Provision of Open Access Resources", 2016, https://www.researchgate.net/publication/299372927.

表 5-5-1 图书开放获取四类合作类型及其具体案例

OAB 出版案例	合作出版模式	商业模式	通过合作提供的附加服务	同行评审政策	版权政策
第一类　图书馆与出版社的合作类型					
Athabasca 大学出版社	图书馆与出版社同的伙伴关系；与公共知识项目和莫属哥伦比亚大学出版社有战略伙伴关系	混合（数字+POD），机构支持	实验性多媒体内容、视频、播客和图书预告片，开发开源出版产品开放专著出版社（Open Monograph Press，简称 OMP），以及 XML 和 EPUB 等增值出版格式	知识共享许可（署名一非商业性一禁止衍生作品）	知识共享许可（署名一非商业性一禁止衍生作品）但不在线
ANU E-Press	图书馆联盟（KU）与大学出版社建立伙伴关系	混合（数字+POD），机构支持	标准化出版流程和工作流程，内容和超链接术语索引，XML	同行评议，编辑委员会	作者保留版权（但不在线发行），出版社拥有在全球范围内以电子方式分发其电子书的独家权利
Éditions de l'Université de Bruxelles	图书馆与出版社同建立伙伴关系	混合（绝版书籍），机构支持	完全可搜索和标准化的数字平台	未规定	版权归出版社所有，非商业用途，只受充分引用
Purdue University Press	图书馆与大学出版社形成合作关系	混合（e+数字印刷），机构支持	实验多媒体内容	同行评议	机构合作委员会（CIC）作者增编
The University of California Press	图书馆与大学出版社形成伙伴关系	混合（e+POD 成价格合理的平装书），机构支持	XML、使用统计，加利福尼亚大学的各种出版服务，各种平台上的额外电子书服务	同行评审	未规定。有些书只对加州大学的教师，学生和员工开放
Newfound 出版社	图书馆设立的出版社	混合（e+POD—通过田纳西大学出版社）	咨询服务（针对作者）、增强型出版物、多媒体内容、数字资源库服务	同行评议，编辑委员会	作者保留版权
第二类　图书馆与数字学术出版办公室的合作类型					
Pennsylvania State University 出版社	图书馆—出版社—数字学术出版办公室的合作关系	混合（e+POD），机构支持，只有 50% 的出版物是可印刷的	开源出版物管理系统：DPub 平台	同行评议，编辑委员会	版权归出版社所有，公平使用政策，只有 50% 的出版物可印刷

·337·

续表

OAB 出版案例	合作出版模式	商业模式	通过合作提供的附加服务	同行评审政策	版权政策
第三类 大学、学者与出版社的合作类型					
Polimetrica	商业出版社与大学之间展开合作	混合（e+数字印刷少量低价平装书）	作者和编辑的版税	不明确，与大学和学者合作编辑	Polimetrica 许可
Bloomsbury Academic	商业出版社与大学出版社同展开合作	混合（数字+POD 精装本）	"学生包"，图书馆的电子书包，（合作）出版平台，作者的版税，多媒体内容和版本管理增强出版物	严格的同行评审和编辑，编委会	知识共享许可的多个选项
Open Humanities 出版社	出版社由学者创办；与公共知识项目 PKP 和密歇根大学 SPO 进行战略合作	混合（e+POD-价格合理的平装本）	建立一个国际联盟（开放人文联盟），开放编辑和注释，版本管理 XML，数字保存服务	同行评议，编辑委员会	知识共享许可的几个选项
Open Book Publishers	出版社由学者创办；与学术机构合作	混合（e+POD-精装本和平装本，下载费用）	校对和编辑服务，多平台在线阅读，大大缩短了印刷专著的制作时间	同行评议，编辑委员会	作者保留版权，知识共享许可的几个选项，但下载需要付费
第四类 其他合作类型					
Rice University Press	大学出版社与其他出版商合作	混合（e+POD 绝版书），机构支持	联结，开源技术/电子出版平台，多媒体内容，版本管理，再版绝版书籍	同行评议，编辑委员会	作者保留版权，CC 许可 2.0
Media Commons 出版社	实验性的出版社项目，与未来书籍研究所和纽约大学图书馆合作	研究机构支持	实验形式：博客、维基、期刊或数字网络学术专著，开放形式的开放学术，公开、开放评审，专注于研究过程的服务	编委会	未规定

续表

第四类 其他合作类型

OAB出版案例	合作出版模式	商业模式	通过合作提供的附加服务	同行评审政策	版权政策
O'Reilly	商业出版社；与互联网档案馆和知识共享合作	混合或纯电子（绝版书籍）		未规定	知识共享的几个选项
ETC-Press	出版社由学院创办；与未来书籍研究所、媒体协会和Lulu.com合作	混合出版（数字+POD）	Web 2.0技术、版本控制、多媒体内容，与Sophie（一种多媒体创作工具）和In Media Res、个人网站开发项目	外部顾问委员会和内部编辑小组	作者保留版权，知识共享署名—禁止衍生作品—非商业性或署名—非商业性共享许可
TU Ilmenau Press	媒体与出版商、出版办公室形成合作关系	混合模式；作者付费，结构	排版、印刷、传播、储存数码副本	无同行评审	未规定
Gutenberg-e（哥伦比亚大学出版社）	其他出版模式或实验	仅为数字模式；由梅隆基金会资助的项目与数字专著平台	增强出版物，多媒体内容和生产人员在研究过程中密切合作的出版模式、设计人员和生产人员在研究过程中密切合作的出版模式、数字专著平台	同行评议	版权与印刷、复制、操纵或分发的内容是禁止的。用户可以根据需要搜索、下载和保存材料，并可以为私人使用或研究制作个人著作的单个打印副本。版权归人文科学研究委员会所有

馆、出版商和基础设施提供商之间建立协作。

由非营利性国际 COPIM 项目运营的支持小型出版社的新兴 OA 图书资助模型和基础设施项目，打破了原来基于图书加工费（BPC）的 OAB 出版模式，而是基于图书馆集体资助。COPIM 项目有两个不同类型的协作，即 Open Book Collective（OBC）和 Open to the Future（OtF）。这两个项目使图书馆、出版商和基础设施提供商之间形成两个 OA 专著合作伙伴关系。目前，利益相关者在业务领域和基础设施的合作较多。再如，在社会关系的搭建方面，作为 OAPEN 创始人之一的阿姆斯特丹大学出版社（AUP）是一家成立于1992年的出版社（最初与阿姆斯特丹大学有联系，后来独立出来），目前出版 OA 书籍的数量占其整个出版量的五分之一。近年来，AUP 与 Knowledge Unlatched（原来为非营利性公司，目前被 Wiley 收购，已转型为营利性公司）等合作伙伴合作，旨在鼓励学术图书馆和出版商在支持 OA 图书和美国大学出版社协会（Association of American University Presses，AAUP）方面进行更密切的合作。另如，在质量评审之间的合作方面，PEERE（http://www.peere.org/）是一个欧盟委员会资助的倡议，它汇集了属于学术界的各种机构和出版商，如施普林格 Nature、Elsevier 和 Wiley，共同努力提高同行评审实践的质量和可持续性[①]。

第二节 图书开放获取的合作策略与合作网络结构

一 图书开放获取的合作策略

价值网络以合作为主导逻辑，以实现群体价值最大化为目标。图书开放获取价值网络是图书开放获取合作出版模式的表现形态，它与图书开放获取出版合作类型之间具有紧密关系。从更广义的价值网络以及更高层面的战略视角，依据相关利益主体之间的合作关系，图书开放获取各利益相

---

① Eve M. P., Deville J., "Making Open Access Books Work Fairly: Establishing Collaboration between Libraries, Publishers, and Infrastructure Providers", 2022, https://www.zenodo.org/record/6361873#.Y4yo4XZBy3A.

关主体可以采取战略联盟型合作、投资组合型合作、创新网络型合作以及生态系统型合作四种类型的战略。其中，创新网络型与生态系统型合作是合作的高级形态。

以下是四种主要合作策略类型（即战略联盟、投资组合、创新网络和生态系统）、特点及在图书开放获取中的应用描述（见表5-5-2）。

表5-5-2　图书开放获取相关利益主体间价值网络合作的四种类型

合作战略	特点	案例
战略联盟型（Alliances）	①是最基本和长期的合作类型。战略联盟通过两个或多独立主体之间达成的协议，利用外部资源来提高竞争力，实现其战略目标。战略联盟合作意味在正式的法律安排下，使战略联盟成员能够对其合作伙伴施加强大的影响。②参与战略联盟保持持续创新的主要原因包括：为了弥补成因内部的弱点或技术差距；建立新的产品和服务组合；成功进入新领域；减少新产品或服务的开发成本、风险和时间	TOME；ScholarLed；KE；宾夕法尼亚大学出版社与图书馆之间的联盟等
投资组合型（Portfolios）	①可更长久地维持利益。投资组合管理是从战略联盟经验中提取最佳实践，然后进行内部传播。在此过程中，焦点组织与独立主体建立协议，然后通过特定的职能管理知识流动。②大型主体常为优秀的投资组合建设者。这类主体通常会与小型主体合作，以最有效的方式吸收知识和内容	如Springer、Sage集团；BATT联盟；KE联盟等
创新网络型（Innovation Networks）	①创新网络包括共享与产品、服务、流程或商业模式相关的研发目标的主体群。②密集的网络结构是联盟和投资组合的自然发展。随着协作工具和实践从高技术部门扩展到中、低技术部门，出现了创新网络这一新型合作类型。创新网络更加强调合作者的集体利益。创新网络中所有的主体都是相互关联的，协调并不严格，中低端竞争取代了激烈的生存竞争。尽管协调成本较高，但网络效用显而易见。各主体不再关心管理个人合作和关系，而是注重管理自己在网络中的地位	COPIM等局部合作网络
生态系统型（Ecosystems）	①生态系统型合作具有改善个人和集体福祉的力量。生态系统是由主体间组成的网络，是相对独立、自我调整和松散互联网络系统。由共享制度安排和资源整合的参与者，围绕一组共同的目标、共享的技术、知识或技能，形成共同进化能力，并通过合作和竞争来开发新产品和服务。②生态系统由影响成员之间关系的某些规则和规范管理；价值由合作者或客户决定，创新不再为核心组织服务	OPERAS、OAPEN等全局生态网络

二　图书开放获取的合作网络结构

信息时代不仅彻底改变了教育、娱乐、消费习惯、思维模式，也改变了学术交流模式。在快节奏、信息互联的时代背景下，作者、读者、出版社、图书馆、资助机构等主体都与出版或采购决策有利害关系，从而改变了建立创新型伙伴关系的过程和形式，使开放创新体现在伙伴关系的内外耦合之中。合作的逻辑也从战略联盟逐渐转变到共同创造价值的现代生态系统。对应于如上四种创新合作策略类型，图书开放获取价值网络中的合作战略呈现如图5-5-2所示的结构：

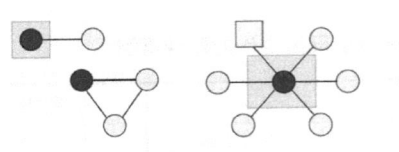

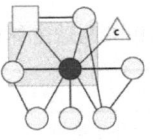

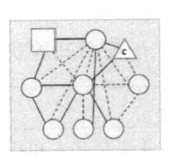

战略联盟型合作　　投资组合型合作　　创新网络型合作　　生态系统型合作

说明：□ 合作类型的多样化　△ 直接客户参与的程度　▨ 联合长期战略/价值创造的程度
● 自我参与/和谐组合的程度　--- 演化与设计的程度

图5-5-2　图书开放获取合作战略的四种网络结构①

对四种合作战略网络结构，还需明确以下几点：

第一，合作战略网络结构的特点分别为：首先，战略联盟型合作的结构包含自我参与不同和谐组合程度的个体组成，体现为局部、间接、零散、价值创造程度较低的关系结构。其次，投资组合型合作的结构体现了合作程度的提高，形成以大型主体为投资组合建设者为核心的星型网络结构。再次，创新网络型合作在投资组合型合作的基础上，添加了直接客户参与合作类型多样化的因素，使网络联结更加紧密，合作范围更加扩大、程度更加深厚。最后，在生态系统型合作战略类型下，形成了全局性、用户直接参与、有长期战略与演化设计的网络结构，是图书开放获取价值网络合作战略的制定目标。

第二，核心价值主体是多元的。在学术图书出版价值链中，能成为价值链核心价值主体的角色不仅限于图书馆、出版社或资助者，也包括大

---

① Oana Maria Pop, "The Four Main Types of Business Collaboration", February 28, 2023, https://blog.hypeinnovation.com/the-four-main-types-of-collaboration.

学、学者和基础设施供应商。Ithaka 在 2007 年发布的一份报告敦促大学在建立出版计划方面发挥更大的带头作用,建议将其管理的不同大学机构(学术、出版社、图书馆、IT 部门等)的优势、资源和技能结合起来。在未来的学术交流中,将是以多元为核心的系统。正如乔·埃斯波西托所说,"10 年后,我们可能会看到图书馆作为出版商,专业协会作为出版商,大学出版社作为出版商,但也会看到 Sage、Blackwell、施普林格和 Taylor & Francis 等公司"。因此,合作实践策略是一种多元策略。

第三,数字技术促进合作。目前,新的合作战略往往建立在图书书目、系列图书或更结构化项目基础之上。不仅是因为这些合作倡议(或计划)和出版社本身的独特性,还因为数字格式、数字工具、开源软件的可用性实际上使学术传播中的新参与者更容易进入学术图书出版界并参与战略联盟。寻找与经验匹配的合作伙伴之间的合作是未来有希望的战略。

第三节　图书开放获取合作演化机制的原理与类型

合作的理论模型包含静态视角的合作类型分析与动态演化视角的合作机制分析。前述本章论及的图书开放获取的合作类型、策略与结构等内容都是从静态角度的阐述,还缺少动态合作机制的论述。

一　合作演化机制的理论概述

合作是将个人联系在一起的黏合剂,并允许出现更高层次的社会结构,如家庭、团体、组织、国家和文明。虽然制度和机制设计可以被视为人为创造和调整社会系统中管理人(如雇员或公民)的机制,但合作机制可被视为构成这一发展的自然法则。

1. Martin A. Nowak 五种合作演变的机制理论

从动态视角,Martin A. Nowak 指出,构建新的组织水平需要合作来促进发展。基因组、细胞、多细胞生物、社会昆虫和人类社会的出现都是基于合作的。人类从狩猎采集者到形成社会、民族和国家,说明合作是人类社会的决定性组织原则。本质上，合作意味着在某种机制的作用下，自私的复制者放弃了他们的一些生殖潜力来互相帮助。Martin A. Nowak 进一步提出了合作演变的五种机制：亲缘选择、直接互惠、间接互惠、网络互惠和群体选择[①]。对于每个机制，派生一个简单的规则，指定自然选择是否可以导致合作。五种机制的具体含义如下：

亲缘选择（kin selection）（也称为"包容性适合度"）是指人们共享一个基因的概率。依据汉密尔顿规则，同一物种合作的前提是关系的相关系数一定要大于利他行为的成本收益。

直接互惠（direct reciprocity）是指不同物种的相同两个人之间面临重复囚徒困境时的互惠合作。在每一轮中，每个参与人都要在合作和背叛之间做出选择。此时，重复的囚徒困境的可能策略的数量是无限的，但是一个简单的、一般的规则会导致合作的进化：如果相同的两个个体之间再次相遇的概率超过了利他行为的成本收益比，长期收益会超过短期的机会主义行为。

间接互惠（indirect reciprocity）。直接互惠是合作进化的强大机制，但它依赖于相同的两个个体之间的长期的反复接触与对称互动。针对低频次交易的个体间合作，以信誉为合作基础的间接互惠机制是一个适用的机制。相比而言，直接互惠类似于以商品直接交换为基础的易货经济，而间接互惠类似于货币的发明，其合作的基础是声誉。

网络互惠（network reciprocity）。合作伙伴可以通过形成网络集群来取得优势。在网络集群中，合作伙伴可以相互帮助。由此产生的"网络互惠"是"空间互惠"的泛化。合作的实现条件是：效益成本比必须超过每个个体邻居的平均数量。

群体选择（group selection）意味着选择不仅对个体起作用，也对群体起作用。一群合作者可能比一群叛逃者更成功。

---

① Martin A. Nowak, "Five Rules for the Evolution of Cooperation", *Science*, Vol. 314, No. 5805, 2006, pp. 1560–1563.

2. Michael Zaggl 的 11 种合作演化的机制理论

在 Martin A. Nowak 之后，Michael Zaggl 利用文献计量学方法，结合现有的综述文章和传统的原始文献综述，在进化条件下分离出 11 种合作机制[1]。根据共同特征对机制进行分类，为体制和机制设计活动建立了一个基本框架（见表 5-5-3）。

表 5-5-3　　　　　　　　　　合作机制类别概述类别

	空间机制	投资机制	内部复制合作机制
机制	图形选择 集的选择	直接互惠 间接互惠 强互惠 昂贵的信号 群体选择 选择性参与	亲缘选择 绿胡子选择 副产品互利共生
描述	由于空间结构导致合作	由未来收益投资导致合作	严格意义上的利己主义（例如，复制角度）

可见，Martin A. Nowak 提出的五种合作演化机制分别属于空间机制、投资机制与内部复制合作机制类型。

第一类，空间类别的合作机制描述了哪个空间结构是普遍的。这种结构决定了合作和竞争参与者之间的互动关系。因此，空间性对合作具有至关重要的影响，该类别描述了基于非随机遭遇的合作。此外，空间或图选择是进化博弈论领域以及合作进化领域的最大重心。在空间性类别下总结的机制是图选择和集合选择。在机构设计方面，空间性为促进合作提供了潜力。空间性是孤立的，它不与其他类别的机制相结合。虽然考虑到其影响合作的实际潜力，空间性似乎发挥了相当小的作用，但实际上空间性在合作模式中发挥着重要的调节作用，且利用社交网络可以发挥关键作用。

第二类，投资类别的合作机制包括基于互惠（即直接、间接和强互

---

[1] Zaggl M. A., "Eleven Mechanisms for the Evolution of Cooperation", *Journal of Institutional Economics*, Vol. 10, No. 2, 2014, pp. 197-230.

惠）、高成本信号、群体选择和可选参与的机制。其共同的特点是个人通过计算实现短期和长期利益之间，自愿为其他个人的利益花费资源以期获得未来的回报，解决困境并促进合作。在直接互惠条件下，如果未来的回报（按结束博弈的风险折现）高于当前的合作成本，则合作是稳定的。

第三类，内部复制类型的合作机制也称为复制因子内合作。它不依赖于影响对手行为的原则，而是使用复制视角的标准来描述其机制。其中，复制因子是交互作用的中心实体。对于经济学和制度设计而言，复制者内部合作的类别并不重要。不过，互惠互利的副产品在激励系统的设计中起着重要作用。

二　图书开放获取合作演化机制的类型

基于如上两位学者的合作演化机制理论，可以分析以下三种类型的图书开放获取合作演化机制。

第一类，空间类型的图书开放获取合作演化机制。具体包括网络互惠、集体选择两类机制。典型案例如 OPERAS 项目、cOAliation S 倡议以及 COPIM 项目等。其中，OPERAS 将 18 个国家的 54 个机构联结在一起，试图将人文学科的长尾融合到开放科学之中，从而形成网络互惠与集合选择[①]。

第二类，投资类型的图书开放获取合作演化机制。具体包括直接互惠、间接互惠、群体选择、选择性参与等几种类型的合作演化机制。

例如，在 cOAliation S 倡议下，欧洲、美国、澳大利亚等国以倡议为图书开放获取的发展框架，制定了相应的开放获取政策，体现了该倡议具有群体选择的凝聚效应。类似引起群体选择与选择性参与的倡议还有 TOME 计划、COPIM 计划等。

再如，间接互惠以声誉和品牌为合作信号，是知名大型商业出版社、图书馆联盟以及出版社联盟等通常使用的合作演化机制。汇集印刷和原始电子书扫描图书往往源于大型的、有声誉和品牌的出版社（商）和图书馆

[①] Elisabeth Heinemann, "The Value of Network Sustainability: Why We Join Research Infrastructures", *ELPUB*, 2018, https://elpub.episciences.org/4611/pdf.

（或联盟）。这些提供商（如 HathiTrust、OAPEN、JSTOR 和 Project Muse、HOB 计划或 KU 联盟的参与者）有不同的侧重点：一些侧重于保存，另一些侧重于格式创新。OA 专著的创作者可以依赖这些平台中的一个或多个来传播他们的作品①。这些平台也可以因此形成战略合作、投资组合、创新网络等战略合作关系。

第三类，内部复制类型的图书开放获取合作演化机制。具体包括亲缘选择与副产品互利共生两种类别的合作演化机制。

（1）图书开放获取的亲缘选择合作演化机制。例如，Knowledge Futures Group 是麻省理工学院出版社和麻省理工学院媒体实验室（包括 PubPub 项目）之间的合作，是一个开放的创作和发布网络平台，支持嵌入式富媒体、协作注释、分析和迭代创建。

（2）图书开放获取的副产品互利共生合作演化机制。一些出版商与学者、图书馆和技术专家合作，利用开源软件为自己的 OA 产品开发了独特的平台。例如，来自密歇根大学图书馆和出版社的 Fulcrum 特别针对那些出版物依赖大量资源材料（包括音频、视频、图像、GIS 数据和 3D 模型）的学科（如考古学、表演艺术和媒体研究）。Fulcrum 依靠图书馆开发的支持数字保存和访问的技术，为多媒体作品的持久出版创造了一个选择。再如，Manifold 是明尼苏达大学出版社、纽约市立大学研究生中心数字奖学金实验室和 Cast Iron Coding 的合作项目。它是一种开源的后 PDF 发布工具，专为富媒体项目而设计，这些项目在首次发布后可能会继续发展。Manifold 提取标准输出（如 EPUB、PDF、Word）并在线发布，同时提供注释和线上评论的功能。

本章小结

本章从社会合作视角，从实践角度探究促进图书开放获取各相关利益

---

① Monica McCormick,"Open-Access Monographs: New Tools, More Access", May 20, 2019, https://er.educause.edu/articles/2019/5/open-access-monographs-new-tools-more-access.

主体采取集体行动的合作模式、合作类型与合作演化机制。首先从静态视角，将图书开放获取合作议题与出版模式进行了联系，从出版模式的内涵与三个维度的解读中，探究图书开放获取合作的维度（即主体、活动和资源）并展开案例分析。然后从合作战略视角，进一步探究了图书开放获取的四种策略及其网络结构。接下来从动态演化视角，借鉴 Martin A. Nowak 五种合作演变的机制理论与 Michael Zaggl 的 11 种合作演化的机制理论，继续解析图书开放获取合作演化的三种类型。最后研究发现，通过合作机制可以有效实现图书开放获取价值网络利益相关者间的合作，有助于通过社区之间的联结实现集体合作与集体行动的最终目标。

参考文献

中文著作

陈安等:《管理机制设计理论及其应用》,科学出版社 2019 年版。

肖条军:《博弈论及其应用》,上海三联书店 2004 年版。

谢识予编著:《经济博弈论》(第四版),复旦大学出版社 2017 年版。

翟凤勇、孙成双、叶蔓等编著:《博弈论:商业竞合之道》,机械工业出版社 2020 年版。

张维迎:《博弈与社会》,北京大学出版社 2013 年版。

张新华:《价值网视角下的数字出版商业模式创新研究》,知识产权出版社 2018 年版。

中文期刊

白世贞、许文虎、姜曼:《电商平台大数据"杀熟"行为的协同治理研究——基于电商企业、消费者和政府三方演化博弈分析》,《价格理论与实践》2022 年第 12 期。

常江:《数字版权管理与合理使用权利冲突的解决路径》,《出版广角》2016 年第 16 期。

陈晋:《开放存取期刊的经济运作模式》,《图书馆学刊》2012 年第 6 期。

陈靖:《英国〈开放存取专著服务报告〉的解读与思考》,《图书馆理论与实践》2017 年第 6 期。

丁大尉、胡志强:《网络环境下的开放获取知识共享机制——基于科学社

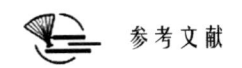

会学视角的分析》,《科学学研究》2016 年第 10 期。

范昊、王贺:《欧洲开放获取政策及其启示——以"开放获取 S 计划"为例》,《图书馆学研究》2019 年第 9 期。

傅蓉:《开放内容许可协议及其应用研究》,《情报理论与实践》2012 年第 12 期。

侯宇航、徐海燕:《基于冲突图模型策略优先权排序法的强度偏好排序研究》,《中国管理科学》2016 年第 9 期。

胡保亮:《基于画布模型的物联网商业模式构成要素研究》,《技术经济》2015 年第 2 期。

贾丽君:《国外图书开放获取中的政策机制分析》,《图书与情报》2017 年第 3 期。

焦媛媛、闫鑫、杜军、李静榕:《区块链赋能视角下保理融资三方演化博弈研究》,《管理学报》2023 年第 4 期。

金品:《开放存取期刊出版模式及其版权特点探析》,《中国版权》2014 年第 4 期。

李春旺:《网络环境下学术信息的开放存取》,《中国图书馆学报》2005 年第 1 期。

李瑾、盛小平:《利益视角下的学术图书开放获取出版模式研究》,《图书情报工作》2017 年第 3 期。

李武、刘兹恒:《一种全新的学术出版模式:开放存取出版模式探析》,《中国图书馆学报》2004 年第 6 期。

刘海霞、孙振球、胡德华、刘双阳:《开放存取期刊的经济学分析》,《情报理论与实践》2007 年第 1 期。

刘文锦:《利益视角下探究可持续的开放出版商业模式》,《河南图书馆学刊》2021 年第 3 期。

刘霞、王云龙:《双边市场及平台理论文献综述》,《南都学坛》2018 年第 5 期。

刘雅姝、张海涛、任亮、李题印:《商务网络信息生态链价值协同创造的演化博弈研究》，《情报学报》2019年第9期。

刘勇：《开放存取出版的原理、模式与影响因素分析》，《出版广角》2016年第21期。

刘紫薇、牛晓宏：《图书开放获取模式选择——以Open Book Publisher为例》，《农业图书情报学刊》2017年第9期。

马小琪：《图书开放获取权益分享机制研究溯源与现状分析》，《图书情报工作》2019年第5期。

马小琪、李亚赟：《信息栈视角下微信公众平台出版模式研究》，《出版发行研究》2017年第7期。

宁圣红：《学术图书开放获取新模式：Knowledge Unlatched》，《图书馆论坛》2015年第7期。

牛晓宏：《开放数据政策协同对图书开放获取政策的启示》，《现代情报》2018年第9期。

任翔：《开放出版与知识公平：2021年国际开放获取图书发展综述》，《科技与出版》2022年第3期。

苏红英：《基于供给方付费的开放存取期刊的经济模式分析——以国外的实践为视角》，《图书馆界》2017年第3期。

孙瑞英、王浩：《新制度主义理论视域下激发我国政府数据开放驱动力的博弈分析》，《信息资源管理学报》2020年第2期。

涂志芳、刘兹恒：《国内外学术图书馆参与开放存取出版的实践进展述略——从出版途径的视角》，《图书与情报》2017年第3期。

王光文、仲富兰：《基于利益相关者分析的开放获取研究》，《图书情报知识》2011年第5期。

王向真：《高校图书馆OA学术图书整合众筹机制研究》，《图书馆界》2018年第1期。

王应宽、王元杰、季方、信世强：《国外开放存取出版最新研究进展与发展动态》，《中国科技期刊研究》2015年第10期。

王志刚：《多中心治理理论的起源、发展与演变》，《东南大学学报（哲学

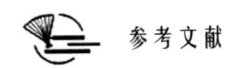

社会科学版）》2009 年第 S2 期。

魏蕊：《OAPEN 学术专著开放获取研究与实践进展述评》，《图书情报工作》2017 年第 9 期。

魏蕊：《学术图书开放出版十年实践进展分析（2011—2020 年）》，《农业图书情报学报》2020 年第 12 期。

魏蕊、初景利：《国外开放获取图书出版模式研究》，《图书情报工作》2013 年第 11 期。

吴雨珊、江驹、韩雪山：《基于冲突分析图模型强度偏好下的结盟稳定性分析》，《系统工程》2015 年第 2 期。

吴志强、刘梅：《数字资源权益分享的法律机制研究》，《图书情报知识》2011 年第 6 期。

相丽玲、樊晓璐：《中美机构知识库利用中的政策法律机制比较》，《情报理论与实践》2014 年第 5 期。

徐志玮：《人文社科专著众筹 OA 出版发展现状和思考——以 Open Book Publishers 和 Knowledge Unlatched 为例》，《图书情报工作》2020 年第 22 期。

杨峰、韩倩倩、张文韬：《机构知识库权益平衡机制探析》，《图书馆建设》2015 年第 5 期。

叶继元：《学术图书、学术著作、学术专著概念辨析》，《中国图书馆学报》2016 年第 1 期。

张建中、夏亚梅：《Freemium 出版：专著开放获取的未来》，《科技与出版》2018 年第 8 期。

张晓林、张冬荣、李麟、曾燕、王丽、祝忠明：《机构知识库内容保存与传播权利管理》，《中国图书馆学报》2012 年第 4 期。

赵文义：《学术期刊开放获取的内在逻辑与发展路径》，《出版发行研究》2016 年第 10 期。

郑雯译、侯壮：《国外人文社科学术图书开放出版模式研究》，《图书情报工作》2016 年第 11 期。

朱本军、龙世彤、肖珑、黄燕云：《图书开放获取模式及整合利用研究》，《大学图书馆学报》2015年第5期。

邹军、荆高宏：《"掠夺性期刊"的伦理问题及治理——基于"利益相关方框架"的思考》，《现代传播（中国传媒大学学报）》2021年第9期。

外文文献

Aaron McCollough, "Book Review: By Michael Bhaskar. The Content Machine: Towards a Theory of Publishing from the Printing Press to the Digital Network", *Education and Training for 21st Century Publishers*, Vol. 17, No. 2, 2014.

Adema J., Stone G., "The Surge in New University Presses and Academic-Led Publishing: An Overview of a Changing Publishing Ecology in the UK", *LIBER Quarterly*, Vol. 27, No. 1, 2017.

Agneta R., Helle Z. H., Jonas H., "An Analysis of Business Models in Public Service Platforms", *Government Information Quarterly*, Vol. 33, No. 1, 2016.

Ann R. H., Miles A. K., Maura I., "Mandatory Open Access Publishing for Electronic Theses and Dissertations: Ethics and Enthusiasm", *The Journal of Academic Librarianship*, Vol. 39, No. 1, 2013.

Bandiera O., Barankay I., Rasul I., "Cooperation in Collective Action", *Economics of Transition*, Vol. 13, No. 3, 2005.

Belfiore E., "The Humanities and Open-Access Publishing: A New Paradigm of Value?", *Humanities in the Twenty-First Century*, 2013.

Ben C. P., Katia P., "Intellectual Property Rights and Knowledge Sharing across Countries", *Journal of Knowledge Management*, Vol. 13, No. 5, 2009.

David Stuart, "Open Access and the Humanities: Contexts, Controversies and the Future", *Online Information Review*, Vol. 39, No. 5, 2015.

Dinesh R., Lisa M. G., Eric F., "Interorganizational Partnerships and Knowledge Sharing: The Perspective of Non-profit Organizations", *Journal of Knowledge Management*, Vol. 18, No. 5, 2014.

参考文献

Eileen Gardiner, Ronald G. Musto, "ACLS History E-Book Project", *New Technology in Medieval and Renaissance Studies*, Vol. 1, 2007.

Eve M. P., Inglis K., David P., "Cost Estimates of an Open-access Mandate for Monographs in the UK's Third Research Excellence Framework", *Insights: The UKSG Journal*, Vol. 30, No. 3, 2017.

Eve M. P., "Open Access Publishing and Scholarly Communications in Non-scientific Disciplines", *Online Information Review*, Vol. 39, No. 5, 2015.

Fathallah J., "Open Access Monographs: Myths, Truths and Implications in the Wake of UKRI Open Access policy", *LIBER Quarterly*, Vol. 32, 2022.

Fisher R., "The Monograph Challenges of Access, Supply and Demand in a Research-intensive University Culture", *LOGOS*, Vol. 2, No. 27, 2016.

Gatti R., Mierowsky M., "Funding Open Access Monographs: A Coalition of Libraries and Publishers", *College & Research Libraries News*, Vol. 77, No. 9, 2016.

Georgina A. T. V., Valentino M. L., "A Business Model for Electronic Books", *Procedia-Social and Behavioral Sciences*, Vol. 147, 2014.

Giuditta De P., Jean P. S., "Public Policies and Government Interventions in the Book Publishing Industry", *Info*, Vol. 16, No. 2, 2014.

Grimble R., Wellard K., "Stakeholder Methodologies in Natural Resource Management: A Review of Principles, Contexts, Experiences and Opportunities", *Agricultural Systems*, Vol. 55, 1997.

Hipel K. W., Fang L., Kilgour D. M., "The Graph Model for Conflict Resolution: Reflections on Three Decades of Development", *Group Decision and Negotiation*, Vol. 29, 2020.

Janneke A., Eelco F., "Open Access for Monographs: The Quest for a Sustainable Model to Save the Endangered Scholarly Book", *LOGOS Journal of the World Book Community*, Vol. 20, No. 1-4, 2009.

Jason P., Bradley M. H., "Decoupling the Scholarly Journal", *Frontiers in*

Computational Neuroscience, Vol. 6, 2012.

Jasso G., Wegener B., "Methods for Empirical Justice Analysis: Part 1. Framework, Model, and Quantities", *Social Justice Research*, Vol. 10, No. 4, 1997.

John Wright, "Open Access for Monograph Publishing: Operational Thoughts and Speculations", *Journal of Scholarly Publishing*, Vol. 49, No. 2, 2018.

Jose C., Catia L., Vasco V., et al., "Monitoring a National Open Access Funder Mandate", *Procedia Computer Science*, Vol. 106, 2017.

Joseph W. I., "Research into Open Access Science Publishing", *Library Hi Tech News*, Vol. 26, 2009.

Karin R. Sipido, "Open Access and Plan S: A 'Prisoner's Dilemma': Brief of Presentation to the Heart Group Editors' Meeting 3", *European Heart Journal*, Vol. 40, No. 46, 2019.

Kilgour D. M., "The Graph Model for Conflict Resolution as a Tool for Negotiators", *Diplomacy Games*, 2007.

Kilgour D. M., Hipel K. W., Liping F., "The Graph Model for Conflicts", *Automatica*, Vol. 23, No. 1, 1987.

Kristin Y., "The Open Access Initiatives: A New Paradigm of Scholarly Communications", *Information Technology and Libraries*, Vol. 24, No. 4, 2005.

Leake C., "Interactive Decision Making: The Graph Model for Conflict Resolution", *Journal of the Operational Research Society*, Vol. 45, No. 12, 1994.

Lewis David W., "Reimagining the Academic Library: What to Do Next. Review Article", *El profesional de la informacion*, Vol. 28, 2019.

Loan F. A., "Open Access E-book Collection on Central Asia in Selected Digital Archives", *Collection Building*, Vol. 30, No. 3, 2011.

Maddi A., Lardreau E., Sapinho D., "Open Access in Europe: A National and Regional Comparison", *Scientometrics*, Vol. 126, 2021.

Marc S., "On the Access Principle in Science: A Law and Economics Analysis", *Copyright Versus Open Access*, 2014.

Mark D. Wilkinson, et al., "The FAIR Guiding Principles for Scientific Data Management and Stewardship", *Scientific Data*, Vol. 3, 2016.

Mark S. Reed, Anil Graves, Norman Dandy, et al., "Who's in and Why? A Typology of Stakeholder Analysis Methods for Natural Resource Management", *Journal of Environmental Management*, Vol. 90, No. 5, 2009.

Maron N., Mulhern C., Rossman D., Schmelzinger K., "The Costs of Publishing Monographs: Toward a Transparent Methodology", *The Journal of Electronic Publishing*, Vol. 19, No. 1, 2016.

Martin A. Nowak, "Five Rules for the Evolution of Cooperation", *Science*, Vol. 314, No. 5805, 2006.

Martin Paul Eve, "Open Access and the Humanities: Contexts, Controversies and the Future", UK, London: Cambridge University Press, 2014.

Masahiro O., "Monographs in Humanities and Social Sciences: Back to the Basics?", *Institute of Developing Economies*, No. 721, 2018.

McCabe M. J., "Information Goods and Endogenous Pricing Strategies: The Case of Academic Journals", *Economics Bulletin*, Vol. 12, 2004.

McCollough Aaron, "Does It Make a Sound: Are Open Access Monographs Discoverable in Library Catalogs?", *Libraries and the Academy*, Vol. 17, 2017.

McGrath M., "Interlending and Document Supply: A Review of the Recent Literature", *Interlending & Document Supply*, Vol. 42, No. 1, 2014.

Megan Taylor, "Mapping the Publishing Challenges for an Open Access University Press", Computing and Library Services, Huddersfield: University of Huddersfield Press, 2019.

Michael A. Peters, "Three Forms of the Knowledge Economy: Learning,

Creativity and Openness", *British Journal of Educational Studies*, Vol. 1, 2010.

Michele S., Marie P. D., Jill E., "Consortial Monograph Interlending in the UK: A Case Study", *Interlending & Document Supply*, Vol. 34, No. 1, 2006.

Mitchell S. S. D., "Open Sesame: Analysing Public Library of Science as a Site of Production and Distribution for Open Access Scientific Information and Knowledge", *Communication and the Public*, Vol. 2, No. 3, 2017.

Neylon C., et al., "More readers in more places: The Benefits of Open Access for Scholarly Books", *Insights: The UKSG Journal*, Vol. 34, No. 1, 2021.

Oliver L., "Beyond the Purely Commercial Business Model: Organizational Value Logics and the Heterogeneity of Sustainability Business Models", *Long Range Planning*, Vol. 51, No. 1, 2018.

Pinter F., "Open Access for Scholarly Books?", *Public Research Quarterly*, No. 28, 2012.

Porsche L., Zbiejczuk Suchá L., Martinek J., "The Potential of Google Analytics for Tracking the Reading Behavior in Web Books", *Digital Library Perspectives*, Vol. 38, No. 4, 2022.

Qiantao Zhang, Charles Larkin, Brian M. Lucey, "Universities, Knowledge Exchange and Policy: A Comparative Study of Ireland and the UK", *Science and Public Policy*, Vol. 44, No. 2, 2017.

Randles S., Laasch O., "Theorising the Normative Business Model", *Organization & Environment*, Vol. 29, No. 1, 2016.

Ray M. P., Squires C., "The Digital Publishing Communications Circuit", *Book* 2.0, Vol. 3, No. 1, 2013.

Robin O., "Open Access Publishing, Academic Research and Scholarly Communication", *Online Information Review*, Vol. 39, No. 5, 2015.

Ross-Hellauer T., Schmidt B., Kramer B., "Are Funder Open Access Platforms a Good Idea?", *SAGE Open Journals*, Vol. 8, No, 4, 2018.

参考文献

Rubow L., Shen R., Schofield B., "Understanding Open Access: When, Why, & How to Make Your Work Openly Accessible", *Authors Alliance*, 2015.

Schonfeld R., "Book Publishing: University Presses Adapt", *Nature*, Vol. 540, 2016.

Seo Jeong-Wook, et al., "Equality, Equity, and Reality of Open Access on Scholarly Information", *Science Editing*, Vol. 4, 2017.

Stephen P., "Making Open Access Work: The 'state-of-the-art' in Providing Open Access to Scholarly Literature", *Online Information Review*, Vol. 39, No. 5, 2015.

Thompson J. B., *Books in the Digital Age: The Transformation of Academic and Higher Education Publishing in Britain and the United States*, Cambridge: Polity Press, 2005.

Timmers Paul, "Business Models for Electronic Markets", *Electronic Markets*, Vol. 8, No. 2, 2006.

Wei M., Noroozi Chakoli A., "Evaluating the Relationship between the Academic and Social Impact of Open Access Books Based on Citation Behaviors and Social Media Attention", *Scientometrics*, Vol. 125, 2020.

Zaggl M. A., "Eleven Mechanisms for the Evolution of Cooperation", *Journal of Institutional Economics*, Vol. 10, No. 2, 2014.

附　录

OAD 商业模式汇总表

模式	含义	举例
广告 Advertising	出版社通过在 OA 作品内或出版社网站上出售广告空间来支持 OA 作品的成本。	Bookboon 以七种语言提供 1500 种免费的 OA 电子书，其中 800 种是教科书，其余是旅游指南和"商务专业书籍"。其资金来源是"少量高质量的广告"，以每本书的 15% 为上限。
委托制作 Commissioning	一个团体或个人可以委托出版特定主题的出版物并支付出版费用。	医学出版社 Amedeo 主办了 Amedeo 挑战赛，该挑战赛委托该领域的专家撰写 OA 医学书籍，并通过捐款支付。
交叉补贴 Cross subsidies	该模式是用非 OA 出版物的利润资助 OA 出版物。有时，更多面向小众和专业的书籍由贸易和教科书资助。	Unglue.it 的"Buy to Unglue"活动支持一种模式，在该模式下，书籍在向读者群出售一定数量的副本后，在知识共享许可下可用。
众筹 Crowdfunding	该模型适用于出版社在线推销潜在项目，在群众的足够资金支持下，该项目投入生产。社区会选择用捐款来资助一项拟议的工作，以支付生产成本。	Fund I/O 支持基于质押的众筹模式。众筹过程分为三个阶段：最初的众筹活动，随后的销售，最后是在开放许可下发布数字商品。虽然此模型的最终产品是 OA 作品的生产，但该作品在此出版生命周期的所有阶段都不是 OA。 De Gruyter 与 Unglue.it 合作，通过众筹获得开放许可下的书目标题。在网站上筹集到 2100 美元的每个单独的书目标题都将作为开放访问内容在全球范围内提供。
双版出版 Double edition	该模型将提供全文 OA 版本以及全文非 OA 或定价版本。定价版可以是按需印刷（POD）版。或者，OA 版本可以是较低质量的数字格式（例如 HTML），而定价版本可以是较高质量的数字格式。大多数 OA 图书出版社都使用这种模式，并且可能与两种收入流相结合。	澳大利亚国立大学 ANU E 出版社将其所有 OA 书籍都提供为 POD 版本。 Open Book Publishers 提供 HTML、PDF 和 XML 格式的 OA 书籍，以及定价的印刷和数字格式。 阿德莱德大学出版社在线免费发布该大学的出版物，而平装本可以通过他们的网站订购。

续表

模式	含义	举例
电子商务 E-commerce	利用在线销售品牌或第三方产品产生的收入来支持 OA 出版成本。	注意。该模型在报告"开放获取的收入模型：当前实践概述"中进行了讨论。
迟滞期 Embargo	这种模式使得图书只有在延迟或禁运后才能进行 OA。在禁运期间，仅提供定价版或非 OA 版。禁运结束后，出版社可以同时提供 OA 和非 OA 版本，或者只提供 OA 版本。	莱顿大学出版社（LUP）在"出版后大约三年"发布的一部分开放获取出版物中支持这种模式。
捐赠基金 Endowments	该模型适用于出版社建立捐赠基金并使用年度利息支付其费用。	俄亥俄州立大学出版社有一个捐赠基金。它还从俄亥俄州立大学图书馆和其他来源获得资金。斯坦福语言和信息研究中心创建了斯坦福哲学百科全书，得到了多个组织的帮助，包括伯恩基金会、威廉和弗洛拉休利特基金会、安德鲁·W. 梅隆基金会和国家人文基金会。
弹性价格 Flexible price	该模型是让读者为一本书提出自己的价格，可以是无价或 OA。这有时被称为"支付你想要的"模型。	康奈尔大学出版社对该模型进行了限时测试。读者可以为 CUP 图书提出任何价格。CUP 如何可以做到，则将向读者发送一个特殊的折扣代码，以便其在线或通过电话使用。如果无法做到这一点，将为读者提供免费的数字访问这本书，或者有机会提出新的报价。
筹款 Fund-raising	该模式是供出版社定期或持续地募集捐款。	Wikibooks 是一个 Wikimedia 项目，它通过导航栏上的点击选择不断地募集捐款。
机构补贴 Institutional subsidies	该模式是由机构直接或间接全部或部分资助 OA 出版物。它可以提供一般或专用资金、设施、设备或人员。该机构可以是任何类型的，例如大学、研究中心、图书馆、学术团体、营利性公司、非营利性组织、基金会或政府机构。这些出版社中的大多数还将通过销售 POD 版本来增加收入。	依据各种变体的特点，有不同的案例。

续表

模式		含义	举例
各种变形模式	大学补贴	大学对 OA 图书的补贴有四种形式：内部出版 OA 图书；提供设施、设备、基础设施；人员；或提供专项资金（也称为"资助基金"）以支持大学管理的 OA 书籍的出版费用。	Éditions de l'Université de Bruxelles（EUB）与布鲁塞尔自由大学图书馆合作，依靠大学补贴和人力及技术资源。开放人文出版社与密歇根大学学术出版局（SPO）建立了战略合作关系。他们的目标是建立一种基于教师—图书馆出版合作伙伴关系的商业模式。悉尼大学出版社依靠大学图书馆的初始投资，并利用大学出版服务数字印刷和装订服务。
	政府补贴	OA 图书的政府补贴有多种形式：直接资助 OA 出版社；OA 书籍的内部出版；OA 书籍的非营利性出版社的税收减免；对公立大学的预算支持，这些机构可以用来支持出版 OA 书籍。	Media Commons Press 是一个以学者为主导、社区驱动的电子出版网络，专注于各种形式的媒体研究，它获得了 NEH 数字启动资助的财政支持。欧盟委员会的 FP7 授权后开放获取试点为"FP7 项目结束后两年内的 OA 文章处理费（APC）"提供资金，包括可用于支持出版 OA 专著的资金。阿姆斯特丹大学出版社是与欧洲国际移民、融合和社会凝聚力（IMISCOE）合作出版的 OA 系列丛书，由欧盟资助。
	基金会补贴	基金会为 OA 书籍的出版提供资源，包括但不限于直接资助、赠或资助的作者出版费。	Gutenberg-e 是哥伦比亚大学出版社（CUP）和美国历史协会（AHA）的合作项目。他们得到 Andrew W. Mellon 基金会和哥伦比亚大学的资助。Signale 是康奈尔大学出版社和康奈尔大学图书馆的合资企业。该丛书出版了有关"现代德国文学、文化和思想"的作品，得到了安德鲁·W. 梅隆基金会的资助。MUSE Open 是一个提议的与 Project MUSE 相关的 OA 书籍分发平台，最初由 Andrew W. Mellon 基金会提供的赠款资助。Wellcome Trust 通过赠款补充和报销支持"可用于支付出版社的开放获取专著处理费用的资金"作为基金会开放获取政策的一部分。
	企业补贴	企业资助模式支持企业合作机构出资出版 OA 图书。	ETC-Press 与 Lulu 达成协议，Lulu 负责处理销售和版税支付的所有财务。
	私人社区补贴	机构补贴模式的这种变化是围绕提供私人社区的支持而构建的。	美国国家科学院出版社（NAP）是世界上最古老的开放获取图书出版社，由美国国家科学院成立，旨在出版其机构发布的报告。虽然它有其他收入来源，但它仍然可以依靠其母机构的支持。RAND Corporation 是一家非营利性机构，自 1964 年以来就开始发表他们的研究成果，其中大部分作品可通过其书店购买，并提供免费下载选项。

续表

模式		含义	举例
各种变形模式	多来源补贴	在这种机构补贴模式的变化下,出版业务可能会得到不止一种机构(大学、资助者等)的支持。	阿萨巴斯卡大学出版社从大学和其他资助机构获得资助,如 ASPP、AFA、加拿大图书基金和 AHRF。Worldreader.org 与 47 个不同的组织合作,这些组织提供技术和法律支持、数字化技术、标题等。也包括个人捐款。 欧洲网络开放获取出版(OAPEN)基金会支持通过大学出版社联盟和初始政府补贴出版 OA 书籍。此示例与"联合补贴"模型保持相似,但包括来自基金会、大学、出版社和政府来源的补贴。
	联盟补贴	一组机构可以组成联盟来支持 OA 图书的出版成本。在该模型的应用中,每个机构的成本可能会受益于"规模经济",其中每个机构的成本与参与机构的数量相关——创造了加强联盟网络的动力。	AAU/ARL/AAUP 开放获取专著出版倡议提出了一种模式,在该模式下,参与的高等教育机构在五年期间为出版 OA 专著提供出版资助。 人文开放图书馆(OLH)提出的图书馆合作补贴(LPS)模式是一个以图书馆为基础的机构联盟,每个参与机构都可以为 OA 图书的出版提供资金。 Open Book Publishers' Library Membership Program 是一个基于会员的图书馆联盟,根据该联盟,每年的会员费都支持 OA 专著的出版。Open Book Publishers 还从"销售"和"出版补助金"等来源获得收入。 加州大学出版社 Luminos 计划通过基于会员的联盟支持 OA 专著的出版,在该联盟下,分层会员级别支持以参与机构的补贴成本和费用出版 OA 专著,剩余收入被引导到作者豁免基金。 Knowledge Unlatched 项目支持的模式与众筹共同的特点,但是以一群支持机构为中心的。印刷书籍和增强版将单独购买。参与的图书馆将因参与联盟而受益(例如,额外的元数据、增强版)。 语言科学出版社 Language Science Press 支持联盟模式,作为图书馆机构每年有偿参与贡献的一部分。 Aleksandria 是一家开放获取图书的联合出版社,"由七个芬兰图书馆组成的联盟资助",由"芬兰文学协会和赫尔辛基大学图书馆"管理。 SciELO Livros 是一家由大学利益相关者支持的开放获取图书联盟出版社。该示例作为专著作开放获取的一部分进行了讨论。
	赞助 Sponsor-ship	在这种模式下,机构可以"补贴部分或全部期刊的运营费用以换取认可"。	在协调赞助商关系时,提议的做法包括制定管理赞助商关系的政策和原则,以及提议的赞助商审查流程,此外还包括确定如何表示赞助商认可。
	触发使用的费用	在这种模式下,机构根据其对出版社协调自愿提供的 OA 资源的使用情况提供财政支持。既定使用范围之外的机构用户可以访问 OA 出版物,而无须财务贡献。	该模型在报告"开放获取的收入模型:Raym Crow 的当前实践概述"中进行了讨论。

续表

模式	含义	举例
解放模式 Liberation	由赞助商（个人、基金会或政府）购买现有作品的版权，然后将作品进行 OA。	Wikipedia 联合创始人兼 Citizendium 创始人拉里·桑格（Larry Sanger）在 2008 年 3 月 22 日的 Citizendium 博客文章中提出了他的解放模型，使用购买（或委托）教育内容将其变为 OA 的示例。一个请愿书就是基于这个概念开发的。
会费 Membership	该模式是会员组织从会员会费中分配资金来支持出版 OA 书籍的成本。	该模型在开放获取的收入模型：当前实践概述中进行了讨论。
出版费 BPC Publication Fees	该模式是在接受出版书籍时收取费用。与期刊出版费一样，这个想法是为了支付生产成本，尽管在实践中它可能或多或少地覆盖。账单可能会交给作者，但通常由作者的资助者或雇主支付，而不是由作者付费。在期刊界，这些费用通常称为文章处理费（APC）。以此类推，在图书界，这些费用越来越多地被称为图书处理费（BPC）。	SpringerOpen Books 于 2012 年 8 月推出。这些书名在出版后即可免费获得 OA。出版费由作品的总页数决定，拥有 Springer 开放获取会员资格的机构可享受 "15% 的出版费折扣"（详见此处）。Palgrave Macmillan 遵循图书处理费（BPC）模式，在 Palgrave Open 下根据出版物类型（章节、枢轴、专著）不同的统一费率。Brill 通过以图书处理费（BPC）形式收取出版费来支持 OA 图书的出版。在该模式下，BPC 的价格会根据为作品选择的许可证而有所不同。De Gruyter 支持在这种模式下 "以 10000 欧元的固定费用" 出版开放获取书籍。
变体：混合 OA 书籍	图书的选定章节可以在出版费的支持下以开放获取的方式提供。	Common Ground 提供 "部分开放获取" 模式，在该模式下，可以提供一卷的选定章节，以换取每章部分开放获取的固定费用为 250 美元。
临时 OA	出版社在一定时期内提供免费在线访问作品，之后作品移至付费墙后面。OA 周期可能只发生一次或周期性地发生。许多 OA 倡导者不认为这是真正的 OA，但它是一些出版社用来试验 OA 的模型。	Berkshire Publishing 是一家独立的学术出版社，于 2007 年与 Exact Editions 合作，提供免费访问他们的参考资料集："通过这项促销服务，可以在有限的时间内获取和搜索整本书。" 将书籍数字化并出版 "在线信息系统、图书馆研究对象和参考书" 的世界公共图书馆提供 "电子书展"，每年可免费访问一个月；否则，年度会员费为 8.95 美元。
第三方许可 Third-party Licensing	该模式是出版社将其部分 OA 内容授权给第三方发行商，并使用部分收入来支持 OA 出版的成本。	Raym Crow 在他的报告 "开放获取的收入模型：当前实践概述" 中，以 "便利格式许可" 的名义讨论了这个模型，"尽管开放获取期刊的内容可能受知识共享非商业许可，出版社可以根据单独的许可使内容可用于商业分发"。

续表

模式	含义	举例
增值服务 Value Added Service	该模型是在 OA 内容之上提供额外的可选、定价内容或服务。可以提供广泛的服务：全文搜索；导航工具；增强的多媒体出版物；与博客、播客、在线资源和社交媒体网站的连接；咨询服务；网络营销，电子管理。发布者可能对添加的内容或服务收取一次性费用，或按订阅收取费用。这种模式有时被称为"免费增值"模式。	Open Edition 是一个人文和社会科学门户，包括来自 OpenEdition Books、Revues.org、Hypotheses 和 Calenda 的作品。该作品可以 OA，但机构可以购买 Open Edition 订阅以获得六项增值服务，包括"对 PDF、EPUB 文件的无限制、无 DRM 下载访问"、技术支持、定制警报、COUNTER 使用统计并参与用户委员会工作组。 莱斯大学将通过机构 IR 和高级版本（EPUB、PDF 或按需印刷）提供作品的 OA 版本。可以从传统出版社以低于标准教科书的价格购买。书名的首份成本将由定价版本支付，而书名产生的任何额外收入将由作者和出版社分享。 加州大学出版社提供附加服务，例如：完全链接的脚注和索引参考；按标题、作者或主题搜索和浏览的能力；每本书的详细书目数据，包括一个段落摘要和许多描述书籍内容的主题术语、销售报告和使用统计数据。 经合组织支持以收费获取补充文本和数据格式为中心的高级会员计划。
变形： 发行/ 分销平台	该模型是一种基于分销的模型，以提供基础设施服务为中心，例如出版后 OA 书籍的发现和分销。需要支持为基础设施的建立和维护提供资金，之后分销商可以创造收入流，包括但不限于以定价为基础提供服务。	该模型在报告《开放获取专著的商业模型的经济分析》中进行。
志愿者 参与模式	该模式是使用无偿志愿者来完成本书的制作工作。	该模型在报告中讨论，开放获取专著的商业模型的经济分析是"面向任务的 OA"模型的一部分。

资料来源：https://oad.simmons.edu/oadwiki/OA_book_business_models.

后　　记

　　本书是我所主持的国社科基金项目结题报告的主体内容。本书的题目是在我阅读大量文献资料的基础上，试运用跨学科的理论基础（即价值网络理论），以比较创新的视角（即权益分享机制）对开放科学中一个新领域（即开放获取图书）展开深入研究的再设计。

　　不过，研究的题目设计与研究内容的具体展开是两个不同层面的问题。在写作过程中，由于资料收集与整理工作量庞大，研究内容调整与精修工作冗杂、章节框架结构不断细化与梳理工作繁复等原因，本人既经历了找不到研究通路时的焦虑，也体验到了攻克一个个难题的欣喜。

　　本书是耗费我四年半的时间和精力写就的。虽然我努力抱着勤奋的研究态度和精益求精的写作精神来完成此书稿，但由于学有不精，资质尚平，因此难免有很多瑕疵和不足之处。对此，尤感惶恐。

　　在本书出版过程中，中国社会科学出版社的刘艳女士与我积极接洽，给予我非常热情的鼓励和帮助。从约稿到出版合同的签订，再到审核期间精细的修正，刘艳女士都给予了帮助和指导。她热诚的工作态度与专业的工作能力令我印象深刻。在此，向刘艳女士表示衷心的感谢！

马小琪
2024 年 1 月 16 日